Grund- und Zukunftsfragen deutscher Politik

von

Dr. Fritz Stier-Somlo
Professor des öffentlichen Rechts

Bonn 1917
A. Marcus & E. Webers Verlag
(Dr. jur. Albert Ahn)

Vorwort

Wir müssen aus der lastenden Schwüle und drückenden Enge unserer inneren, aus der Bedrängnis und Verfahrenheit unserer auswärtigen Politik ins Weite, Große und Freie hinausgelangen. Alle Kräfte deutschen Geistes und entschlossener Tat müssen dabei helfen. Vom Standpunkte des Gelehrten und Politikers will dieses Buch eine Reihe von Möglichkeiten weisen, für wichtigste Grund- und Zukunftsfragen Lösungen suchen. Ist es auch in sich vollkommen abgeschlossen und selbständig, so hat es doch, gerade bei seiner auf den folgenden Blättern dargelegten Eigenart, die Aufgabe offen gelassen, eine Anzahl wichtigster politischer Lebenserscheinungen zum Gegenstande besonderer Werke zu machen. Das nächste, das dem vorliegenden alsbald folgen wird, nimmt zu dem zentralen Problem der modernen Demokratie unter dem Gesichtswinkel der politischen Wissenschaft eingehend Stellung.

Ende November 1916.

Stier-Somlo.

Inhaltsverzeichnis

Zur Einführung

Das vorliegende Werk ist getragen von dem Gedanken, daß die Politisierung der deutschen Nation in allen ihren Teilen eine Lebensnotwendigkeit für sie ist, daß nur die Durchdringung ihres ganzen Daseins mit politischen Vorstellungen und Ideen, politischer Bildung und Überlegung, politischem Verständnis und Handeln das aus dem Weltkrieg zu Gewinnende und zu Rettende erhalten und erhöhen kann. Dieses Buch will auf einem bisher noch nicht betretenen Wege dazu beitragen, dem politischen Element im geistigen Haushalte der Nation einen möglichst großen Spielraum zu erobern. Indem es sich über das Wesen der Politik verbreitet, sucht es gleichzeitig deren Inhalt durch Prüfung ihrer Gegenstände zu erfassen, die wichtigsten Fragen zunächst der inneren, dann der auswärtigen Politik in das Bewußtsein zu bringen. Nur was Gegenwartsbezug hat und selbst lebendige Kraft ausströmt oder überträgt, konnte dabei in Frage kommen. Fehlt es auch anderwärts nicht an Erörterungen von einzelnen bedeutenden politischen Fragen, so doch an einem Überblick über deren in einem Gesamtbilde zu vereinigenden Umkreis. Mangelt es auch nicht an rein theoretischer Betrachtung politischer Grundsätze, Einteilungsarten und Problemgruppierungen, so doch an einer geschlossen gedachten Darstellung unmittelbar praktischer politischer Grundfragen. Es galt hier die tausendfach zerstreuten Strahlen politischen Geistes in einem Brennpunkte zu vereinigen. Doch war kein genüge zu finden in einer Betrachtung aus der Vogelschau, sondern erst in der Zielsetzung, den auftauchenden Fragen auch eine Antwort folgen zu lassen, mindestens aber auf die schon bisher geleistete geistige Arbeit, zwecks Bildung selbständiger Meinungen, hinzuweisen. Statt einer rein begrifflichen, von der Wirklichkeit abgezogenen Erörterung wird eine wirklichkeitserfüllte erstrebt und unternommen. Dabei wird natürlich nicht nur der an und für sich unmögliche Anspruch auf unbedingte Richtigkeit der hier vorgetragenen Ansichten erhoben. Es wird nur die Billigung des Versuches erwartet, mit allen subjektiv zugänglichen Mitteln der Erfahrung und des verstandesmäßigen Durchdringens der Stoffe jeweils zu positiven Auffassungen vorzudringen. Es wird hierdurch auch der Beweis für die Möglichkeit eines derartigen Beginnens auf einem Gebiete mit solch außerordentlich weiten Grenzen erbracht sein. Vielleicht findet es die erwünschte Nachfolge bei politischen Schriftstellern und bei selbständig denkenden gebildeten Staatsbürgern.

Bei allem Streben auf möglichste Abrundung des geistigen Bildes war doch bei der unübersehbaren Fülle politischer Gesichte auf unbedingte Vollständigkeit schon deshalb zu verzichten, weil dieses Buch nicht eine Sammelstelle für alle möglichen politischen Probleme, sondern eine Aufklärungsstelle für die wichtigsten, unseren Geist und unsere Seele bewegenden sein will. Hieraus ergibt sich schon, daß ich mich bei der unbedingt notwendigen Auswahl auf zwei Gruppen beschränkte, von denen die eine Grundfragen, die andere Zukunftsfragen erörtert, ohne daß es dabei möglich wäre, zwischen den beiden Arten eine unbedingt sichere Linie zu ziehen, zumal sie im Leben reichlich ineinander überzugehen pflegen und einer schulmäßigen Scheidung spotten. Immerhin gibt es auch unter den Gegenwarts- und Zukunftsfragen solche die gleichsam überzeitliche Probleme darstellen, d. h. in mehr oder minder wechselvoller Gestalt in allen, unserer geschichtlichen Forschung erreichbaren, Jahrtausenden auftreten und Lösung erheischen. In gewissem Sinne sind es also ewige Fragen, immer zeitgemäße. Für mich war jedenfalls maßgebend, alle politischen Fragen, die nicht irgendwie dieser Gruppe zeitloser Probleme überwiesen werden können, die auch weder die Gegenwart noch wahrscheinlich die Zukunft bewegen, aus meinen Betrachtungen auszuschließen. Wenn auch eine ganze Reihe von politischen Fragen, diejenigen der auswärtigen Politik sogar schlechthin, eine Beschränkung auf rein deutsche Interessenerwägungen verbieten, so war doch Ausgangspunkt und Ziel hier lediglich, alles Politische unter dem Gesichtswinkel deutschen nationalen Lebens zu sehen, ohne daß damit irgendwie eine Behinderung oder selbstgewollte Verengung des Gesichtskreises oder der Freiheit geistiger Erkenntnis verbunden sein sollte.

Diese Grund- und Zukunftsfragen deutscher Politik werden aber nicht nur nach ihrem Inhalt zu erfassen sein. Auch die Tragweite und Bedeutung der politischen Betätigung muß ins helle Licht gerückt werden. Es bedarf dann nicht mehr allzu großer geistiger Bemühung, um zu begreifen, wie von der politischen Gestaltung das Wohl und Wehe des deutschen Volkes und aller seiner Glieder abhängt. Wir gelangen damit an das Tor der Erkenntnisse, daß die tausendfältigen, jeden Augenblick des Lebens bestimmenden politischen Handlungen nicht ohne die ernsteste innere Anteilnahme reif gewordener Menschen mit Erfolg vor sich gehen können; daß die deutsche Politik in Gegenwart und Zukunft getragen sein muß von dem auf Gemeinschaftszwecke gerichteten Willen einer verstehenden und verständigen Volksgemeinschaft; daß Aufstieg und Vergehen, persönliches und gesellschaftliches Dasein, Wirtschaft und Macht, Recht und Technik, Wissenschaft und Kunst in sehr hohem Grade von der Güte und Würde einer deutschen, dem Willen der größtmöglichen Mehrheit der Nation gemäßen Politik abhängt. Die hieraus zu gewinnenden Überzeugungen werden um so fester verankert sein, je besser es gelingt, den Zusammenhang der Katastrophe des Weltkrieges mit dem Fehler darzustellen, der in der mangelnden Beseelung der deutschen Einzelpersönlichkeit wie Gesamtheit mit dem Geiste der Politik liegt, unter den Ursachen des Völkerkampfes dem unpolitischen Wesen des Deutschtums sein unglückliches Maß zuzuerkennen. Ein hier freilich nicht möglicher Überblick der geschichtlich-politischen Entwicklung Deutschlands hauptsächlich im 19. und 20. Jahrhundert ergibt ja auch sowohl die Jugend unseres nationalen Gesamtdaseins, wie die Gefahr unpolitischer Geistesverfassung deutlich genug.

Bei diesen Untersuchungen springt die Bedeutung der

Politik für nationales und persönliches Wachstum bildhaft heraus, wie sich auch auf ihren Pfaden uns die großen Probleme entgegenstellen, die man in die Formeln: Wert der äußeren und inneren Kultur, Persönlichkeit und Staatswesen, Nationalität und Gemeinschaftsbildung, pressen kann, um ihnen bei näherer Betrachtung diejenige Entfaltung zu gönnen, auf die ihr hoher und wichtiger Grundgehalt Anspruch erheben darf. Hier kann ihre Lösungsmöglichkeit nur gestreift werden. Immerhin wird der Gedanke einer Versöhnung des Gegensatzes von individualistischen und gemeinschaftsmäßigen Ansprüchen und Zielen ins Auge zu fassen, hierbei auch der Staats- und Gemeindesozialismus knapp zu betrachten sein. Vielfach werden wir an den übermächtigen Zerstörer und Aufbauer: Krieg erinnert werden, wenn es auch außerhalb unserer Aufgabe liegt, zu ihm und seinem Wesen wie zu seinen voraussehbaren Wirkungen und Einflüssen, selbst in dem begrenzten Kreise der hier zu berücksichtigenden Fragen, von Ausnahmen abgesehen, Stellung zu nehmen.

So wird uns allmählich der Reichtum und die Vielfältigkeit der politischen Kräfte zum Bewußtsein kommen, die nach einer systematischen Übersicht verlangen. Man kann sie gewiß auch in naturgegebenen Tatsachen und Verhältnissen, wie in geographischen, klimatischen, rassenmäßigen und zeitbestimmten finden. Aber diese sind von dem Standpunkt aus, den ich über das Wesen der Politik als menschlicher Tätigkeit entwickle, lediglich als fördernde oder hemmende Mittel, als Stoff und Beigabe anzusehen. Ein Verweilen wird nur bei den bewußten Trägern der politischen Gedankenwelt, also bei zielstrebigen Menschen als den eigentlich politischen Kräften, notwendig sein. Von dem Beruf und der Sendung der Schöpfer politischer Wirklichkeit, der Aufgabe der Staatsmänner, Diplomaten, anderen berufsmäßigen und außerberufsmäßigen Politiker, sowie der Vermittler politischer Erkenntnisse, wie der Geschichtsforscher, Fachschriftsteller und Zeitungsmänner ist kurz zu handeln. Am wichtigsten aber scheint mir die Volksgesamtheit als Mitbedenker und Mitarbeiter politischer Handlungen. Sie zu dieser gemeinschaftlichen Wirksamkeit zu befähigen ist nur möglich, wenn sich im einzelnen Staatsbürger politisches Verständnis mit politischer Bildung und politischem Urteil vereinigt und sachgemäßes, mannigfach abgestuftes Wirken an dem politischen Webstuhl der Nation hierdurch vorbereitet und gefördert wird. Damit schließt sich der Ring, der Anfang und Ende unserer Betrachtungen verbindet. Sie handeln beide von der Politisierung des Deutschen, am Schlusse hoffentlich mit der Wirkung, von ihrer Notwendigkeit auch diejenigen überzeugt zu haben, die es nicht von vornherein waren. Denjenigen, die behaupten, das deutsche Volk sei politisiert genug, den anderen, die in jener Forderung und ihrer Erfüllung keinen Segen, eher einen Fluch sehen, oder von ihr Gefahren kultureller, ja staatlicher Schädigung fürchten, müssen die matten Augen geöffnet, von wirren und schweren Träumen entlastet werden. Den Vielen aber, die, bei Anerkennung der Notwendigkeit, größte Zweifel an der Möglichkeit hegen, das deutsche Volk zu einem politischen zu machen, müssen mit aller Eindringlichkeit die Wege gezeigt werden, die trotz aller, sich hoch türmenden Schwierigkeiten zum Ziele führen. Rein wissenschaftlich-geistige Schulung wird nicht als das ausschließliche Mittel gepriesen werden. Es führen noch andere Pfade zur politischen Einsicht und Wirksamkeit. Es gilt auch die Aufspürung und Ausnützung seelischer Triebe, tatsächlich vorhandener, wenn auch geistig schwer erfaßbarer Gemüts- und Gefühlsbewegungen und Kräfte, gleichsam unterirdischer ans Licht drängender Strömungen. Zuletzt liegt vor uns im Halbdunkel der Erkenntnis die Sphinxgestalt der öffentlichen Meinung.

Erstes Buch

Wesen und Gegenstände der Politik

Erster Abschnitt

Vom Wesen der Politik

Der Weltkrieg hat uns gelehrt, daß es für Deutschland nicht genügt, eine geistige und seelische Macht in Wissenschaft und Kunst, in Sittlichkeit und Erziehung, in allen hohen und höchsten Fragen der Weltanschauung und des Jenseitsglaubens zu sein. Wir haben erfahren müssen, daß auch ein durchdachtes und nach möglichster Unparteilichkeit gehandhabtes Recht, daß eine die Lebenshaltung und Lebensführung schützende und steigernde, Werkzeuge des Friedens wie des Kampfes in wunderbarer Weise schaffende Technik, daß selbst eine durch alle männlichen Tugenden des Mutes, der Todesverachtung, der Selbstlosigkeit und Hilfsbereitschaft, der Kraft und Ausdauer gestützte bewaffnete Macht die Feindschaft fast der ganzen Welt nicht abgehalten hat und daß wir uns nur durch unermeßliche Opfer an Blut und Gut des furchtbarsten Ansturmes erwehren konnten. Es ist uns klar geworden, daß auch eine staunenswert entwickelte Volks- und Staatswirtschaft, äußerer Reichtum und innere Tüchtigkeit eines fleißigen, strebsamen, allen wertvollen Neuerungen helläugig zugewandten Volkes der riesengroßen, freilich glücklich bestandenen Gefahr der Vernichtung nicht vorzubeugen vermochten.

Was uns bei alledem und manch anderen großen Besitztümern der Seele und des Geistes noch fehlte, war: ein politisches Volk zu sein. Aus diesem Grundfehler strömt — wenn auch nicht auf den ersten Blick erkennbar — ein großer Teil des Elends unserer Verkennung in der Welt seit Jahrzehnten, fließt die zum wahnwitzigen Haß emporgewachsene Gegensätzlichkeit und Verständnislosigkeit des Auslandes für deutsche Geistesarbeit, deutsches Menschentum, deutsche Leistungen und deutschen Staat. Die Verschwörung fast der ganzen Kulturwelt gegen unser Sein und Wollen, unser Streben und Schaffen kann bei Einsicht in diesen Grundfehler besser begriffen werden. Mögen Neid und Rachgelüste, Eroberungssucht, ernste Kampfnot und frivole Kampflust ihr gerüttelt Maß am Weltkriege haben; mögen gewaltige Probleme völkischer, staatsverfassungsmäßiger Art oder solche der Erdgestaltung wesentlich mitgewirkt haben [1]), — sie reichen nicht aus zur Erklärung dafür, daß gerade Deutschland und daß es in diesem unerhörten Maße dem Anprall einer ganzen Welt von Waffen ausgesetzt war; daß es nicht möglich gewesen ist, durch Überlegung und Tat, durch Diplomatie und Interessenverbindung eine solche Menschheitskatastrophe zu vermeiden. Folgen unseres unpolitischen Wesens sind: das beispiellose Ereignis einer zeitweilig fast vollständigen geistigen Absperrung vom größten Teil der Welt; das beinahe restlose Gelingen des Lügen- und Verleumdungsfeldzuges unserer Feinde; die unbegreifliche und atembeklemmende Tatsache der Abwendung der meisten Sympathien vom Volke der Dichter und Denker, Schöpfer und Erfinder; die Möglichkeit einer Zuschiebung aller Verantwortlichkeit auf uns für alle Greuel des Menschenmordes und Massenelends in diesem entsetzlichen Ringen und damit auch für die schamlose Brechung des Völkerrechts durch unsere Feinde; deren Loslösung von allen Banden auch der bescheidensten politischen Sittlichkeit gegenüber Deutschland, das man verstanden hat, als Raubtier der Welt hinzustellen. Aus dem Mangel eines *politischen* Gesamtbewußtseins — gemeint ist natürlich nicht das völkische Bewußtsein, das sich vorzüglich bewährt hat — kann auch das Verständnis gewonnen werden dafür, daß auch die glänzendsten militärischen Taten des bewunderungswürdigen Heldenvolkes der Deutschen zu Wasser und zu Lande, sein Ausharren hinter der Front, seine Leistungen in Wirtschaft und Organisation, seine Gemüts- und Seelenstärke, sein Gegenwartswille und Zukunftsglaube auch nach mehr als zweijährigem Kampfe nicht zu den weltbeherrschenden Erfolgen geführt haben, die all diesen Fähigkeiten, Kräften und Taten hätten entsprechen müssen.

Wir müssen dafür sorgen, daß die blutige Lehre des Weltkrieges nicht vergeblich gewesen sei; daß wir uns im Frieden unter den Völkern der Erde — nur mit ihnen, nicht gegen sie können wir bestehen — als mächtiger Staat behaupten; daß wir Kenntnis unseres wahren Wesens verbreiten, unseres Geistes der Wahrhaftigkeit, Ehrlichkeit, tüchtigen Schaffens, neidlosen Vertragens bei allem Anspruch auf Wachstum und Fortschritt; daß wir die Mittel handhaben lernen, uns zu verständigen mit allen Völkern noch so verschiedensten Gepräges, noch so besonderer völkischer, politischer, bodenbestimmter Art; daß es uns gelingt, mit den Waffen nicht nur des himmelanstürmenden, sondern auch des erdhafte Zwecke wollenden Geistes überall und allezeit hinzugelangen, wohin unsere Kulturaufgaben treiben; daß wir die Presse der Welt so beherrschen, wie sie uns leider bisher geknechtet hat.

Auch dafür gilt es zu streiten, daß wir andere Staatsauffassungen und Staatsformen, die abweichenden Grundbestimmungen des Auslandes zwischen Einzelwesen und Gemeinschaft, die Beziehungen von Autorität und Freiheit, Einordnung und Selbständigkeit, Gemeinschaftsgeist und Persönlichkeit bei anderen Völkern als gleichberechtigt anerkennen und, bei aller zu bewahrenden Eigenart daheim, uns dem normalen politischen Wachstum in der Richtung freiheitlicher Gestaltung nicht verschließen, damit das — freilich von den Feinden meist im Hohlspiegel verzerrte — Bild unseres politischen Wesens nicht der Grund zum Haß und zur Verachtung werde.

Der Lohn solchen Mühens wird eine Besserung unserer auswärtigen und inneren Politik und ein Aufstieg des Deutschen Reiches sein. —

Wird also die Forderung erhoben: Das deutsche Volk muß endlich ein politisches werden[2]), so entsteht zunächst die Frage, was Politik überhaupt ist und wie ein Einzelner und gar ein Volk zu einem politisierten Wesen werden kann. Wir wollen davon ausgehen, daß zwar der wissenschaftliche

Begriff der Politik im Bereiche unendlicher Meinungsverschiedenheiten befangen ist[3]), daß es aber durchaus möglich erscheint, Wesen, Bedeutung und Inhalt der Politik erschöpfend zu erkennen und in einer für jeden Gebildeten verständlichen Weise zu umschreiben. Politik ist vor allem die mit bewußtem Willen auf Gemeinschaftszwecke gerichtete schöpferische Tat für den Staat, die ihm eingegliederten Körperschaften, insbesondere die Gemeindeverbände und für die geschlossen gedachten Gesellschaftsklassen; sodann jede auf solche Tat gerichtete zielsichere Bestrebung. Politik ist also menschliches Handeln, mag dieses auch vielfach durch natürliche Tatsachen, äußere und innere Notwendigkeiten so sehr bedingt sein, daß man nicht allzu selten geneigt sein wird, die politisch tätigen Menschen mehr als leidend getriebene, denn als schöpferisch treibende Kräfte anzusehen und demnach statt von einem politischen Handeln von einem politischen Geschehen zu sprechen, dessen mehr oder minder unfreiwillige Figuren die einzelnen politischen Menschen sind. Es ist wichtig, hierüber klar zu werden. Denn aus jener Überlegung fließt für sehr viele die Quelle einer grenzenlosen Teilnahmslosigkeit an staatlichen, kommunalen und sozialen Dingen. Sie halten sich und andere überzeugt, daß an dem Schicksal der großen Gemeinschaften durch bewußtes Eingreifen des Menschenwillens nichts Wesentliches geändert werden kann. Man hat hier scheinbar kräftige Stützen an naturwissenschaftlichen Analogien, die von der sogenannten Organismuslehre benutzt werden, ja scheinbar an dem Entwicklungsgedanken überhaupt. Wenn alle Staaten und andere Gemeinschaften sich lediglich als natürliche Organismen darstellen und sich also organisch entwickeln und zwar mit der Härte unabänderlicher Naturgesetze, die wir teils kennen, teils nur ahnen, so scheint jedes ernste menschliche Streben, das auf entscheidende Eingriffe in die Gemeinschaftsverhältnisse gerichtet ist, zur Ohnmacht verurteilt[4]). Der organischen Entwicklung gegenüber gibt es kein Wollen und Sollen. So wenig der Mensch dem Saatkorn befehlen kann, daß es zum Halme werde und Früchte trage, so wenig könne auch eine überlegte Einwirkung auf politische Geschehnisse stattfinden. Menschliche Willkür versage demgegenüber vollständig, da die naturwüchsige Bildung und Ausgestaltung aller staatlichen und gesellschaftlichen Dinge eine unentthronbare Macht darstelle, die allem persönlichen Willen weit überlegen sei. Hält man solchen Gedankengängen entgegen, daß die „Notwendigkeit ununterbrochener, reflektierter, zweckbewußter Tätigkeit für den Staat“ durch die Erfahrung bestätigt sei, daß er ohne jene nicht einen Augenblick zu bestehen vermag[5]), so erhält man mit ironisch weisheitsvollem Lächeln die Antwort, daß die Menschen eben nicht wüßten, wie sehr sie bei ihrer angemaßten Einwirkung auf staatliche und gesellschaftliche Dinge lediglich die Vollstrecker einer über ihnen stehenden naturbegründeten Kraft sind, die sich ihrer nur als hilfsloser Werkzeuge bedient.

Mitunter haben auch religiöse Vorstellungen zu solchen Meinungen verführt. Wenn Gott alles ist, wir Menschen nur Gras sind, über das der Wind dahin fährt, um es zu knicken, wenn unser Leben eitler Wahn, ein jederzeit vom Baum des Daseins welk abfallendes Blatt ist, wenn wir nichts anderes sind als willenlose Geschöpfe einer überirdischen Kraft, die sich in uns offenbart, uns lenkt, uns in allem und jedem bestimmt, dann könnten wir ja getrost alle Anstrengung eines selbständigen, eigengedachten und -gewollten Handelns sparen. Es würde sich dann ja alles von selbst d. h. durch Gott vollenden, wie er es vorgesehen, beschlossen hat und durch die armselige Kreatur der Menschen zur Durchführung bringt.

Ich sage natürlich nicht, daß den Naturwissenschaften oder den Vertretern der Religion und der Kirche solche Gedankengänge schlechthin unterstellt werden dürften, sondern nur, daß aus jenen Lebens- und Vorstellungskreisen die Beweisgründe entnommen zu werden pflegen, die das untätige Verhalten in politischen Dingen rechtfertigen sollen. Es würde also ein Kampf gegen Windmühlen sein, wenn mir etwa ein Vertreter der Naturwissenschaft vorhielte: Die Gesetzmäßigkeit des natürlichen Geschehens werde sich in der Politik nur dann wiederholen und menschliche Einwirkungen gegen sie als lächerlich erscheinen lassen, wenn die erste Voraussetzung erfüllt sei, nämlich die Gleichartigkeit des natürlichen und des politischen Vorganges. Auch ich behaupte ja, daß es hieran fehlt, daß die übertriebenen und zum Teil abenteuerlichen Vergleiche und Gleichsetzungen des natürlichen körperlichen Organismus mit den staatlichen und gesellschaftlichen „Organismen" ernstlicher Nachprüfung nicht standhalten. Deshalb sind auch jene Vertreter der Organismuslehre mit ihren Folgerungen hinsichtlich der politischen Dinge auf dem Holzwege. Würde man ihnen folgen, dann müßte man — um nur einige Punkte herauszustellen — jede Hebung der Volksmassen in wirtschaftlicher, sittlicher, geistiger Beziehung der „Entwicklung" überlassen, untätig das Elend mit ansehen, das in Staaten ohne sozialpolitische Gesetzgebung infolge der Ausbeutung von Kindern, Jugendlichen, Frauen und auch erwachsenen Männern entsteht, die Vernachlässigung der Armenfürsorge und Wohnungsfrage, die Mittelstandserdrückung und die freche Plutokratie übermütig Prassender gelassen hinnehmen! In der Tat ist geschichtlich den Bekennern jener „organischen" Auffassung, besonders auf dem Gebiete der wirtschaftlich-sozialen Vorgänge ein Gehenlassen aller Dinge eigen. Nahe verwandt ist die Auffassung der nationalökonomischen Schule der Physiokraten, deren Begründer François Quesnay das gesellschaftliche Leben der Menschen ebenso natürlichen Gesetzen unterworfen glaubte, wie das physische Leben, der dann gesellschaftliche Einrichtungen verlangte, die sich der natürlichen Ordnnng anpassen sollten[6]. Nach Locke, Hume und auch Adam Smith ist ein idealer Naturzustand gleichsam in dem bürgerlichen enthalten. Der Staat hat wesentlich nur die persönliche Freiheit und das Eigentum zu gewährleisten, im übrigen seien seine Lenker „listige verschlagene Tiere", deren Tätigkeit seit Jahrhunderten nur die natürliche Ordnung gestört habe. Unbedingt freie wirtschaftliche Bewegung und freier Wettbewerb erscheinen als die nützlichen und gerechten Mittel zur besten Erziehung der Individuen, die Einzelinteressen kämen von selbst zur Harmonie, nicht durch Staat und Recht, nicht durch Kämpfe und Kompromisse, sondern durch die weise Einrichtung der Triebe, die ein allmächtiger guter Gott so geschaffen, daß die gesellschaftliche Welt wie ein Uhrwerk sich abspielt. Man müsse alle falschen Eingriffe der Gesetzgeber beseitigen, dann kommt die Gesellschaft zur Natur zurück[7]). Diese Lehre des Individualismus, die wirtschaftlich in der Manchesterschule (Cobden, John Bright) und ihren Anhängern gipfelt, ist im tiefsten Sinne unpolitisch[8]).

Jener religiöse Einschlag führt uns auch auf die Erwägung zurück, daß ebenso wenig wie der Vertreter naturwissenschaftlicher, so auch der Vertreter religiöser Glaubensmächte nötig hat, heute sich dagegen zu wehren, als ob ich die Meinung derer, die aus der göttlichen Allmacht die Hilflosigkeit menschlicher, auf Staat, Gemeinde und Gesellschaftsklassen gerichteter Willensenergien ableiten, sie als nutzlos und eitel bezeichnen, der wahren Religiosität in die Schuhe schöbe. Ich weiß natürlich, daß politisches Handeln durchaus nicht dem Geiste der herrschenden Religionen, insbesondere dem des Christentums widerstreitet, daß es verkehrt ist, ihm — etwa aus falsch verstandenen Vorstellungen der Bergpredigt und der Botschaft vom kommenden Reiche Gottes — Gebote leidender Untätigkeit hinsichtlich weltlicher Gemeinschaftsziele zu entnehmen, wenn auch „die gänzliche unpolitische Art des Denkens Jesu" [9]) zweifellos ist. Es handelt sich hier nur um die Aufzeigung der ideellen Strömungen, die sich das politische Geschehen als lediglich oder doch hauptsächlich durch Natur und Gotteswillen beeinflußt vorstellen und deshalb am Nutzen und an der Wirksamkeit der politischen Tat zweifeln, dadurch Förderer einer unpolitischen Geistesverfassung von Einzelnen wie von Völkern sind.

Doch ist damit das ganze Problem noch nicht aufgezeigt. Es bedarf noch der kurzen Feststellung, welch berechtigter Kern solcher Meinung zugrundeliegt, und weshalb sie gleichwohl, von ihrer bereits dargelegten praktischen Gefährlichkeit abgesehen, auch rein wissenschaftlich unrichtig ist, um dadurch endgültig die Grundbehauptung zu erhärten: Politik ist vor allem Tat.

Weil der Mensch ein unlöslicher Teil der Natur ist, in sie hineingehört wie die ihm gegenüber niederen Tierklassen, Pflanzen und Steine, ist auch er den Gesetzen des Werdens und Vergehens, der Umwandlung und Veränderung unterworfen.

Das ist der berechtigte Kern jener im übrigen abgelehnten Auffassung.

Zuzugeben ist auch als selbstverständlich, daß das Naturgesetz für die Körperlichkeit des Menschen im weitesten Umfang gilt. Für seine geistig-seelische Struktur sind aber nur allgemeine Grundformen, Erscheinungen und Vorgänge mit denen der außermenschlichen Schöpfung gemeinsam, nämlich Entstehen und Tod, Wachstum, Blüte und Untergang. Nicht aber können sonstige Gesetzmäßigkeiten in allen übrigen verfeinerten Beziehungen nachgewiesen werden. Ich will ganz davon absehen, daß der Wille des Menschen auch physiologische und sogar seelische Voraussetzungen der Gesetzmäßigkeit schaffen kann [10]), daß er demnach, in schroffem Gegensatz zur bewußtlosen oder nur wenig bewußten Welt der Tiere und Pflanzen, Bedingungen des Organischen zu setzen vermag. Jedenfalls ist soviel sicher, daß wenn es allgemein geltende Gesetze für die Welt der menschlichen Gedanken, Gefühle und Willenskräfte gibt, diese nicht übereinstimmen mit den Gesetzen, die die Leiblichkeit regieren. Hinzukommt die außerordentliche Verwickeltheit des menschlichen Geistes- und Seelenlebens, die tausend- und abertausendfache Verfeinerung und Spaltung unendlich abgetönter Regungen, Kräfte und Formen des Wollens, Denkens und Fühlens. Eine unübersehbare Zahl von wechselnden Neigungen, Stimmungen, Wünschen, Begehrungen kommt in Frage, deren bestimmende Regeln unentwirrbar sind. Die jeweiligen Gemütsanlagen und Gemütsbewegungen, sowohl gesunde durch äußere und innere Einwirkungen geschaffene, wie auch pathologische Zustände schaffen dynamische Lagen, die jeder menschlich erkennbaren Gesetzlichkeit spotten. Wenn es demnach Gesetze gibt, die alle diese Erscheinungen einheitlich umfassen, so bleiben sie uns auf absehbare Zeit des Menschheitsdaseins unbekannt und können deshalb nicht zur Grundlage einer rein naturwissenschaftlichen Betrachtung und einer auf diese sich stützenden Grundansicht über die Stellung zum politische Leben genommen werden. Hieraus folgt mit zwingender Notwendigkeit das Unmögliche einer unterschiedlosen Anwendung der für die außermenschliche Welt und die menschliche

Körperlichkeit geltenden Gesetzmäßigkeit auf den Kreis der durch bewußten Willen, den greifbaren Erfahrungen gemäß doch tatsächlich bestimmbaren Erscheinungen, also auch der politischen; es erhellt die Unzulässigkeit einer Anwendung der Analogie von dem urwüchsigen, lediglich „naturgemäßen" Entstehen, Weiterbilden und Vergehen auf politische Tatbestände, die Unrichtigkeit der auf jene Vergleiche gestützten Ablehnung ihrer menschlichen, willensmäßigen, bewußten Beeinflußbarkeit.

Politik ist aber auch stets eine schöpferische Tat. Sie erstrebt und schafft neue Werte. Wo daher in Staat und Gemeinde tägliche Verwaltung in dem durch rechtliche Vorschriften, allgemeine und besondere Grundsätze, Herkommen und gewohnheitsmäßige Technik bestimmten Rahmen geübt wird, dort kann von Politik nicht die Rede sein. Die Errungenes bewährende Tätigkeit der öffentlichen Gemeinschaften ist von unübersehbarer Bedeutung, die Erhaltung und Festigung des bewährten Alten ist eine Kulturnotwendigkeit; aber es liegt keine schöpferische Tätigkeit vor und deshalb keine Politik. Aus diesem Grunde übt derjenige Beamte in Staat und Gemeinde grundsätzlich keine politische Tätigkeit aus, der **nur** verwaltet, laufende Angelegenheiten erledigt, das Gesetz anwendet und das Zweckmäßige im Banne der Rechtsordnung vorkehrt. **Allerdings sind die Grenzen hierbei sehr flüssig.** Jede staatliche und kommunale Verwaltung besteht im Grunde genommen aus zwei Betätigungsarten. Die eine hält sich streng im Kreise des Hergebrachten, sucht lediglich das vorliegende Bedürfnis der Gemeinschaft und ihrer Glieder nach bekanntem Schema zu befriedigen, erledigt das Gegenwärtige mit dem Blick auf die in der Vergangenheit gegebenen Normen, Richtlinien, Erfahrungen. Die andere Art hält das Auge nach vorwärts gewendet; sie will neue Verhältnisse schaffen, in der Richtung des Bestehenden Gegebenes fortentwickeln, ja an seine Stelle etwas dem Wesen oder der Eigenart nach anderes setzen, mindestens qualitativ und quantitativ noch nicht Vorhandenes ins Leben der Gemeinschaft einführen. Dies gilt besonders von den leitenden Persönlichkeiten der Verwaltung. Als Beispiele können dienen: die Tätigkeit eines Eisenbahnministers, der innerhalb seiner Verwaltung alle auf restlose Verstaatlichung der Verkehrswege gerichteten Maßnahmen ergreift, für seine Beamtenschaft hinsichtlich der Arbeitsbedingungen, Gehaltsverhältnisse, Krankheits- und Unfall-, Ruhegehalts- und Hinterbliebenenfürsorge die denkbar weitgehendsten Anordnungen trifft, mögen sie sich auch noch in den Grenzen früherer, nur noch nicht ausgenutzter Zuständigkeiten seines Amtes bewegen; die Wirksamkeit eines Bürgermeisters, der auf dem Gebiete der Wohnungsfürsorge und Volksbildungspflege, der Mittelstandsfürsorge, Arbeitsvermittlung, Notstandsarbeiten, Arbeitslosenversicherung derart vorgeht, daß sich allmählich eine Umwandlung des bisherigen tatsächlichen und rechtlichen Zustandes in einen neuen ergibt. Ferner kann eine bestimmte Verwaltung sich als ein Mittel der Politik darstellen[11]), z. B. wenn der Statthalter von Elsaß-Lothringen oder die Oberpräsidenten von Schleswig-Holstein, Westpreußen, Posen eine auf äußerste Schonung der nationalen Empfindungen gerichtete Verwaltung gegenüber dem französischen, dänischen, polnischen Element folgerichtig durchführen, wenn Rußland in seiner finländischen und baltischen Verwaltung gerade entgegengesetzt verfährt und alles dem Russentum unterwerfen und einverleiben will. Natürlich sind in solchen und hundert entsprechenden Fällen die Wirkungen einer Verwaltung politische; doch lassen sich sehr wohl Verwaltungsakte denken, die eine solche Wirkung nicht von vornherein erstrebt haben und bei denen ganz gegen den Willen der maßgebenden Persönlichkeiten solche Wirkungen erzielt werden, z. B. bei der notwendig erachteten Zentralisation einer den Schutz und die Autorität der Staatsgewalt sichernden Maßnahme gegenüber gefährlichen, insbesondere landesverräterischen Umtrieben — hier kann der Zweck ein lediglich sicherheits-polizeilicher, auf Ruhe und Ordnung der Stadt oder Provinz gerichteter sein. Man muß sich also der Flüssigkeit der Grenzen zwischen einer politischen und einer nur verwaltenden Tätigkeit bewußt bleiben. Das Unterscheidende wird immer sein, ob ein zielsicherer Wille schöpferisch auf eine neue Werte hervorbringende Tätigkeit, also darauf ausgeht, früher in dieser Art noch nicht vorhandene Gestaltungen in das Leben treten zu lassen oder ob hiervon nicht die Rede ist.

Politik ist aber auch eine solche Tat nur, wenn sie auf Gemeinschaftszwecke gerichtet, also selbstsüchtiger Beweggründe zugunsten des einzeln Handelnden bar ist. Wenn z. B. ein Großkaufmann für das Deutsche Reich in Kriegszeiten ungeheure Mengen von Getreide einkauft, so kann dies eine Handlung von großer politischer Wirkung sein, die das Ergebnis von Waffenkämpfen, das Aushalten des deutschen Volkes beeinflußt. Solange aber egoistische privat-wirtschaftliche Motive als treibende Beweggründe obwalten, handelt es sich nicht um eine politische Tat, wenn immer man dem Begriff der Politik einen festen geisteswissenschaftlich haltbaren Umriß geben will. Wohl aber ist eine politische Tat vorhanden, wenn unter gleichen Umständen dem Präsidenten des Kriegsernährungsamtes die vollständig ausreichende Herbeischaffung von Nahrungsmitteln, ihre gleichmäßige und gerechte Verteilung bei angemessener Preisbildung gelingt. Die Stiftung eines städtischen Bürgers z. B. ist keine politische Tat, wenn die Zinsen hauptsächlich seinen Verwandten zukommen sollen, wohl aber eine Stiftung, die im Interesse der körperlichen und geistigen Volksertüchtigung erhebliche Mittel bereit stellt, um gesundheitlich bessere Verhältnisse innerhalb bestimmter Gesellschaftsklassen zu erzielen oder, zum Zwecke der Weiterbildung bestimmter Bevölkerungskreise, Fachschulen, Museen, Theater zu gründen. Eine Handlung kann auch in ihrer Wirkung Gemeinschaftszwecken dienen und politische Bedeutung gewinnen, ohne des privat-wirtschaftlichen Einschlages ganz zu entbehren. Wir denken hier z. B. an das Handels-U-Boot „Deutschland“, das trotz der englischen Übermacht zur See im Sommer 1916 von Bremen nach Baltimore fuhr und wieder zurück. Wir sehen ferner auch, daß das politische Handeln keineswegs, wie das fälschlich oft geglaubt wird, sich auf dem Boden der obrigkeitlichen Maßnahmen allein abspielen muß, sondern daß es ebenso auf wirtschaftlichem und allgemein kulturellem Gebiete vor sich gehen kann.

Die Gemeinschaft, der die schöpferische Tat zugute kommen

soll, ist vor allem der *Staat*. Über sein Wesen, seine Bedeutung für Gegenwart und Zukunft des deutschen Volkes, über sein Verhältnis zum Einzelwesen und zu Gesellschaftsgruppen, über die gewaltigen Fragen des kulturellen Individualismus und des wirtschaftlichen Staatssozialismus wird noch zu reden sein [12]). In der internationalen Politik kann der Staat auch *Objekt* einer stärkeren Macht oder einer politischen Staatengruppe sein, sei es, daß diese ihn mehr oder minder selbstherrlich behandelt, wie wir das während des Weltkrieges seitens der englischen, französischen und russischen Entente im Verhältnis zu Italien, Griechenland und Rumänien und auch bei der wirtschaftlichen Bedrückung der kleineren neutralen Staaten wie der skandinavischen und Holland sehen — sei es, daß der einzelne Staat, als ein mehr oder minder berechtigtes Glied einer Staatenverbindung, dieser gegenüber Rechte hat und Pflichten erfüllen muß. *Subjekt* des politischen Handelns ist aber, da der Staat kein willensfähiges Wesen ist, sondern zur Bildung seines Willens der Menschen bedarf, immer nur eine physische Person, nur daß, von seltenen Fällen einer Diktatur vielleicht abgesehen, jede politische Einzelperson auch getragen werden muß von Kräften, die aus ihrer Zugehörigkeit zu einer Machtgruppe, einem Stande, einer Gesellschaftsklasse, einer verfassungsmäßig vorgesehenen Stellung (Fürst, Minister) usw. fließen. *Gegenstand* des politischen Handelns ist dagegen der *Einzelne* nur auf dem Umwege über die Gemeinschaft. Das leuchtet sofort ein, wenn wir uns einen Augenblick den Staat als Empfänger politischer Wirksamkeit fortdenken. Es wäre absurd, zugunsten der Einzelpersönlichkeit *Gemeinschaftszwecke* erreichen zu wollen. Man könnte freilich sagen, beide, Staat *und* Einzelpersönlichkeit, sind Objekte der Politik. Das ist aber nur richtig in dem bereits angegebenen Sinne, daß das Individuum als Bestandteil der Gesamtheit ins Auge gefaßt wird. Denn in seiner gemeinschaftsfrei gedachten Vereinzelung entfällt jeder Beweggrund zu einer Handlungsweise, die es als Teil des Gemeinwesens betrachtete; der Mensch als gesellschaftliches Atom ist kein politisches Objekt. Insoweit aber die Einzelperson Bestandteil der Gesamtheit ist, tritt uns die natürliche

Erscheinung entgegen, daß neben dem Gebiete das wesentlichste Element des Staates eben der Einzelmensch ist, wenn er auch erst durch Häufung mit seines Gleichen, sodann durch Einordnung und Gliederung, Organisation und Beziehungssetzung von oben und unten und erst nach Schaffung geeigneter Führer (der sogenannten „Regierung") zum „politischen" Wesen des Staates wird. Deutlich hebt sich von dem hierbei sichtbaren Horizont das große Problem ab, ob der Staat Selbstzweck ist oder nur zur Verwirklichung des bestmöglichen Glückes seiner Angehörigen besteht oder ob es Grundvorstellungen in der heutigen Kulturwelt gibt, die auf eine mittlere Linie hinauslaufen [13]).

Es beruht auf der Gliederung des Staates, auf der Dezentralisation durch *Selbstverwaltung*, daß grundsätzlich staatliche Aufgaben auf Grund gesetzlicher Ordnung von *Gebietskörperschaften* übernommen werden, die innerhalb ihres Wirkungskreises weitgehende Selbständigkeit genießen und sich der bestmöglichen Erledigung derjenigen Gemeinschaftsaufgaben befleißigen, welche nicht einer einheitlichen Regelung durch das ganze Staatsgebiet hindurch bedürfen, sondern einer örtlichen Begrenzung fähig sind, die Verwaltung deshalb der Eigenart des engeren Gemeinwesens angepaßt werden kann. So ergibt sich im modernen Staat, insbesondere in Deutschland des neunzehnten und zwanzigsten Jahrhunderts sowohl die *Kommune* als Trägerin einer selbständigen Politik, deren Schranken jedoch durch Eingliederung der Gemeinde in den über ihr stehenden Staat gezogen sind, als auch eine Politik, deren *Gegenstand* das kommunale Leben (in Stadt, Landgemeinde, Kreis, Provinz, Zweckverband usw.) ist. Die Kommune ist Subjekt der Politik nur in den Grenzen der ihr vom Staate nicht genommenen Aufgaben. Sie ist gleichzeitig *Objekt*, insofern die Gemeinschaftsziele verfolgende Handlung sich auf sie selbst bezieht; sie ist es auch, soweit der Staat oder soweit Einzelpersonen oder Gesellschaftsgruppen das Gemeindeleben als Empfänger der zu erreichenden Neugestaltungen ins Auge fassen. Ob eine Handlung staats- oder kommunal-politisch ist, hängt von der vielfach zweifelhaften Frage ab, ob es sich um eine staatliche oder lokale Angelegenheit handelt. Bei der häufig vorhandenen Teilung der Aufgaben desselben Gebiets zwischen Staat und Gemeinden wird man zu starr festzuhaltenden Grenzen kaum jemals gelangen können; z. B. ist die Sozialpolitik eine teils staatliche, teils kommunale, während wir uns durchaus die Lage denken können, daß der Staat sich alle Aufgaben dieser Art allein vorbehält, aber auch, daß er sie alle den Gemeinden zur Durchführung überläßt. Doch handelt es sich an dieser Stelle noch nicht um den Inhalt der Kommunalpolitik, sondern nur um die Feststellung, daß die Gemeinden der verschiedensten Stufen, ebenso wie der Staat, den Boden abgeben, auf dem eine auf Gemeinschaftszwecke gerichtete schöpferische Betätigung sich vollzieht.

Es dürfte kaum schwierig sein, auch die Überzeugung zu vermitteln, daß ein solcher Boden durch die geschlossen gedachten Gesellschaftsklassen nicht minder wie durch Staat und Gemeinden geschaffen wird, daß sie ebenfalls Voraussetzung und Gegenstand sowie die Bringer politischer Handlungen sind. Man denke hierbei an die Politik für die arbeitenden Klassen im engeren Sinne, an die Mittelstandspolitik, an diejenige der Grund- und Hausbesitzer, Agrarier, Kaufleute, Industriellen, Kapitalisten, der Handwerker, höheren und niederen Beamten usw. Freilich zeigt sich sofort, daß sich hier klare Zusammenfassungen aller zu einer Gesellschaftsklasse gehörenden Personen nicht immer ermöglichen lassen, ferner daß politische Handlungen zwar auch für die nicht organisierten Gesellschaftsklassen vorgenommen werden, sie dann aber nach dem bestimmenden Subjekt meist staatliche oder kommunale Politik darstellen; daß dagegen die Gesellschaftsklassen, wenn sie in ihrem eigenen Interesse selbst wirksam handeln, nur durch das Mittel einer bewußten Organisation aus sich heraus Politik schaffen, die dann das eigene Klassengebilde zum Gegenstande ihrer meist an Staat oder Gemeinde, selten an internationale Zusammenhänge sich anlehnenden Betätigung machen.

All dies wird noch klarer bei den Betrachtungen über den Inhalt der Politik. Hierbei wird auch deutlich werden, wieso auch eine jede Bestrebung, die auf eine, Gemeinschaftszwecke wollende Tat gerichtet ist, Politik ist.

Zweiter Abschnitt

Von den Gegenständen der inneren Politik

I.

Will man sich von dem Inhalt der inneren Staats- und teilweise Kommunalpolitik eine möglichst vollständige, ihren Kern aufdeckende Vorstellung machen, sich nach ihren Problemen umsehen und deren Lösung versuchen, so bieten sich zwei Möglichkeiten an. Entweder geht man den staatlichen Funktionen der Gesetzgebung, Rechtsprechung und Verwaltung nach, oder man sucht einen systematischen Aufbau nach mehr oder minder sicher begründeten wissenschaftlichen Richtlinien durchzuführen. Aber keine der beiden Methoden ist, für sich genommen, geeignet, jenes Ziel lückenlos zu erreichen. Denn bei der ersteren bleiben gewisse politische Lebensbetätigungen, die außerhalb der Staatsfunktionen sich aus den gesellschaftlichen Bewegungen ergeben, unvermeidlich draußen, insbesondere die politische Parteibildung, allgemeine Wirtschaftsfragen, Grundvorstellungen der rechtlichen und sozialen Staatslehre. Bei der zweiten Methode würden die unmittelbar praktischen politischen Erscheinungen von nüchterner Gegenständlichkeit vielfach unberücksichtigt gelassen werden müssen, zumal sich jede wissenschaftliche systematisierende Tätigkeit mehr um einteilende Grundsätze und große Grundlinien, als um die denkbare Vollständigkeit der das tägliche Leben bewegenden Einzelfragen bemüht. Deshalb soll im nachfolgenden eine Verbindung der beiden Methoden stattfinden und zunächst von dem einen, später von dem anderen Mittel, die innere Politik und ihre Lebensfragen vor dem geistigen Auge vorüberziehen zu lassen, Gebrauch gemacht werden.

Eine gute Strecke Weges wird uns die von der Lehre über

die Teilung der Gewalten gebotene Gliederung den Pfad weisen.

Die Staatsgewalt ist eine einzige, einheitliche, unteilbare. Das schließt aber nicht aus, ihre Tätigkeit in sogenannte Funktionen zu scheiden, begrifflich die Gewalten zu teilen. Schon der Engländer Locke hat versucht, für die Staatsgewalt Einteilungsmaßstäbe zu gewinnen, indem er die gesetzgebende, rechtsprechende und föderative Funktion unterschied. Aber erst Montesquieu hat die Lehre von der Teilung der Gewalten zu einer weltpolitisch bedeutsamen gemacht. Er hat die Unverlierbarkeit der Idee von der Trennung der Gewalten gesichert und auch die Erkenntnis ihrer besonderen organisatorischen und funktionellen Bedeutung in das Bewußtsein der politisch Denkenden eingebettet. Gesetzgebung oder Legislative besteht in dem Erlasse von Rechtsnormen durch die verfassungsmäßigen Organe der Staatsgewalt; sie sind allgemein und abstrakt, d. h. auf alle, die es angeht, gleichmäßig anzuwenden. Die Justiz im Sinne von Rechtsprechung besteht in der Handhabung der von der Gesetzgebung dargebotenen Rechtssätze und anderen Vorschriften. Justiz im Sinne der Aufrechterhaltung unserer Rechtsordnung, d. h. der Ahndung der Rechtsverletzung und Gewährung des Rechtsschutzes durch Zivil-, Straf- und Verwaltungsgerichte ist darüber hinaus ein weiterer mit dem ersten nicht zu verwechselnder Begriff. Verwaltung ist die Tätigkeit des Staates, die sich in der zweckmäßigen Anordnung der für das Allgemeinwohl erforderlichen Maßnahmen, in der Sorge für die Volks- und Staatsinteressen außerhalb der Gesetzgebung und Justiz erschöpft. Sie regelt im wesentlichen konkrete und individuelle Angelegenheiten im Gegensatz zur Gesetzgebung, die das Recht allgemein und ohne Ansehen des besonderen Falles setzt. Die Abscheidung der Verwaltung von Gesetzgebung und Justiz erfolgt demnach vor allem nach einem rein äußerlichen Momente, nämlich der Nichtzugehörigkeit zu diesen beiden letzteren Staatsfunktionen.

Nach der französischen Theorie des 18. Jahrhunderts (Montesquieu, Rousseau) dürfen jene drei Funktionen nicht in der Hand eines einzelnen Menschen, insbesondere des Monarchen sein, da hierdurch naturnotwendig die Tyrannei, die Willkür, der Absolutismus begründet würde. Wer neben der Verwaltung die Rechtspflege und die Gesetzgebung in seiner Person vereinigt, vermag das Recht in dem einzelnen Anwendungsfalle nach seinem Willen zu beugen, dies sogar noch mit einem Scheine der Gerechtigkeit, da eine Berufung auf das Gesetz erfolgt, freilich auf ein solches, das er stets umändern und aufheben kann. So gilt es denn nach der konstitutionellen Theorie, die Gewalten zü teilen. Die Gesetzgebung soll dem Volke zustehen, die Gerichtsbarkeit unabhängigen Gerichten, die Verwaltung dem Monarchen oder dem sonstigen Staatsoberhaupt. Durchgeführt ist in den modernen Kulturstaaten nur das zweite, die Unabhängigkeit der Gerichte. Dagegen steht die Gesetzgebung nicht allein dem Volke zu, wird vielmehr am häufigsten ausgeübt durch das Parlament im Zusammenwirken mit einem anderen Staatsorgan insbesondere dem Monarchen. Die Verwaltung ist zwar dem Namen nach bei dem Staatshaupte verblieben, doch hat seine Machtbefugnis erhebliche Einschränkungen dadurch erlitten, daß die Verwaltungsakte unter der Verantwortlichkeit der Minister vorgenommen werden, und daß ferner die Freiheit der monarchischen Verwaltungstätigkeit erheblich begrenzt erscheint durch die Organisationsgesetze und das ganze System reichhaltigster Verwaltungsnormen.

Die Verselbständigung von Gesetzgebung, Justiz und Verwaltung schwebte der konstitutionellen Theorie des 18. und 19. Jahrhunderts vor. In der politischen Wirklichkeit ist sie nirgends durchgeführt. Verwaltung und Justiz sind der Gesetzgebung nicht gleich gestellt, ihr vielmehr untergeordnet. Für beide sind in der Hauptsache Gesetze maßgebend, wenn auch ein Teil der für die Justiz, besonders aber für die Verwaltung maßgebenden Rechtsnormen allerdings auch aus allgemeinen Grundsätzen entnommen werden kann. Des weiteren sind für die Verwaltung auch Zweckmäßigkeitsrücksichten maßgebend. Andererseits ist auch die Gesetzgebung von Verwaltung und Justiz nicht völlig unabhängig, muß vielmehr die auf jenen Gebieten gemachten Erfahrungen für sich gelten lassen, zu Verbesserungen und Neuordnungen sich entschließen. Von einer vollständigen Unberührtheit der Verwaltung durch die Justiz kann ebenfalls bei Betrachtung der politischen Wirklichkeit nicht gesprochen werden, da, jedenfalls während der Herrschaft des Rechtsstaates, die Ergebnisse der richterlichen Wirksamkeit die Verwaltung auf weiten Strecken maßgebend beeinflussen müssen. Die Notwendigkeit einer Beachtung der Rechtsprechung für die praktische Verwaltung leuchtet daher ohne weiteres ein. Wenn und insoweit diese einer gerichtlichen Nachprüfung unterworfen ist, dann muß sie die ergehenden richterlichen Sprüche für sich gelten lassen. Dies zwar nur in dem konkreten Streitfalle; aber die Wirkung insbesondere der oberstrichterlichen Rechtssprüche geht darüber hinaus. Eine Verwaltung, die mit den ständig festgehaltenen Rechtsgrundsätzen der höchsten Verwaltungsgerichtshöfe in Widerspruch steht, ist auf die Dauer unmöglich.

Die aus der politischen Wirklichkeit entnommene Kritik der Lehre von der Gewaltenteilung wird weiter unterstützt durch Einsicht in die Bestrebungen, die im Anschluß an diese Einteilungsmaßstäbe unter den Gesichtspunkten sich erkennen lassen, die den Inhalt der Politik auf den Wegen der gesetzgeberischen, richterlichen und verwaltenden Tätigkeit aufsuchen.

Wir erkannten schon, daß die Gesetzgebung in dem Erlasse allgemeiner Vorschriften durch die verfassungsmäßig bestimmten Organe der Staatsgewalt, im Schaffen abstrakter Rechtssätze, die für die davon Betroffenen gleichmäßig gelten sollen, besteht. Es ist nun nicht bloß ein rechtsformaler Vorgang, sondern ein politischer Akt der Staatstätigkeit, wenn im Deutschen Reiche Bundesrat und Reichstag sich über ein Gesetz einigen, dessen Ausfertigung und Verkündigung dem Kaiser als verfassungsrechtliche Pflicht obliegt. Es ist aber auch die ganze Summe der hierauf gerichteten Bemühungen, sowohl der gesetzgebenden Körperschaften, wie vorher der einzelnen Parteien und Gesellschaftsgruppen, Politik. Man muß nur bedenken, wie die Gesetze eines jeden Landes mit konstitutioneller Verfassung der Ausdruck entweder der Mehrheit — nicht gerade der Volksstimmen, sondern der Volksvertretung — sind und daß sich diese Mehrheit meist als die Querlinie in dem Gleiseck der Kräfte erweist; daß mit anderen Worten die schließlich erreichte Übereinstimmung im Bundesrat und Reichstag einen Ausgleich der gegensätzlichen einander widerstrebenden Richtungen darstellt. In der Regel sind Kämpfe in der Öffentlichkeit, der Presse, innerhalb der Interessenten und Parteigruppen um so stärker, je größer das staatliche Interesse, je erheblicher die Zahl der vom Gesetz betroffenen Personen ist, je mehr es sich um Fragen des politischen Einflusses, der Weltanschauung, der religiösen Überzeugung, der wirtschaftlichen Geltung usw. handelt. Denken wir nur an die Kulturkampfgesetzgebung der 1880er Jahre, an das Wahlrecht zum preußischen Abgeordnetenhaus, an die Zoll- und Steuergesetzgebung des Reiches, an den Versuch gesetzgeberischer Regelung des Verbots, Streikposten zu stehen, des Schutzes der Arbeitswilligen und ähnliches mehr. Alle Tätigkeit, die auf Erlaß solcher Gesetze als schöpferische Handlungen gerichtet ist, stellt einen Teil der Politik dar.

Die Rechtspflege oder Justiz im materiellen Sinne hat den Schutz der Rechtsordnung durch Handhabung von Gesetz und Gewohnheitsrecht zur Aufgabe. Die Justiz in formellem Sinne geht einerseits darüber hinaus und umfaßt die Tätigkeit der ordentlichen Gerichte überhaupt, also auch diejenige Wirksamkeit, die nicht mittels Rechtsspruches vor sich geht; hierher gehört die sogenannte freiwillige Gerichtsbarkeit: Grundbuch, Vormundschaftswesen, Nachlaßgericht usw. Andererseits umfaßt die Rechtspflege im materiellen Sinne mehr, nämlich nicht bloß die Spruchtätigkeit der ordentlichen Gerichte, sondern auch der Verwaltungsgerichte verschiedenster Art und Ordnung.

Die Gerichte sind in Deutschland, aber auch in anderen Kulturstaaten grundsätzlich unabhängig und nur dem Gesetze unterworfen. Zum Schutze dieser Unabhängigkeit ist bestimmt, daß die Ernennung der Richter auf Lebenszeit erfolgt, sie ein festes Gehalt unter Ausschluß von Gebühren beziehen, wider ihren Willen nur kraft richterlicher Entscheidung und nur aus gesetzlich bestimmten Gründen dauernd oder zeitweise ihres Amtes enthoben oder an eine andere Stelle oder in den Ruhestand versetzt werden können. Während daher die Rechtspflege, soweit sie von den Gerichten selbst geübt wird, von jeder Politik grundsätzlich frei bleiben muß, kann diese doch in der Justizverwaltung eine Rolle spielen, sowohl bei der Anstellung der Richter wie bei der Einwirkung der Verwaltung auf die Ausübung des Richteramtes [14]). Trotz des Verfassungsgrundsatzes, daß die öffentlichen Ämter für alle dazu Befähigten gleich zugänglich sind, wenn nur die von den Gesetzen festgestellten Bedingungen eingehalten werden, kann ein Anspruch auf ein Amt für alle diejenigen, die die Fähigkeit zum Richteramte erlangt haben, nicht anerkannt werden. Solange das Angebot der richterlichen Kräfte den Bedarf weit übersteigt, wird aus der Zahl der Bewerber immer eine Auslese stattfinden müssen und sie kann, will man nicht unerwünschte parlamentarische Einflüsse bei der Besetzung des richterlichen Amtes billigen, nur von der Justizverwaltung, insbesondere deren höchster Spitze erfolgen. Hierbei werden aber die Grundsätze, nach denen allgemein verfahren wird, oder einzelne Maßnahmen, einen gewissen politischen Einschlag gewinnen, wenn man die Angehörigen einer bestimmten Gesellschaftsschicht, Partei, Konfession bevorzugt oder gar finanzielle Unabhängigkeit, glänzende soziale Verhältnisse und dergleichen, etwa bei Besetzung von Präsidentenstellungen, maßgebend sein läßt oder wenn man die in der Staatsanwaltschaft tätig gewesenen Beamten bei der Beförderung in höhere richterliche Ämter bevorzugt. Die Unabhängigkeit der Gerichte darf auch nicht durch minder sichtbare Mittel beschränkt werden z. B. allzu starke Besetzung eines Gerichtshofes mit jungen Assessoren, die der Autorität eines älteren und ranghöheren Vorsitzenden sich um so leichter fügen werden, je größer die Wahrscheinlichkeit ist, daß er ihre Befähigung zwecks endgültiger Ernennung zum Richter zu begutachten haben wird. Politische Einflüsse könnten auch insofern eine Rolle spielen, als die Vorsitzenden einzelner Kammern des Landgerichts, „bei denen Aufsehen erregende Prozesse gespielt haben, plötzlich an andere Kammern oder Senate versetzt werden". Das deutsche Recht sieht zwar vor, daß die einmal festgesetzte Verteilung der richterlichen Beamten im Laufe des Geschäftsjahres nur wegen Überlastung einer Kammer oder infolge Wechsels oder dauernder Verhinderung einzelner Mitglieder des Gerichts geändert wird. Aber wie leicht ist es für eine energische Staatsleitung, das Vorhandensein solcher Gründe zu erkennen! Politische Wirkungen können auch erzielt werden durch Handhabung des Strafmaßes bei Prozessen, die Verbrechen und Vergehen gegen die Staatsgewalt der verschiedensten Art, Beamtenbeleidigung und dergleichen zum Gegenstande haben; so ist es z. B. unzulässige politische Beeinflussung, wenn die Justizverwaltung in Rundverfügungen darauf hinweist, daß ein bestimmtes Gericht bei Straftaten gewisser Art besonders hohe oder besonders niedrige Strafen zu verhängen pflegt; „wenn es bei Beleidigungen von Offizieren oder bei sonstigen Prozessen, bei denen Militärbehörden beteiligt waren, die Generalkommandos sich an den Landgerichtspräsidenten gewendet und sich darüber beschwert haben, daß die verhängten Strafen zu niedrig bemessen oder daß die Art und Weise, wie die Veröffentlichung des Urteils angeordnet ist, unzweckmäßig sei. Eine solche Beschwerde darf die Justizverwaltung gar nicht dem in Frage kommende Gericht zur Äußerung überweisen, sondern muß sie als Verletzung der Unabhängigkeit der Gerichte entgegenzunehmen grundsätzlich ablehnen“ [15]). Die Dienstaufsichtsbehörde darf ferner unter keinen Umständen den sachlichen Inhalt einer richterlichen Entscheidung zum Gegenstande ihrer Nachprüfung auf die Richtigkeit oder Unrichtigkeit machen. Dazu sind die übergeordneten Gerichte, in der Regel die für die Berufung und Revision zuständigen da.

Daß das politische Moment auf dem Gebiete der Rechtspflege überhaupt keine Rolle spielt, wie manche annehmen, ist daher unrichtig. Man kann nur zugeben, daß für die Streitigkeiten um Mein und Dein, hauptsächlich bei der Rechtsprechung in bürgerlichen Streitsachen, es für den Staat im wesentlichen darauf ankommt, daß Gerechtigkeit geübt wird und ein unparteiischer Schutz des Rechts stattfindet und daß, dies vorausgesetzt, das Wie der Entscheidung solange von keiner besonderen Bedeutung ist, als durch den Übergang der Vermögenswerte von dem einen auf den anderen das Gleichgewicht der wirtschaftlichen und gesellschaftlichen Kräfte nicht erheblich berührt wird. Auch bei der Strafgerichtsbarkeit kommt es hauptsächlich darauf an, daß gerecht entschieden wird. Aber da die Strafe teils den Vergeltungszweck, teils den Zweck der Sicherung der Gesellschaft vor Verletzung ihrer ideellen und materiellen Güter verfolgt, kann es nicht ohne gesetzgebungs-politisches, kriminal-politisches und sozialpolitisches Interesse sein, ob und wie die Art der Strafverhängung (übrigens auch ihrer Vollstreckung) jenen Zwecken gerecht wird. Auch dann erkennen wir die politische Bedeutung von Grundfragen auf diesem Gebiete, wenn wir uns dem Problem zuwenden, ob gelehrte Berufsrichter oder Männer aus dem Volke das Urteil schöpfen sollen, wenn das Für und Wider ihrer bisherigen Bewährung, ihres Einflusses auf Volkskultur und Gesellschaftsfrieden abgewogen wird. Erinnert sei nur an den Kampf zugunsten der und gegen die Schwurgerichte, die Beibehaltung und Neugestaltung der Schöffengerichte, besonders als Berufungsinstanz. Es ist schlimm genug, daß noch jüngst gesagt werden konnte, die Klagen über die Rechtsprechung der Juristengerichte seien noch viel allgemeiner als über die Sachverständigengerichte (Kammern für Handelssachen bei den Landgerichten, Gewerbe- und Kaufmannsgerichte). „Man wirft den Richtern Weltfremdheit vor und beschränkt diesen Vorwurf durchaus nicht auf die Fälle sensationeller Strafprozesse. Die „Klassenjustiz" ist zu einer regelmäßigen Rubrik in der sozialdemokratischen Presse geworden und die einseitige Behandlung politischer Parteien, die konsequente Parteinahme für die Autorität des Beamtentums und gegen die Rechte des Volkes hat in weitesten Kreisen Erbitterung erregt. Die Vorwürfe wurden von der anderen Seite ebenso entrüstet zurückgewiesen und diese Erörterungen führten zu einer sich immer mehr verschärfenden Entfremdung zwischen Volk und Rechtsprechung." [16]) Wenn von den erhobenen Vorwürfen auch nur ein bescheidener Teil gerechtfertigt ist, kann die politische Wirkung einer die sozialen Kräfte und Lebensverhältnisse nicht ausreichend würdigenden Rechtsprechung nicht bezweifelt werden. Notwendigerweise führen dann die Fragen der Besetzung der Gerichte, das Vorwiegen des gelehrten Richtertums einerseits, die Einseitigkeit des Schwurgerichts andererseits, die Fragen der Vorbildung und Befähigung des Richters, die Verteilung der Zuständigkeiten — z. B. Übertragung des betrügerischen Bankerotts an die Strafkammern, der schweren Urkundenfälschung, der Verleitung zum Meineid an die Geschworenengerichte (jetzt ist es in Deutschland gesetzlich umgekehrt) — zu gesetzespolitischen Forderungen, zum Widerstreit der Parteien, der Presse, der öffentlichen Meinung. Diese werden auch immer wieder befaßt mit den bisher ungelösten Fragen der außerordentlichen Langsamkeit und Schwerfälligkeit unseres bürgerlichen Prozesses, der um so mehr versagt als „unser Volk an Prozeßwut leidet“ [17]), geeignete Vergleichsbehörden fehlen [18]); der Versuch, ein Friedensrichteramt in Deutschland einzuführen, wie es Belgien, Frankreich, Italien, Portugal, Spanien, die Schweiz und die Türkei besitzen, ist bei uns bisher noch nicht gelungen. Unter dem Namen eines Sühne- und Güteverfahrens wird der Gedanke in neuester Zeit viel verfolgt. Er ist stark politischer Natur.

Alle Bestrebungen auf die die staatliche Rechtspflege verändernden Maßnahmen gehören der Politik ebenso an, wie diejenigen, die sich auf eine von Grund aus erfolgende oder nur teilweise Neugestaltung auf dem Gebiete der Verwaltung richten. Unter dieser versteht man die Tätigkeit des Staates zur Verwirklichung seiner Zwecke außerhalb von Gesetzgebung und Rechtspflege. Die Besonderheit der Verwaltung liegt u. a. darin, daß sie in Wirklichkeit vorhandene, nicht nur an und für sich gedachte und daß sie ferner einzelne selbständige, nicht allgemeine Angelegenheiten regelt, wie die Gesetzgebung. Es handelt sich übrigens stets um öffentliche Verwaltung, rechtlich geordnete Geltendmachung der Gesamtinteressen des Staates oder der ihm eingegliederten Körperschaften gegenüber persönlichen Einzelinteressen, so daß ausgeschaltet bleibt diejenige Vorstellung einer Verwaltung, bei der vorwiegend wirtschaftliche Verfügung über das Vermögen ohne rechtlichen Charakter oder aber in der Form von Rechtsgeschäften unter Rechtssubjekten stattfindet, die im Verhältnis der Nebenordnung stehen und gleichmäßig Privatrechtsnormen unterworfen sind, ohne daß die Geltendmachung der Herrschaftsgewalt in Frage steht [19]). Bei dieser öffentlichen Verwaltung gestattet es die Mannigfaltigkeit der Zwecke nicht, daß alles und jedes an formelle Gesetze und eng begrenzte Vorschriften gebunden sei. Hier muß am meisten der Besonderheit der Verhältnisse Rechnung getragen werden. Die wechselnden Bedürfnisse des Gemeinschaftslebens, dem die behördliche Tätigkeit dienen soll, verlangen eine Rücksichtnahme auf die jeweilige Verschiedenheit der Lage; da jedoch die Verwaltung im heutigen Rechtsstaate grundsätzlich an die Rechtsordnung gebunden bleiben muß, kann ein Widerstreit dieser Forderung mit der auf Zweckmäßigkeit gerichteten Tätigkeit der Verwaltung entstehen, dessen Lösung unerläßlich ist. Es kann hier auf sich beruhen, wie sie im einzelnen erfolgt. Ich will nur andeuten, daß innerhalb der Rechtsschranken für die Verwaltung verschiedene Möglichkeiten gegeben sind, so daß der für die zweckmäßigste Handhabung der Dinge notwendige Spielraum übrig bleibt und ferner, daß allgemeine Rechtsgrundsätze der Verwaltung sich ausgebildet haben, deren Befolgung das Erfordernis einer rechtsordnungsmäßigen Tätigkeit ausreichend zu erfüllen vermag. Was uns aber hier auffällt, ist die schon angedeutete Verwandtschaft mit der Politik; denn hier wie dort gilt es vielfach Neues zu gestalten, schöpferisch zu wirken. Wir sahen schon, daß die Grenzen flüssig sind. Ganz besonders deutlich wird aber an dieser Stelle, daß auf solche schöpferische Tätigkeit gerichtete Bestrebungen das Kennzeichen der Politik gewinnen. So ergibt denn eine, wenn auch keineswegs erschöpfende Überschau der Verwaltungsgebiete, daß sich an sie, viel mehr als an die Rechtspflege, politisches Streben heftet, während die Gesetzgebung ja nur die äußere Form dargestellt, in der die politische Handlung gleichsam in Formeln erstarrt, um nachher wieder in täglicher Anwendung durch Justiz und Verwaltung jeweils aus dieser Starrheit gelöst zu werden.

II.

Freilich hängen Verfassung und Verwaltung eng zusammen und sie sollen auch für die nachfolgenden Betrachtungen nicht peinlich getrennt werden. Es handelt sich uns zunächst um Verfassungsprobleme im Reich und in den Einzelstaaten. Stellen wir den Grundgedanken an die Spitze, daß das Verfassungsrecht bestimmt ist, „den Staat fertigzustellen als das handlungsfähige Gemeinwesen, damit er alsdann in Gesetzgebung, Justiz und Verwaltung seine Zwecke verfolgen kann“[20]). Diese Aufgabe pflegt aber nur dann mit einigem Erfolg erfüllt zu werden, wenn großen geistigen und politischen Strömungen in weitestgehendem Maße genüge geschieht und wenn ein am Alten hängender oder beharrlicher Volkscharakter Veränderungen im wesentlichen abhold ist. Dagegen bleiben verfassungsrechtliche Fragen in dauerndem Flusse, wo diese Bedingungen nicht zutreffen. Das gilt besonders, wenn eine gerade im politischen Punkte besonders empfindliche Zeitrichtung herrscht, ein von weltgeschichtlichen Stürmen umbraustes Geschlecht durch Unzulänglichkeiten des Verfassungslebens außerordentlich reizbar geworden ist; wenn großen, durch den Sozialismus während mehr als einem halben Jahrhundert aufgerüttelten Massen ein auch nur bescheidener Teil ihrer Erwartung und Anwartschaft auf eine solche Grundorganisation des Staatswesens versagt bleibt, die den geeigneten Boden für ihre menschenwürdige Lebenshaltung, ihre Zulassung zu geistigem Aufstieg und politischem Einfluß abgeben sollte. Die elementarste Frage wird die nach der Staatsform, also nach Monarchie oder Republik sein[21]), die für Deutschland auf lange Zeit hinaus im ersteren Sinne beantwortet werden muß, die aber keineswegs außerhalb des Streites war, wenn man an das Parteiprogramm der Sozialdemokratie und ihre lange festgehaltenen Forderungen denkt. Die rechtliche Macht des Staatsoberhauptes im Verhältnis zur Rechtsprechung wird heute in allen Kulturstaaten im negativen Sinne erledigt angesehen; die Unabhängigkeit der Gerichte bedingt den Ausschluß jeder Beeinflussung von oben wie von unten. Aber insoweit auf dem Boden der Justizverwaltung politische Gesichtspunkte denkbar sind, ist es nicht ausgeschlossen, daß auch die Stellung des Staatsoberhauptes (man denke nur an Majestätsbeleidigungsprozesse) mit in den politischen Bereich gezogen wird [22].

Die Beziehung des Staatsoberhauptes zu den gesetzgebenden Körpern wird bei bewährten vieljährigen Verfassungszuständen zwar formell keine Reibungsflächen geben. Wohl aber kann materiell sich hier mancherlei politisch Bedeutsames ereignen; z. B. wenn der hierzu berechtigte Monarch seine Zustimmung zu einem Gesetzentwurf verweigert, den die beiden Kammern des Landtages (in Preußen Abgeordnetenhaus und Herrenhaus, in Bayern Kammer der Reichsräte und der Abgeordneten, in Sachsen erste und zweite Ständekammer usw.) angenommen haben; oder wenn im Reich der Kaiser die rechtlich ohne seine Zustimmung zustande zu bringende Annahme eines Gesetzentwurfs durch Bundesrat und Reichstag nicht, wie es die Reichsverfassung vorschreibt, ausfertigen und verkündigen will, weil das Gesetz in ihm Gewissensbedenken erregt. Noch anders liegt das politische Problem, wenn eine Notverordnung erlassen worden ist, bei der zwar die meisten formellen Bedingungen gewahrt worden sind, die Frage jedoch, ob wirklich eine Staatsnotlage vorgelegen hat, vom Staatsoberhaupt und Ministerium bejaht wurde (was in ihrer Zuständigkeit lag), ohne jedoch hierbei den Beifall des Landes und der Volksvertretung zu finden. Zwar wird in den meisten Kulturstaaten eine nachträgliche Aufhebung rechtlich durchzusetzen sein, aber bis dahin hat die Notverordnung Gesetzeskraft und unter ihrem Schutze können Staatshandlungen von unabsehbarer Bedeutung vorgenommen sein, die später mindestens in ihren Wirkungen nur schwer wieder rückgängig zu machen sind. Auch im übrigen sind die Grenzen zwischen der Gesetzgebungsgewalt, die nicht ohne die Parlamente ausgeübt werden kann und der Verordnungsgewalt, bei der lediglich Monarch und oberste Staatsbehörden beteiligt sind, keineswegs überall scharf zu ziehen. Insbesondere in Preußen ist die Frage außerordentlich streitig, ob der König das Recht hat, abgesehen von Ausführungsverordnungen zu

Gesetzen, sogenannte selbständige Verordnungen zu erlassen [23]). Die Wissenschaft hat im Anschluß an die konstitutionelle Staatsentwicklung den Unterschied zwischen dem Gesetz im formellen und materiellen Sinne geschaffen. Sie versteht unter jenem jeden Staatsakt der gesetzgebenden Organe in den Formen, die für die Gesetze vorgeschrieben sind, mag der Inhalt ein Rechtssatz oder was sonst immer sein, z. B. eine Verfügung, eine Verwaltungshandlung. Dagegen ist das Gesetz im materiellen Sinne jede von den zuständigen Organen des Staates ausgehende rechtsverbindliche Anordnung, die allgemeine oder abstrakte Vorschriften enthält und den Gegensatz bildet zur Verfügung, die einzelne und genau bestimmte Angelegenheiten ordnet. Es ist nun die richtige staatsrechtliche Auffassung für die deutschen Einzelstaaten die, daß allgemeine, die Untertanen verpflichtende Rechtsvorschriften nur mit Zustimmung des Parlaments erlassen werden können, nicht auf dem Wege der Verordnung, also auch nicht auf dem der Königlichen Verordnung. So ergibt der Begriff des materiellen Gesetzes die Möglichkeit einer Abscheidung der Gesetzgebungsgewalt von der Verordnungsgewalt, noch genauer der monarchischen von der der Volksvertretung. Allein diese Meinung ist nicht einwandfrei in den Verfassungsurkunden bezeugt und auch im Schrifttum nicht unbestritten. Es kann daher als eine politische Forderung höchster Ordnung bezeichnet werden, jenen Grundsatz von allem Zweifel durch besondere staatliche Gesetzgebung sicherzustellen. In diesen Zusammenhang gehören überhaupt die wichtigen Probleme, die auf möglichste Klarlegung der Befugnisse der zwei obersten Staatsorgane, der Monarchie und der Volksvertretung im Verhältnis zueinander hinweisen. In dieser Richtung ist noch manches im Nebel der Ungewißheit, wobei die überragende Stellung der bereits vor den Verfassungsurkunden vorhandenen deutschen Monarchien mit ihrem geschichtlich älteren und nachwirkenden Rechte besonders einleuchtet. Das Staatsrecht weist, einem vielverheißenden Grundsatze gemäß, alle diejenigen Befugnisse dem Fürsten zu, die nicht anderen Staatsorganen, insbesondere nicht dem Landtage ausdrücklich zugesprochen sind. Man drückt dies auch so aus, daß im Zweifel die rechtliche Zuständigkeit des Monarchen anzunehmen sei, so z. B. wenn es sich um die Frage handelt, wer im preußischen Staat die vom König verliehenen Auszeichnungen, Titel und Bevorzugungen wieder entziehen kann. Wenn auf diese Weise dem Monarchen auch solche Rechte zufallen, an die man früher nicht gedacht hat, weil bislang die Frage der Berechtigung zu einem bestimmten Staatsakte und die zuständige Stelle noch nicht streitig geworden war, so kann man sich sehr wohl einen *politischen* Anspruch auf eine genauere und auch auf eine von jenem Grundsatze abweichende Regelung vorstellen. Mit Recht ist neuerdings ausgesprochen worden, der Satz, daß der Monarch alle Rechte der Staatsgewalt in sich vereinigt, sei nicht im Sinne der Persönlichkeitstheorie wörtlich so zu verstehen, daß er nur hinsichtlich der Ausübung gewisser Rechte an die Mitwirkung bestimmter Organe gebunden ist, sondern nur die Bedeutung habe, daß der Monarch an allen staatlichen Hoheitsrechten mehr oder weniger Anteil habe, daß ferner eine Vermutung für die Zuständigkeit der Krone gegeben ist, nachdem diese sich selbst durch ein Grundgesetz gewisse Beschränkungen auferlegt hat. Die Behauptung, der Monarch sei Inhaber der gesamten Staatsgewalt, ist teilweise aus dem Bestreben zu erklären, die Einheit der Staatsgewalt im Monarchen trotz des Bestehens von Volksvertretungen theoretisch zu wahren. Diese politische Forderung eines gemeinsamen Ausgangspunktes aller staatlichen Funktionen darf aber nicht zu der Folgerung führen, daß rechtlich die ganze Staatsgewalt in einem einzigen Organ verkörpert sein müsse [24]).

Das Fehlen einer rechtlichen Ordnung, die den Gefahren einer einseitigen Betonung des monarchischen Prinzips vorbeugt, hat vielfach zu gewohnheitsrechtlichen Gestaltungen geführt, deren außerordentliche Tragweite durch ein weiteres Beispiel deutlich gemacht werden soll. Es bedürfen der Übung gemäß *Armeebefehle* d. h. diejenigen Anordnungen des Herrschers, die dieser auf Grund seiner Kommandogewalt über die Armee erläßt, zu ihrer Gültigkeit nicht der Gegenzeichnung des verantwortlichen Ministers, wohl aber die *Armeeverordnungen* d. h. diejenigen Anordnungen, die er auf

Grund seiner Regierungsgewalt im engeren Sinne trifft. Es fragt sich aber nun, was Kommando- und was Regierungsgewalt ist. Erstere (die mit Oberbefehl übereinstimmt) ist aber recht streitig. Die einen halten den Oberbefehl für eine Anordnung, die die militärische Aktion und deren Vorbereitungen betrifft, andere für den auf die Zwecktätigkeit des Heeres bezüglichen Teil der militärischen Vollzugsgewalt. So kommt man schließlich zu der Erkenntnis, daß eine begriffliche Abgrenzung der beiden Begriffe des Armeebefehls und der Armeeverordnung von einander unmöglich ist und begnügt sich damit, die Abscheidung dem Herkommen gemäß auf Grund eines preußischen Erlasses vom 18. Januar 1861 vorzunehmen![25])

III.

Die Auffassung, daß die Verfassungsverletzungen seitens des Monarchen rechtlich keiner Verantwortlichkeit unterliegen, ist allgemein anerkannter staatsrechtlicher Grundsatz aller Kulturstaaten, während die Verfassungsverletzungen des republikanischen Staatsoberhauptes je nach der Verfassungsurkunde teilweise anders beurteilt werden; aber die politische Wirkung der die Verfassung verletzenden Handlungen oder Unterlassungen bleibt auf einem ganz anderen Blatte stehen und kann nicht mit Hilfe juristischer Begriffe erfaßt werden. Gefahren, die dem Staatsleben von solchen Möglichkeiten drohen, sind auf andere Weise zu bannen: durch die Vermeidung solcher Verwicklungen, die das Staatsoberhaupt in einen Widerstreit seiner Pflichten und Überzeugungen bringen; mittels Stärkung seines durch Erziehung und Staatsklugheit gestützten konstitutionellen Gewissens; nötigenfalls durch die Macht der politischen Kräfte in und außerhalb der Volksvertretung, in der Presse und der öffentlichen Meinung. Dagegen ist der Grundsatz der Ministerverantwortlichkeit als Ersatz für die politische Unverantwortlichkeit des Monarchen in den Verfassungsstaaten und natürlich auch dort, wo das Staatsoberhaupt der Präsident ist, anerkannt. Die schärfste Ausprägung hat jener Grundsatz in den Rechtsvorschriften erhalten, die grundsätzlich die Versetzung der Minister in den Anklagezustand, in der Regel wegen Verfassungsverletzung, Verrat oder Bestechung gestatten. Aber dieser einseitig demokratischen Idee fehlt in Deutschland eine die Durchführung ermöglichende Einzelregelung. Man kann darin ein nicht geringes Maß politischer Besonnenheit erkennen. Weder im Deutschen Reich noch in den Einzelstaaten ist praktisch die Ministeranklage möglich, womit wir uns eines allezeit wirksamen, freilich auch für das Staatsganze gefährlichen, meist nur zur übertriebenen Stärkung von Volkstribunen geeigneten Mittels begeben haben. Es ist das notwendige, aber bedauerliche Ergebnis dieser Rechtslage, daß man in der Wissenschaft darüber streitet, ob die Ministerverantwortlichkeit einen strafrechtlichen Charakter hat oder ob in ihr ein Seitenstück zur Beamtendisziplin zu erblicken, ob nicht die politische Verantwortlichkeit der Minister überhaupt aus dem Staatsrechte auszuweisen ist. Sie umfaßt im weitesten Umfang genommen die gesamte politische Richtung und Tätigkeit der Minister, die Vertretung der Ehrbarkeit, Zweckmäßigkeit, Gesetz- und Verfassungsmäßigkeit der die In- und Auslandpolitik betreffenden Handlungen, Gefährdungen der Sicherheit und die Wohlfahrt des Staates in allen Beziehungen. Für diese Verantwortlichkeit gibt es, wie wir nun sehen, in Deutschland für die Volksvertretung und die Nation keine rechtlich wirksame Bürgschaft. Zwar haben die deutschen einzelstaatlichen Verfassungen die Befugnis zur Ministeranklage angenommen, aber dieses Recht bleibt — im Gegensatz z. B. zu England und den Vereinigten Staaten von Nordamerika — bedeutungslos, weil die erforderlichen Ausführungsbestimmungen fehlen. Bezeichnenderweise wird jedoch auch im Auslande von der Ministeranklage, auch wo ihrer Erhebung keine förmlichen rechtlichen Schwierigkeiten entgegenstehen, sehr selten Gebrauch gemacht. Die Gründe liegen je nach der Verfassung des betreffenden Staates verschieden. Sie lassen sich aber mit annähernder Genauigkeit dahin angeben, daß es gerade in den politisch fortgeschrittensten Ländern viel einfachere Mittel der Beseitigung von Ministern mittels Verweigerung des Budgets und der von der Regierung angenommenen Tagesordnung gibt, als die Haupt- und Staatsaktion der Ministeranklage. Ferner, daß dort Wirksamkeit und Schicksal der Minister von einer Fülle von Unwägbarkeiten mit bestimmt ist, die sich stets mit großer Eindrucksempfindlichkeit zu gegebener Stunde geltend machen. Endlich, daß jeweils wichtige Strömungen in den politischen Kreisen in und außerhalb des Parlaments, meist mit der Feinheit eines Erdbebenmessers, die für ein ministerielles Dasein vorhandene Gefahr anzuzeigen pflegen, so daß angemessene Vorkehrungen, letzten Endes der unvermeidliche Rücktritt erfolgen können, ohne es zu tragischen Zusammenstößen gelangen zu lassen. In Deutschland fehlen solche verfeinerte, leicht federnde, es fehlen aber auch andere wirksame Mittel zur Durchführung jenes an sich richtigen und unentbehrlichen Grundsatzes der Ministerverantwortlichkeit. Allerdings mangelt es nicht an parlamentarischen Kontrollen, insbesondere an einem Interpellationsrechte [26]). Alle auf Verbesserung gerichteten Bestrebungen sind bisher gescheitert [27]).

Es ist zwar mittelbar der Mehrheit der Volksvertretung auch in Deutschland nicht ganz unmöglich, einem mißliebigen Minister durch Verweigerung des Haushaltsvoranschlages Schwierigkeiten zu bereiten; aber teils wird es sich hierbei vielfach nur um eine politische Kundgebung ohne praktischen Belang handeln, teils wird dieses Mittel schon an der sachlichen Unangemessenheit seine zwiespaltige Natur beweisen, die darin liegt, daß staatlich notwendige Aufgaben unter der Unzufriedenheit mit einzelnen Ministern, also unter persönlichen Mißhelligkeiten, leiden könnten. In engem Zusammenhang steht hiermit das in den deutschen Einzelstaaten wie im Reiche geltende Recht, wonach die Ernennung und Entlassung der Minister vom Monarchen, des Reichskanzlers vom Kaiser abhängt, eine irgendwie geartete Mitwirkung der Landtage und des Reichstages nicht gegeben ist. Darin liegt nicht nur eine besondere Stärke der Stellung des Staatsoberhauptes, sondern auch des ministeriellen Systems und des bürokratischen Verwaltungsapparats. Das ist eine Erscheinung, die um so größere Bedeutung gewinnt, je mehr man erkennt, daß in dem Gedanken der Ministerverantwortlichkeit auch der Schutz subjektiver öffentlicher

Rechte der Staatsbürger mit enthalten ist[28]). Es ist offensichtlich, daß das Problem der Ministerverantwortlichkeit in den deutschen Einzelstaaten ein ungelöstes politisches Problem höchsten Ranges ist, das mit der größeren Anteilnahme des Parlaments an den wichtigsten Staatsgeschäften, mit seiner Beeinflussung der Regierungspolitik auf das engste zusammenhängt.

Im Deutschen Reich liegen die Verhältnisse dazu noch ganz besonders eigenartig. Hier gibt es nur einen verantwortlichen Minister, den vom Kaiser ohne Mitwirkung von Bundesrat und Reichstag ernannten Reichskanzler. Ihm werden auf seinen Antrag vom Kaiser Stellvertreter ernannt und zwar entweder für den ganzen Kreis seiner Verwaltungsgeschäfte ein Reichsvizekanzler oder für die einzelnen, in der „eigenen und unmittelbaren" Verwaltung des Reiches stehenden Geschäftszweige die Chefs der betreffenden obersten Reichsämter (Spezialstellvertreter). Diese Unterminister bilden eine dauernde Einrichtung des Reiches; sie schließen sich aber nicht zu einer Körperschaft zusammen und sind zwar (rechtlich) dem Reichstage, wie der Reichskanzler auch, aber nicht dem Kaiser und dem Reichskanzler gegenüber verantwortlich, weil dieser während der Dauer der Stellvertretung jeden in das betreffende Ressort fallenden Akt selbst vollziehen kann und deshalb in der Lage ist, bei Weigerung des Stellvertreters unter Übernahme der Verantwortlichkeit ihn zu beauftragen, den fraglichen Akt kraft dienstlichen Gehorsams zu vollziehen[29]). Der Reichskanzler selbst aber ist zwar nach der Reichsverfassung verantwortlich für die Anordnungen und Verfügungen des Kaisers, die zu ihrer Gültigkeit seiner Gegenzeichnung bedürfen. Aber es blieb bis heute offene Frage, wem er verantwortlich ist und wie diese Verantwortlichkeit geltend zu machen ist. Es besteht eine „beschämende Unklarheit über Wesen und Umfang der ministeriellen Verantwortlichkeit im Deutschen Reich" (Jellinek) und alle auf Änderung dieses Zustandes gerichteten Bestrebungen waren bisher ebenso vergeblich, wie die auf eine Besserung in den Einzelstaaten abzielende. Der letztgenannte Staatsrechtslehrer hat im Jahre 1909 ein Gesetz vorgeschlagen, das die Richtung für weitere politische Arbeit weist und auch die Möglichkeit eines Mißtrauensvotums ins Auge faßt [30]. Fremd ist dem deutschen Recht und der deutschen parlamentarischen Praxis bis auf einen einzigen Ausnahmefall [31]) aus jüngster Zeit die Mißtrauenserklärung gegenüber einem leitenden Staatsmann durch die Volksvertretung. Sie hat jedenfalls nicht die Wirkung wie in Staaten mit parlamentarischem Regierungssystem (Frankreich, Italien, Spanien), den Wechsel des Ministeriums herbeizuführen. Welche in der bundesstaatlichen Natur des Deutschen Reiches liegende Schwierigkeiten der Einrichtung eines verantwortlichen Staatsministeriums entgegenstehen, kann hier nur angedeutet werden; jedenfalls liegt eine durch die Verfassungszustände und durch die staatliche Entwicklung hervorgetriebene, begründete politische Forderung vor.

In Deutschland können wir aber jedenfalls auf die theatralische Einrichtung einer Ministeranklage gut verzichten. Die Wirksammachung des Gedankens der politischen Verantwortlichkeit der Minister muß andere Wege einschlagen. Auf die Dauer kann kein Staatsmann gegen die Mehrheit eines Parlaments regieren. Die Fälle, in denen eine gegenseitige Verständigung zur Fortführung der Staatsgeschäfte erforderlich ist, sind so zahlreich, daß eine folgerichtige Ablehnung der Zusammenarbeit durch die Volksvertretung insbesondere ihrer Führer und Fraktionen mit einem Minister diesen praktisch in der Erledigung der Geschäfte behindern und lähmen muß. Auch das freilich zweischneidige Mittel der Budgetverweigerung kommt in Frage. Es ist von dem Einsetzen eines verfeinerten und von lebhaftester innerer Anteilnahme durchbebten politischen Betriebes, auch in Friedenszeiten, abhängig, ob die Ausbildung der Einrichtung einer Vertrauens- oder Mißtrauenserklärung durch die deutschen Volksvertretungen über den vorhandenen Ansatz hinaus möglich sein wird. Nun können aber auch die politische Presse, die wirksame Beeinflussung durch Vereine und Versammlungen, außerparlamentarische Zusammenschlüsse und Organisationen, politische Machtmittel von großer Druckwirkung sein; sie vermögen einem Minister das Bewußtsein seiner politischen Verantwortlichkeit zu schärfen, äußerstenfalls zu seiner Beseitigung beizutragen. Wenn einmal die politische Entwicklung auch in Deutschland zu einem Einflusse der Parlamente auf die Ministerernennungen gelangt, oder wenn eine Mitwirkung bei den Bestellungen der verantwortlichen Staatsleiter neben der Krone durchgesetzt werden kann, wird die Frage der Ministeranklage in die Rumpelkammer der politischen Schaustücke endgültig verwiesen sein.

IV.

Wie im Vorhergehenden absichtlich deutsche Reichs- und einzelstaatliche Rechtsgestaltungen nebeneinander betrachtet wurden, weil ihr innerer Zusammenhang eine willkürliche Trennung nicht empfahl, so soll auch bei der folgenden Erörterung, die andere politische Probleme des deutschen Verfassungslebens hervorhebt, nicht anders verfahren werden. Mit dem Verhältnis von Monarchie und Volksvertretung, Kaiser und Reichstag hängt auch innerlich die Frage einer anderen Gestaltung der Reichsverfassung in der Richtung des Bundesrats zusammen. Diesen als Oberhaus zu bezeichnen, ist für das geltende Recht unrichtig. Aber es fragt sich doch sehr, ob es nicht zweckmäßig wäre, ihn in eine Art von Herrenhaus umzuwandeln, das als „Ballast des Staatsschiffes" der immer stärkeren Demokratisierung des Reichstages, insbesondere nach dem Weltkriege, ein Gegengewicht bietet. Der namenlosen, unvolkstümlichen und geheim Gesandtenversammlung des Bundesrats wären parlamentarische Befugnisse, eine größere Öffentlichkeit und damit ein vielleicht stärkerer Einfluß auf die Geschicke Deutschlands als bisher gesichert. Dadurch würde bedingt sein, daß der deutsche Kaiser volle monarchische Stellung auch im Deutschen Reich gewinnt. Er besitzt sie trotz vollkommenster persönlicher Unverantwortlichkeit nur als König von Preußen, nicht aber als Reichsorgan, weil er bei der Reichsgesetzgebung nicht das entscheidende Wort zu sprechen hat. Er ist zur Ausfertigung und Verkündigung der Reichsgesetze nach der Verfassung verpflichtet, während ihm das

Vetorecht versagt ist, wenn sich Bundesrat und Reichstag über einen Gesetzentwurf geeinigt haben. Die Sanktion erteilt der Bundesrat, er ist der Gesetzgeber im Reich. Hieran ändert nichts, daß er einzelne Zuständigkeiten monarchischer und sehr bedeutsamer Art hat: völkerrechtliche Vertretung, Kriegserklärung und Friedensschluß, Beglaubigung und Empfang von Gesandten, Ernennung des Reichskanzlers und der Reichsbeamten, Berufung und Schließung des Bundesrats und Reichstags, Oberbefehl über Heer und Marine. Von hier aus ist sogar der Streit, ob es sich beim Deutschen Reich um einen republikanischen oder monarchischen Bundesstaat handelt, erklärlich [32]). An Stelle des Reichskanzlers ein verantwortliches Reichsministerium unter seinem Vorsitz; an Stelle des Bundesrats ein parlamentarisches Oberhaus und an der Spitze der Kaiser als Reichsmonarch! Man wird nicht im Zweifel sein können, daß es sich auch hier um ein hochpolitisches Programm der Weiterentwicklung der Reichsverfassung handelt [33]).

Dasselbe gilt von dem Verhältnis der Reichsgesetzgebung zur einzelstaatlichen Verwaltung. Wir müssen davon ausgehen, daß sich im Deutschen Reiche nach dem Gedanken seiner Schöpfer ein Gleichgewicht zwischen Föderalismus und Unitarismus angebahnt hat. Hier haben wir daran zu denken, daß der Bundesstaat ein Mittelding zwischen Staatenbund und Einheitsstaat ist, daß unitarisch jede Einrichtung ist, die diesem, föderalistisch jede, die dem Staatenbund entspricht. Wir müssen hier verzichten, einzugehen auf Vertreter der unitarischen wie der föderalistischen Gedankenwelt — einerseits v. Treitschke, Josef v. Held, andererseits Frantz, Fröbel, Ottomar Schuchardt, neustens Fr. W. Förster — und auch auf die geistvollen Versuche, das Übergewicht bald der einen, bald der anderen, teils in der Reichsverfassung selbst, teils in ihrer historisch-politischen Umgestaltung [34]) nachweisen zu wollen. Sicher ist nur, daß in föderalistischer Richtung wirkt der als „fortgeltend vorgestellte Vertrag, durch den Preußen seinen Verbündeten ein gewisses Maß von Selbständigkeit im Bundesstaat zugesichert und in dem er ihnen versprochen hat, daß sie auch in Zukunft eine Vergewaltigung nicht zu fürchten brauchen“ [35]); in unitarischer

Richtung wirken: die unmittelbare Unterwerfung aller Deutschen unter die Reichsgesetze; die Verfassungsvorschrift, daß die Zuständigkeit der Reichsgesetzgebung nach dem Willen von Bundesrat und Reichstag unter Einschränkung der Wirksamkeitssphäre der Einzelstaaten eingeengt werden kann (Art. 78 der Reichsverfassung) und daß tatsächlich die Kompetenz des Reichs zur Gesetzgebung sehr häufig auf dem Wege der Verfassungsänderung beträchtlich erweitert worden ist; daß sich mit jedem neuen Reichsgesetz auch die Möglichkeit einer Handhabung der Reichsaufsicht gegenüber der Landesgesetzgebung und Landesverwaltung erheblich erweitert hat, daß die Landes- hinter der Reichsangehörigkeit zurückgetreten ist und daß auch die vollziehende Reichsgewalt immer größere Kreise zieht. Der ursprüngliche Grundsatz, daß in der Hauptsache die Verwaltung, also auch die Ausführung der vom Reich gegebenen Gesetze in der Hand der Einzelstaaten verbleibt, ist in zahlreichen Fällen beiseite geschoben. Es wurden oberste Reichsbehörden geschaffen für Post und Telegraphie, Justiz, Reichsmarine, auswärtige Angelegenheiten, die Kolonien; für das Finanzwesen im Reichsschatzamt und die innere Verwaltung im Reichsamt des Innern; für die Verwaltung der Reichseisenbahnen in einem besonderen Amt. Dazu kommen alle die von den höchsten Ämtern ressortierenden sonstigen Behörden wie z. B. Reichsgesundheitsamt, Reichsversicherungsamt, Reichsversicherungsanstalt für Angestellte; Statistisches Amt, Patentamt, Oberseeamt; von den Reichsjustizbehörden sei nur das Reichsgericht und das Reichsmilitärgericht erwähnt [36]). Soweit aber die „eigene und unmittelbare Reichsverwaltung“ nicht platzgreift, ist die Reichsgesetzgebung in ihrer Durchführung auf einzelstaatliche Verwaltungsorgane angewiesen. Wenn auch Reichsrecht dem Landesrecht vorgeht, so hat doch die einzelstaatliche Regierung und die von ihr abhängige Bürokratie es in der Hand, die Reichsgesetzgebung in ihrem Sinne durchzuführen.

Das Reich hat zwar die Möglichkeit einer Exekution gegen den widerstrebenden Bundesstaat (Artikel 19 der Reichsverfassung), jedoch wird sie an der politischen Struktur des Bundesstaates allezeit ihre eherne Schranke finden, wie sie denn auch noch niemals zur Anwendung gelangt ist. Sie muß deshalb als totes Recht gelten. Überdies ist die Zwangsdurchführung Preußen gegenüber ganz unmöglich, schon weil sich hier der Reichskanzler und der preußische Ministerpräsident immer decken. Endlich bedeutet die Exekution „eine hochnotpeinliche Haupt- und Staatsaktion" die für die alltäglichen Fragen der Verwaltungspraxis vollkommen versagen muß [37]). Die Reichsaufsicht ist freilich auch bestimmt, eine dem Sinne des Reichsgesetzgebers entsprechende Durchführung seiner Gebote im Einzelstaate zu gewährleisten; aber die Überwachung der Ausführung der Reichsgesetze ist (wie Artikel 17 der Reichsverfassung ergibt) Sache des Kaisers, der sich hierzu des Reichskanzlers bedienen muß. Dieser wieder kann nur auf dem Wege diplomatischen Verkehrs Vorstellungen bei den einzelstaatlichen Regierungen machen, deren Erfolg verfassungsrechtlich nicht verbürgt ist. Wenn schließlich der Bundesrat (gemäß Artikel 7 der Reichsverfassung) über Mängel zu beschließen hat, welche bei der Ausführung der Reichsgesetze oder allgemeinen Verwaltungsvorschriften oder Einrichtungen hervortreten, so ist dieses Reichsorgan nicht nur politisch, sondern auch rechtlich unverantwortlich. Die Folge ist eine Erscheinung, die jüngst mit großer Schärfe gekennzeichnet wurde: „Kaum ist ein Reichsgesetz erlassen, das dieser oder jener Einzelstaatsregierung oder ihrer Verwaltungsbürokratie nicht durchweg politisch wohlgefällig ist, so erheben sich meist schon in der nächsten Reichstagssession die bekannten Klagen, daß die Handhabung des Gesetzes durch die einzelstaatliche Verwaltung unvereinbar sei mit den deutlichen Absichten des Gesetzgebers, oft sogar mit den ausdrücklichen Erklärungen der Vertreter des Bundesrats und der „Reichsleitung" bei den parlamentarischen Verhandlungen. Das heute bekannteste, aber keineswegs vereinzelte Beispiel solchen Schicksals bietet das Reichsvereinsgesetz. Die Beschwerden über die Umkehrung dieses Reichsgesetzes durch die einzelstaatliche Verwaltung sind fast ebenso alt wie das Gesetz selbst. Jetzt hat hier ein erster unsagbar bescheidener Ansatz der „Neuorientierung" die Novelle zum Schutz der Gewerkschaften gebracht. Man hat auch gleich offen zugegeben, daß dies gar keine wirkliche Novelle ist; daß sie vielmehr nur deutlicher wiederholen will, was das ursprüngliche Gesetz eigentlich schon gesagt hatte. Aber sofort hat sich auch die nur allzu berechtigte Frage erhoben: Wie kann der Reichsgesetzgeber die Novelle davor schützen, daß ihr die einzelstaatliche Verwaltung das gleiche Schicksal bereite, wie dem ursprünglichen Gesetz? In der Tat gibt es innerhalb des bestehenden Systems keinen wirksamen Schutz gegen solche Möglichkeit. Deshalb sind die üblichen Reichstagsdebatten, die den Reichskanzler veranlassen wollen, für die sinngemäße Durchführung der Reichsgesetze seitens der einzelstaatlichen Verwaltungen zu sorgen, so unfruchtbar. Die Reden aus dem Hohen Hause müssen von der Fiktion ausgehen, daß die Reichs-„leitung" die Übel abstellen könne, wenn sie nur wolle; denn im Reichstag ist ja eben nur der Reichskanzler nebst seinen Ressortchefs verantwortlich. Die Reichs-„leitung" aber pflegt auf diese Fiktion einzugehen, weil sogar für eine bloße „Leitung" das Bekenntnis der eigenen Ohnmacht peinlich ist. Sie erklärt also die Beschwerden für unbegründet, weil sie entweder zu allgemein gehalten seien oder nur vereinzelte Fälle beträfen; eins von beiden gilt nämlich von jeder Beschwerde. Jeglicher Landrat oder Kreisdirektor lächelt jedoch sachverständig über diese parlamentarische Kontrolle der Gesetzmäßigkeit der Verwaltung". Wer könnte leugnen, daß auch hier eine verfassungspolitische Frage von nicht geringer Tragweite vorliegt?[38])

V.

Mit den stärksten politischen Einschlag besitzen weiterhin die Fragen des Wahlrechts und der Wahlrechtssysteme in Deutschland. Es liegt in der Natur der Sache, daß für das Reich die immer wieder erörterte Frage der Nützlichkeit des Reichstagswahlrechts besteht, für Preußen die Beseitigung des Dreiklassenwahlrechts im Vordergrunde der oft leidenschaftlichen Behandlung dieses Problemgebiets steht. Ein einwandfreies Urteil kann man sich wohl auf der Grundlage des überaus reichen, tatsächliches, geschichtliches und technisches Material enthaltenden Schrifttums bilden [39]), aber gerade hier tritt die Trübung durch politische Voreingenommenheit und den Parteistandpunkt besonders kraß zutage. Der Weltkrieg hat nun auch hier die zum Teil recht verworrenen Linien der Erfahrung vereinfacht und läßt für die nächste Zukunft eine Änderung des Reichstagswahlrechts als gänzlich ausgeschlossen erscheinen. Jedenfalls wird die durch Schützengrabengeist und im wesentlichen einmütige Volkshaltung begründete demokratische Strömung jedem auf Verringerung des Einflusses der Massen gerichteten Versuch einen unübersteiglichen Wall entgegensetzen. Eine andere Frage ist die, ob es ihr gelingt, das preußische Dreiklassenwahlrecht durch ein wesentlich anderes zu ersetzen, oder ob nur eine mehr oder minder einschneidende Verbesserung auf der seit nunmehr bald 70 Jahren bestehenden Grundlage wird erreicht werden können. Die Widerstände sind nicht nur innerhalb der konservativen Parteien sehr groß, sondern auch in einer breiten Schicht des hohe wirtschaftliche Werte schaffenden Bürgertums, wo immer wieder gerne betont wird, daß den zweifellos vorhandenen Schwächen und Unzulänglichkeiten des Dreiklassenwahlrechts ebensolche Fehler anderer Wahlsysteme gegenüberstehen und daß ferner rein tatsächlich das preußische Abgeordnetenhaus trotz alledem der würdige und normale Ausdruck der politischen Willensstrebung des bürgerlichen Mittelstandes ist. Freilich ist dem entgegenzuhalten, daß die arbeitenden Schichten im engeren Sinne, ohne die die militärische und politische Machtstellung Deutschlands nicht mehr möglich ist, nicht ausreichend zur Geltung kommen, daß auch darüber hinaus besonders die Mittelbarkeit und Öffentlichkeit des preußischen Wahlrechts zu ungeheuerlichen Ergebnissen führt. Vielleicht der Hauptfehler ist, daß das Dreiklassenwahlrecht wesentlich aufgebaut ist auf der Steuerleistung und insofern ausschließt, daß die für ein großes Staatswesen doch schließlich entscheidenden Mächte der sittlichen Kraft, der geistigen und wirtschaftlichen Leistung irgendwie im Parlament zu ausreichendem Ausdruck gelangen. Nicht zuletzt wird auch ein System, das jedem Gerechtigkeitsgefühl ins Gesicht schlägt, der Werbekraft bei den nicht durch selbstsüchtige Interessen an gerade dieses System gebundenen Bevölkerungsschichten entbehren; wie es denn auch vom höchsten staatlichen Standpunkte aus ganz außerordentlich gefährlich ist, einen großen Teil der denkenden Staatsbürger jahrzehntelang mit der erbitternden Überzeugung erfüllt zu lassen, daß es auf diesem Gebiete an einer alle nach Verdienst berücksichtigenden Gleichmäßigkeit schlechterdings fehlt. Die große Schwierigkeit der politischen Lage besteht aber neben den handgreiflichen Widerständen, die in der Macht der Reformgegner verankert sind, in zweierlei. Einmal darin, daß es für das Deutsche Reich nicht möglich ist, neben der stark demokratischen Reichstagszusammensetzung in der nächsten Zeit ein ebenso zusammengesetztes preußisches Abgeordnetenhaus zu schaffen, ohne die großen sozialen Kräfte, die allezeit an der eisernen Staatsform Preußens schöpferisch und erhaltend gewirkt haben, brach zu legen. Sodann darin, daß bei Ausschaltung des unmöglichen Gedankens, auch in Preußen das allgemeine, gleiche, geheime und unmittelbare Wahlrecht einzuführen, nur die Systeme des Mehrstimmenrechts (Pluralwahlrecht) und der Verhältniswahl (Proportionalwahl) übrig bleiben. Mit ihnen sind schon nicht geringe Versuche angestellt worden; daß sie in Deutschland und anderwärts voll befriedigt hätten, kann man nicht sagen. Gleichwohl ist es wahrscheinlich, daß wir in nächster Zukunft in eine Zeit der gesetzgeberischen Versuche, den veränderten politischen Verhältnissen neue Wahlsysteme anzupassen, hineingeraten werden, obwohl die Ergebnisse der jüngsten Reformen und Reformversuche in Württemberg, Baden, Sachsen, Hamburg abgewartet werden müßten[40]. Zu beachten bleibt jedenfalls, daß das Wahlrecht nicht bloß die Frage der Wahlberechtigung umfaßt, sondern daß für die gerechte und zweckmäßige Gestaltung der Wahl auch eine Fülle technischer Fragen von Wichtigkeit ist. Ich erwähne nur die Zahl und Einteilung der Wahlkreise, Sicherung des Wahlgeheimnisses, Verhütung der Beeinflussung von Beamten und durch Beamte.

Die viel und zu unrecht gescholtene Stellung der Ersten Kammer (des „Herrenhauses“) wird eines praktisch politischen Gewichtes nicht entbehren, wenn man bedenkt, daß es bestimmt ist, gegenüber der auf reiner Volkswahl beruhenden Zweiten Kammer der Landtage, wenn nicht das aristokratische, so doch das konservative Element (nicht in parteipolitischem Sinne!) darzustellen. Zu beachten bleibt aber auch hier, daß die Zusammensetzung der Ersten Kammer auch keineswegs auf willkürlicher Ernennung des Monarchen beruht, sondern daß Vertreter bestimmter Berufsstände und Ämter meist verfassungsmäßig vorgesehen sind und daß die Zahl der „aus allerhöchstem Vertrauen“ ohne Zugehörigkeit zu diesen Gruppen Ernannter nur einen bescheidenen Bruchteil des Ganzen ausmacht. Immerhin kann dort, wo die Zahl der Mitglieder nicht gesetzlich festgelegt ist, die Erweiterung des Kreises dieser Personen hochpolitische Bedeutung gewinnen, indem sie durch Stärkung einer vielleicht nicht sehr großen regierungsfreundlichen Mehrheit oder gar erst zu ihrer Schaffung dient. Dieser sogenannte Pairschub ist aber schon lange als bedenklich anerkannt und es kann erhofft werden, daß von ihm in deutschen Landen nicht wird gesprochen werden müssen.

VI.

Reich, Einzelstaaten und Gemeindeverbände sind an ihrem finanziellen Bestande naturgemäß gegenseitig interessiert. Da es sich aber stets um denselben Steuerpflichtigen, den deutschen Bürger handelt (die bei uns lebenden Ausländer können hier außer acht gelassen werden), so ist die Grenze der Belastung durch deren Leistungsfähigkeit bedingt. Zwar können über deren Stärke recht verschiedene Auffassungen bestehen, zumal wenn man die Höhe und Art der vorhandenen und sich wandelnden Vermögen, das Maß des zuzumutenden Opfersinns für die Gemeinschaft (nicht nur im Kriege), nicht zuletzt aber auch das Steuersystem anderer Kulturstaaten beachtet. Doch treffen diese Erwägungen schließlich nur die Frage der Steuerhöhe, die doch vom vernünftig erwogenen, die wichtigsten Lebensaufgaben des Staates sichernden Bedarfs abhängt. Hier haben ja die Volksvertretungen stets ein maßgebendes Wort mitzusprechen. Das rein politische Problem liegt hauptsächlich bei der Frage der Verteilung der Steuern zwischen Reich und Einzelstaaten, wobei dann auch die Belastung durch Kommunalsteuern wesentlich mit hineinspielt. Verfassungsmäßig sind dem Reich vorbehalten die Gesetzgebung über das gesamte Zollwesen, über die Besteuerung des Salzes und Tabaks, bereiteten Branntweins und Bieres, Rübenzuckers und Sirups; nur in Bayern, Württemberg und Baden ist die Besteuerung des inländischen Bieres Sache der Landesgesetzgebung.

Die indirekte Besteuerung ist tatsächlich im wesentlichen Reichssache. Die Stempelsteuer verblieb zwar den Einzelstaaten, doch übernahm das Reich nacheinander von diesen auch die Erbschafts-, Wechsel-, Reichsstempel-, Zuwachs- und Spielkartensteuer. Zu all diesen kommen noch die auf Schaumwein, Wein, Leuchtmittel und Zündwaren erhobenen Verbrauchssteuern, die Vermögenszuwachssteuer (sogenannte Besitzsteuer mit dem Jahre 1917), während der einmalige Wehrbeitrag und die eigentlichen Kriegssteuern hier außer Betracht gelassen werden können. Den Einzelstaaten sind tatsächlich die direkten Steuern vorbehalten geblieben, insbesondere Grund-, Gebäude- und Gewerbesteuer — soweit sie nicht auf die Gemeinden übergingen —, Einkommen- und Ergänzungssteuer, ohne daß es jedoch unzulässig wäre, durch das Reich auch direkte Steuern erheben zu lassen. Es hat von seiner verfassungsmäßigen Befugnis hierzu allerdings vier Jahrzehnte lang keinen Gebrauch gemacht. Erst mit der Tantiemesteuer der Aufsichtsräte und mit der Talonsteuer hat man in die feste Mauer der Überlieferung eine Bresche geschlagen. Die Tantiemesteuer ist eine direkte Steuer, mag sie auch in die Form des Stempels gekleidet sein, denn das wirtschaftliche Ergebnis einer Erwerbstätigkeit, der Ertrag, wird getroffen. Die Reichsfinanzreform von 1906 brachte die Erbschaftssteuer, die das Vermögen bei einer bestimmten Gelegenheit trifft. Auch die Wertzuwachssteuer auf Grundstücke (durch Gesetz vom 14. Februar 1911) ist eine direkte oder steht wenigstens nach ihrer wirtschaftlichen Wirkung den direkten Steuern sehr nahe. Dasselbe ist zu sagen vom Wehrbeitrags- und Besitzsteuergesetz vom 3. Juli 1913. Besteht — bei zweifellosem finanziellen Bedarf des Reichs —

die Möglichkeit einer Schonung der Einzelstaaten sowohl in bezug auf die Erhöhung der Matrikularbeiträge, wie hinsichtlich der Nichtberührung der einzelstaatlichen Einnahmequellen, so läßt sich das Dogma: „Indirekte Steuern verbleiben dem Reiche, direkte Steuern den Einzelstaaten“ kaum aufrecht erhalten, ganz abgesehen von der tatsächlichen Entwicklung, die, wie gezeigt, in steigender Zahl direkte Reichssteuern gebracht hat. Damit steht in keiner Weise in Widerspruch, was anderwärts hervorgehoben wurde [41]), es sei folgerichtig, wenn das Reich in erster Reihe die Verbrauchssteuern, die sich am wenigsten mit dem eigentlichen Steuergebiet der Einzelstaaten, den direkten Steuern auf Ertrag, Einkommen und Vermögen, berühren, in Anspruch nehme, in zweiter Linie die Reichsverkehrssteuern, bei denen diese Berührung immerhin noch eine entfernte ist und erst in dritter Linie die Erbschaftssteuer, die den direkten Steuern in der Sache, wenn auch nicht in der Form, zum wenigsten nahe verwandt ist. Diese Reihenfolge der Anwendung des Reichsbesteuerungsrechts entspricht auch dem Charakter des Reiches. So unwiderleglich es auch ist, daß bei Aufrechterhaltung des bundesstaatlichen Charakters des Reiches die Einzelstaaten ihre Finanzhoheit nach Möglichkeit behalten müssen, daß die finanzielle Stärke der Einzelstaaten die Stärke des Reichs, ihre Schwäche die des letzteren bedingt, so darf man hier doch vor allem nicht die quantitative Seite der Frage vergessen. Es ist immer zu prüfen, ob nicht das Nationalvermögen und die Einkommenshöhe in Deutschland derartig gestiegen sind, daß es unbedenklich erscheint, besonders von den Besitzenden, die allerdings schon von den Einzelstaaten durch direkte Steuern pflichtig gemacht werden, neue direkte Steuern durch das Reich zu erheben. Es handelt sich also hier im wesentlichen um das Problem der Leistungsfähigkeit, die Grenzen der Überbürdung des einzelnen Steuerzahlers. Man darf es damit ganz gewiß nicht leicht, aber auch nicht zu schwer nehmen, wenn man überzeugt ist, daß besonders die großen Vermögen und Einkommen zu einem sehr erheblichen Teil durch den Schutz des staatlichen Lebens, seine Organisation und Funktion bedingt sind. Es versteht sich von selbst, daß es für Staat und Gemeinde bedenklich ist, wenn die qualitativ übereinstimmenden Steuerarten von dem Reiche übernommen würden, weil sie dadurch vom Reiche auch quantitative Grenzen vorgeschrieben bekämen, während lokal oder einzelstaatlich bestimmte Steuern besser ausgenutzt, den besonderen Verhältnissen angepaßt werden können. Aber es tritt doch dies alles zurück gegenüber neuen Steuerarten, sofern letztere den Angehörigen von Staat und Kommune nicht unfähig machen, zur Aufbringung derjenigen Bedürfnisse beizutragen, deren Befriedigung für Einzelstaat und Gemeinde erforderlich ist.

Das Reich kann natürlich auch andere als die bisherigen Wege beschreiten und wird dies nach dem Kriege sicherlich tun. Monopole auf Branntwein, Spiritus, Leuchtöle, vielleicht auch Elektrizität stehn im Vordergrunde der Erwägungen. Ein Tabakmonopol zu schaffen dürfte vielleicht schon zu spät sein; eine allmähliche Erhöhung der Tabakabgaben ist jedoch nicht ausgeschlossen, auch über das durch das jüngste Gesetz vom 12. Juni 1916 geschaffene Maß hinaus. Erinnert sei auch an die Möglichkeit eines Ausbaues der Reichserbschaftssteuer, weiterer Besteuerung der allgemeinen Luxusgegenstände, auch des Bieres, der Anzeigen in Zeitungen und Zeitschriften, der Tafelwässer, Parfümerien usw. Zu vermeiden ist in normalen Zeiten die Beschwerung des Verkehrs durch besondere Abgaben, wie dies während des Krieges durch den Frachturkunden- und Warenumsatzstempel (Gesetze vom 17. und 26. Juni 1916) und die Reichsabgabe zu der Post- und Telegraphengebühren (Gesetz vom 21. Juni 1916) geschehen ist[42].

Wir sehen also eine staatsrechtliche Verwickeltheit unserer Verhältnisse in Beziehung von Reichs- und einzelstaatlichen Steuern; wir erkennen die tatsächliche Unmöglichkeit einer reinlichen Scheidung zwischen beiden derart, daß das Reich nur die indirekten, der Einzelstaat nur die direkten Steuern soll erheben dürfen. Wir stoßen auf die unerbittliche Notwendigkeit, bei Ausgestaltung dieses Verhältnisses die finanzielle Ausstattung der öffentlichen Körper als ein Ganzes anzusehen, bei der Reichsfinanzpolitik auf die Finanzpolitik der Bundesstaaten Rücksicht zu nehmen, zugunsten des Reichs den Einzelstaaten nicht mehr an Steuerleistungen seiner Angehörigen zu entziehen als zur Erfüllung ihrer kulturellen Arbeit erforderlich ist. Endlich beachten wir, daß die mit den entgegengesetzten politischen Tendenzen eng verknüpften Bestrebungen — auf der einen Seite ergiebige direkte Reichssteuern einzuführen, auf der anderen, dies mit allen Mitteln zu verhüten — durch den in dieser Beziehung noch lange nachwirkenden Weltkrieg neue Triebkräfte gewinnen, indem der Bedarf des Reiches turmhoch über das Maß der normalen Entwicklungszeiten gestiegen ist und schon zur Verzinsung der Kriegsanleihen ein jährlicher Bedarf von wahrscheinlich mehr als drei Milliarden Mark notwendig sein wird. Auch nur einen wesentlichen Teil hiervon durch indirekte Verbrauchsabgaben aufzubringen, ist aus Gründen der Gerechtigkeit und der politischen Lage schlechterdings unmöglich. Gelingt es daher nicht, in der angedeuteten Weise durch Monopole und durch Ausbau gewisser Einzelgebiete vollkommen Deckung zu schaffen, dann wird eine Erweiterung des Kreises der direkten Reichssteuern nicht ausbleiben können.

Wird der den Einzelstaaten somit verbleibende Spielraum zur Deckung seiner Ausgaben daher in Zukunft notwendigerweise eingeschränkt, so ist damit doch nicht schon gesagt, daß ihre Bedürfnisbefriedigung darunter leiden muß. Vor allem kommt es auch hier auf die Tragfähigkeit der Schultern an, auf die die finanziellen Lasten gelegt werden. Kann eine Überbürdung vermieden werden, so werden sich neue Formen der Besteuerung auftun, die ein Nebeneinander von Reich und Einzelstaaten auch in dieser Beziehung ermöglichen.

Da es jedoch vor allem auf das Wie ankommt, sollen hier zwei Erwägungen grundsätzlicher Art nicht unterlassen werden. Beide sind aus den Kriegserfahrungen erwachsen und insofern positiver Art. Gleichzeitig beruhen aber ihre Voraussetzungen in Möglichkeiten und Unsicherheiten der zukünftigen Entwicklung und gehören deshalb dem Gebiete der bloßen Wahrscheinlichkeit an. Für beide ist jedoch eine optimistische Grundanschauung über deutsche Entwicklung die unerläßliche

Voraussetzung. Wer ihr nicht zustimmt, wird zu anderen Ergebnissen gelangen.

Gemeint aber ist dies: Wenn nach Beendigung des Krieges Deutschlands Kräfte sich in unerhörter Weise sammeln und mit allen Anstrengungen des Geistes und der Seele auf die Notwendigkeiten des Augenblicks, des Tages und der nächsten Zeitabschnitte richten werden; wenn die intellektuelle, insbesondere auch erfinderische, industrielle, kaufmännische Begabung mit unbegrenztem Fleiß, unbedingter Ausdauer und nie rastendem schöpferischen Triebe nach außen wirken werden, dann ist nicht nur der Aufbau der im großen Völkerringen zerstörten Kräfte, sondern ein neues Werk zu erwarten, das seinesgleichen sucht.

Mit den Hilfsmitteln der Kultur- und Naturwissenschaften aller Art wird der friedliche Kampf daheim und im Ausland, bei uns und über See aufgenommen werden und zwar mit um so stärkerer Stoßkraft, je größer die Wahrscheinlichkeit ist, daß kriegerische Verwicklungen der jetzt erlebten Art in absehbarer Zeit nicht wiederkehren. Eine befriedigendere Sicherung unserer Grenzen, eine notgedrungene Verständigung mit den Kulturstaaten der Erde, die Schaffung von Interessenverbänden, in denen das Deutsche Reich eine maßgebende Stellung einnimmt, das Beseitigen einer Vereinzelung, die auf eine nicht wiederkehrende fluchwürdige Einkreisung zurückzuführen ist, werden auch materielle Ausdehnungsmöglichkeiten und Reichtumsquellen eröffnen, wie nie zuvor. Wir haben die Erfahrung gemacht, daß der wirtschaftliche Aufschwung keineswegs nur auf selbstsüchtige Erwerbstriebe oder gar plutokatische Habgier, sondern auf den Wunsch kultureller Bedürfnisbefriedigung zurückzuführen ist, daß die Bedingungen eines breiten Ausgreifens auf den Gebieten weltwirtschaftlicher Geltung abhängen von dem Schutz eines mächtigen Staates und daß der Stand der allgemeinen und der besonderen Bildung eines Volkes, seine ethische Beschaffenheit, sein Verständnis für die großen Fragen der Güterschaffung und Verteilung grundlegende Voraussetzungen des nationalen Erfolges sind. Wir ziehen hieraus die Folgerung, daß der erhöhte und mehr als früher durch starke Wehr nicht nur der Waffen, sondern auch der Staateneintracht gesicherte deutsche Staat und daß die wertvollen Fähigkeiten und Kräfte des deutschen Volkes, seine geistige und sittliche Struktur noch mehr zu unseren wirtschaftlichen Erfolgen Anlaß geben werden als vor dem Weltkrieg; nicht zum Prassen und übermütigen Schwelgen, nicht zum Stützen des hie und da vorhandenen Glaubens an das goldene Kalb, sondern zur festen Begründung der materiellen Bedingungen der Volksgesamtheit und ihrer im gesunden Wohlstande und nur in ihm sicher verankerten höheren Kultur. Es ist hier der Ort, um gegen die während des Krieges besonders oft gepredigte Rückkehr zu primitiven Wirtschaftszuständen Stellung zu nehmen. Es geschieht dies auf die wahrlich nicht geringe Gefahr hin, ein Lobredner äußerer Güter gescholten zu werden. Von einer solchen Überschätzung materieller Werte sind wir ganz fern. Aber man darf nicht vergessen, daß das arme Deutschland auch das kleine und politisch mißachtete war; daß die Wunder unserer klassischen Literaturperiode und selbst unserer künstlerischen Romantik sich zwar gegen die kümmerliche Enge der damaligen deutschen Staatszustände durchsetzten, aber doch wahrlich nicht deren Ergebnis und nicht durch sie bedingt waren. Es gibt nichts Verkehrteres, als die Epoche von Lessing bis Kant, bis Schillers und Goethes Tod, weil sie so schwindelnde Höhen der geistigen Welt erreichte, dem genügsamen, mehr als bescheidenen Zustande deutschen öffentlichen Wesens gleichsam gutzuschreiben und die Meinung zu verfechten, in den Zeiten äußerlicher Macht, steigenden Einflusses, wirtschaftlicher Erhöhung müßten innere Werte verschrumpfen, Geisteshelden aussterben. Das ist eine Vorstellungsweise, die den Feinden Deutschlands geläufig ist und ihnen vorbehalten bleiben müßte. Wenn jene bekanntlich die Zeit Beethovens der Bismarcks gegenüberstellen, so kommt für sie auch der peinliche, vollbewußte Gedanke zum Vorschein, daß sie es nicht mehr mit dem politisch gedemütigten sondern realpolitische Weltmacht bedeutenden Deutschen Reiche zu tun haben. Zur Widerlegung der Idee, daß sich geistige Bedeutung und politische Macht gegenseitig ausschließen, braucht man eigentlich nur darauf zu verweisen, daß andere Staaten ihre weltpolitische

Stellung und ihr äußerer Reichtum doch nicht gehindert haben, Männer des Geistes von großem Zuschnitt hervorzubringen. Wie ist es denn für Frankreich in der Zeit Ludwigs des XIV. und in England seit dem Zeitalter der Königin Elisabeth gewesen? Müssen wirklich noch die Namen von Racine, Molière, Shakespeare, Bacon, Hume, Locke, Adam Smith, Macaulay, Darwin für unzählige Andere genannt, muß an andere erlauchte Gruppen von großen Männern in diesen beiden Staaten auf dem Gebiete der Kunst und aller Gebiete des Schrifttums erinnert werden? Haben etwa Frankreich und England (um mich nur auf diese beiden zu beschränken) im 19. Jahrhundert aufgehört, Bedeutendes auch auf kulturellem Gebiet zu schaffen, obwohl sie Weltreiche sondergleichen gegründet, sehr mächtig und auch sehr reich geworden sind? Es ist sehr vernünftig, in Zeiten des Krieges zu Mäßigkeit, bescheidener Lebenshaltung, seelischer Einkehr zu mahnen, die höchsten inneren Güter zu preisen, vor den Überstiegenheiten des Genusses zu warnen. Auch für die Friedenszeit kann es nichts Besseres geben, als ruhige und gesunde Sittlichkeit, Mäßigkeit und Mäßigung im persönlichen Leben; natürlich gilt es auch dann und dann erst recht, edle Triebe zu pflegen, unedlen vorzubeugen oder sie auszurotten. Aber das hat alles nichts damit zu tun, daß die Nation als Ganzes wenigstens wohlhabend, wenn nicht reich sein muß, um sich in der Welt durchsetzen, wirklich große Ziele kultureller Art verfolgen zu können. Es gibt nichts Undankbareres, aber auch nichts Notwendigeres, als dies laut zu verkünden: Wir werden als Deutsche jede Not und jede auf schmaler wirtschaftlicher Grundlage erwachsene Kümmernis während des Krieges und nach dem Kriege mit Geduld, Würde, ja vielleicht mit Humor tragen — aber erwünscht ist materielles Elend wahrlich nicht! Schmale Kost und Hungern mag zuweilen, wenn auch recht selten, nützlich sein; als Grundsatz ist das für eine lebenstrotzende Nation nicht zu gebrauchen. Deutschland soll leben und schaffen, groß sein in allen Gaben der Freiheit, des Geistes und der Gesittung; aber es darf und wird auch die materiellen Grundlagen seines Daseins nicht vernachlässigen dürfen. Arm sein ist keine Schande, aber sicherlich recht unangenehm und Reichtum, nein, er schändet auch Nationen nicht. Je höher der Haushalt der Massen steigt, je größer der durchschnittliche Wohlstand der unteren und mittleren Klassen des Volkes ist, desto sicherer ist der staatliche Bestand, die körperliche und sittliche Gesundheit und nicht zuletzt die Kultur des Volkes. Die ewigen Bußpredigten über angebliche Mängel seelischer Erziehung, über öden Mammonsgeist bekommt unser Volk sehr bald satt. Es läßt sich nicht in die Schuhe schieben, was vor dem Kriege eine ganz dünne Gesellschaftsschicht sich hat zuschulden kommen lassen und wehrt sich instinktiv gegen Verallgemeinerungen, die schließlich darauf hinaus kommen, dieses entsetzliche Kriegsgemetzel als Gottesstrafe zu „beweisen". Wie namenlos frivol gerade diese frömmelnde Betrachtung der Dinge ist, wissen ihre Urheber vielleicht selber nicht. Wer die außerordentliche Schwierigkeit der Lebenshaltung der arbeitenden Klassen bis ziemlich hoch in die geistigen Berufe hinein kennt, weiß, daß angesichts der auch schon vor dem Kriege außerordentlich gestiegenen Schwierigkeiten des Auskommens jede Mahnung zur Bescheidenheit und Einschränkung vielfach als Hohn empfunden worden ist und bei der steigenden Teuerung während des Krieges und nach ihm noch viel mehr empfunden werden wird. Das schwierige Problem der Lohnsteigerung kann hier nicht aufgerollt werden; zweifellos gibt es einzelne Berufe, in denen sie augenscheinlich geworden ist. Bei anderen Berufen ist aber ein Stillstand, wenn nicht ein Rückschreiten vor sich gegangen. Aber auch dort, wo eine Erhöhung der Einkommen und sogar wo sie als dauernd anzunehmen war, ist es sehr die Frage, ob nicht durch das allgemeine Steigen der Boden-, Miets- und Nahrungsmittelpreise der ganze Erfolg des steigenden Lohnsystems wieder ausgeglichen ist.

Wir werden also auch steuerlich tragfähige Schultern bewahren und erwerben müssen, wenn wir nach dem Kriege unter Einsatz aller Kräfte Weltwirtschaft treiben, durch deutschen Kaufmanns- und Industriegeist über die Meere hin und wieder zurück als Volk Geschäfte betreiben. Je mutiger, ausgreifender, energischer, desto besser. Das ist die *eine* Erwägung, die ich hier anstellen wollte.

Die zweite aber hängt wieder mit dem Krieg zusammen und weist auf die Tatsache zurück, daß in dieser Zeit die Gedanken der Gemeinwirtschaft und des Staatssozialismus besondere Stärkung erhalten haben. Dies wird in einer Weise bestimmt auch nach dem Kriege auswirken: wir haben gelernt, mehr aus unserem Besitz und Einkommen für das Vaterland zu opfern, als in Friedenszeiten und wir haben gefunden, daß es ganz gut geht; daß wir keinen unerträglichen Mangel gelitten haben, daß umgekehrt das Gemeinwesen durch eigene Wirtschaft stärker wurde und wir damit letzten Endes auch alle zusammen. Es ist der Geist krankhafter Ichsucht zurückgedrängt worden, Staat und Gemeinde haben wo nicht die Schaffung, so doch die Verteilung der Güter sehr straff in die Hand genommen. Auch das war nicht bloß zu ertragen, es sicherte erst unser Leben gegenüber den Feinden. Solche Erfahrungen bleiben nicht ohne tiefste Nachwirkung. Sowohl unsere innere Bereitschaft, dem Gemeinwesen größere Opfer zu bringen, ist gewachsen, als auch die Einsicht, daß wenn hier nicht bis an die äußerste Grenze des Erträglichen gegangen wird, der Vorteil des Ganzen schließlich auch den jedes Einzelnen in sich schließt. Wir werden uns also, ganz praktisch gesprochen, im Frieden mit viel höheren Steuern ohne großes Murren abfinden und daraus höchstens den starken Antrieb entnehmen zu stolzem, freiem Wagemut, zu größerem, auf bestes Können und Wollen, auf Fleiß und Geist gestützten Erwerb. Dazu kommt, daß sicherlich nicht ganz wenige Formen der Gemeinwirtschaft sich in die Friedenszeit hinüberretten werden, mindestens in der Form der Monopole; daß die die Einzelwirtschaft, vielleicht leider auch den industriellen Unternehmungsgeist einengende Unternehmungen öffentlicher Verbände, einen breiten Raum beanspruchen werden. Es ist nicht schwer, zu erkennen, daß damit auch erhebliche finanzielle Einnahmen für Reich, Staat und Gemeinde verbunden sein können[43]).

Das finanzpolitische Moment des Verhältnisses von Reich und Einzelstaaten hat aber auch einen hervorragenden verfassungspolitischen Hintergrund. Gesetzt den Fall, es würde das Reich die Steuerzahler soweit in Anspruch nehmen, daß den Bundesstaaten die Beibehaltung ihres wirtschaftlichen

Rückgrates unmöglich würde, so müßte der Übergang zum Einheitsstaat unausbleiblich sein. Alle auf das schärfste unitarisch gesonnenen Kreise werden daher auch finanzpolitisch das Verhältnis von Reich und Einzelstaaten anders gestaltet wissen wollen, als die äußersten oder wenigstens grundsätzlichen Föderalisten, zu denen auch ich mich als den Vertretern der Auffassung bekenne, daß nur in der Vielheit der unter preußischer Oberherrschaft stehenden deutschen Staaten der wahrheitsgetreue Ausdruck der Mannigfaltigkeit deutschen Geisteswesens und Stammesreichtums gegeben ist; daß die Ausgleichung der Unterschiede von Nord, und Süd, Ost und West einer vollständigen Unitarisierung der deutschen Staaten widerstreitet. Preußische und bayrische, sächsische und württembergische, hessische und hannoversche, hamburgische und oldenburgische Eigenart usw. soll sich auch staatlich weiter ausprägen — über allen aber stehe weiter das starke, große, strahlende, einige Reich!

VII.

Ein anderes Problem ist es, wie innerhalb des deutschen Einzelstaates das Finanzwesen sich im Verhältnis zu den Gemeinden gestaltet, wie insbesondere das steuerliche Aufbringen hier wie dort erfolgen soll. Jedenfalls ist sicher, daß auf diesem Gebiete noch unendlich viel daran fehlt, es zu einem befriedigenden Rechtszustande zu bringen. Je größer die Zahl der Aufgaben, die der Staat selbstherrlich seinen Gemeinden auferlegt, desto mehr zwingt er sie zu steuerlichen Auflagen. Wenn der Staat z. B. die Schullasten im wesentlichen und grundsätzlich den Gemeinden aufbürdet, leiden diejenigen Kommunen am meisten, in deren Bezirk gerade die Schulen große geldliche Anforderungen stellen, ohne daß das Ergebnis, nämlich die gewonnene Ausbildung der Einzelnen, gerade derjenigen Gemeinde zugute käme, in deren Schule sie gegangen sind. Denn die Freizügigkeit schließt jede Zwangsbeziehung zu dem Schulorte aus. Die hier flügge gewordenen Menschenkinder suchen Erwerb und Fortkommen in natürlicher Undankbarkeit in anderen Gemeinden, die für ihre Ausbildung nichts getan haben. Auf diesem Gebiete Wandel zu schaffen, ist dringend nötig, sei es durch vollständige Übernahme der Schullasten auf den Staat, wodurch deren verhältnismäßig gerechte Verteilung auf alle Staatsangehörigen erfolgen würde, sei es wenigstens durch Schaffung größerer tragfähiger Verbände zum Ausgleich dieser Lasten. Das ist nur ein Beispiel; es könnten deren hunderte beigebracht werden. Der Einzelstaat mehrt also durch Übertragung von Pflichten an die Gemeinden deren Steuerlast, sorgt aber nicht dafür, entsprechende Einnahmen zu ermöglichen, zieht vielmehr dieselben Steuerpflichtigen, wenn auch notgedrungen, zu seinen, des Staates, Bedürfnissen in immer steigendem Maße heran. Aber auch soweit es sich nicht um die vom Staat den Gemeinden zwangsweise übertragenen Aufgaben handelt, entstehen in den lokalen Grenzen bald dringendere, bald weniger dringende, hier größere, dort geringere Aufgaben, mögen diese in der örtlichen Lage, in der Eigenart der industriellen, kaufmännischen, landwirtschaftlichen Zusammensetzung der Bevölkerung usw. begründet, also gewissermaßen zwangsläufig sein, oder auf selbst gewollten Verhältnissen beruhen, z. B. bei Durchführung einer bestimmten gemeinnützigen Boden-, Wohnungs-, Mittelstands- oder Arbeiterpolitik. Die außerordentlich verschiedene Höhe der Gemeindeabgaben in den verschiedenen Stadt- und Landgemeinden ist natürlich auch ein wichtiges Moment, dessen Berücksichtigung bei der Auflage von Reichs- und Staatssteuern niemals aus dem Auge verloren werden darf. Die Leistungsfähigkeit der Steuerpflichtigen muß immer unter Berücksichtigung der Ansprüche aller steuerberechtigten öffentlichen Körperschaften beurteilt werden. Für den Steuerzahler kommt es nur darauf an, wieviel er zahlen muß; dagegen wird es ihm in der Regel gleichgültig sein, in welche öffentliche Kasse das von ihm gezahlte Geld fließt, des Staates, des Kreises oder der Gemeinde[44]). „Ausschlaggebend für die Wirkungen auf die Einzelwirtschaften ist nicht die Einzelsteuer, auch nicht die Gesamtheit der von einem Steuergläubiger ihnen auferlegten Steuern, sondern die Gesamtheit der Steuern, die die Einzelwirtschaft zu tragen hat, mögen ihr diese von einem und demselben oder mehreren Trägern einer Steuerhoheit auferlegt sein. Bei jeder wesentlichen Änderung des Steuersystems eines von mehreren steuerberechtigten Gemeinwesen darf deshalb das sein Steuersystem ändernde nicht bloß auf dieses und seine Wirkungen sehen, sondern es muß auch auf die Steuersysteme der neben ihm zur Belastung derselben Einzelwirtschaft berechtigten Gemeinwesen und auf die Gesamtwirkung aller dieser Wirtschaften, gleichviel von wem, auferlegten Steuern Rücksicht nehmen."[45])

VIII.

Auf unserem Wege, zu zeigen, was das Wesen der Politik ist, haben wir schon wichtige Einblicke in ihren Inhalt getan. Es ergab sich schon ein reiches Feld schöpferischer Tätigkeiten, die mit planbewußtem Willen auf Gemeinschaftszwecke bestimmter Art gerichtet sind und es wurde auch deutlich, wie jeder auf solche Tat abzielenden Bestrebung das Kennzeichen des Politischen anhaftet. Die Betätigungen auf dem Boden der Gesetzgebung und Rechtsprechung hatten uns als lebenerfüllte Beispiele gedient und auch auf das Gebiet der Verwaltung waren unsere Blicke gerichtet. Wir wollen in dieses Feld noch mehr eindringen, um allmählich den ganzen denkbaren Kreis politischen Handelns durch Aufweisung der typischen Erscheinungen zu umschreiten. Einen Übergang von den rein verfassungsmäßigen Problemen zu den rein verwaltungsmäßigen stellen Ideengänge dar, die sich an die sogenannten Grundrechte des Staatsbürgers anknüpfen. Deren Charakter ist zu beleuchten.

Die meisten Verfassungsurkunden der Erde und auch die der deutschen Einzelstaaten (nicht die Verfassung des Reiches!) enthalten diese Grundrechte, die als die heiligsten Grundwehren bürgerlicher Freiheit gelten. Ihren Ursprung entnehmen sie unmittelbar aus der 1789 erfolgten „Erklärung der Menschen- und Bürgerrechte" durch die französische Revolution und der ersten französischen Verfassung von 1791, in die sie aufgenommen wurden. Mittelbar reichen sie weiter zurück. Georg Jellinek hat 1895 nachgewiesen, daß ihr Vorbild nicht der contrat social Rousseaus, sondern die bills of rights der Einzelstaaten Nordamerikas sind [46]), jene „Constitutions" die sich die von England abfallenden Kolonien, vom Kongreß ihrer Gesandten hierzu amtlich bevollmächtigt, in den Jahren 1776—1780 als nunmehrige Grundlage der neuen Einzelstaaten, der führenden, Virginia, Massachusetts, Pennsylvania, wie der kleineren, souverän beilegten [47]). Aber auch diese Gesetze waren nichts Originelles. Sie waren ihrerseits mittelbar vorbereitet durch ältere „Charters", Organisationsurkunden, die sich die englischen Ansiedler in den einzelnen Kolonialterritorien sei es durch „Pflanzungsvertrag" bei ihrer Niederlassung, sei es in ganz verschiedenen Stadien der Entwicklung ihrer Pflanzstätten, oft in wiederholter Redaktion, gegeben hatten und sich in wechselnden Formen von ihrem damaligen Staatsoberhaupt, dem englischen König, hatten bestätigen lassen. G. Jellinek weist nach, daß die religiöse Freiheit den Durchbruch der politischen bewirkt hat, daß die Freiheiten zu „Rechten" erhoben wurden, die vor der entscheidenden Verfassungsgesetzgebung als doktrinäre Neuerungen William Blackstones erschienen. Die von ihm 1754 aufgestellten „Rechte eines jeden Engländers, das Recht der persönlichen Sicherheit, das Recht der persönlichen Freiheit, das Recht des Privateigentums" haben den amerikanischen Verfassungen als Anhalt gedient [48]). Neuerdings wird mit interessanten Beweisgründen der Nachweis versucht, daß auch die Engländer und Amerikaner nichts Ursprüngliches geschaffen hatten, sondern daß schon ein halbes Jahrtausend vor der französischen Revolution die „Menschenrechte" von der philosophisch-politischen Doktrin herausgearbeitet wurden; die Ideen der heutigen geschriebenen Verfassungen werden dem späten Mittelalter zugewiesen. Viel Geist und Scharfsinn ist auf diese Untersuchungen verwendet worden. Für uns bleibt aber die Überzeugung bestehen, daß die Menschenrechte zwar schon früher in naturrechtlichen Erwägungen einen großen Raum einnahmen, daß sie aber in die Sphäre des Rechtes erst durch die französische Erklärung von 1789 erhoben worden sind. Ihre politische Bedeutung gewinnen sie erst von dem

Augenblick an, da sie von den Amerikanern in einen Katalog von spezialisierten Einzelrechten aufgenommen wurden. Andererseits spricht aber auch gerade ihre weit zurückreichende geistige Vergangenheit dafür, wie fest und dauernd sie in der Vorstellungsweise des zum Gedanken einer selbständigen Berechtigung des Staatsuntertans erwachten Kulturkreises verankert sind. Als politisches Grundproblem der Gegenwart und Zukunft betrachtet, ergibt sich ebensowohl ihre Unangefochtenheit wie ihre schwache rechtliche Grundlage. Dies kann bei einer kurzen Betrachtung der wichtigsten Grundrechte sogleich gezeigt werden. Alle Staatsbürger sind nach diesen vor dem Gesetze gleich. Standesvorrechte finden nicht statt. Die öffentlichen Ämter sind, unter Einhaltung der von den Gesetzen gestellten Bedingungen, für alle dazu Befähigten gleich zugänglich. In Wirklichkeit sind die Staatsbürger jedoch gerade vor dem Gesetz in wichtigsten Beziehungen *nicht* gleich. Wir haben Sondergesetze für die Arbeiter (Schutz-, Versicherungs- und Vertragsrecht), Dienstboten, Betriebsbeamte, Werkmeister, Techniker, kaufmännische Angestellte; viele Vorschriften gelten nur für Landwirte, Handwerker, Gewerbetreibende überhaupt; für Industrielle, Richter, Rechts- und Patentanwälte, Offiziere, Lehrer, Ärzte, Apotheker. Auch für die Fürsten und den hohen Adel gelten zum Teil besondere Rechtssätze. Ja wir erkennen gerade in neuester Zeit eine starke Neigung zu Sonderrechtsgestaltungen. Es gibt allenfalls auf dem Gebiete des Strafrechtes und auf dem des politisch indifferenten bürgerlichen Rechtes etwas wie eine Gleichheit vor dem Gesetz. Tatsächlich kann heute jener Grundsatz nur insoweit als in Geltung befindlich anerkannt werden, als er etwa sagen will: auf Jeden sind die ihn betreffenden Gesetze gleichmäßig, also ohne Ansehen der Person und in gleicher Art anzuwenden. Daß Standesvorrechte nicht stattfinden, ist ebenfalls praktisch nicht richtig. Gewiß sind die *rechtlichen* Bevorzugungen des Adels und der Geistlichkeit gegenüber früheren Zeiten fast ganz beseitigt. Auch die sogenannten Standeserhöhungen, die Verleihungen des Adels führen keine *rechtliche* Bevorzugung mit sich, wenn die Personen auch in ihrem „Adel“ geschützt sind.

Aber die Verfassungsurkunden konnten natürlich nicht den gesellschaftlichen Vorgang der Ständebildung hindern und damit auch nicht die Abstufung unter den Angehörigen der Stände, womit dann in der staatlichen Geltung doch ein erheblicher Unterschied gegeben ist. Dort, wo das Wahlrecht zur Volksvertretung oder Stadtverordnetenversammlung oder zum Gemeinderat an irgendwelche Besonderheiten, wie Höhe des Vermögens, Einkommens, bestimmte Bildung, an Alter oder Grundbesitz gebunden ist, entsprechen diese Abstufungen einer oft paralell gehenden Ständeformation. Durch Ausbildung eines mit besonderen Vorrechten ausgestatteten Beamtentums wird nicht minder die Bildung eines abgeschlossenen Standes gefördert, ebenso wie sie auch in manchen staatlichen Titeln, besonders in denen für Beamte, in Standeserhöhungen, wirtschaftlichen Bevorzugungen und dergleichen bedeutsame Hebel besitzt. Unsere Juristen pflegen diese Erscheinungen nicht zu beachten und sie aus dem Kreise des Rechts in den der rein gesellschaftlichen Bildungen zu verweisen, die staatliche Anerkennung der Vorrechte zu leugnen. Das ist aber rein formalistisch; gerade die staatliche Anerkennung, ja Förderung jener sozialen Schichtungen gibt ihnen die Besonderheit und die Macht. Davon, daß die öffentlichen Ämter tatsächlich nicht allen dazu Befähigten gleich zugänglich sind, war schon, unter Bezugnahme auf die Richterernennung, die Rede; auch davon, daß dies in der Natur der Sache liegt, so lange das Angebot größer ist als die Nachfrage [49]). Aber die staatliche Entwicklung hat doch unbeschadet dieser Tatsache oft genug, in Deutschland wie anderwärts, gezeigt, daß auch ganze Volksschichten von dem Zugang zu bestimmten öffentlichen Ämtern durch die regierende Verwaltung ausgeschlossen worden sind, wobei es grundsätzlich gleich ist, ob dieses Schicksal auf der Zugehörigkeit zu einer Geburts- oder Gesellschaftsschicht, zu einer Konfession oder Nationalität beruht. Natürlich gibt die maßgebende Verwaltungsstelle eine solche Ausnahmebehandlung niemals, also auch dann nicht unumwunden zu, wenn offenkundige Tatsachen die stärksten Beweise liefern. Sie kann stets so verfahren, unter Berufung auf gewisse Begleitumstände, denen sie die Schuld zuschiebt, wie Mangel an geeigneten Stellen, an persönlicher Anpassungsfähigkeit und gerade in diesem Falle erforderlicher Sonderbefähigung. Derartiges ist meist gar nicht nachprüfbar, weil es zahllose Fälle gibt, in denen das Urteil über Tüchtigkeit, Takt, Geschick, notwendigerweise subjektive Maßstäbe enthält und weil sich die anstellenden Behörden von keiner anderen Stelle aus in der Richtigkeit ihres Augenmaßes hinsichtlich des passenden Amtsinhabers widerlegen lassen können noch wollen. Formell ist also immer alles in Ordnung und nur, worauf es im Grunde allerdings ankommt, in sachlicher Beziehung nicht. Da weiß man, daß nur sogenannte Verbindungen und Zugehörigkeit zu gewissen studentischen Korps, Vetterschaft und Interessengemeinschaft mit bestimmten gesellschaftlich tonangebenden Familien ermöglichen, in die Kreise der Diplomatie und der höheren Staatsverwaltung zu gelangen, daß aus den Kreisen des unteren Mittelstandes oder gar der Arbeiterschaft ganz äußerst selten Einer den Aufstieg zu den höheren und höchsten Ämtern findet. Daran wird auch alles Reden und Deuteln nichts ändern, sondern nur eine gründliche Wandlung des die ganze Volksgemeinschaft beherrschenden politischen Geistes, der antidemokratische Gesinnungen in bezug auf diese Punkte bei leitenden Staatsmännern und herrschenden Verwaltungsstellen zu dulden nicht mehr geneigt ist und der mit Hilfe der Presse und der öffentlichen Meinung, der Versammlungen und nicht zuletzt durch wirksame Taten der Volksvertretungen gegenüber der Regierung sich stark genug erweist, um solche freilich alt eingewurzelten Übel allmählich auszurotten. Der Sinn des Satzes, daß die öffentlichen Ämter allen dazu Befähigten gleich zugänglich sind, ist aber auch der, daß unter verschieden Befähigten eine Auswahl getroffen werden darf und muß; daß daher die formell gleiche Qualifikation, wie sie durch die abgelegten Prüfungen und andere Zeugnisse über die Bewährung des Kandidaten in bisherigen Stellungen, praktischen Ämtern usw. nachgewiesen wird, nur eine Mindestforderung darstellt und daß ohne gesellschaftliche Rücksichten der unter gleich Vorgebildeten Tüchtigste gerade gut genug sein muß für ein öffentliches Amt. Das deutsche Volk hat für diese

Dinge ein außerordentlich feines Gerechtigkeitsgefühl und es erweist Männern, die trotz hoher Begabung sich mit weniger bedeutenden Ämtern und Wirkungskreisen begnügen müssen, viel mehr Ehre als solchen, die zwar auf der Stufenleiter der Laufbahn höher geklommen oder gehoben worden sind, des wahren Geistes aber weniger Spuren zeigen.

Auf politisch weniger heiklem Boden befindet man sich, wenn an die Gewährleistung der persönlichen Freiheit erinnert wird. Der Grundsatz, daß nur in den durch das Gesetz bestimmten Fällen eine Verhaftung zulässig ist, bleibt unanfechtbar und von der allergrößten Tragweite für den Schutz des bürgerlichen Daseins vor Unterdrückung, Willkür, Mißbrauch durch politische Machthaber. Er bewährt sich ganz besonders in stürmischen Zeiten, die Staaten und Völkern nicht erspart bleiben. Jenen Grundsatz darf aber die Verwaltung auch nicht auf mittelbarem Wege verletzen, etwa indem sie jemanden angeblich zu seinem eigenen Schutze (etwa bei Ausschreitungen auf der Straße) in die an und für sich zulässige Sicherheitshaft nimmt, oder wenn sie die Vorführung eines ohne Haftbefehl des Richters vorläufig Festgenommenen verzögert.

Auch die Wohnung ist unverletzlich. Aber aus der Notwendigkeit der Verfolgung von Straftaten, unter Umständen ihrer Vorbeugung, ergibt sich, daß Haussuchungen, Beschlagnahme von Briefen und Papieren zuweilen stattfinden müssen; dies ist aber nur in den gesetzlich bestimmten Fällen und Formen gestattet. Hier wie bei dem Grundrechte der persönlichen Freiheit zeigt sich schon, daß die Verfassungsbestimmungen zum Schutze der Freiheit nicht ausreichen, sondern weitere Gesetze zu diesem Zwecke ergehen mußten. Jene Grundrechte stellen daher vielfach nur den politischen Rahmen dar, in den sich Sonderregelungen einfügen müssen, um greifbare Handhaben für die Rechtsanwendung zu bieten. Das gilt auch von dem Satze, daß Niemand seinem gesetzlichen Richter entzogen werden darf; daß die Wissenschaft und ihre Lehre frei ist; daß für die Bildung der Jugend durch öffentliche Schulen genügend gesorgt werden muß; daß jeder das Recht hat, seine Meinung durch Wort, Schrift, Druck oder bildliche Darstellung frei zu äußern, daß ein Vereins- und Versammlungsrecht gewährleistet, das Eigentum und das Briefgeheimnis unverletzlich ist. Wenn nur diese Grundrechte beständen und weiter keine hierzu gehörigen Gesetze, so würde ein Gemeinschaftsleben im Staate undenkbar sein. Denn es versteht sich von selbst, daß es auch Schranken für die freie Meinungsäußerung geben muß, die nicht in staatsgefährliches Treiben, in verhängnisvolle Störung des gesellschaftlichen Gleichgewichtes ausarten darf. Preßfreiheit ist notwendig, Preßmißbrauch ist zu verhindern. Auch Vereine und Versammlungen können Brutstätten des Verbrechens gegen Bestand und Wirken der staatlichen Einrichtungen sein, das Briefgeheimnis kann zum Deckmantel für strafbare Handlungen benutzt werden. Alledem ist natürlich vorzubeugen. Das Eigentum wird durch jede Anforderung von Staat und Gemeinde in der Form der Steuern, jede Inanspruchnahme für die polizeigemäße Erhaltung eingeengt. Es kann dies auch nicht anders sein. So kommt es also darauf an, daß ein jeder Staat die rechtliche Linie zieht, bis zu der der Gebrauch der Grundrechte erlaubt ist und von der er aufhört, gesetzlich zu sein. Das Wie dieser Grenzbestimmung ist aber in weitem Maße durch politische Momente bestimmt. Auch das läßt sich durch einzelne Beispiele leicht erklären. In Deutschland erhielten wir 1908 an Stelle der einzelstaatlichen Regelungen (die aber für gewisse Sonderfälle noch weiter Geltung behielten) ein Reichsgesetz über das Vereins- und Versammlungswesen. Es ist wesentlich liberaler als es viele der früheren Gesetze waren, es stellt zweifellos einen Fortschritt dar, aber es läßt sich auch gegen seine Fassung nach einer bald ein Jahrzehnt umfassenden praktischen Handhabung mancherlei einwenden [50]. Hervorzuheben ist aber besonders die leider recht kennzeichnende Art, in der gerade politische Vereine, d. h. solche, die eine Einwirkung auf politische Angelegenheiten bezwecken, behandelt werden. Sie sind allerhand Erschwerungen unterworfen, als ob es von vorneherein staatsgefährlich wäre, wenn sich die Bürger zu politischen Vereinen und Versammlungen vereinigen. Der rein sicherheitspolizeiliche Schutz war dem Gesetzgeber nicht ausreichend. Es sieht so aus, als wollte man gerade das politische Verhalten unter Kontrolle stellen, als ginge die Absicht auf möglichste Einschränkung politischer Betätigung. Das sind noch Reste jener bevormundenden Staatsauffassung, deren zähe Lebensdauer immer wieder unangenehm überrascht. Man sollte sich doch freuen, wenn der Deutsche immer mehr Interesse an politischen Dingen gewinnt. In Wirklichkeit handelt es sich aber darum, die politische Vereins- und Versammlungsarbeit derjenigen, die der Regierung ferne oder feindlich gegenüber stehen, genau verfolgen zu können.

Man kann es vom individual-pädagogischem aber auch vom sozialpädagogischen Standpunkt aus durchaus verstehen, wenn das Vereinsgesetz Personen, die das 18. Lebensjahr noch nicht vollendet haben, verbietet, Mitglieder von politischen Vereinen und in öffentlichen politischen Versammlungen anwesend zu sein. Man hat zutreffend darauf hingewiesen, daß weder Männer früherer Zeiten wie Schiller, Fichte, Jahn, Arndt, Schleiermacher, Herbart, Pestalozzi, die im Sinne einer gesunden nationalen Erziehung der deutschen Jugend geschrieben, gesprochen, gehandelt haben, noch Schriftsteller unserer Tage je dafür eingetreten sind, daß die unreife schulentlassene Jugend sich an politischen Vereinen und Versammlungen beteiligen solle. Gleichwohl ist jenes gesetzliche Verbot an Jugendliche nicht unbedenklich, denn es führt häufig dazu, dort, wo die Politisierung der Jugend von irgendeiner Partei betrieben werden will, diese aus dem Lichte der Öffentlichkeit, die von der Staatsgewalt überwacht werden kann, in das viel gefährlichere Dunkel der geheimen und privaten Beeinflussung zu verscheuchen. Durch Einwirken in Haus, Werkstatt und Fabrik, durch Lesen der Parteizeitungen und -zeitschriften, durch kameradschaftlichen Verkehr mit politisch erfahrenen älteren Genossen kann ohnedies erreicht werden, was mit einer Beteiligung an der Versammlung bezweckt werden mag, nur daß es dann mit Erbitterung und gefährlicher Gehässigkeit gegen den verbietenden Staat geschieht. Während des Krieges hat man auch unter Hinweis auf die vielen freiwilligen Jugendlichen gesagt, daß sie für das Vaterland zu kämpfen und ihr Leben zu lassen wüßten und daß man ihnen doch nicht das Vereins- und

Versammlungsrecht nehmen könne, wenn sie die höchsten Pflichten des Staatsbürgers erfüllt haben. Dieser Beweisgrund ist sehr verführerisch aber doch nicht ganz richtig, vor allem, weil jeder Angehörige des Heeres und der Marine unter einer straffen Zucht steht und handelt, seine Einsicht der höheren und besseren seiner Vorgesetzten unterworfen ist und es sich für die einzelne Dienstleistung um weniger verwickelte geistige Zusammenhänge handelt, wie sie in politischen Problemen verborgen zu sein pflegen.

Merkwürdig ist auch das Verhältnis des Reichsvereinsrechtes zum Landespolizeirecht in der Praxis. Die Rechtslage ist an sich ganz einfach. Landesrechtliche Beschränkungen der Vereins- und Versammlungsfreiheit bestehen insofern, als nur die allgemeinen sicherheitspolizeilichen Bestimmungen des Landesrechtes Anwendung finden und diese auch nur insoweit, als es sich um die Verhütung unmittelbarer Gefahr für Leben und Gesundheit der Teilnehmer an einer Versammlung handelt. Ob aber dieser Tatbestand zutrifft, ob z. B. feuer- oder gesundheitsgefährliche Zustände mit Recht zum Verbot einer Versammlung oder zur Überwachung geführt haben, entscheidet die Polizeibehörde und bis das Verwaltungsgericht auf das Rechtsmittel hin entschieden hat, vergehen Wochen und Monate. Die Versammlung oder ihr Zweck ist vereitelt, auch wenn die Handlungsweise der Polizeibehörde später endgültig gemißbilligt wird.

Das Vereins- und Versammlungsrecht ist ferner im Gesetze nur für den Staatsbürger dem Staate gegenüber gewährleistet, also kann er durch Dritte in seiner Ausübung von Rechts wegen beschränkt werden. Praktisch wichtig ist dies im Verhältnis des Beamten zur anstellenden Behörde. Ihr gegenüber hat er jenes Recht nicht, d. h. es kann, ohne gegen das Vereinsgesetz zu verstoßen, eingeengt werden. Unberührt bleibt auch das auf Grund des privatrechtlichen Dienstvertrages bestehende Rechtsverhältnis zwischen den Parteien; es können also Arbeitgeber ihre Arbeitnehmer in der Ausübung des sonst allen Staatsangehörigen zustehenden Vereins- und Versammlungsrechtes behindern. Heute gilt, daß es vom Standpunkt des bürgerlichen Rechtes aus zu beantworten ist, ob ein Vertrag, der die Angestellten verpflichtet, bestimmten Vereinen nicht anzugehören oder bestimmte Versammlungen nicht zu besuchen, oder der etwa das Versammlungsrecht zu verkümmern oder zu unterbinden sucht, als gegen die guten Sitten verstoßend zu behandeln ist, eine Frage, die man im Interesse der allgemeinen Vereins- und Versammlungsfreiheit in weitem Umfange bejahen möchte. Daß aber ein solcher das Koalitionsrecht beschränkende Vertrag schlechterdings unstatthaft ist, kann nach bestehendem Rechte nicht behauptet werden. Das bürgerliche Recht entscheidet auch darüber, ob sich aus derartigen Behinderungen des Vereins- und Versammlungsrechtes privatrechtliche Folgen anderer Art herleiten lassen, wie Kündigung, Schadenersatzanspruch usw. Diese Folgen müßten aber gesetzlich festgelegt werden und die Koalitionsfreiheit dadurch mittelbar sichern.

Weitere Belege dafür, daß die Grenzziehung für die Grund- und Freiheitsrechte in den sie im einzelnen regelnden Gesetzen politischen Charakter trägt, bieten die Gesetze über die Freiheit der Auswanderung, der freien Meinungsäußerung und des Eigentums. Für jene erste Freiheit wird von Staats wegen in der Regel auf Abzugsgelder verzichtet und ihre Beschränkung nur in bezug auf die Wehrpflicht zugelassen. Das ist sehr liberal und es lassen sich schärfere Formen denken, z. B. während eines Krieges, bei drohender Entvölkerung, aus Rücksichten der Auslandspolitik. Neuerdings ist wieder eine Auswanderersteuer vorgeschlagen worden, doch wohl praktisch ohne sichtbaren Erfolg [51]). Vergehen, die durch Wort, Schrift, Druck oder bildliche Darstellung begangen werden, sind nach den allgemeinen Strafgesetzen zu ahnden. Übereinstimmend heißt es in dem Reichspreßgesetz vom 7. Mai 1874, daß die Verantwortlichkeit für Handlungen, deren Strafbarkeit durch den Inhalt einer Druckschrift begründet wird, sich nach den bestehenden allgemeinen Strafgesetzen bestimmt, d. h. es werden durch die Presse begangene Handlungen nur bestraft, wenn sie an sich strafbare Vergehen sind. Das ist, in Verbindung damit, daß die Zensur — im Frieden — nicht eingeführt werden darf, eine recht weitgehende Freiheit, ja man kann sagen, daß die

Gefahr eines Mißbrauches nicht gering ist; so wenn von der Tribüne des Reichstages unter dem Schutze der Abgeordnetenimmunität Verleumdungen ausgesprochen werden, die von der Presse weiter verbreitet werden. Dies ist zwar die Folge der Verfassungsartikel, daß wahrheitsgetreue Berichte über Verhandlungen in den öffentlichen Sitzungen des Parlaments von jeder Verantwortlichkeit freibleiben, aber es ist dies auch wieder eine Bestätigung der Preßfreiheit. Besonders bedenklich ist jene Möglichkeit, wenn die Äußerungen im Reichstag lange Zeit zurückliegen. Jede Zeitung kann z. B. unbehelligt eine gerichtlich längst als unwahr erwiesene Behauptung eines Reichstagsabgeordneten abdrucken, ohne bestraft zu werden, wenn sie sich als Wiedergabe der Verhandlungen darstellt. Keineswegs soll etwa einer Beschränkung der Preßfreiheit das Wort geredet werden; aber es gibt doch Auswüchse und Übertreibungen, die jedenfalls zeigen, daß man in Deutschland mit diesem Grundrechte sehr folgerichtig verfahren ist.

Das letzte Beispiel mag das mehrfach erwähnte Grundrecht der Unverletzlichkeit des Eigentums sein. Seine Verlautbarung kann man geschichtlich nicht auf den Wunsch gleichsam der Heiligsprechung des Privateigentums zurückführen. Vielmehr war sie der Rückschlag gegenüber der bis an das Ende des 18. Jahrhunderts gehandhabten und in der Theorie gebilligten Grundauffassung, wonach im öffentlichen Interesse eine Entziehung von Vermögensgegenständen lediglich durch die Verwaltung derart stattfinden durfte, daß das Vorliegen des öffentlichen Interesses von dieser selben Verwaltung zu beurteilen gewesen ist. In den Verfassungsurkunden wird nur eine Ausnahme gemacht; es kann das Eigentum aus Gründen des öffentlichen Wohles gegen vorgängige Entschädigung entzogen oder beschränkt werden; es ist das der Fall der sogenannten Enteignung. Hierbei ist jedoch keine Gesetzgebung der Welt stehen geblieben. Die Verkündigung der Unverletzbarkeit des Eigentums hatte nur Sinn gegenüber der Möglichkeit einer mehr oder minder willkürlichen Verletzung durch den verwaltenden Staat, genauer: seine Beamten. Die verwaltungsmäßigen Eingriffe in das Eigentum gehören einer anderen

Entwicklungsstufe des Rechtsstaates an, als derjenigen, auf der die verfassungsrechtliche Frage der Unverletzlichkeit des Eigentums Gestalt gewann. Aber auch in dem entwickeltesten Stadium des Rechtsstaates sind weitere Eigentumsbeschränkungen über die Enteignung hinaus rechtens und unvermeidlich. Die Fälle der steuerlichen Auflage sind schon erwähnt. Neben Einschränkungen des Eigentums durch das Baupolizeirecht, die Landeskulturpolizei, die Forst,- Berg-, Wasser-, Wegehoheit kommt am häufigsten der polizeiliche Eingriff vor, wenn eine unmittelbar bevorstehende Gefahr anders nicht abgewendet werden kann. Es sind also, obwohl dies als Ausnahme von dem Grundsatz der Unverletzlichkeit des Eigentums in keiner Verfassungsurkunde ausgesprochen worden ist, durch die Verwaltung Beschränkungen zulässig, die auf der Notwendigkeit eines gesicherten Gemeinschaftslebens beruhen[52]). Der politische Einschlag liegt demnach in der Ausgestaltung des Polizeirechtes im Verhältnis zum Privateigentum, womit eine hier nicht weiter verfolgbare Grundfrage, die rechtsstaatliche Bedeutung des Verhältnisses zwischen Verwaltung und Privateigentum berührt wird. Jedoch muß wenigstens darauf hingewiesen werden, daß überall dort, wo die Einzelpersönlichkeit hinter die Staatsgewalt zurückgedrängt wird, in Zeiten also der vorwiegenden Gemeinschaftsgeltung gegenüber einem starken Betonen der Bedeutung des Individuums, die Grenze sich zuungunsten des letzteren auch in bezug auf das Vermögensrecht verschiebt. Die Zeit des Weltkrieges zeigt dies mit ihren gemeinwirtschaftlichen Maßnahmen auf das allerdeutlichste. Auch im kommenden Frieden wird es klar werden, wie stark der Gemeinschaftsgeist, das öffentliche Interesse, die möglichst gleichmäßige Verteilung der wichtigsten Lebensgüter über den persönlichen Neigungen, Triebkräften, Befugnissen stehen. Auch an Monopole und Steuern, an staatlichen Einkaufsgenossenschaften und Ähnliches, an den ganzen Staats- und Gemeindesozialismus wird man unwillkürlich denken.

Je stärker aber die staatliche Macht dem Einzelnen gegenüber ist, desto größer erscheint das Bedürfnis nach Bürgschaften, daß die verfassungsrechtlich zugesichteren Freiheitsrechte gewahrt und geschützt werden. Geschieht dies nicht — und insbesondere auf dem Gebiete der Verwaltung ist die Möglichkeit ihrer Verletzung gegeben — so wendet sich der politische Sinn in erster Reihe gegen die leitenden Minister, in deren Amtsbetätigung auch die Pflicht der Wahrung und Beschützung der rechtlich umhegten individuellen Lebenssphäre enthalten ist. Hier liegt der schon angedeutete Zusammenhang zwischen der Ministerverantwortlichkeit und den subjektiven öffentlichen Rechten[53]).

Die individualistische Auffassung, daß es sich bei den „Grundrechten" um Befugnisse handle, die mit dem Menschen geboren sind, hält vor ernstlicher Nachprüfung nicht stand. Sie ist in der Wissenschaft längst aufgegeben. Alles objektive Recht ist positiv, alle subjektiven Rechte müssen durch die Rechtsordnung verliehen werden. Vorher sind sie nur ethische und kulturelle Forderungen oder naturrechtliche Spekulationen. Nicht alle, aber die meisten „Grundfreiheiten" bedeuten die Anerkennung bestimmter subjektiver öffentlicher Rechte und haben die Aufgabe, diese zu schützen und außerdem die Richtung anzugeben für die Tätigkeit der Staatsgewalt, der hierdurch hemmende Schranken aufgerichtet werden. In ihrer Gesamtheit schaffen die Grundrechte den Begriff und Umkreis der bürgerlichen Freiheit, sie bedeuten den Schutz vor der Willkür der Staatsgewalt. Hierzu sind die Grundrechte in ihrer abstrakten Formulierung in den meisten Verfassungsurkunden gänzlich ungeeignet. Sie bedurften deshalb überall einer sie ausführenden Sondergesetzgebung, die aber nicht mehr Verfassungsrecht, sondern Verwaltungsrecht darstellt. Damit ist auch für unsere Betrachtung der Übergang zu den politischen Problemen der Verwaltung im engsten Sinne vollzogen.

IX.

Die heutige deutsche Verwaltung in Staat und Gemeinde ist die gradlinige, aber doch wesensverschiedene Fortsetzung der Verwaltung im Staate des Absolutismus. Der entgegengesetzten Verfassungsform des Konstitutionalismus entspricht eine andere Verwaltung. So haben wir sofort zwei wichtige Erscheinungen: den Parallelismus der Verwaltung und der Verfassungsgestaltung und für die deutschen Staaten eine infolge des Zusammenhangs mit der Vergangenheit gegebene besondere Lage, nämlich die Unausgeglichenheit der gegenwärtigen Rechtszustände in bezug auf die Verwaltung, in der mehrere Entwicklungsstufen ihre Spuren hinterlassen haben. Auf diese Fragen näher einzugehen ist von grundlegender Bedeutung.

Seit dem Ausgange des Mittelalters können wir in Deutschland den unfertigen Territorialstaat als absolutistisch bezeichnen. Die ständischen Gewalten sind entweder schon ihrer politischen Macht beraubt, oder es widerfährt ihnen dies nach und nach in den folgenden Zeiten überall. Auf den Fürsten allein häuft sich die öffentliche Gewalt. Noch nicht der Staat stand im Mittelpunkt des öffentlichen Lebens, sondern eine Person, der Landesherr. Die naive Volksauffassung setzt die sinnlich wahrnehmbare Erscheinung mit dem Wesen der Sache gleich. Wirklich, tatsächlich, gegeben war der Monarch; den konnte man sehen, hören und fühlen, in Gutem wie im Bösen. Die Zeiten waren noch nicht reif für die Abstraktion, die in dem Staatsbegriff liegt. Die landesherrlichen Rechte waren ursprünglich zerstreut, ohne innere Einheit und sachlichen Zusammenhang, ihr Umfang und ihre Zahl wahr vielfach unsicher, bis ihnen die naturrechtliche Staatsauffassung zur geschlossenen Vereinheitlichung verhalf. Es geschah dies dadurch, daß der Begriff der allgemeinen Wohlfahrt gesetzt wurde. Ihr sollte sich die Summe der Hoheitsrechte anpassen, in ihr aber auch Quelle und Erweiterungsmöglichkeit erkennen. Überall, wo die allgemeine Wohlfahrt es erheischte, sollte der Landesherr Rechte besitzen. Was aber das allgemeine Wohl erforderte, hatte nur derselbe Landesherr zu bestimmen. Er erwarb auf diese Weise ungemessene Rechte, die sich allmählich zum Begriffe einer abgerundeten Landeshoheit verdichteten. Mit dem 18. Jahrhundert ist der Polizeistaat vollendet. Die öffentliche Gewalt hat keine Schranken mehr, weder nach oben noch nach unten. Nur daß im wesentlichen die Staatsidee gesiegt hat: der Fürst ist ihr erster Diener. Dabei bleibt er der einzige Träger des Staatszweckes, befugt zu jeder Handlung im Interesse der öffentlichen Wohlfahrt, grundsätzlich ohne Einengung von oben oder von unten. Ursprünglich gab es im Mittelalter nur Gerichtsbeamte, nicht eigentliche Verwaltungsbeamte. Nur das sogenannte Kammergut lag in den Händen von hauptsächlich wirtschaftlich-technisch geschulten Personen, in denen der sogenannten Kameralisten, wir würden heute vielleicht Staatswirtschaftler sagen. Je kleiner die Verhältnisse waren, desto eher war es dem Landesherrn möglich, von dem jeweiligen Hoflager aus die Landesgeschäfte selbst zu besorgen. Er beriet sich mit den bei seinem Hofe befindlichen Ministerialien und später anderen Großen seines Landes, er beschließt dann „mit Rat Unserer Ratgeber und getreuen Heimlichen". Erst am Ende des 16. Jahrhunderts löst sich die Behörde vom Monarchen los, sie wird selbständig, ist nicht mehr persönlich und privat, sondern sachlich und öffentlich. Kaiser Max I. lernte die neue Art der Verwaltung bei Philipp dem Burgunder kennen. Diese burgundisch-französischen Einrichtungen dienten als Muster für alle deutschen Behördenorganisationen. Die Unzulänglichkeit der eigenen Kräfte des Landesherrn führte überall in den absoluten Staaten, bald früher bald später, zu einer besonderen Beamtenhierarchie, die ihre Weisungen lediglich vom Herrscher empfängt. Sein Wille ist Gesetz, seine Person ist die Spitze des ganzen Staatsbaues. Wenn auch die Macht des Hergebrachten, persönliche Verantwortlichkeitsgefühle und Gewissensbedenken, nicht zuletzt auch der allmählich durchdringende Grundsatz von der Unabhängigkeit des Richtertums gewisse Schranken aufrichten, so ist jedenfalls auf dem Gebiete der Verwaltung der Monarch allmächtig, den Untertanen gegenüber unbegrenzt. Das Beamtentum empfängt seine Zuständigkeit vom Landesherrn, es kann nur durch ihn oder durch die vorgesetzte Behörde in seiner umfassenden Tätigkeit eingeschränkt werden, also nicht durch die Staatsangehörigen, für die und zu deren Gunsten oder Ungunsten verwaltet wird. Die Grundansicht, die Verwaltung müsse das Zweckmäßige und Nützliche, das Staatsnotwendige und Angemessene ohne

Rücksicht auf Gerechtigkeit, auf persönliche sogenannte wohlerworbene Rechte vorkehren, hielt die Vorstellung lange im Banne, es könne sich das Beamtentum deshalb auch nicht an allgemein gültige Rechtssätze binden. So fehlte es im Polizeistaate an Gleichmäßigkeit bei Handhabung der öffentlichen Gewalt. Der willkürliche Befehl regierte, Unsicherheit und Unstimmigkeit waren die kennzeichnenden Merkmale. Das System der Behörden hat gewiß auch seine politische Seite, nämlich ob ein einzelner Mensch oder ob mehrere Personen Träger des Amtes sind. Dort spricht man von Büro-, hier vom Kollegialsystem; dort handelt nur einer verantwortlich er hat nur Gehilfen, Berater, aber keine entscheidenden Personen außer sich im Amte; hier müssen mehrere mitwirken. Im älteren deutschen Staatsrechte herrschte das Kollegialsystem, in Frankreich dagegen war schon seit Richelieu und Mazarin, seit Colberts Organisation der Finanzbehörden das Bürosystem eingeführt worden. Nach dem ancien regime hat aber auch vor allem die erste französische Revolution und die erste Konsulatsverfassung auf diesen Ideen weiter gebaut. Napoleon I. hat sie folgerichtig fortgeführt. In Frankreich ist daran bis heute wenig geändert worden. Das deutsche Verwaltungsrecht sucht einen Ausgleich. In allen Dingen, wo möglichst unparteiische Entscheidung widerstrebender Interessen die Behandlung nach gleichmäßigen Grundsätzen erheischt, werden Kollegialbehörden eingesetzt; wo es aber auf schöpferische Tätigkeit, schnellen Entschluß, rasches Eingreifen ankommt, soll das Bürosystem der Einzelbeamten herrschen. Nur eine Durchprüfung der Gesetzgebung jedes einzelnen deutschen Staates würde ergeben, ob und inwieweit es möglich war, diese mittlere Linie einzuhalten. In der Praxis der Verwaltung setzt sich in neuerer und neuester Zeit immer mehr das Bürosystem durch. Abgesehen aber nun von der Frage des Behördensystems zeigt sich die politische Seite des Beamtenorganismus während der Zeit des Absolutismus in eben jener engen Verbindung mit den diesen beherrschenden Grundgedanken. Rein juristisch läßt sich die Frage der Behördeneinrichtung, der Beamtenrechte und -Pflichten, die Stellung des Landesherrn zu ihnen und umgekehrt recht sauber trennen; aber politisch gesehen ist es ein vielfarbiges Gewebe absolutistischer Verwaltung des mit Macht und Recht begabten Fürsten- und Beamtentums, macht- und rechtlosen Untertanenvolks[54]). Natürlich konnte die Zeit der verfassungsmäßigen Mitwirkung des Bürgertums an der Gesetzgebung auch die Verwaltung nicht in ihrem bisherigen Zustande belassen. Es ist dasselbe, wenn man sagt, der den absoluten Staat ablösende Rechtsstaat hat ein anderes Verhältnis zwischen Fürsten und Beamten, diesen und dem Untertan auch auf dem Gebiete der Verwaltung geschaffen. Die Rolle eines Aufklärers übernimmt hier der Rechtsstaatsbegriff, der freilich nicht eindeutig ist und deshalb hier dargelegt werden soll[55]).

Aus den Nachwirkungen der Aufklärungsphilosophie, die zu ihrem Gegenstande auch den Staat gemacht hatte, ergab sich — maßgebend beeinflußt durch die im ganzen Deutschland nicht zur Herrschaft gelangte Idee der Volkssouveränität und des politischen Individualismus — eine Reaktion gegen die bevormundende Staatsallmacht und die Rechtsauffassung vom Staate. Das ist die ursprünglichste und allgemeinste Formel, die für den „Rechtsstaat" ersonnen ward. Pufendorf und Kant, Wilhelm von Humboldt standen für Deutschland Paten. Diese Geistesrichtung war einseitig; sie wollte den Staat nur als Zwangsanstalt zur Verwirklichung des Rechtes erniedrigt sehen. Sie arbeitete mit der schlichten Grundidee, „daß jedermann seine natürliche Freiheit im Handeln soweit beschränken müsse, daß die gleiche äußere Freiheit seiner Mitmenschen daneben bestehen könne". Der „juristische Bürgerverein", den man aus dem Staate machen wollte, hatte als Leitstern nicht mehr den Staatszweck der allgemeinen Wohlfahrt, sondern den des bloßen Schutzes der Rechtsordnung. Dieser Zweck hatte „zu walten über der Willkür der Einzelnen, um das Recht Aller zu schützen." Damit wollte man den Staat lediglich auf die Wahrung der Rechtspflege beschränken. Sein grundlegender Charakter schien dadurch gekennzeichnet, daß das Verhältnis der öffentlichen Gewalt zum Individuum durch das Recht bestimmt sein müsse (Kant). Er sollte eine Anstalt zur Rechtssicherung sein. Noch Stahl meint, „der Staat soll die Bahnen und die Grenzen seiner Wirksamkeit, wie die freie Sphäre seiner Bürger in der Weise des Rechts genau bestimmen und unverbrüchlich sichern.“ Man vergaß bei alledem, daß ein die schöpferische wie erhaltende Verwaltung vernachlässigender Staat in sich zusammenbrechen muß. Einer vorwiegend individualistisch gerichteten Lebens- und Staatsauffassung konnte aber eine andere Vorstellung vom Rechtsstaate nicht entspringen, wie ja auch ihr Gegenspiel der die ganze Persönlichkeit willkürlich erfassende aufgeklärte Absolutismus gewesen ist.

Die zweite Stufe des „Rechtsstaates“ stellt der konstitutionelle Staat dar, d. h. derjenige, in dem die Bildung des Staatswillens in Übereinstimmung des Monarchen mit den gesetzgebenden Körperschaften entsteht: Typisch hierfür ist die Lehre Roberts von Mohl, dem der die Gesetzmäßigkeit der Verwaltung verbürgende moderne Verfassungsstaat als die bisher beste und zuverlässigste Verwirklichung des Rechtsstaates erschien. Er nimmt den Namen des Rechtsstaates in Anspruch für einen Staat, der nicht durch Ziel und Inhalt in seiner Betätigung gekennzeichnet ist, sondern durch Art und Charakter die Staatszwecke zu verwirklichen sucht. Nach Mohl ist der Rechtsstaat gegeben, wo das Gemeinbewußtsein die Staatsgewalt anerkennt und damit zur Existenz bringt, weil und insoweit sie als geeignetes Mittel zur Erreichung vernünftiger Zwecke dient. Bei diesem Schriftsteller „behält der Rechtsstaat die unmittelbare Rechtfertigung aus einem, wiewohl vertieften, Individualismus, behält die Tendenz zu einer Beschränkung der Staatstätigkeit auf das notwendigste, ist mit einem Wort geistesverwandt mit den verfassungs- und wirtschaftspolitischen Anschauungen des älteren Liberalismus“ [56]).

Auf einer dritten Stufe pflegt man vom „modernen Rechtsstaate“ dann zu sprechen, wenn die ganze Verwaltung unter dem Gesetze steht, an dieses gebunden ist. Um ihn zu erreichen, mußte erst die Grundlage einer auf weitgehender Selbstverwaltung sich aufbauenden Rechtskontrolle gegenüber der staatlichen Verwaltung gewonnen werden. Es ist also kennzeichnend für den Rechtsstaat in diesem Sinne der Grundsatz von der gesetzmäßigen Verwaltung, d. h. „die gesetzliche Pflicht der Verwaltungsbehörden, in der Verwaltung selbst das Recht zu schirmen, dabei auch den Einzelrechten den Schutz angedeihen zu lassen, den ihnen der Gesetzgeber verheißen hat“ [57]). Soll nicht der alte Polizeistaat trotz der Verfassung fortbestehen, so müssen weitere als die in ihr selbst liegenden Forderungen erfüllt werden. Unser gegenwärtiger Rechtsstaat ist [58]) nach der in der Wissenschaft herrschenden Auffassung „ein Staat, in welchem durch die Trennung der Gewalten — Gesetzgebung, Rechtsprechung und Verwaltung — die Herrschaft des Gesetzes gesichert ist auch für das Gebiet der Verwaltung und zugleich für diese obrigkeitliche Aussprüche, Verwaltungsakte vorgesehen sind, um im Einzelfalle zu bestimmen, was rechtens sein und vollzogen werden soll“. Hiermit hängt die Durchführung der gerichtlichen Kontrolle der Verwaltung, besonders in der Gestalt der Verwaltungsrechtspflege zusammen.

Diese politisch ungeheuer wichtige Grundfrage des Rechtsstaates setzt daher für die jüngste Zeit bei dem Begriffe, der Wirksamkeit und der Gesetzmäßigkeit der Verwaltung ein. So erkennen wir, daß Art und Handhabung der Verwaltung an sich schon ein politisches Problem darstellt. Hängt die Sicherheit und der Bestand des Staates wesentlich von einer gerechten und zweckmäßigen Verwaltung ab, gibt erst eine solche die Möglichkeit staatsbürgerlicher Freiheit, weil doch schon die Aufrechterhaltung der Grundrechte von der sie ausführenden Verwaltungsgesetzgebung und Verwaltungsanwendung abhängt, so gehört die Frage, ob ein Gemeinwesen sich als „Rechtsstaat“ darstellt, zu den politischen Angelegenheiten ersten Ranges, für die zu kämpfen der Mühe der Edelsten wert ist.

Es kennzeichnet nun die deutschen Rechtszustände, daß im Grundsatz der „Rechtsstaat“ anerkannt und zu seiner Durchführung gar vieles dankenswerterweise geschehen ist, daß wir aber von seiner vollständigen Erscheinung weit entfernt sind. Den breitesten Raum in der Verwaltungstätigkeit nimmt das polizeiliche Wirken ein. Wir haben in Deutschland erreicht, daß an Stelle der Willkür überall ein mindestens pflichtmäßiges Ermessen getreten ist; daß die freie Initiative der Verwaltung eingeengt worden ist, aber doch nur in dem Maße, als der politische Gedanke des Rechtsstaates rechtliche, insbesondere gesetzliche Sanktionierung erhalten hat. Soweit aber diese beiden Begrenzungen nicht Platz greifen, ist überall in Deutschland noch ein vorkonstitutionelles Verwaltungsrecht bestehen geblieben. Es hat die Polizei in der Regel alle Befugnisse, die ihr früher zu eigen waren, aufrecht erhalten, soweit sie nicht in der eben bezeichneten Weise beschränkt worden ist. Von einem Bruche gegenüber dem vorkonstitutionellen Verwaltungsrechte kann nur in dem Sinne grundsätzlicher Ausschaltung der Willkür gesprochen werden. Sonst ist die vorkonstitutionelle Verwaltungstätigkeit nur stückweise und ganz allmählich durch immer stärkere Begrenzung des freien Ermessens auf einzelnen gesetzlich genau bezeichneten Gebieten dem Rechtsstaatsideale nahegekommen, ohne es bis heute zu erreichen. Während der politische Begriff des Rechtsstaates allgemein und vollständig ist, ist sein juristischer Begriff bruchstückartig und speziell. Es ist ganz unrichtig, zu sagen, daß unser moderner deutscher Staat einen vollendeten Rechtsstaat darstellt. Er ist etwas „was noch nicht ist, jedenfalls noch nicht fertig ist, was erst noch werden soll" (Otto Mayer). Die Verwaltung soll „möglichst speziell" gebunden sein. Die Unantastbarkeit der Individualrechte einerseits und die Forderung der Gesetzmäßigkeit der Verwaltung andererseits ist noch nicht vollkommen erreicht. Jene Grund- und Freiheitsrechte sind tatsächlich, wie wir gesehen haben, nicht „unverletzlich"[59]). Es haben nur die die Grundrechte ausführenden Verwaltungsgesetze bestimmt, in welchem Maße sie der Einwirkung der Staatsgewalt unterworfen sind und in welchem nicht.

Die Forderung der Gesetzmäßigkeit der Verwaltung kann und soll ferner die der Verwaltung gebliebene Sphäre des freien Ermessens nicht behindern. Schließlich entspricht es auch der „Gesetzmäßigkeit", wenn die Anwendung sogenannter allgemeiner Rechtsgrundsätze (auch außerhalb des formellen

Gesetzes)[60]) gewahrt ist; diese noch heute vielfach maßgebenden Rechtsgrundsätze sind aber nicht selten dem Gedankenkreise des Absolutismus entsprungen. Ein einziges Beispiel mag dies belegen. § 6 des in Geltung befindlichen preußischen Gesetzes über die Polizeiverwaltung vom 11. März 1850 bestimmt, was zu den Gegenständen der polizeilichen Befugnisse gehört. Es ist dort unter den Buchstaben a—h eine große Zahl von Angelegenheiten aufgezählt. Dann heißt es unter Buchstabe i): „alles Andere, was im besonderen Interesse der Gemeinden und ihrer Angehörigen polizeilich geordnet werden muß". Diese Formel bietet für eine weitausgreifende Verwaltung beste Gelegenheit und es fehlt auch nicht an der „gesetzlichen", soeben aufgezeigten Grundlage ihrer Tätigkeit[61]).

Die große politische Forderung der Gegenwart und Zukunft ist daher: möglichste Verwirklichung der politischen Rechtsstaatsidee. Die außerordentlichen Schwierigkeiten lassen sich auf drei Punkte bringen. Einmal ist es notwendig, jene Über- und Ineinanderschichtung von alten und neuen Gesetzen und Rechtsgedanken zu beseitigen und statt der aus der absolutistischen Zeit stammenden Vorschriften solche modernsten Gepräges zu setzen, die jeden Rückschlag in die polizeistaatliche Ideenwelt ausschließen. Das bedeutet, daß man sich von den rechtlichen Formulierungen trennt, die mehr als ein Jahrhundert lang sich in täglicher tausendfacher Handhabung befunden haben und befinden, wie z. B. der Polizeibegriff des preußischen Allgemeinen Landesrechts; daß notwendig ist eine sehr selten zu findende Geschicklichkeit zur Schaffung besserer Rechtsnormen, bei denen es natürlich nicht nur auf die zu treffende äußere Fassung, sondern darauf ankommt, ob sie vollkommen den Geist des vorgeschrittenen Rechtsstaates, dem sie ja gerade Ausdruck geben sollen, atmen. Damit ist bereits die zweite Schwierigkeit angedeutet: solche gesetzlichen Neuschöpfungen müssen sich als reife Frucht einer herrschenden politischen Grundstimmung und Gesinnung ergeben; man kann sie nicht künstlich erzwingen. Die Gesamtstruktur unseres öffentlichen Lebens muß also durchsetzt sein von dem Verständnis für diese Fragen, von der Überzeugung der Notwendigkeit, hier Wandel zu schaffen. Die führenden Kreise der Regierung und auch die Volksvertretungen können gewiß diese Entwicklung beschleunigen, aber sie sind selbst von jenem Gesamtgeiste abhängig und durch ihn bestimmbar. Die dritte Schwierigkeit ist darin begründet, daß der Verwaltung ein gewisser Spielraum des freien Ermessens lebensnotwendig ist. Die Mannigfaltigkeit der Verwaltungszwecke gestattet es nicht, daß alles und jedes an Gesetze und selbst allgemeine Rechtsvorschriften gebunden wird; es muß vielmehr der Besonderheit der Verhältnisse Rechnung getragen werden. Es ist möglichst alles nach den konkreten Verhältnissen, nach den jeweiligen Bedürfnissen zu ordnen. Andererseits verlangt der Gedanke des Rechtsstaates, daß die Verwaltung in jeder Beziehung an das Gesetz gebunden sein soll. Das scheint dem Wesen der Verwaltung zu widersprechen, die in der Regel die gleichmäßigen Rechtssätze für alle nicht gleichen Fälle nur als Fessel empfinden muß. Ein Ausweg muß aber gesucht werden. Ganz außerhalb der Rechtsordnung darf die Tätigkeit der Verwaltung nicht liegen; aber innerhalb der Rechtsschranken ist vielfach ein mehr oder minder breiter Raum für selbständiges Durchgreifen gelassen. Nun ist es aber noch nicht gelungen, in Deutschland das Problem ganz zu lösen, wie die gesetzmäßige also grundsätzlich an das Recht gebundene Verwaltung doch wieder ein Gebiet unbehinderten Handelns im Interesse des öffentlichen Wohles beibehalten soll, ohne daß hier die Gefahr der Willkür drohen müßte. Meine Auffassung hierüber ist folgende. Je mehr Rechtsnormen, die für die Praxis der Verwaltung maßgebend sein sollen, von dem Gesetzgeber geschaffen werden, desto geringer wird der Spielraum der selbstherrlichen Verwaltungstätigkeit sein. Allerdings lassen auch die allermeisten Gesetze Zweifel und Lücken übrig und es ist selbstverständlich, daß sie von dem zur Rechtsanwendung berufenen Beamten zu lösen und auszufüllen sind; ebenso daß der Auslegung, also der rein geistigen auf Lebenserfahrung zu stützenden Tätigkeit ein weites Feld übrig bleibt, wenn sich auch hier im Laufe der Zeit gewisse Grundregeln gebildet haben. Die Verwaltung ist also auch dort, wo ihr Betätigungsgebiet durch

Rechtssätze streng umhegt ist, nicht auf eine sklavische Anwendung angewiesen, sondern sie kann und muß in freiem geistigen Betriebe schalten. Je vielseitiger, gründlicher und tiefer ihre Beamten ausgebildet sind, je weiter ihr Gesichtskreis, je größer ihre Erfahrung und ihr Überblick über die Zusammenhänge des staatlichen und gesellschaftlichen Daseins, desto besser werden sie dieser Aufgabe genügen. Wenn sie die Grundlinien und Grundgedanken, die das ganze Rechtssystem oder den gerade in Frage kommenden Rechtsausschnitt beherrschen, genau kennen, dann werden sie auch die Richtung gefunden haben zur Entscheidung in denjenigen Fällen, in denen das Gesetz dem Wortlaute nach scheinbar versagt. So klingt hier die bestmögliche Vor- und Ausbildung unserer Verwaltungsbeamten an, eine Frage, auf die aber nicht weiter eingegangen werden kann. Es gibt also, so haben wir jetzt gefunden, auch dort für die Verwaltung eine Möglichkeit freien Ermessens, wo dem rechtsstaatlichen Gedanken durch ausgeprägte Gesetze genüge geschehen ist. Aber selbst dort, wo dies nicht der Fall ist, vielmehr nur aus dem allgemeinen Begriff der Polizei heraus — Vorkehrung von Maßnahmen zur Erhaltung der Ruhe, Ordnung und Sicherheit und Abwehr der bevorstehenden Gefahren — eine Entscheidung getroffen werden muß oder nur ganz allgemeine Rechtsgrundsätze den Weg weisen oder gewohnheitsrechtliche Bildungen als Unterlage des Verwaltens ausreichen müssen, wird das freie Ermessen starke Ausdehnungskraft besitzen und das Einhalten dieser weitgezogenen rechtlichen Schranken gleichwohl schon die Durchführung des Rechtsstaatsgedankens verbürgen können.

Nun sehen wir aber gerade an der Hand dieser drei Arten von Schwierigkeiten, welche Mittel es gibt zum Ziele auf den vollkommenen Rechtsstaat: Ablösung der aus der absolutistischen Zeit stammenden grundlegenden Gesetze für die Verwaltung, insbesondere für die Polizei, durch neue, der gewandelten Auffassung zwischen Staat und Untertan entsprechende Vorschriften; immer schärfere Herausarbeitung der Mittel und Grenzen des freien Ermessens der Behörden;

immer stärkerer Ausbau der einer willkürlichen Handhabung vorbeugenden oder sie nachträglich beseitigenden Rechtsmittel, insbesondere auf dem Gebiete der Verwaltungsgerichtsbarkeit; nicht zuletzt Erweckung und Pflege des politischen Geistes und Verständnisses, einer Gesinnung in der Nation, die dem Staate gibt was ihm gebührt, aber auch von ihm verlangt, was der kulturellen Höhe der freiheitlich vorwärtsstrebenden Persönlichkeit gemäß ist.

Allerdings sehe ich mit der heute vielfach nur allein ins Auge gefaßten Forderung der „Gesetzmäßigkeit der Verwaltung" die Rechtsidee keineswegs als erschöpft an. Auch die Mitwirkung der Volksvertretung bei der Schaffung der Gesetze, in der Finanzverwaltung (Budgetrecht, Entlastung, Anleihewesen usw.) kann vom Rechtsstaatsbegriff nicht ausgeschaltet werden. Dasselbe gilt natürlich von dem Konstitutionalismus schlechthin, da doch ohne ihn eine Verwaltungsgesetzgebung nicht möglich wäre. Auch die Selbstverwaltung, insbesondere der Gemeinden, kann aus dem Vorstellungsbereich des Staatsrechtes nicht ausgenommen werden. Wo auch immer wir bei diesen großen staatlichen Grundeinrichtungen und Betätigungen eine Verbesserung und Aufwärtsbewegung wünschen und durchsetzen, handeln wir im Interesse der vollkommenen Durchführung der Rechtsstaatsidee.

X.

In dieser Zielrichtung liegt, so haben wir gesehen, auch eine Verbesserung des Grundgefüges der Verwaltung; die Mittel, einen vollendeten Rechtsstaat auf dem Boden der Verwaltung zu erreichen, habe ich soeben angegeben. Aber wenn man gemeinhin von der „Reform der Verwaltung" redet, meint man etwas anderes. Gewiß sind auch hier naturgegebene Zusammenhänge zwischen der täglichen Übung und der Gesamtstruktur der Verwaltung vorhanden; ist diese rechtsstaatlich geprägt, so wird auch die Handhabung im einzelnen von diesem

Geiste mehr oder weniger durchdrungen sein. Aber darüber hinaus handelt es sich um viele für das Leben der Gesamtheit und des Einzelnen sehr einschneidenden Fragen der bestmöglichen Organisation und des Aufbaues der Behörden, um die Verteilung der Geschäfte auf sie, die Frage der Zuständigkeit; um die Zweckmäßigkeit, Einfachheit, Billigkeit, den geringstmöglichen Formalismus; um ausreichenden Rechtsschutz gegenüber Verwaltungsakten und nicht zuletzt um die Angelegenheit der Zentralisation oder Dezentralisation, d. h. der mehr oder minder straffen Vereinheitlichung der Verwaltung im Mittelpunkte des Staates, wohin alle Fäden zusammenlaufen, oder Überlassung der Entscheidung an lokale oder darüber stehende Mittelinstanzen, sei es des Staates, sei es der Gemeinden. Die Frage der „Reform der Verwaltung" läßt sich aber angesichts der stets individuellen Ausgestaltung eines Staatswesens nicht mit vollem Nutzen allgemein erwägen. Es bedarf vielmehr der sachkundigen Prüfung für jedes Gemeinwesen an sich, wenn auch begreiflicherweise gewisse Gemeinsamkeiten in Staaten mit gleicher Kulturhöhe, politischer, geographischer und sozialer Ähnlichkeit sich leicht finden lassen. Als Beispiel soll hier von der Reform der preußischen Verwaltung die Rede sein[62]). Die erste auf unsere Tage einwirkende Reform war die des Freiherrn vom Stein. Er wollte den Staat nach dem Zusammenbruch bei Jena und Auerstedt neu aufrichten und zwar von unten herauf, mit der kommunalen Selbstverwaltung beginnen und in einer freien Staatsverfassung aufhören. Die Städteordnung vom 19. November 1808 mußte aber aus politischen Gründen bei den Städten der sechs östlichen Provinzen Halt machen; die Selbstverwaltung auf dem Lande konnte erst nach 70—80 Jahren eingeführt werden, nachdem Pläne des Fürsten von Hardenberg, die östliche Kreisverfassung umzugestalten, an der sozialen Übermacht des widerstrebenden Adels 1812 und später gescheitert waren. Ein Gesetz wegen Anordnung der Provinzialstände vom 23. Juni 1823 bedeutete den Verzicht auf die schöpferische Idee, aus der Selbstverwaltung in Gemeinde, Kreis und Provinz eine moderne Staatsverfassung hervorgehen zu lassen. Dagegen ist der

Stein-Hardenbergischen Staatskunst die Erneuerung des Staatsverwaltungsorganismus zu verdanken, indem an Stelle eines unendlich verwickelten Behördenapparats die klare Gliederung von Ministerien, Oberpräsidenten und Bezirksregierungen und Landräten gestellt wurde. Nach Einführung der Verfassungsurkunde vom 31. Januar 1850 erließ man eine neue Gemeindeordnung, sowie eine Kreis-, Bezirks- und Provinzialordnung für den ganzen Staat; doch wurde ihre Einführung durch die Mächte des östlichen Preußens verhindert. Auch die Gründung des deutschen Reiches fand Preußen noch in einer Verwaltungsorganisation, die man als „halb noch Rohbau, halb schon Ruine" treffsicher kennzeichnete. Mit einer im Jahre 1872 anhebenden Gesetzgebung wurde aber eine Reform der Kreise und Provinzen im Sinne der Selbstverwaltung durchgeführt, der ständische Charakter der Verwaltung gebrochen, die innere Eingliederung in den Staat durch immer stärkere Durchführung des grundsätzlich gleichberechtigten Staatsbürgers fortgesetzt. Mit einem Landesverwaltungs- und einem Zuständigkeitsgesetz ist 1883 ein gewisser Abschluß erreicht worden. Die Gründe, welche zu einer neuerlichen Reform drängen, sind 1909 von einem unbekannten Verfasser, der aber ganz in der Nähe der preußischen Staatsregierung gesucht werden muß, in einer Reihe von Aufsätzen der Schlesischen Zeitung dahin zusammengefaßt worden: Man hatte den Fehler gemacht, „der außergewöhnlichen Entwicklung, die alle Zweige des öffentlichen und wirtschaftlichen Lebens in den letzten Jahrzehnten — man darf wohl sagen: seit der Neugründung des Reiches — gewannen, durch stetig zunehmende Belastung der obersten Staatsbehörden, Erweiterung des behördlichen Apparates, Vervielfältigung der Instanzen und Verwicklung des Verfahrens ohne Änderung der überkommenen bürokratischen Geschäftsformen entsprechen zu wollen, anstatt eine zeitgemäße Geschäftsverteilung folgerichtig bis zum Ende durchzuführen und die altbewährte Verfassung der Behörden der inneren Verwoltung in ihrer Verbindung mit den neugeschaffenen Organen der Selbstverwaltung den neuen Aufgaben in vereinfachter Weise anzupassen". Man muß freilich bei dem

„offenbaren Mißerfolg der vorigen Verwaltungsreform" berücksichtigen, daß sich „der industrielle und kommerzielle Aufstieg und in Verbindung damit die wirtschaftliche und soziale Umgestaltung Deutschlands in einem vorher unbekannten Maße und Tempo vollzogen, was man gemeinhin als Übergang vom Agrar- zum Industriestaat kennzeichnet und womit das rapide Anwachsen des städtischen, insonderheit des großstädtischen Elementes gegenüber dem ländlichen untrennbar zusammenhängt. Die Verwaltungsorganisation, die die vorherige Reform vorfand, stammte in der Hauptsache aus dem ersten Viertel des 19. Jahrhunderts; es war die Verwaltungsorganisation eines absolut-bürokratischen, ganz überwiegend agrarischen Mittelstaats, dessen städtisches Element, jedenfalls an modernen Maßstäben gemessen, noch einen durchaus kleinstädtischen Charakter aufwies"[83]. Durch königlichen Erlaß vom 7. Juni 1909 wurde die Reform der gesamten inneren Verwaltung als notwendig anerkannt und eine Immediatkommission zu ihrer Vorbereitung eingesetzt, die aber keinerlei befriedigende Tätigkeit entfaltet hat, so daß man leider davon sprechen darf, daß der bescheidene Fluß der Anregungen bereits im Sande versickert ist. „Das Reichsinteresse hatte den Anstoß dazu gegeben, daß vor so manchen Jahren die Notwendigkeit einer durchgreifenden Verwaltungsreform in Preußen feierlich proklamiert und ihre Vorbereitung scheinbar in Angriff genommen wurde. Da ihr jedoch der Nachdruck vom Reiche her abging, ist sie im preußischen Partikularismus der Ressorts und passiven Widerstände versumpft. Was da kurz vor dem Kriege als Regierungsentwurf einer Verwaltungsreform ins Herrenhaus kam, das war so unsagbar kümmerlich, war auch in seiner Begründung von jedem frischen Reformgeist so völlig verlassen, daß selbst dem ärgsten Pessimisten der Gedanke unerträglich sein muß, man könnte nach dem inzwischen Erlebten solchen Faden weiterspinnen wollen. Und doch ist kaum etwas anderes zu erwarten, wenn nicht den in Reich und in Preußen leitenden Staatsmann die volle persönliche Verantwortung träfe für einen solchen Rückfall in eine „öde und dumpfe Zeit"; sie kann ihn aber nur treffen, wenn er die Macht hat, auch in Preußen durchzugreifen"[64]). Ein knapper Überblick über die wichtigen hier auftauchenden Probleme wird die politische Bedeutung auch dieses Stoffgebietes erweisen[65]).

Wir fassen zunächst die Beschwerden zusammen: „Die Mühle klappert noch wie früher, aber sie liefert nicht mehr entsprechendes Mehl. Das Schreibwerk überwuchert in der Zentral-, Provinzial- und Lokalverwaltung; die Güte der Leistung steht aber nur zu häufig im umgekehrten Verhältnis zu der Vermehrung der Geschäfte" (Freiherr von Zedlitz). Der Geschäftsbetrieb der inneren Verwaltung in Preußen entspricht bei weitem nicht den Erfordernissen einer in bezug auf Verkehr, Bevölkerungszahl, volkswirtschaftliche Probleme vollständig gewandelten Zeit. Es widersprechen unseren heutigen Verhältnissen, vor allem dem Bedürfnis einer hinsichtlich auch des Tempos veränderten Staatsverwaltung: die fast von allen Schriftstellern über die Reform gerügte Schwerfälligkeit und Langsamkeit der Geschäftsführung, das Überwuchern der bürokratischen Gesichtspunkte, die geradezu widersinnige Häufung der Verwaltungsbehörden, deren wir fünf haben (Ortsbehörde, Landrat, Regierung, Oberpräsident, Minister), während sich die übrigen Staaten an drei Instanzen (Bezirksamtmann, Regierung, Ministerium) genügen lassen; die verwickelten Zuständigkeitsverhältnisse infolge des Nebeneinanderbestehens staatlicher und kommunaler Verwaltungsbezirke; die Fülle von Rechtsmittelinstanzen, die aber gleichwohl in ihrer augenblicklichen Zusammensetzung allzeit befriedigende Bürgschaften für eine richtige Dienstwaltung nicht bieten. Hinzu kommen noch die mit dem Schlagwort des Assessorismus bezeichneten Mißstände, die Häufung des Schreibwerkes, die Überlastung der Ministerien, zum Teil auch der Regierungsinstanzen und jedenfalls des Landratamtes.

Im einzelnen ist auf folgendes Bedacht zu nehmen: Die neuen Staatszwecke, die gewaltige Zunahme der Bevölkerung, die innere Entwicklung des Staatslebens haben zahlreiche neue Geschäfte mit sich gebracht, die die Ministerialinstanzen in einer immer mehr steigenden Weise belasten. Die Ministerien werden nach wie vor vom Wuste der Detailverwaltung erdrückt. Sie lösen sich dadurch notwendig immer mehr in tatsächlich selbständige Abteilungen von rein bürokratischem Charakter auf[66]). Davon, daß der Minister, oder selbst die Unterstaatssekretäre und Direktoren vollständig ihr Ressort zu übersehen vermöchten, kann nicht die Rede sein. Dieser Zustand entspricht nicht unseren verfassungsrechtlichen Verhältnissen, aber auch nicht den Anforderungen der Zweckmäßigkeit. Es ist eine notwendige Folge des bestehenden Zustandes, daß eine große Selbständigkeit der vortragenden Räte besteht und daß in Wirklichkeit meist diese, nicht die Minister die Entscheidung in der Hand haben. Nach dem preußischen Verfassungsrechte ist aber allein verantwortlich der Minister, sowie er allein auch das Recht zur Entscheidung hat. Die Übernahme dieser Verantwortlichkeit kann aber nach Lage der Dinge nur eine formelle sein, nicht eine materielle, wenn er von den meisten Angelegenheiten gar nicht erst Kenntnis erhält. Aber auch vom Zweckmäßigkeitsstandpunkt aus ist die Überlastung der Ministerialinstanz bedenklich. Zunächst löst sich der Organismus eines einzelnen Ministeriums infolge der Verästelung in eine übergroße Anzahl von Ressorts, in eine Reihe voneinander mehr oder minder unabhängiger Abteilungen auf, die miteinander schon deshalb in keiner engen, für die Erledigung der Einzelangelegenheiten so wichtigen Verbindung stehen können, weil die Zeit zu einer freundnachbarlichen Verständigung bei der Fülle von Angelegenheiten fehlt. Damit hängt sodann zusammen, daß oft von einem und demselben Ministerium keineswegs immer durch einen gemeinsamen politischen oder Verwaltungsrechtsgrundsatz getragene Entschließungen und Entscheidungen ausgehen, man oft vielmehr den Eindruck einer absoluten Verschiedenheit der Absichten und Richtungen bei wechselnden, aus demselben Ministerium herrührenden Maßnahmen hat. Ferner ergibt der bisherige Zustand eine schon von anderer Seite viel gerügte Verwickeltheit der Ressortverhältnisse, eine Schwerfälligkeit und Langsamkeit, eine Weitschweifigkeit in der Verwaltung, die von der schnellen Abwicklung der Geschäfte zum Teil schon in den Mittel- und Kleinstaaten wesentlich absticht, noch viel mehr aber von derjenigen in unseren modernen industriellen und kaufmännischen, z. B. Bankbetrieben. Es ist dem Durchschnittsbürger, aber auch dem höher Gebildeten schlechterdings unverständlich, weshalb Angelegenheiten, die in wenigen Augenblicken erledigt werden könnten, Monate brauchen, wenn sie von einem Ministerium entschieden werden sollen, während Geschäfte, die Hunderttausende und Millionen Mark betreffen, in Bankbetrieben in kürzester Zeit, oft in Stunden, ja sogar Minuten Erledigung finden. Der Unterschied mag zwischen diesen beiden Angelegenheiten gewiß groß genug sein. Worauf es aber hier ankommt, ist die Forderung einer raschen Entschlußfähigkeit auf der Grundlage eingehendster Sachkunde und eines trefffsicheren, aber auch alle Verhältnisse mit größter Energie und Spannkraft umfassenden Blickes. Ich glaube, daß man den höchsten Stellen nur eine Ehre erweist, wenn man verlangt, daß sie mit Persönlichkeiten auserlesenster Qualität und hervorragendsten Eigenschaften besetzt werden müssen, denen auch die hier angedeuteten Fähigkeiten nicht fehlten.

Weitere Bemängelungen des Systems in der Zentralinstanz betreffen die fehlende Kenntnis so mancher vortragenden Räte von den Vorgängen des wirklichen Lebens; wenige kennen die Kreis-, Stadt- und Landgemeindeverwaltung, haben Jahrzehnte in der Provinz verlebt und haben Fühlung mit weiten Volkskreisen, unter Niederlegung der chinesischen Mauer bürokratischer Kastenüberhebung, gewonnen. Es ist der alte Vorwurf, daß zu viel vom grünen Tisch aus regiert werde. Nun wird man aber diese Dinge gerechterweise von beiden Seiten zu beurteilen haben. Bis zu einem gewissen Grade ist es unvermeidlich, daß die Zentralbehörden, weil sie eben an der Spitze eines ganzen Staatswesens stehen, nicht gleichzeitig in mittleren und unteren Bereichen des Verwaltungsorganismus sich bewegen können. Von lehrreichen Dienstreisen abgesehen, bei denen freilich häufig im Festgewande vorgeführt wird, was der Ministerialbeamte gerne im Alltagsgewande sehen möchte, können die Ministerialbehörden sich nicht, wenn sie ihrem Berufe im Ministerium mit allen Kräften vorstehen wollen, in der Provinz, in Stadt und Gemeinde umtun. Eine andere Frage ist die, ob nicht ein Wechsel der Beschäftigung eintreten sollte derart, daß in der Ministerialinstanz einige Jahre beschäftigte, besonders jüngere Kräfte in der Provinz angestellt werden, und daß umgekehrt Angehörige von Provinzialbehörden auf nicht allzu lange Zeit in die Ministerien gelangen. Kurz es wird ein Austausch zwischen Mittelpunkt und Außenbezirk als erforderlich anzusehen sein. Ich möchte eine stärkere Heranziehung von bewährten Beamten aus dem Bereiche der Kommunen, aber auch aus anderen Berufskreisen, z. B. der Richter, Anwälte, Bankdirektoren (etwa für das Finanzministerium), unbeschadet der wohl nicht geringen finanziellen Schwierigkeiten einer solchen Maßregel, empfehlen. Es muß mehr lebendiges Blut in die Zentralinstanz kommen. Die hervorragende Tüchtigkeit vieler Ministerialreferenten sei nicht in entferntesten angezweifelt; aber das Amt selbst bringt die Gefahr des Spezialistentums, der rein schematischen Erledigung nach bürokratischen Gesichtspunkten mit sich, auch wenn die besten Absichten zur Erkundigung an Ort und Stelle vorhanden sind, und die Fühlung mit der Praxis des Lebens in hingebender Weise gesucht wird. Es sind daher innere Gründe, die die schwerfällige Dienstverrichtung, die Entscheidung auf Grund lediglich schriftlicher Berichte und abstrakter Gesichtspunkte notwendig machen, es sind demnach hier Fehler des Systems, nicht der Personen in Frage. Deshalb muß man an jenem Neuerungen vornehmen. Ein Austausch mit der Provinz, die Gewinnung neuer Kräfte aus Kreisen des Juristen-, auch des Kaufmanns- und Fabrikantenstandes würde segensreich wirken. Als eine weitere Reform erscheint dringend notwendig die Entlastung der Ministerialinstanz. Worauf es ankommt, das ist: Die Ministerien müssen die Regierungsgeschäfte im großen Stil führen, d. h. nicht durch die Überlastung mit kleinen und relativ unwichtigen Dingen ihre Zeit vergeuden, ihre Arbeitskraft beschwert sehen. Durch die Abgabe einer großen Reihe von Angelegenheiten an die Oberpräsidial- oder Regierungsinstanz, d. h. durch eine Verminderung der bis an die Zentralstelle gelangenden Geschäfte, würde die Bedeutung der Ministerialinstanz gehoben und ihr die Aufgabe einer wirklichen Regierung und Leitung zugewiesen werden. So klingt auch hier die sehr wichtige Reformfrage einer Verminderung des Instanzenzuges an. Ebenso wird die Vielschreiberei in einem erheblichen Maße abnehmen müssen, wenn nicht, wie bis jetzt in so vielen kleinen und kleinsten Angelegenheiten, die nachgeordneten Staatsbehörden und noch mehr die kommunalen Organe angeregt, geprüft, geleitet und angewiesen werden. Je weniger unmittelbare persönliche Anschauung das höhere Beamtentum von den zu regelnden Angelegenheiten — etwa der städtischen und der kommunalen auf dem Lande — hat, um so überflüssiger ist die Arbeit, die dadurch geleistet und veranlaßt wird, daß Erlasse, Verfügungen, Anweisungen durch die ganze Stufenleiter der Instanzen hindurchgehen, um dann wieder von unten herauf in der Form von Berichten, Anfragen, Gegenvorstellungen denselben Weg nach oben einzuschlagen. Bei der Überfülle von Geschäften wird auch die Kontrolle der Verwaltung innerhalb des einzelnen Ministerialressorts erschwert, ja unmöglich gemacht. Auf eine auch hier notwendige Verminderung des Schreibwerkes sei nachdrücklichst hingewiesen. Mündliche Berichte müssen an die Stelle der schriftlichen in den meisten, besonders in solchen Angelegenheiten treten, die nur örtlicher Bedeutung sind; auch müßte davon Abstand genommen werden, Ministerialverfügungen drei-, viermal und noch öfter abzuschreiben und weiterzugeben.

XI.

Wenn diese Organisationsfehler in den einzelnen Ministerien hier richtig angegeben sind, so fragt es sich, ob nicht eine Heilung durch das Staatsministerium erfolgen kann. Man muß zunächst die verfassungsrechtliche Lage erkennen. Das Gesamtstaatsministerium in Preußen ist nur in wenigen Angelegenheiten die die Einheit der Verwaltung wahrende Behörde. Es ist das Staatsministerium die unter dem Vorsitz eines Ministers zusammengefaßte, in der Regel kollegialisch entscheidende oberste Verwaltungsbehörde, deren Geschäftsbereich nicht allgemein festgestellt, sondern durch eine Anzahl von zerstreuten Gesetzvorschriften bestimmt ist. Die Einrichtung des Staatsministeriums hat zuerst die Kabinettsorder vom 3. Juni 1814 getroffen, die Geschäftsführung hat dann die Kabinettsorder vom 3. November 1817 weiter ausgelegt. Während nach jener „allgemeine Gegenstände, desgleichen solche, wo die Ressorts ineinandergreifen und eine gemeinschaftliche Überlegung erforderlich ist“, gemeinsam beraten werden sollen, hat die Kabinettsorder von 1817 eine Reihe von Angelegenheiten zum Vortrag und zur Beratung im Staatsministerium bestimmt, so insbesondere alle Entwürfe zu neuen Gesetzen und deren Abänderung, Verwaltungsrechenschaften der Oberpräsidenten, Verwaltungspläne für das künftige Jahr. Bei all diesen Angelegenheiten bedarf es der Einigung aller Minister; keiner darf überstimmt werden. Außer der hier gegebenen Zuständigkeit besteht eine solche noch ferner nach der Verfassungsurkunde bei Begründung einer Regentschaft, bei Erlaß von neuen Verordnungen. Weitere Kompetenzen sind in Spezialgesetzen geregelt. Soweit die Zuständigkeit des Staatsministeriums nicht in den Kabinettsordern von 1814 und 1817 geregelt ist, entscheidet die Stimmenmehrheit. Man sieht aus alledem, daß die Absichten des Freiherrn vom Stein, in der Form des Staatsrats eine oberste, die Verwaltung der Ministerien überwachende, ihre Einheit wahrende Behörde zu stellen, durch die Einrichtung des Staatsministeriums nicht erfüllt ist. Soweit weder die erwähnten Kabinettsordern, noch die Verfassungsbestimmungen, noch die Spezialgesetze eine Kompetenz des Staatsministeriums festlegen, fehlt es an einer über den einzelnen Ministerien stehenden Zentralstelle. Es ist daher unmöglich, auch schon vom rechtlichen Standpunkte, daß das Staatsministerium, der Ministerrat, die gesamte Staatsverwaltung überwacht oder gar leitet. In tatsächlicher Beziehung könnte, selbst bei Änderung des bisherigen Rechtszustandes, die gesamte Staatsverwaltung in ihren Hauptzügen und Wirkungen wegen ihrer Überfülle vom Staatsministerium nicht gehandhabt werden. Was hier nottut, das ist eine Erweiterung der Zuständigkeit des Gesamtministeriums. Mit

Recht hat Graf Hue de Grais vorgeschlagen, daß das Gesamtministerium die Befugnis erhalten soll, für das ganze Beamtenrecht die erforderlichen Ausführungsbestimmungen, allgemeine Grundsätze über das Verfahren und den Geschäftsgang bei den Verwaltungsbehörden und über die Grundsätze, betreffend Ausführung von Staatsbauten und Leistungen sowie Lieferungen an den Staat zu erlassen. Dagegen wird es sich kaum ermöglichen lassen, der Idee eines preußischen Staatskanzlers als des führenden, die gesamte preußische Staatsverwaltung überwachenden Organs — die Idee stammt von dem Freiherrn von Zedlitz — Folge zu geben[67]). Damit aber auch das Staatsministerium nicht überlastet werde, würde ihm abgenommen werden müssen die Rolle als Berufungsinstanz gegenüber den Disziplinarentscheidungen des Disziplinarhofes und der Provinzialbehörden. Dadurch, daß die einzelnen Ministerien von unnötigem Schreibwerk entlastet, daß sie nach Maßgabe der ausgesprochenen Vorschläge von der Erledigung minder wichtiger Sachen befreit und lediglich auf die wichtigsten hingewiesen bleiben, werden auch die Funktionen des Staatsministeriums verringert, da die ihm im einzelnen zu überweisende Aufgabe der Überwachung der Staatsverwaltung in demselben Umfange abnimmt, in dem die Arbeitslast der zu überwachenden Einzelministerien verringert wird. Schließlich wäre ernstlich zu erwägen, ob nicht der bisherigen Rechtslage auch insofern ein Ende gemacht werden müßte, als ein Ministerpräsident als Leiter des Staatsministeriums zukünftig in *materieller* Beziehung verfassungsrechtliche Zuständigkeiten erhielte. Bisher ist der Vorsitzende des Staatsministeriums nur Erster unter Gleichen, er hat die *formelle* Leitung der Geschäfte, doch ist ihm kein einzelner Minister untergeben. Die Entwicklung der Dinge gibt schon heute in der Richtung der Schaffung eines „Premier" Winke; freilich fehlt die beim parlamentarischen Regierungssystem begründete Eigenschaft des Premiers als Leiter der gesamten Regierung und Haupt der Mehrheit im Parlamente. Doch kann m. E. sehr wohl eine Form gefunden werden, die, ohne Übernahme des *parlamentarischen Systems*, die Einrichtung eines

Chefs des Staatsministeriums mit weitgehenden Funktionen, die mit denen des Staatsministeriums in geeignete Verbindung zu bringen sind, ermöglicht.

XII.

Ein weiterer Tadel betrifft den sogenannten Assessorismus. Man kann darunter etwa verstehen die Bevorzugung von jüngeren und lediglich juristisch vorgebildeten Beamten gegenüber den sonstigen, insbesondere technischen und kaufmännischen Berufskreisen. Man wird ohne weiteres zugeben müssen, daß die Berufsausbildung nach gewissen formal-logischen Prinzipien keineswegs geeignet ist, die wichtigen Aufgaben der praktischen Verwaltung in einer für unsere modernen schwierigen staatlichen und wirtschaftlichen Verhältnisse entsprechenden Art zu erledigen. Man wird aber nicht verkennen können, daß selbst unsere zivilrechtlich ausgebildeten Juristen je länger je mehr von dem ausschließlichen Kultus der Begriffsjurisprudenz abkommen und daß sie unter dem Druck einer die Volkswirtschaft berücksichtigenden Strömung und bei dem Verlangen nach freierer Gestaltung der Rechtsanwendung zu immer größerer Unabhängigkeit von dem Buchstaben des Gesetzes gelangen. So weit daraus eine den Geist des Gesetzes erkennende und nach ihm handelnde Tätigkeit sich ergibt, wird man ohne weiteres einverstanden sein können. Es besteht nur die Gefahr, daß die sogenannte „freie Rechtsschule" anstatt des geschriebenen und nur einer gewissen Auslegung fähigen, nicht auf den Kopf zu stellenden Rechtes, subjektive, wenn auch wohlgemeinte Auffassungen ethischer, sozialer oder sonstiger Natur treten läßt. Wie dem aber auch sei, es besteht zweifellos die Tendenz einer Abstreifung der rein formallogischen Betrachtung der Dinge. Offensichtlich hängt diese Frage mit der Vorbildung und der weiteren Ausbildung der staatlichen Beamten zusammen. Wenn schon bei den für die Justiz ausgebildeten Beamten ein Abgehen von reiner Begriffsjurisprudenz festzustellen ist, so ist dies noch viel mehr der Fall bei den Verwaltungsjuristen. Grundsätzlich wird also hier zu fordern sein eine die tatsächlichen Verhältnisse des Lebens immer mehr berücksichtigende berufsmäßige Schulung, die durch ständige Fühlungnahme mit den wirklichen Erscheinungen des staatlichen und kommunalen Lebens diejenige Grundlage gewinnt, auf der rein scholastische und weltfremde Auffassungen und Entscheidungen nicht möglich sind. Würde man in dieser Richtung zu einem einigermaßen befriedigenden Stande der Dinge kommen, so würde m. E. in einem weitgehenden Maße der Assessorismus als Vorwurf allgemeiner Art beseitigt sein; jedoch nicht für alle Fälle. Denn es bleibt doch bestehen, daß die Zuziehung technischer Elemente im weitesten Sinne, aber auch kaufmännischer, in viel zu geringem Maße erfolgt. Es ist bei uns im Reiche bei den vielfach verschlungenen Positionen des wirtschaflichen Lebens eine Schulung angesichts des sich immer mehr steigernden Bedürfnisses nach Kenntnissen nicht juristischer, vielmehr wirtschaftlicher, allgemein politischer und technischer Art notwendig. Es häufen sich die Anforderungen, denen sämtlich gerecht zu werden auch der beste Verwaltungsbeamte nur selten in der Lage ist. Hierzu kommt noch, daß er häufig zu Entscheidungen berufen ist über Dinge, für die die Kenntnis lokaler Verhältnisse unentbehrlich ist, die ihm aber sehr oft fehlt. Man wird deshalb eine viel größere Beteiligung des Laienelementes verlangen müssen. Dies nicht in dem Sinne, als ob gänzliche Unkenntnis von politischen Dingen und die bloße Eigenschaft eines unbescholtenen Bürgers ein Anrecht auf Mitverwaltung im Staate geben könnte, vielmehr in dem Sinne, daß kaufmännisch oder technisch geschulte oder auch auf speziellem Gebiete, wie auf dem des Handels, der Industrie, des Bankwesens besonders erfahrene Männer für die staatliche Verwaltung gewonnen werden. Sicherlich ist auch dies richtig, daß es je nach den einzelnen Ressorts verschieden sein wird, ob man die Klagen des Assessorismus für berechtigt anerkennt oder nicht. Es gibt staatliche Berufsgeschäfte, wie z. B. die Verwaltung der Steuern, der Zölle, der Unterrichtsangelegenheiten usw., bei denen die Zuziehung des Laienelementes — abgesehen von der bereits bestehenden Beteiligung bei der Steuerveranlagung, im Schulvorstand usw. — nicht gerade als notwendig erscheint. Spezielle Gesetzesvorschriften sind mir allerdings undenkbar, durch die man dem Assessorismus steuern könnte. Es handelt sich um den Geist, der in der Verwaltung herrscht, um die erhöhte Sachkenntnis der Verwaltungsbeamten auch in nicht rein juristischen Dingen, ferner darum, ob man für die fragliche Stelle den richtigen Mann findet und endlich, ob ein bestimmter Verwaltungszweig die Erledigung der Angelegenheiten nach anderen als juristischen Gesichtspunkten verlangt. Ich will bei alledem nun gewiß nicht im entferntesten die Kenntnisse auf dem Gebiete des Verwaltungsrechts gering schätzen. Ich habe im Gegenteil bei aller sich darbietenden Gelegenheit betont, daß wir auch in diesem Punkte gegenüber früheren Zeiten vollständig gewandelte Bedürfnisse haben. Früher konnte als ein tüchtiger Verwaltungsbeamter ohne weiteres der gelten, der Takt, ein gewisses praktisches Gefühl für die Erledigung seiner Angelegenheiten und vor allem Erfahrung in sachlicher wie persönlicher Beziehung besaß. Ob juristische Kenntnisse vorhanden waren, war eine Frage zweiter Ordnung. Seitdem wir aber die Verwaltungsgerichtsbarkeit eingeführt haben, besteht eine Kontrolle der Verwaltungshandlungen auf einem sehr weiten Gebiete; schon aus diesem Grunde muß der Verwaltungsbeamte ausreichende Rechtskenntnisse besitzen, um vor einer Aufhebung seiner Maßnahmen bei der höheren Instanz oder gar bei dem Verwaltungsgerichte gesichert zu sein. Überdies sind weder die Verwaltungsgesetze, noch die Verordnungen, insbesondere der Polizei — um nur diese beiden Rechtsquellen hier anzuführen — ihrer gesamten Struktur nach in der Regel auf eine scharfe dem Zivilrecht entsprechende Logik abgestellt, lassen vielmehr einem vernünftigen, d. h. nicht willkürlichen Ermessen meist freie Bahn. Aber auch die rein wissenschaftliche Behandlung dieser Dinge, sowie die sorgfältige Kenntnis der Rechtsgrundsätze des Oberverwaltungsgerichtes schließen keineswegs die Forderung nach einer rein formal-juristischen Ausbildung und Weiterbildung ein. So unentbehrlich daher die persönliche Befähigung zum Verwalten, ein erhebliches Maß von Takt, eine große Summe von Erfahrung sind, so darf auch die Kenntnis im

Verwaltungsrechte nicht mehr als quantité negligeable angesehen werden. Es werden aber auch für die Regel — bei im übrigen gleichen Verhältnissen — gerade die der wissenschaftlichen Ausbildung in ausreichendem Maße teilhaftig Gewordenen denjenigen Vorzug aufzuweisen haben, der sie — unbeschadet der Heranziehung von kaufmännischen und technischen Elementen in gewissen Fällen — zur Erledigung von Staatsangelegenheiten vorzugsweise befähigt. Der Geist der Sachkunde, des wohlwollenden und verstehenden Verwaltens muß alle Glieder des Staatsorganismus durchdringen. Dann wird vom Assessorismus immer weniger die Rede sein.

Eines aber wird man nicht verkennen dürfen. So unangebracht die nicht allzu seltene Ableugnung des mit dem Ausdruck Assessorismus bezeichneten Mißstandes ist, so ist doch Tatsache, daß, wenn die Techniker der Regierung früher in den Sitzungen des Kollegiums insofern zurückstanden, als sie in der Regel kein Stimmrecht hatten, dies neuerdings beseitigt ist. Ferner wird man sagen müssen, daß der Vorwurf des Assessorismus insofern fehlgeht, als er die verwaltende Tätigkeit mit der technischen verwechselt. Jene ist, wie Lotz einmal hervorhebt, namentlich in hohen leitenden Stellen die vorwiegende, am meisten bei den Ministern selbst, wo überdies die politische Verantwortung, nicht die technischen Kenntnisse, die Ausübung der Staatshoheit, nicht die spezialwissenschaftliche oder technische Fertigkeit und Geschicklichkeit das Entscheidende sind. Minister Thielen hat gelegentlich gefragt: „Zu welchem Zweck denn die Techniker die Höhen und Tiefen der Baukunst lernen? Doch sicher nicht zu dem Zweck, um in einer Eisenbahndirektion ein Personaldezernat oder ein Kassendezernat zu verwalten, oder ein Verkehrsdezernat, das umfassende volkswirtschaftliche Kenntnisse voraussetzt". Wie in den Regierungen, so fügt Lotz hinzu, stehen bei den Eisenbahnbehörden Techniker und Verwaltungsbeamte nebeneinander, jene mit volkswirtschaftlichen, finanzwirtschaftlichen, sozialpolitischen, diese mit baulichen und maschinenbaulichen Aufgaben und Fähigkeiten. Ich kann aber nicht zugeben, daß eine Bevorzugung der juristisch ausgebildeten Verwaltungsbeamten ausgeschlossen ist.

Gewiß geht es zu weit, wenn man verlangt, es müßten überhaupt vernünftigerweise Techniker als Männer der Praxis öfter und regelmäßig an die Spitze von Spezialbehörden treten, es müsse ein Kaufmann Handelsminister, ein Arzt Medizinalminister, ein Lehrer Unterrichtsminister, ein Baumeister Bauminister, ein Bankier Finanzminister sein. Aber warum sollten denn nicht andere als nur juristisch ausgebildete Persönlichkeiten die Fähigkeit zur Verwaltung haben? Warum sollten sie nicht, unabhängig von ihrer technischen Befähigung und Ausbildung und neben ihr, noch diejenigen Eigenschaften aufweisen, die den Juristen zur Verwaltungstätigkeit besonders geeignet erscheinen lassen? Wenn man den Technikern, Kaufleuten usw. im weiteren Sinne auf den Technischen und Handels-Hochschulen eine Ausbildung angedeihen läßt, die auf dem Gebiete des Verwaltungsrechts, der Volkswirtschaftslehre usw. derjenigen der Vorbildung der Juristen auf den Universitäten mindestens nahe kommt, so kann ich nicht einsehen, weshalb das Privileg, andere zu regieren, lediglich durch das Mittel der juristischen Fakultäten erreichbar sein würde.

Der Weltkrieg hat nun auch auf diesem Gebiete bedeutende Wandlungen herbeigeführt. Der Verwaltungsorganismus der deutschen Staaten ist vor bis dahin unerhört große und eigenartige Aufgaben gestellt worden, in denen sich restlos zu bewähren vielleicht unmöglich war, besser zu bewähren aber nicht ausgeschlossen gewesen wäre, wenn eine Verwaltungsreform schon vor dem Krieg eingesetzt hätte. Die Schwerfälligkeit und Verwickeltheit des ganzen Behördenapparats hat man denn auch während des Krieges versucht durch neue Ämter und durchgreifende Maßnahmen, erleichternde Bestimmungen und eine notgedrungen erweiterte Tätigkeit der Kommunen zu erreichen. Es kommt noch hinzu, daß infolge des Belagerungszustandes die vollziehende Gewalt auf die Militärbefehlshaber überging, die Zivilverwaltungs- und Gemeindebehörden den Anordnungen und Aufträgen der Militärbefehlshaber Folge zu leisten hatten. Die Militärbehörden können sich aber gegenüber den sonst üblichen Verwaltungsformen freier stellen und bewegen und sie haben dies zu vielfachem Segen einer raschen und von ängstlichen Bedenken unabhängigen Tätigkeit oft genug getan. Immerhin liegen die Erfahrungen gerade deshalb für die nach dem Krieg kommende Friedenszeit weniger in dieser militärisch kurz angebundenen und straffen Behandlung der Dinge, die ja mit der Aufhebung des Belagerungszustandes ihr Ende erreicht, sondern in dem durch den Krieg hervorgetriebenen, alle Schichten des deutschen Volkes gleichwertig behandelnden Geist. Wer erinnert sich hier nicht der Worte, die der deutsche Kaiser am 4. August 1914 gesprochen hat: Ich kenne keine Parteien mehr, ich kenne nur Deutsche? Und der Reichskanzler v. Bethmann-Hollweg sprach am 2. Dezember 1914 im Reichstage von dem wunderbaren Geist, der die Herzen des deutschen Volkes durchglüht in nie gesehener Einigkeit, der nach erkämpftem glücklichen Frieden hoch gehalten werden müsse als das heiligste Vermächtnis dieser furchtbar ernsten und großen Zeit. „Wie vor einer Zaubergewalt sind die Schranken gefallen, die eine öde und dumpfe Zeit lang die Glieder des Volkes trennten, die wir gegeneinander aufgerichtet hatten in Mißverstand, in Mißgunst und in Mißtrauen. Eine Befreiung und eine Beglückung ist es, daß nun einmal dieser ganze Wust und Unrat weggefegt ist; daß nur noch der Mann gilt, einer gleich dem anderen, einer dem anderen die Hand reichend für ein einiges, glückliches Ziel.“ Eine „Neuorientierung“ im Sinne einer stärkeren Demokratisierung kann auch die Verwaltung nicht unberührt lassen. Neben einer Verbesserung der äußeren Formen, die nicht immer erkennen ließen, daß die Beamten für das Volk da sind und nicht umgekehrt, wird auch die größere praktische Anteilnahme an der Verwaltung sich durchsetzen müssen und damit die wichtigsten Einwände gegen Assessorismus und Bürokratentum beseitigen.

XIII.

Nicht sicher scheint mir aber die Abstellung einer weiteren Klage, die die Häufung des Schreibwerkes betrifft. Sehr hübsch ist, was man als einen Ausspruch des Herrn von Koeller, des früheren Präsidenten des preußischen Abgeordnetenhauses, erzählt, ein ihm bekannter Beamter habe einen ganzen Schrank voll Akten über die Verminderung des Schreibwerkes angelegt! Nun hat man mehrfach versucht, durch knappere Fassung der Berichte, durch Verminderung der Höflichkeitswendungen, Kürze der Ausdrucksweise zu helfen. Man wird dankbar anerkennen können, daß es in mancher Beziehung besser geworden ist. Aber noch lange nicht gut. Gewisse Schwierigkeiten freilich liegen in der Natur der Sache und sind kaum überwindbar. Die Ministerialinstanz, die die gesamte Verwaltung des Ressorts verantwortlich vertreten, die neue Gesetze ausarbeiten und die Wirkung bestehender Gesetze kennen soll, kann unmöglich auf rein persönliche, mündliche Mitteilungen beschränkt werden. Unvermeidlich sind Berichte, statistisches Material, Umfragen und Nachfragen. Aber es muß nicht mit dem Umfang des Geschäftsbetriebes der schriftliche Verkehr wachsen. Nach meiner Auffassung müßte man eine, wenn auch nicht kollegialische, so doch eine solche ihr angenäherte ministerielle Verfassung einführen, die unter Vorsitz des Chefs in gemeinsamen Sitzungen der Direktoren (Unterstaatssekretäre) und Räte durch mündlichen Vortrag eine große Reihe von Angelegenheiten gemeinsam erledigt. Eine Überfülle von Berichten, Gegenfragen, Aufklärungssachen und dergleichen würde damit wegfallen. Wenn man bedenkt, einen welch großen Einfluß und welch entscheidende Macht schon heute die vortragenden Räte besitzen, so wird man auch das Bedenken nicht allzuhoch zu veranschlagen haben, wonach in solchen gemeinsamen mündlichen Beratungen doch wieder die sachkundige Stimme des vortragenden Rates die Entscheidung lenken und meist in seinem Sinne herbeiführen wird. Denn selbst wenn dies der Fall wäre, würde doch eben dieser Einfluß im Verhältnis zum Minister fortfallen. Es würde aber auch der Blick über die eigene Abteilung hinaus erweitert werden und es würden die gegenseitigen Beziehungen einzelner Abteilungen innerhalb des Ministeriums viel enger sein und eine viel intensivere Art des Vorgehens nach einer bestimmten Richtung hin ermöglichen. Das würde die ganze Verwaltung einheitlicher gestalten. Sie würde nach gemeinsamen Grundsätze erledigt werden. Es ist aber auch gar nicht gesagt, weshalb nicht in dem Ministerium oder in jenen gemeinschaftlichen Sitzungen außer dem vortragenden Rate des Spezialressorts auch noch andere sich finden könnten, die sich mit der Materie befaßt haben und durch einen Rat, einen Wink, einen Wunsch nützlich sein könnten. Ein weiterer Vorteil meines Vorschlages würde darin liegen, daß ein vielleicht sehr nützlicher Austausch zwischen den Inhabern der verschiedenen Einzelgeschäftskreise eintreten könnte. So sehen wir, daß die Frage der Verminderung des Schreibwerkes zu weitgehenden organisatorischen Neuerungen geradezu einladet. Soweit aber fernerhin ein großes Hindernis der Verminderung des Schreibwerkes in der Überfülle der Instanzen liegt, gelangen wir zu einem Punkte, der nicht nur die Ministerialstellen, sondern alle anderen, unter ihnen also auch den Oberpräsidenten, die Regierung und den Regierungspräsidenten, sowie den Landrat betrifft. Man hält zahlreiche Berichte und Zwischenberichte nach oben hin für notwendig und nach unten hin werden häufig, um jede Instanz auf dem Laufenden zu erhalten, Ministerialverfügungen drei bis viermal abgeschrieben und weitergegeben. Auch hier ist eine Verminderung des Schreibwerkes nur möglich durch eine Erweiterung des mündlichen Berichts und durch eine Verminderung der Instanzen. Was jene angeht, so wäre an eine neue Maßregel zu denken, die in mündlichen Sitzungen der höheren und der nachgeordneten Instanzen innerhalb gewisser Zeiträume die Erledigung der wichtigsten Angelegenheiten betrifft. Man könnte z. B. bestimmen, daß alle Monate einmal die sämtlichen Regierungspräsidenten in mündlicher Verhandlung Dinge erledigen, die sonst nur auf schriftlichem Wege hin und her gegangen waren. Durch eine stenographisch aufgenommene Verhandlung würde eine Überfülle von Geschäften dadurch glatt erledigt werden. Schon der Gedanke hat etwas Verführerisches, daß nicht die unversöhnliche schriftliche Urkunde zwischen die Beamten der über- und nachgeordneten Instanzen tritt, sondern daß Aug in Auge und Person zu Person Dinge erledigt werden. Bedenken können sofort ausgeräumt, Rückfragen mit zwei Sätzen erledigt werden. Durch die Art des Tonfalles der Rede, durch die zutage tretende persönliche Meinung von der Notwendigkeit der Entscheidung in diesem oder jenem Sinne müßte eine viel sicherere Kenntnis des richtigen Sachverhaltes und eine viel besser begründete Überzeugung von dem richtigen Wege vermittelt werden, als es heute bei dem vorwiegend schriftlichen Verkehr möglich ist. Und wie der Oberpräsident die Regierungspräsidenten, so mag der Regierungspräsident wiederum die Landräte in bestimmten Zwischenräumen um sich versammeln und mündlich erledigen, was schriftlich allzu viel Aufenthalt verursacht. Man wird nicht sagen dürfen, daß diese Zusammenkünfte nur selten stattfinden können und daß dadurch die Erledigung der Geschäfte verzögert werden könnte. Denn mehr verzögert, als sie es heute sind, können die Geschäfte gar nicht mehr werden; ich glaube aber umgekehrt, daß sie außerordentlich beschleunigt würden. Zunächst ist es ja selbstverständlich, daß besonders eilige Sachen, deren Erledigung bis zur nächsten mündlichen Sitzung keinen Aufschub duldet, ohne weiteres durch die betreffende Instanz entschieden werden sollen und es müßte dann in solchen Fällen genügen, wenn nachträglich in der Sitzung die Sache vorgebracht und die Summe der Gründe für die Entscheidung angegeben wird. In allen anderen nicht absolut dringenden Angelegenheiten würde man nur Zeit gewinnen, denn es würde kein höherer Verwaltungsbeamter ohne sorgfältige Vorbereitung in diese gemeinsamen Sitzungen gehen und es würde auch die stenographische Aufnahme der Verhandlungen, der Beschlüsse und Winke die beste Gewähr für eine alsbaldige Erledigung im Sinne der Besprechungen seitens der Verwaltungsbehörde bieten. Das Bedenken, das ja jeder einzelne höhere Verwaltungsbeamte ohne die eigene Verantwortlichkeit und ohne die eigene Entschließungsfreiheit gar nicht denkbar ist, scheint mir nur auf den ersten Blick einiges Gewicht zu haben; denn in Wirklichkeit soll ja der Oberpräsident, Regierungspräsident und Landrat auch nach dieser Sitzung tun können, was er will, nur daß er aus dem Munde seiner Kollegen und seines Vorgesetzten erfährt, wie sie über die Angelegenheit denken, ob sie seine Auffassung billigen, seine Gründe teilen oder ob dies nicht der Fall ist und weshalb nicht, ob sie vielleicht andere Erfahrungen in ihren Amtskreisen mit derselben Angelegenheit gemacht haben, ob sich bei einem dies oder jenes als zweckmäßig oder unzweckmäßig erwiesen hat. Die schließliche Entscheidung bleibt dann aber jedem vorbehalten. Immerhin wird, und ich kann dies nur als einen Vorzug meines Planes bezeichnen, auch die Kenntnis von der Auffassung der vorgesetzten Behörde außerordentlich nützlich sein, weil dann vernünftigerweise kein Verwaltungsbeamter eine Entscheidung fällen wird, von der er bestimmt weiß, daß sie die vorgesetzte Behörde nicht billigt. Auch wird er für seine Angelegenheiten, die der Nachprüfung der Verwaltungsgerichte unterliegen können, gerade bei der mündlichen Verhandlung mit seinen Kollegen und Vorgesetzten auf Verständnis seiner Gründe, eventuell aber auch auf einen guten abweichenden Rat rechnen können.

XIV.

Was sodann das andere Mittel zur Verminderung des Schreibwerks angeht, so ist es die Verringerung der Instanzen. Es ist ein alter Erbfehler der Deutschen, daß sie in einer merkwürdigen Rechthaberei nicht genug Instanzen haben zu können glauben. O. Schwarz hat nachgewiesen, daß keines der wichtigsten Kulturländer, England, Frankreich, Österreich, Belgien, Italien, Spanien, mehr als zwei Instanzen über der Lokalinstanz besitzt, ja, daß die untere Behörde meist nicht einmal selbständige Instanz ist, daß also auch da, wo zwei Instanzen bestehen, tatsächlich nur ein Brennpunkt der Verwaltung vorhanden ist. Es wird deshalb gesagt werden müssen, daß man in die untere Verwaltungsbehörde, wenn sie an sich zu einer zutreffenden und sachgemäßen Entscheidung befähigt ist, auch das Vertrauen setzen muß, daß sie, auch ohne höhere Instanzen über sich zu haben, nach allen Richtungen hin befriedigend handeln wird. Allenfalls würde man an Stelle der bisherigen zahlreichen Instanzen sich in minder wichtigen Angelegenheiten mit zwei zu begnügen haben. Das gilt vor allem für die Ministerialinstanz, die zu entlasten wäre entweder durch den Oberpräsidenten oder durch den Regierungspräsidenten. Da man nun aber die Verwaltungstätigkeit dieser Instanzen entsprechend vermehren müßte, entsteht die Frage, wie diese wiederum entlastet werden können. Da glaube ich allerdings, daß es keine andere Maßregel geben kann, als eine Verminderung der Aufsichtsbefugnisse gegenüber den Kommunalbehörden in minder wichtigen Angelegenheiten und eine Erweiterung der Selbstverwaltung überhaupt. Was jene betrifft, so haben wir ja, man denke nur an die Städteordnungen und an das Zuständigkeitsgesetz, ein ganzes Warenhaus voll Aufsichtsbefugnissen der Verwaltungsbehörden gegenüber den Gemeinden. Wer die Praxis, auch aus den zahlreichen Klagen der Kommunalbeamten, der Bürgermeister, aber auch der Landbürgermeister und Amtmänner kennt, der darf wohl sagen: Was der Regierungspräsident und der Landrat, besonders aber der letztere, auf Grund seiner gesetzlichen Verpflichtungen und mehr noch seiner Berechtigungen in der Richtung der Beaufsichtigung der Kommune zu tun pflegt, das überschreitet durchaus das notwendige Maß, das durch die Bedürfnisse des Staatslebens bedingt ist und dessen Zweck lediglich darin bestehen kann, die in das Staatswesen eingeordnete Kommune sich nicht in einer solchen Weise entwickeln zu lassen, die ihr selbst Schaden zufügen und einen staatlichen Auflösungsprozeß herbeiführen könnte, der in einer absoluten Verselbständigung der Kommune gegenüber dem Staate läge. Daß wir von einer solchen Gefahr weit ab sind, weiß jeder Sachkundige. Um so mehr wäre es erwünscht, daß nicht so viel regiert, in diesem konkreten Falle nicht so viel auf dem Wege der aufsichtsbehördlichen Tätigkeit eingegriffen werde. Die Verwaltung mag sich hier ihrer schönen Freiheit hinsichtlich der Anwendung des freien Ermessens bewußt bleiben; sie soll nicht immer glauben, daß sie verpflichtet sei durch die Autorität des Staats, allerhand peinliche, überaus genaue und oft sehr kleinliche Maßregeln aufrecht zu erhalten. Das erzeugt Erbitterung, vernichtet den durch die Selbstverwaltung gerade beabsichtigten Gemeinsinn der Bürger, ihr Interesse an der kommunalen und schließlich auch an der staatlichen Verwaltung. Ich beschränke mich hier auf die Wiedergabe von Äußerungen zweier hochkonservativer Schriftsteller. Lotz, Professor, Mitglied des Abgeordnetenhauses und Regierungsrat in Münster, jetzt Oberverwaltungsgerichtsrat in Berlin, erklärt[68]: „Ein schwer empfundener Ausfluß des Bürokratismus ist es, daß auf dem Gebiete der Selbstverwaltung die staatliche Oberaufsicht vielfach zur Oberleitung geworden ist, die selbst bis in die Einzelheiten des inneren Dienstes eingreift." v. Arnstedt, Wirklicher Geheimer Oberregierungsrat und Regierungspräsident a. D. betont[69]: „Soll die staatliche Oberaufsicht nicht unnötig hemmen und dadurch mehr schaden als nützen, dann erfordert sie auf kommunalem Gebiet eine leichte, sichere und geschickte Hand. Da eine solche nicht jedem Kommunaldezernenten eignet, . . . so kann durch eine allzu ausgiebige Handhabung dieser Aufsicht oft geschadet und die beabsichtigte Wirkung gerade ins Gegenteil verkehrt werden. Eine weitere Einschränkung der staatlichen Aufsicht auf dem Gebiete der gesamten Kommunalverwaltung dürfte nach meinen eigenen Erfahrungen auch kaum zu begründeten Bedenken Anlaß geben . . . Auf Grund dieser langjährigen Erfahrungen halte ich eine angemessene Einschränkung der staatlichen Aufsicht nicht allein für unbedenklich, sondern für eine ersprießliche und erfolgreiche kommunale Entwicklung sogar geradezu für nötig."

Wenn die vorhandenen Aufsichtsbefugnisse in minderen Angelegenheiten verringert oder aufgehoben werden und wenn außerdem noch eine Reihe von Tätigkeiten, die bisher noch der Staat versieht, auf die Kommune übertragen wird, dann erst wird man diejenige Entlastung spüren, nach der unser ganzer Staatsorganismus geradezu lechzt. Dann wird auch die Klage aufhören über die allzu große Langsamkeit, die man mit Recht in scharfen Gegensatz gestellt hat zu der Schnelligkeit, mit der heute der Geschäftsgang im gewerblichen und wirtschaftlichen Leben sich vollzieht. Wenn man nun etwa den großzügigen deutschen Kaufmann gegenüberstellt, der seine Blicke weit über die Meere schweifen läßt, seine Pläne und die großen Fragen der Volkswirtschaft des Reiches und der der Welt bei jeder wichtigen Entscheidung mit in Rechnung setzt und mit ihnen arbeitet, trotzdem aber starken Willen und Schnelligkeit zeigt, so wird man den Gegensatz nicht groß genug finden können. Die staatliche Entstehung unserer Monarchie hängt mit dem Verdienste des Ostens, das kann man nicht unerwähnt lassen, eng zusammen. Aber von dorther rühren auch alle die Schwerfälligkeiten unseres Betriebes, alle die Weitläufigkeiten des bürokratischen Wesens, die zu dem beweglicheren Westen im geographischem und im übertragenen kulturellen Sinne höchst gegensätzlich gestellt sind. Hinzu kommt noch — gemeint ist natürlich niemals eine Person, sondern nur das System — allzu häufig ein Mangel an Einsicht in die Bedürfnisse des heftig pulsierenden modernen Lebens. Es ermangelt oft genug des geschulten weltmännischen Blickes bei den Regierungen und erst recht bei den Unterinstanzen, der die Hinwendung unseres Staatswesens von dem Agrarstaat zum Industriestaat erkennt und seinerseits dazu beiträgt, die Übergänge weniger schroff zu gestalten. Nur sehr gering ist vorläufig noch der Einschlag desjenigen Beamtentums, das mit westlichen Verhältnissen vertraut ist, das großstädtische Wesen als das Ergebnis unentrinnbarer Entwicklung anerkennt und hiernach die ganze Verwaltung dem Geiste, dem Zeitmaß und den äußeren Formalien nach ausgestaltet. Die wenigsten Beamtenstellen erkennen, daß wer schnell gibt, nicht nur doppelt gibt, sondern daß, wer spät gibt, möglicherweise alles an Erfolg wirtschaftlicher, kaufmännischer und industrieller Arbeit vernichten kann. Dies gilt nicht nur von der Zentralinstanz, sondern auch von den Bezirksregierungen, deren „allseitig zugestandene Degeneration“ der Reform ebenso bedürftig ist, wie das Landratsamt. Jener Geist der Bürokratie, jenes Überhandnehmen des Schreibwerkes, jene Langsamkeit und Schwerfälligkeit des Geschäftsganges sind Symptome für die Tatsache, daß es den preußischen Behörden nicht gelungen ist, gleichen Schritt mit der Entwicklung der gesellschaftlichen Faktoren innerhalb des Staatswesens zu halten, daß sie die beruflichen und wirtschaftlichen Formen unseres modernen Daseins weder zu sich in Beziehung gesetzt, noch auch sich bemüht haben, eine einigermaßen zufriedenstellende Übereinstimmung herbeizuführen. Diese Langsamkeit führt dazu (und auch dies wird hier nicht zum erstenmal festgestellt) daß das Publikum oft wochen- und monatelang auf einen Bescheid warten muß, der unter normalen Verhältnissen längstens in wenigen Tagen hätte erteilt werden können. v. Massow berechnet, daß jedes Stück der Akten vom Tage des Einganges bis zu der Stunde, wo es zur Post getragen wird, durch 30 Hände geht. Für die Erledigung der einfachsten Sache sind unter diesen Umständen mehrere Tage notwendig, denn vor dem dritten Tage nach der Präsentation kommt ein Stück selten zum Dezernenten und ebenso viel Zeit ist nötig, bis es nach Erledigung wieder zur Post geht. Sind mehrere Mitglieder der Regierung als Mitdezernenten beteiligt, und deren gibt es bisweilen zwei, drei oder gar mehr, so erhalten diese das Schriftstück zuerst und bei eiligen Angelegenheiten kommt es wohl vor, daß der Dezernent das eingegangene Gesuch so spät erhält, daß die Antwort gar nicht mehr rechtzeitig abgehen kann. Wird statt der urschriftlichen Erledigung durch den Dezernenten ein Sekretär mit der Bearbeitung beauftragt, oder hat die Kanzlei eine umfangreiche Abschrift anzufertigen, so entsteht ein weiterer Zeitverlust von vielen Tagen. Der Dezernent muß sich schon sehr viele Mühe geben, wenn er erreichen will, daß ein Stück am Tage der Erledigung oder wenigstens am folgenden Tage zur Post kommt. Daß die Landräte hinsichtlich des Geschäftsbetriebes etwas besser gestellt sind als die Regierungen, d. h. einen einfacheren Betrieb haben, wird zwar behauptet, allein diese sind doch auch sehr oft genötigt, durch Berichte und Verfügungen ihre Zeit, in der sie wichtigeres zu tun hätten, auszufüllen. Der Landrat hat es auch vielfach besser als die Regierungen, weil diese von dem fluktuierenden Leben doch etwas mehr abgeschnitten sind als der Landrat. Vielfach blüht auch bei Regierung wie bei Landrat das Spezialistentum, die Entscheidung wird lediglich nach Maßgabe der Berichte und Akten, nicht im mündlichen Verkehr mit den Behörden getroffen. Erwähnt sei ein frommer Wunsch, der die Konferenzen mit den Bürgermeistern der Städte, über die die Aufsicht geführt wird, betrifft. — Ob es richtig ist, was manche behaupten, daß die Dezernenten vieler Regierungen nicht allzu sehr beschäftig sind und es demnach als ihr heiliges Menschenrecht ansehen, zu einer Stunde auf die Regierung zu kommen, wo der Vormittagsdienst erledigt sein müßte, vermag ich nicht zu beurteilen, glaube auch, daß sich diese Dinge zu einer allgemeinen Beurteilung nicht eignen. Es hängt gerade hier sehr viel von dem Beispiel des Präsidenten und von dem besonderen Ressort ab. Man wird sagen dürfen, daß der höhere nicht an die Bürostunden gebundene Beamte nicht nur die Aufgabe hat, Nummern zu töten, wie Lotz sagt; seine Entscheidungen und Entschließungen bedürfen vielmehr in den meisten Fällen der sorgfältigsten Überlegung und des Studiums und daneben muß er noch Zeit haben, sich auf der Höhe des Wissens und der Kenntnis des öffentlichen Lebens, sowie seiner Bewegungen zu halten, wenn er nicht zum Routinier herabsinken will. Jedenfalls ist es auch gar nicht möglich, Gesetzbestimmungen zu finden, die in dieser Beziehung etwa vorhandenen Mängeln abhelfen. Es handelt sich hier um eine Frage ethischer Natur, ferner um eine solche der Beamtendiskretion und der Berufsfreudigkeit. Immerhin wird die Zentralinstanz in einzelnen Fällen dort einwirken können, wo etwa gesellschaftliche Vorzüge mehr, als Fleiß und Tüchtigkeit geschätzt werden und wo der Betätigung jener ein allzugroßer Spielraum auf Kosten der letzteren eingeräumt werden sollte.

Damit sind im wesentlichen die Punkte bezeichnet, in denen Mängel der bestehenden Verwaltungsorganisation gefunden werden. Auf viele andere Wünsche und Vorschläge der Reformschriftsteller kann nicht eingegangen werden [70]). Aber das Vorgebrachte genügt bereits, um zu erkennen, welche für jedes Gemeinwesen grundlegenden politischen Fragen mit der Reform der Verwaltungsorganisation in Verbindung stehen. Die Aufgabe ist so ziemlich von allen Seiten richtig und übereinstimmend bezeichnet worden: Es handelt sich um Vereinfachung und Dezentralisation der Verwaltung, Verringerung und klarere Übersicht des Behördensystems, Einfachheit des Geschäftsganges, bessere Abgrenzung der Zuständigkeit und

Verantwortlichkeit. Über die Mittel und Wege gehen aber Theoretiker wie Praktiker der Reformliteratur verschiedene Wege. Was sie erreichen können, liegt noch im Schoße der Zukunft. Eine Lösung des Problems der „Reform der Verwaltung" muß aber in allen deutschen Staaten erfolgen, je früher desto besser und nicht eine Lösung, die nur einem notdürftigen Flickwerke gleichkommt, sondern eine durchdringende Reform an Haupt und Gliedern. Auch wird man nie vergessen dürfen, daß es sich hier um weit mehr handelt, als um technische Fragen des Behördenorganismus. Tatsächlich hängt von der richtigen Handhabung der Verwaltung im täglichen Leben die persönliche Sicherheit und Freiheit ab. „Die Verfassungssätze werden erst durch die Verwaltung lebendige Wirklichkeit." Wir sahen auch die politische Bedeutung der Verwaltung in ihren Beziehungen zur Verfassung; so bei der Betrachtung der „Grundrechte" und des Rechtsstaates[71]), bei der Forderung einheitlicher und gleich starker Macht des Reichskanzlers und preußischen Ministerpräsidenten auf die Leitung des Reiches und Preußens[72]) und bei der Feststellung, daß die Reichsgesetzgebung in keineswegs befriedigendem Verhältnis zur einzelstaatlichen Verwaltung steht, da diese es praktisch in der Hand hat, jene in einer ihr zusagenden Weise auszuführen[73]).

XV.

Der Kreis der hierher gehörigen Erwägungen ist aber erst geschlossen, wenn auch ein Blick geworfen wird auf die Träger der Verwaltung. Es war schon festzustellen, daß dies in erster Reihe das Beamtentum ist, wie es in Deutschland — auf weiter zurückreichende Ursprünge verweisend — in der Zeit des landesherrlichen Absolutismus aufkam. Diese Entstehung gab ihm seinen besonderen Charakter, auch nachdem der Beamte aus dem persönlichen Diener des Fürsten bei Erledigung der Staatsgeschäfte, im Verfassungsstaate zum Träger des öffentlichen Amtes, zum Staatsorgan geworden ist, das privatrechtliche Vertragsverhältnis sich, übrigens erst seit dem 19. Jahrhundert, in ein öffentlichrechtliches, besonderes Gewaltverhältnis des Beamten zum Staate umgestaltet hat. Neuerdings hat Fleiner[74]) in geistvoller Durchführung dem Beamtenstaat den Volksstaat gegenübergestellt, das äußerlich sichtbarste Zeichen des ersteren im berufsmäßigen Beamtentum gesehen, während das des Volksstaates gefunden wird in der Bekleidung der öffentlichen Ämter durch Bürger, die aus ihrem privaten Beruf aufgerufen werden und nach Beendigung des Amtes wieder dorthin zurückkehren. „Werden auch hierbei Gerichts- und Verwaltungsämter grundsätzlich gleich behandelt, so geht doch der Gegensatz von Beamtenstaat und Volksstaat nur in der Verwaltung über die Bedeutung einer bloß organisatorischen Unterscheidung hinaus; die vom Gesetze scharf umrissene Stellung der Justiz vermag er nicht zu beeinflussen." Die eigentliche Heimat dieses Volksstaates sind die schweizerischen Kantone, dagegen war der deutsche Territorialstaat von Haus aus ein Beamtenstaat. Diese Grundeigenschaft ist aber abgemildert einmal durch die teilweise Dezentralisation der öffentlichen Verwaltung in den Selbstverwaltungskörpern, besonders in den Gemeinden und Gemeindeverbänden, aber auch in den Trägern der Sozialversicherung, vorzüglich in den Krankenkassen und Berufsgenossenschaften[75]), sodann durch Aufnahme von Laien, nichtbeamteten Personen in staatliche Verwaltungsbehörden. Als eine Folge der alten ständischen Gliederung des deutschen Einzelstaates wirkt nach die gesellschaftliche Erscheinung der Abschließung des Beamtentums zu einem festen sozialen Berufsstande, wobei auch die gleichzeitig zur Ausbildung gelangten militärischen Begriffe auf das Beamtentum übertragen wurden[76]). Der Beamte „wurzelt in erster Linie in seinem Stande. Dieser eröffnet ihm ein Aufsteigen in der Ämterhierarchie bis zur Spitze ... Das ununterbrochene Leben im Stande stärkt das Standesgefühl und die Pflichttreue und fördert in hohem Maße die Geschäftstraditionen und die Sachkenntnis ... Die Nachteile sind: ... die große Spezialisierung erzeugt die Gefahr einer Verengung des Gesichtskreises und die einseitige Pflege der Standesanschauungen befördert ein Sichabschließen des Standes gegen Dritte und die Ausbildung von Standesvorurteilen. Im Reich und in den Einzelstaaten ist das Beamtentum eine geschlossene, von der Spitze aus geleitete Organisation, weltlicher Klerus der Regierenden gegenüber den Regierten geworden. Durch die Ernennung von oben und die Dienstaufsicht des Vorgesetzten sind die Beamten in dauernde Abhängigkeit zur Regierung gestellt. Von dieser hängt ausschließlich ihre Beförderung ab. Die Volksvertretung übt darauf keinen Einfluß aus und es entspricht den Überlieferungen des deutschen Beamtenstaates, wenn die Regierung ängstlich bestrebt ist, parlamentarische Einflüsse von dem Beamtentum fern zu halten. Einheitlichkeit des Willens, Pflichttreue und Sachkenntnis, das sind die drei Eigenschaften, mit deren Hilfe der deutsche Beamtenstaat die öffentliche Verwaltung Deutschlands auf ihre Höhe heraufgeführt hat"[77]). Für Deutschland ist die Verbindung des monarchischen Elementes mit der Erscheinung eines ausgesprochenen Beamtenstaates unverkennbar[78]). „Dazu hat zuerst Friedrich Wilhelm I. den preußischen Staat gemacht und alle Einrichtungen, namentlich auch das ganze Bildungswesen Preußens sind daraufhin eingestellt und zugeschnitten. Der Name Bürokratie zeigt uns inmitten aller Demokratie um uns her den führenden und verwaltenden Geheimen Rat; und daß diese Geheimräte im ganzen ihre Sache gut machen, darauf und auf dem Bewußtsein davon beruht nicht zum wenigsten das starke Gefüge unseres deutschen Staates und die Gesundheit unseres öffentlichen Lebens. Darin liegt aber zugleich auch die große Verantwortung des Beamten, der nicht nur von obenher gut verwalten, sondern auch in den Verwalteten und Regierten das Vertrauen auf den Staat und die Liebe zum Staat wecken und wahren soll und darum mit dem nötigen Verantwortungsgefühl erfüllt sein muß. Jede unmotivierte Unfreundlichkeit und jede Ungerechtigkeit eines Beamten ist eine Schädigung des Staatsgedankens und Staatsbewußtseins in den Bürgern, kühlt die Wärme ihrer staatlichen Gefühle ab und verwandelt sie in schweren Fällen in Abneigung, Feindschaft und Haß. Das Wort „Bürokrat" und „Bürokratie" ist heute fast gar zum Schimpfwort geworden als Bezeichnung für eine gewisse „Uninteressiertheit" und Unpersönlichkeit in der Behandlung der öffentlichen Geschäfte, für eine zeittötende, bequeme „Umständlichkeit" in ihrer Erledigung und für das Wichtignehmen von und das Wichtigtun mit Kleinigkeiten. Aber vor allem steckt darin doch der Vorwurf, daß unsere Bürokraten vergessen, daß nach dem Wort des großen Königs jeder Führer und Regierer immer nur der erste Diener seines Volkes und Staates sei. Daß sie Diener ihrer Völker sind, das vergißt heute kaum mehr einer von unseren Fürsten; daß sie Diener des Publikums sind, vergessen Beamte nur zu leicht." Was dem Beamtentum in seinen besten Vertretern am meisten am Herzen liegt, ist: Innere Freiheit zu schaffender Arbeit, Stärkung des Verantwortungsgefühls und volles Einsetzen der Persönlichkeit. Die Kriegserfahrungen haben sie darin nur bestärkt; sie wünschen, daß ein würdiges Bürger- und Beamtentum das Vaterland bevölkern soll, aus dem die alte Verbitterung und Nörgelei, der leidenschaftliche Ton des Streites verschwunden ist. Das Streben ist darauf gerichtet, der Zukunft Deutschlands mit allen Kräften zu dienen und die höchsten Entwicklungsmöglichkeiten zu schaffen. Deshalb werden zur Erreichung dieses Zieles Männer von Charakter verlangt, Beamte, „die in Freiheit und aus eigener Tiefe her ihr inneres Leben gestalten und ihre ganze Persönlichkeit entwickeln können. Alle Geheimniskrämerei, alles, was dunkel und trübe ist und den Schein des Mißtrauens erwecken kann, muß deshalb aus dem Schreibstubendasein getilgt werden. Offene Urteile über Leistungen der Beamten in deren Akten sind ihnen förderlicher als die geheimgehaltenen, denn sie entnehmen daraus, wo der Hebel zur Besserung anzusetzen ist. Dagegen verglimmt das Feuer der frischen und lebendigen Kräfte, wenn der Deckel des Geheimnisses darauf gelegt wird. Schon das bloße Mißtrauen, das durch die geheime Führung der Personalakten hervorgerufen wird, ist oft ein Grund zur Entfremdung zwischen der Beamtenschaft und der Behörde. Auch dem selbständigen Mann, der nach oben hin seine Persönlichkeit wahrt, darf die Aussicht auf gutes Fortkommen nicht genommen werden. Wahrheit, eine offene selbständige Meinung ist nicht immer erwünscht; sie kann aber oft wertvoller sein, als Zustimmung und Unaufrichtigkeit."[79])

Als politische Probleme erscheinen ferner: Möglichste Annäherung des Beamtenstandes an den Volksstaat in dem hier bezeichneten Sinne, insbesondere durch Ausdehnung der Selbstverwaltung; immer stärkere Durchsetzung der Verwaltung mit dem Laienelement, zumal in der Form des ehrenamtlichen Beamten; möglichste Auflösung der gesellschaftlichen Geschlossenheit des Beamtentums und Aufgehen im allgemeinen Staatsbürgertum, unbeschadet der im Beruf verwurzelten Pflichttreue und spezialisierten Sachkunde; Abstoßen von Standesvorurteilen; immer gründlichere und vielseitigere wissenschaftliche und praktische Ausbildung; Durchführung des Grundsatzes von der Anstellung nach rein sachlichen Gesichtspunkten, indem das Gewicht wenn nicht ausschließlich, so doch vorzugsweise auf Tüchtigkeit und Sonderbefähigung für das Amt gelegt wird, unter Ausschaltung von Erwägungen, die mit Empfehlungswesen und gesellschaftlichen Beziehungen, Geburts-, Standes- und Konfessionszugehörigkeit zusammenhängen. Die Sorge für eine angemessene Verjüngung des Beamtentums, teilweise Durchbrechung des Grundsatzes der Anciennität gehört nicht minder hierher, wie die Wahrung der Unabhängigkeit des in das Parlament gewählten Beamten gegenüber seiner vorgesetzten Behörde und der Regierung, zu der er beruflich im Verhältnis der Unterordnung steht. Hierbei darf freilich auch nicht übersehen werden, daß ein Überwiegen des Beamtentums in einer Volksvertretung dieser allzu leicht den Charakter der mindestens gefühlsmäßigen Abhängigkeit von der herrschenden Bürokratie aufprägt. Die Verfassungsurkunden haben ja in bescheidenem Umfange insofern hier vorgesorgt, als es zum Eintritt eines Beamten in das Parlament keines Urlaubs bedarf und daß eine Neuwahl stattfinden muß, wenn ein Abgeordneter ein besoldetes Staatsamt annimmt, oder in ein Amt eintritt, mit dem ein höherer Rang oder ein höheres Gehalt verbunden ist. (Vgl. z. B. Art. 21 Reichsverfassung.) Es soll hierdurch die Unabhängigkeit der Volksvertreter gesichert und verhütet werden, daß sich die Regierung gefügige Werkzeuge ihrer Politik auch innerhalb der Volksvertretung ohne Anhörung der Wähler schafft. Das Problem endlich, das in den Worten „Beamter und Publikum" enthalten ist, liegt nicht minder auf politischem Boden, hängt aber mehr, als man zu beachten pflegt, mit jenen kurz gekennzeichneten geschichtlichen Voraussetzungen des deutschen Beamtentums zusammen: mit seinem überkommenen Bewußtsein, eine der tragenden Säulen des Staatsgebäudes darzustellen, das Recht zur Führung der Staatsgeschäfte durch berufsmäßige und ausschließliche Widmung zu dem Staatsdienst fast ohne Wettbewerb zu besitzen, womit dann auch alle anderen gesellschaftlichen Folgen, wie Bevorzugung durch amtliche Titel und Ehrenzeichen, Sichabschließen als Stand verbunden sind. Eine Änderung kann sich nur so vollziehen, daß durch immer größere Beteiligung des Laienelementes, Ausdehnung der Selbstverwaltung, Ablegung der Standesvorurteile allmählich jene bestimmenden Beweggründe ihre Schärfe verlieren und zurücktreten, daß in immer steigendem Maße auch das Beamtentum von der Macht des volksstaatlichen Geistes erfaßt wird und sich zuerst als Glied des nationalen Ganzen und dann erst als Sonderbildung fühlt. Dann wird die hervorragende Stellung und Bedeutung des Beamtentums nicht verkannt, es werden aber seine Ansprüche auf rechtliche und gesellschaftliche Ausschließlichkeit in ihre richtigen Grenzen gewiesen werden. Indem es mit den anderen Volksgenossen ständige Fühlung nimmt und zusammen arbeitet, wird das Beamtentum in erhöhtem Grade lernen. Es wird durch Zuvorkommenheit und höflichstes Eingehen auf alle nicht ungerechtfertigten Wünsche und sachlichen Erwägungen sich diejenige Sympathie erwerben müssen, ohne die die Verwaltungsstellen stets als Fremdkörper in der Nation empfunden werden. Ist der Fürst der erste, so sind die Beamten die nachgeordneten Diener des Staates, dessen wesentlichstes Element eben die Staatsbürger sind. Für sie allein hat das Beamtentum da zu sein und das Beste zu leisten, was es vermag. Nach Inhalt und Form, in Sache und Ton hat es den Gliedern des Staates diejenige Achtung zu erweisen, die es selbst für sich beansprucht, nicht mehr aber auch nicht weniger. Die Zeit des Beamtendünkels und der Überheblichkeit, des von oben herab befehlenden Obrigkeitsstandpunktes ist endgültig vorüber. Auch wo der

Beamte anordnen und nötigenfalls erzwingen muß, geschieht es nur im Interesse des Volksganzen, dessen Teile dieselben Menschen sind, für die die Verwaltung in Wirksamkeit tritt.

XVI.

Gilt dies für alle Teile der Nation, so ganz gewiß auch für die Arbeiterschaft im engeren Sinne. Daß diese aber der Verwaltung mancherlei Hilfe und Anregung gewähren kann, wird erst von wenigen eingesehen[80]). Die gewerkschaftlichen Organisationen arbeiten schon seit Jahren fleißig an der Arbeiterstatistik mit. Reichsämter und Ministerien holten für die Ausarbeitung sozialpolitischer Gesetzentwürfe und Verordnungen den Rat von Fachmännern und Parlamentariern aus dem Arbeiterstande ein. Der Krieg hat dieses Zusammenwirken stark gefördert. Wie die Generalkommandos haben auch die Zivilbehörden, die Zentral- wie die Lokalstellen, immer wieder die Hilfe der Arbeiterführer und ihrer Organisationen für die Durchführung wichtiger wirtschaftlicher und sozialer Maßnahmen erbeten und mit großer Bereitwilligkeit ist diese Hilfe gewährt worden. Das fördernde Eingreifen des Kriegsministeriums, der Feldzeugmeisterei, der Bekleidungsämter zur Regelung der Arbeitsbedingungen, insbesondere auch der Löhne, hat bei den Arbeitern starken Eindruck gemacht. Empfohlen wird die Errichtung von Arbeitsbeiräten bei allen Zentralstellen, von denen umfangreiche Lieferungen vergeben werden; in solchen Beiräten werden Vertreter der Arbeitgeber und Arbeitnehmer unter amtlicher Leitung berufen, Gutachten zu erstatten, Informationen zu erteilen, Meinungsverschiedenheiten zu erörtern, Wünsche und Beschwerden vorzutragen. Sie könnten auch zur Vorbereitung von gesetzgeberischen und verwaltungstechnischen Maßnahmen, die die Angelegenheiten der Arbeiterbevölkerung betreffen, herangezogen werden, und ihre sachgemäße Art würde sicherlich den Behörden eine starke Stütze geben. Diesen Erwägungen eines führenden Sozialpolitikers ist durchaus beizustimmen.

Darüber hinaus verlange ich aber für die Zukunft ein „soziales Beamtentum". Das vieldeutige Wort „sozial" verlangt allerdings von vorneherein, seiner Zusammensetzung mit „Beamtentum" eine bestimmte Klarstellung folgen zu lassen. Freilich ergeben sich hierbei mehrere Möglichkeiten der Verständigung.

Sozial kann man zunächst das Beamtentum, vornehmlich in Staat und Gemeinde, bezeichnen, das den besonderen Anforderungen der Öffentlichkeit an Verständnis und richtige Wertung der gesellschaftlichen Verhältnisse, an eine gerechte, zweckmäßige, kampfausgleichende und weitblickende Behandlung der Bevölkerungsklassen entspricht. Die geschichtliche Entwicklung hat es aber nun im Deutschland des neunzehnten und zwanzigsten Jahrhunderts mit sich gebracht, daß sich dieses so geartete soziale Verhalten und Wirken hauptsächlich gegenüber den Schichten des gewerblichen und kaufmännischen Mittelstandes, sowie der arbeitenden Klassen im engeren Sinne betätigen muß; deshalb sehen wir hier, wenn auch nicht ausschließlich, das Beamtentum Aufgaben gegenüber, deren Erfüllung ein soziales Friedenswerk, deren Nichterfüllung Verschärfung und unheilvolle Zuspitzung gesellschaftlicher Nöte, Forderungen und Kämpfe bedeutet. Eine Gliederung des staatlichen und gemeindlichen Beamtentums in der Richtung dieser Aufgaben ist in verschiedener Weise möglich. Die wichtigsten werden wohl sein: einmal die nach den sachlichen Gebieten der staatlichen und kommunalen Tätigkeit, sodann die nach den persönlichen Kreisen, für die sie erfolgt.

In jener ersten Beziehung kommen die überreichen Verwaltungszweige in Betracht. Sozialer Geist in dem angedeuteten Sinne kann sich natürlich überall betätigen, aber doch in einer Erscheinung des öffentlichen Lebens mehr, in der anderen weniger; so wird dafür das Armenwesen, die Bau- und Straßenverwaltung, das Wohnungswesen, die Gesundheits- und Unterrichtsverwaltung allerweiteste Gelegenheit geben, wohl aber kaum das Gebiet der Sicherheitspolizei, des Paß- und Meldewesens, der Feuer- und Unfallpolizei und Verwandtes. Dagegen eröffnet sich wieder ein endloses Feld sozialer Wirkungsmöglichkeit in allen Zweigen der wirtschaftlichen Verwaltung, mag man hier an Land und Forst, Gewerbe, Handel und Bergbau denken. Ich erinnere nur an das Verhältnis von Groß- und Kleingrundbesitz, an landwirtschaftliche und Bergbauarbeiter, an den alle erwähnten Zweige durchziehenden Arbeiterschutz mit seinen zahllosen Formen und Arten: Beschränkung der Lohnbeschlagnahme, Gewährung von Haftpflichtansprüchen, Sicherung des Lebens, der Gesundheit und Sittlichkeit der Arbeiter, Regelung der Arbeitszeit, der Nacht-, Sonn- und Festtagsruhe, der sonstigen Vertragsverhältnisse; Verbote des Mißbrauchs bei der Lohnzahlung, Bewahrung von Kindern, Jugendlichen, Frauen und erwachsenen Männern vor Ausbeutung, besonders Fürsorge für Wöchnerinnen, gewerbepolizeiliche Überwachung der Betriebe, Rechtsschutz in Gewerbe- und Kaufmannsgerichten und was uns in Deutschland noch mehr in diesem Bereiche auf das beste bekannt und geläufig ist. Auch in den Kreisen der politischen Verwaltung findet sich zur Anerkennung und Bewährung des sozialen Geistes reichlich Gelegenheit, zumal der Zusammenhang mit den gesellschaftlich-ökonomischen Aufgabenkreisen eng genug ist: die „Obrigkeits"-Polizei hat zu ihrer Zuständigkeit auch die Vorbeugung und nötigenfalls Unterdrückung der in Störung der Ruhe und Ordnung ausartenden Kämpfe der sozialen Klassen und ihrer Gruppen, besonders bei Streik, Boykott, Aussperrung; die Beseitigung von Aufruhr und Auflauf, soweit sie rein ökonomische Ursache haben; das Eingreifen beim Mißbrauch des Vereins-, Versammlungs- und Koalitionsrechtes, deren normale Ausübung ebenso unentbehrlich für das in Gesellschaftsklassen gespaltene Staatsvolk ist, wie sie auch das erwünschte Ventil für wirtschaftlich-politische Spannungen abgibt; dazu kommt noch, daß die untere Verwaltungspolizeibehörde in der Regel auch die erste Hand hat bei Angelegenheiten der sozialen Fürsorge im weitesten Sinne. Ein großes Gebiet behördlichen Wirkungskreises ist auch das richterliche. Man braucht nur zu denken an die Frage des Strafmaßes bei Vergehen, die gelegentlich des Kampfes zwischen Kapital und Arbeit vorfallen oder die mit wirtschaftlicher Not zusammenhängen;

an die Handhabung der Streitigkeiten aus dem gewerblichen Arbeitsvertrag, sowohl aus dem einfachen wie aus dem Akkord- und Tarifvertrag. Es ist leicht zu begreifen, daß für soziales Verständnis des Richtertums bei Behandlung der Menschen, Beurteilung ihrer Beweggründe und der voraussichtlichen Wirkungen eines Urteils — bei aller Treue gegen das, übrigens mit Verständnis anzuwendende Gesetz — genügender Spielraum bleibt. Einer Scheidung des staatlichen und kommunalen Wirkungskreises für den Zweck der Aufzeigung der sachlichen Gebiete einer „Sozialisierung" des Beamtentums bedarf es hier nicht, zumal ja gemeindliche Aufgaben grundsätzlich staatliche, nur lokal begrenzte sind und es ein für allemal feste Linien, die die beiden Kreise trennen würden, schon deshalb nicht gibt, weil die Anschauung über die Erweiterung oder Einengung der Machtsphäre des Staates oder der Gemeinden je nach den kulturellen oder politischen Strömungen wechselt. Deshalb sei hier noch kurz verwiesen auf die Verwaltungsfragen der Arbeitslosenversicherung, des Arbeitsnachweises, der Volksbildungsbestrebungen, der hygienischen Maßnahmen, an die Nahrungsmittelversorgung und -Verteilung als einen Teil kommunaler oder staatlicher Tätigkeit.

Aber auch in der bezeichneten zweiten Beziehung, nach den Personenkreisen, für die die behördliche Tätigkeit erfolgt, ist eine ideelle Gliederung des Beamtentums möglich. Bei der weit überwiegenden Zahl der zu den minder bemittelten Klassen gehörenden Menschen in jedem Gemeinwesen ist der größte Teil der Beamtentätigkeit ihnen gewidmet, mindestens was den Umfang der Aufgaben, meist auch, was ihre Bedeutung betrifft. Mittelbar wird natürlich jede staatliche oder gemeindliche Tätigkeit der „großen Masse" halber erfolgen z. B. auch die auswärtige Handels-, Schutzzoll- und Verkehrspolitik, während sie unmittelbar für andere Personenkreise bestimmt zu sein scheint, wie etwa die Kreise des Handels, des Transportwesens, der Landwirtschaft. Sind für diese Zweige des behördlichen Wirkens, ebenso wie für die hohe Politik überhaupt, die politischen und wirtschaftlichen Wirkungen auf die minderbemittelten Volkskreise unbedingt im Auge zu behalten, so stehen sie doch nicht notwendigerweise und immer an erster Stelle. Anders bei den schon berührten Gebieten des Arbeiterschutzes und der Arbeiterversicherung, der Stellenvermittlung, der Lebensmittelversorgung usw.

Es ist daher nur eine Angelegenheit des größeren oder geringeren sozialen Einschlages, der das eine Verwaltungs- und Rechtssprechungsgebiet von dem anderen unterscheidet und der bei der obrigkeitlichen Arbeit für die eine oder andere Gruppe der Gesellschaft erkennbar wird. Daraus folgt, daß es sich bei der Forderung nach einem sozialen Beamtentum auch nur um die Frage handelt, ob es in einem größeren oder geringeren Maße mit dem berühmten Tropfen sozialen Öles gesalbt sein müsse, nicht mehr darum, ob dies überhaupt notwendig ist. Solange ein wesentlich die herrschenden Gesellschaftsschichten umfassendes Beamtentum seine geschichtlich notwendige Aufgabe darin sah, die Festigung der Monarchie und des Obrigkeitsstaates gegenüber ständischen und unorganisierten, aber nicht ziellosen Sondergruppen herbeizuführen, die Machtstellung des Adels, der Geistlichkeit und des wohlhabenden Bürgertums zu stützen, die Sorgen für die darunter liegenden Volksschichten aber nur im Interesse der Staatsraison in kühl verstandesmäßigem Sinne zu übernehmen, konnte von einem sozialen Beamtentum in dem hier dargelegten Sinne kaum die Rede sein. Die Verwaltung auch des aufgeklärtesten Polizeistaates weiß sich bei der Fürsorge für Arme, für das Handwerk, die Bauern usw. von keiner höheren Aufgabe geleitet als der Sicherung eines wirtschaftlich und kulturell möglichst hochstehenden Gemeinwesens, deren Kern die höheren Schichten sind. Selbst im ersten Drittel des neunzehnten Jahrhunderts wird dies nicht wesentlich anders, zumal erst später die bewußte, allmählich sich organisierende Arbeiterbewegung einsetzt, die Überzeugung von der Beherrschungsnotwendigkeit der misera plebs der erleuchteten Obrigkeit, d. h. dem privilegierten Beamtentum das Naturgemäße zu sein scheint. Erst als das industrielle Zeitalter sich mit allen seinen Umwälzungen technischer Art entwickelte, der Fabrik- und Großbetrieb, die Riesenhaftigkeit aller Transport-, Verkehrs-, Produktions- und Konsumtionsverhältnisse jedem erkennbar wurde, als die großen Massen nicht mehr Objekt bleiben wollten, sondern sich allmählich zum Subjekte des politischen Einflusses erhoben, da handelte es sich nicht mehr darum, freiwillig und wohlwollend, je nach der für besser gehaltenen Einsicht die Beamtentätigkeit für die „unteren Klassen" auszuüben. Vielmehr bestimmten diese jetzt infolge der Umwälzung der gesellschaftlichen Struktur vielfach selbst, auf dem Wege über Volksvertretung und Stadtverordnetenversammlung, Parteipresse und Versammlungsagitation, was und wie sie es haben wollten. Das Beamtentum wurde dadurch aus seiner überhöhten Stellung gegenüber dem Staatsvolk wenigstens in den mittleren und unteren Stufen der Verwaltung hinweggehoben; es stand früher über dem Volk und steht jetzt meist mitten drin. Seine Sorgen und Nöte, berechtigte und überspannte Wünsche liegen ihm viel näher. Das Beamtentum muß sich mit ihm auseinandersetzen, in Form und Methode, Mittel und Zielen sich ihm insoweit anpassen, als es seine Eigenart überhaupt und die besondere Aufgabe des in Frage kommenden Amtes erlaubt oder fordert. Damit ist dann die „Sozialirung" des Beamten, die Notwendigkeit seines Verständnisses für die inneren Zusammenhänge des gesellschaftlichen Daseins, der wirtschaftlichen und persönlichen Lebensverhältnisse, der von seiner Verwaltung und Rechtsprechung betroffenen Volksschichten etwas Selbstverständliches geworden.

Es kann aber diese Forderung nicht als eine nur mehr sittliche und allgemeinpolitische in den Lüften schweben. Sie muß zu einem methodisch verfolgten Ziele werden. Welche Probleme sich hier auftürmen, kann nur kurz berührt werden. Es gilt zunächst, die Vor- und Ausbildung der Staats- und Kommunalbeamten, spätestens von der Hochschule an, auch auf das Begreifen sozialer Staats-, Gesellschafts-, Berufs-, Wirtschafts- und Kulturverhältnisse einzustellen; die Sendung der Monarchie und des Beamtentums, die Mitwirkung des Volkes im Parlament, Selbstverwaltung und Rechtsprechung mit unter dem Gesichtspunkte des sozialen Wesens betrachten zu lernen; die gegenseitige Bedingtheit aller staatsvölkischen Kräfte, Betätigungen, Leistungen in konkreter Durcharbeitung der jeweiligen großen Probleme des Staates und der Gemeinden deutlich zu erfassen; jenen Geist der Gleichwertung aller Gesellschaftsschichten in sich zu pflegen, der den Ausschluß überheblichen Wesens, verletzenden Stolzes, herablassender Gönnerschaft bedeutet; die innerlich verankerte Überzeugung zu stützen, daß jeder Beamte nur im unparteiischen, alle Bevölkerungsschichten mit gleicher Zuneigung und objektiver Treue umfassenden Dienen für die Gemeinschaft den höchsten Beruf erfüllt, nicht in dem Liebäugeln mit der Gunst der Vorgesetzten, in dem Sehnen nach Orden und Auszeichnungen, in der mehr oder minder bewußten Bevorzugung einzelner Gesellschaftsschichten. Das Beamtentum muß sich von der Idee einer nach außen abgeschlossenen Kaste freimachen, in dem großen Ganzen der nationalen Gemeinschaft aufgehen, sich dort täglich und stündlich Erfahrungen über Tatsachen und Ereignisse, seelische und politische Zustände holen. Aber auch während der praktischen Vorbereitungszeit auf das Amt und in diesem selbst muß es nicht minder bitterer Ernst mit der Sozialisierung in diesem Sinne werden.

Die Mittel, die zu diesem Ende angewandt werden müssen, lassen sich hier nicht erschöpfen. Sie sind sowohl ethische, als auch erzieherische, wobei die bestimmenden Mächte: Schule wie Hochschule, Praxis wie Vorbild der Vorgesetzten, nicht zuletzt der ein ganzes Beamtentum durchdringende Geist sozialer Pflichterfüllung sein müssen. Aber auch die rein geistigen Mittel dürfen nicht, wie das neuerdings wieder Mode geworden ist, gegenüber den nur seelisch bestimmbaren zurücktreten. Nur wer z. B. ein klares Bild über die wirtschaftliche, rechtliche und intellektuelle Lage der deutschen Arbeiter, über Arbeitgeber- und Arbeitnehmerverbände, über Betriebssperre, Streik, Boykott, Aussperrungen, Arbeitsnachweisformen sich erworben hat, wird sagen dürfen, den Kampf zwischen Kapital und Arbeit, wie er in Deutschland besteht, verstanden zu haben. Nur dann wird er in der Lage sein, ein richtiges Urteil abzugeben bei Streitigkeiten der eben angedeuteten Art, nur dann wird er für die Aufgaben eines Einigungsamtes, einer Arbeitsnachweisstelle, als Richter für die Entscheidung in einer Überschreitung des Koalitionsrechtes nach § 153 der Gewerbeordnung als geeignet gehalten werden können. Nicht dagegen, wenn er nur die juristischen Vorschriften kennt, die „die Sache betreffen“ oder wenn er in einer reinen Verwaltungssache einseitigen Informationen von wirtschaftlichen Interessenten kein selbständiges Urteil gegenübersetzen kann. Es gilt hier: die Verbindung rechtswissenschaftlichen, volkswirtschaftlichen, allgemeinkulturellen, insbesondere geschichtlichen, soziologischen und politischen Wissens mit einer nie rastenden Verbreiterung und Vertiefung der Erfahrung und Einsicht in alle sozialen Verhältnisse derjenigen Volkskreise und Sachgebiete, die für die Beamtentätigkeit in Frage kommen.

Daß unser gegenwärtiges Beamtentum ausgezeichnete Element dieser ideellen Prägung besitzt, wollen wir mit Freude und Dank feststellen. Es wäre jedoch unzutreffend, wollte man außer acht lassen, daß es sich noch um Ausnahmen handelt. Darin liegt ebensowenig ein Tadel, wie wenn man einem an sich vorzüglichen Kaufmann vorhält, daß er sich dem seinen Einfluß entzogenen großen Wandlungen der wirtschaftlichen Entwicklung noch nicht in innerer Struktur und äußerem Betriebe vollkommen angepaßt hat. Es ist kein Zweifel, daß das deutsche Beamtentum in dem hier umrissenen Sinne ein soziales im höchsten und besten Sinne werden kann, wenn es nur will. Es steht freilich nicht allein bei ihm. Es darf nicht so kommen, daß die Einhaltung der hier gezogenen Richtlinien nur unter dem harten Drucke äußeren Zwanges gesichert wird. Es wäre schlimm, wenn diese „Sozialisierung“ des Beamtentums unter heftigen Kämpfen der öffentlichen Meinung, der radikaleren politischen Parteien und Strömungen in und außerhalb des Parlamentes, wenn sie unter dem äußerst schwer zu überwindenden passiven Widerstand des Beamtentums und vor allem seiner Spitzen sich mühsam und zögernd durchsetzen würde. Vielmehr muß die zu tiefst gehende Wandlung an den Zentralstellen als Notwendigkeit anerkannt und vorbildlich durchgeführt werden, was um so leichter ist, als es weder Geld noch Mühe kostet, sondern umgekehrt in beiden Punkten Ersparnisse bringen kann; andererseits um so schwerer, je mächtiger sich Überlieferung und gewohnte Formen der geschäftlichen Erledigung, Bequemlichkeit und Routine, aber auch gewisse beharrende politische Gesichtspunkte, feindliche Empfindungen allem Neuen und Volkstümlichen gegenüber erweisen. Es muß aber auch diese soziale Gesinnung, dieses soziale Verstehen und den sozialen Verhältnissen angemessene praktische Können als ein unausscheidbarer Teil der Amtspflicht und des Behördengeistes angesehen werden. Man muß begreifen, daß es sich bei alledem keineswegs um politische Demokratie, sondern um Gemeinschaftsleistung höchsten Ranges für Staat und Gesellschaft, deshalb auch für Monarchie und Beamtentum selbst handelt. Deren Stellung und Bedeutung kann nur gehoben und gefestigt werden durch einen öffentlichen Dienst, der nicht nur, wie auch schon bisher, mit Pflichttreue und Einsatz der besten Kräfte sich der Sache widmet, sondern sich gewöhnt, bei aller Objektivität auch den Menschen zu dienen, aus denen doch schließlich alle Gemeinschaft besteht und für die sie letzten Endes doch allein da zu sein hat.

XVII

Aber auch noch in einem anderen, ganz verschiedenen Sinne kann von sozialem Beamtentum gesprochen werden. Hier handelt es sich nicht nur um eine Forderung, sondern um eine teilweise schon verwirklichte Lebenserscheinung, die aber nicht genügend beachtet und noch weniger gefördert worden ist.

Nicht nur staatliche und kommunale, sondern auch genossenschaftliche, gewerkschaftliche und karitative Fürsorge wird heute in Deutschland in unabsehbarem Maße nach bestimmten Grundsätzen, in allmählich sich ausbildenden festen Verwaltungsformen gewährt. Es handelt sich um teils auf gesetzlichem Zwange, teils auf Freiwilligkeit beruhende Einrichtungen, um solche, die Staat und öffentlich-rechtlicher Verband sich vorbehalten oder die sie vorwiegend privater Entschlußfreiheit überlassen. Obwohl die protektionistischen Grundanschauungen früherer Jahrhunderte vielfach wieder aufgelebt sind, hat man sich hier doch vor einer Überspannung der Staatsidee gehütet und eingesehen, daß die privaten Organisationen unentbehrlich sind zur Durchführung der das ganze Staatsvolk umfassenden Wohlfahrtspflege. Die Handhabung dieser letzteren und der sozialen Versicherung ist aber keine geringe Aufgabe und kann deshalb nicht auf die Dauer den Händen wohlwollender Dilettanten und auch nicht einem organisationslosen freiwilligen Betriebe in Staat, Gemeinde und anderweitigen Organisationen vorbehalten bleiben. Neben ehrenamtlichen Kräften, deren Bedeutung keineswegs gering eingeschätzt werden darf, ist vielmehr allmählich ein vielverzweigter Stab von Beamten ins Leben gerufen worden und auch diejenigen mit sozialer Versicherung und sozialer Fürsorge befaßten Stellen, denen der behördliche Charakter abgeht, sehen sich jetzt und in Zukunft noch viel mehr gezwungen, besonders geschulte Personen in den Dienst der Kultur- und Wohlfahrtspflege zu stellen.

Diese Entwicklung hat schon vor dem Kriege eine bemerkenswerte Bedeutung erlangt. Es hängt dies zum Teil zusammen mit dem Wechsel unserer gesamten Grundanschauungen gegenüber der Zeit etwa seit dem Ende des achtzehnten Jahrhunderts. Die auch in Deutschland sehr lebendig empfundenen Ideen der Gleichheit, individuellen Freiheit und der unbeschränkten wirtschaftlichen und sozialen Betätigungsmöglichkeit sind abgelöst worden von dem Gedanken einer immer größeren Bindung des einzelnen und seiner Wirksamkeit durch die Notwendigkeit gesellschaftlicher Gruppen und staatlicher Bedürfnisse. Man hat das neuerdings so ausgedrückt, daß an die Stelle der Ideen von 1789 die des Jahres 1914 getreten sind, d. h. die Ideen der Disziplin, der gesellschaftlich-staatlichen Ordnung unter Zurückhaltung individualistischer Neigungen und unbeschränkter Ausdehnungsmöglichkeiten, Indienststellung für größere Gemeinschaften und schließlich den Staat[81]). Durch den Krieg sind diese Gedanken Gemeingut geworden. Wie im einzelnen auch die Dinge sich gestalten mögen, so kann darüber gar kein Zweifel bestehen, daß die Gedanken des Jahres 1914 die Zukunft in weitem Maße beherrschen werden, mag man hierbei über eine stärkere Entwicklung des Staatssozialismus, über eine Zurückdrängung des Individuums zugunsten von

Gemeinschaften und Gesellschaften denken, wie man will. Damit ist aber wiederum gesagt, daß das Schwergewicht der Kultur- und Wohlfahrtspflege aus der Peripherie der Erscheinungen in den Mittelpunkt gerückt wird und daß infolgedessen auch Zahl und Wichtigkeit derjenigen Personen wachsen muß, die sich in den Dienst dieser Lebensbetätigungen stellen, mag es sich um staatliche, kommunale, karitative, politisch gekennzeichnete oder sonst irgendwie bestimmte Sozialpolitik handeln.

So ist ein weites Feld sichtbar für ein soziales Beamtentum, das demnach auf dem Gebiete der sozialen Wohlfahrtspflege und Versicherung tätig ist. Ohne jedoch die Bedeutung der nur ausführenden und der subalternen Kräfte irgendwie für die praktische Durchführung dieser Art von Tätigkeit zu unterschätzen, kommt es doch auch hier wesentlich darauf an, bestimmt qualifizierte, sachkundige, von dem Geist der zu leistenden Aufgaben durchdrungene Beamte zu besitzen.

Betrachtet man zunächst die soziale Versicherung, so fällt einem ein Merkmal von vorneherein auf: wie in der kommunalen Verwaltung ist auch hier dem Laienelement ein weitgehender Spielraum gegönnt. In den verschiedenen Zweigen der Sozialversicherung finden wir daher ehrenamtliche Tätigkeit im weitesten Maße durchgeführt. Wie aber auf dem Boden der kommunalen Verwaltung, hat sich auch hier die Schaffung eines Berufsbeamtentums als unentbehrlich erwiesen. Hiermit sind bei der praktischen Durchsetzung der Kultur- und Wohlfahrtspflege, Berufsbeamtentum und Laienelement in gleicher Weise beteiligt. Betrachtet man die verschiedenen Zweige der sozialen Versicherung getrennt, so ergibt sich folgendes:

In der Krankenversicherung ist die Selbstverwaltungsidee am klarsten durchgeführt. Vorstand und Ausschuß der Kasse leiten und verwalten sie; jene bestehen lediglich aus Vertretern der Arbeitgeber und Versicherten, ohne irgend welche Beteiligung des behördlichen Elements. Doch ist für die laufende Verwaltung unter der Aufsicht und Verantwortung des Vorstandes selbst bei kleinen Kassen ein Berufsbeamtentum in die Erscheinung getreten und bei großen Kassen schwillt es immer mehr an. Vor der Einführung der Reichsversicherungsordnung, die in diesem ihrem Zweige am 1. Januar 1914 in Kraft getreten ist, sind Voraussetzungen irgendwelcher Art an das Kassenbeamtentum nicht gestellt worden. Ihre Verhältnisse wurden ausschließlich durch Privatvertrag geregelt und abgesehen von gewissen aus der Parteipolitik herrührenden Mißständen war auch hinsichtlich Vorbildung und Leistungsfähigkeit irgendeine Vorschrift bindender Art nicht vorhanden. Auch in bezug auf die Gehaltsverhältnisse war eine Mannigfaltigkeit, man kann wohl sagen Willkür ohnegleichen vorhanden, die auf die Ausgestaltung des Kassenwesens im einzelnen in recht mannigfaltiger Weise ausgewirkt hat. Die Reichsversicherungsordnung hat hier mit festem Griff Neues geschaffen, sie hat die Rechtsverhältnisse der Kassenbeamten denen der staatlichen und gemeindlichen Beamten vielfach angeähnelt, teilweise eine Gleichstellung mit ihnen vorgesehen. Auf der Grundlage des Gesetzeswerkes sind dann die einzelstaatlichen Zentralbehörden dazu geschritten, auf diesem Gebiete wenigstens in den äußersten Umrissen die Voraussetzungen für eine sachgemäße Verwaltung zu schaffen, gewisse Fähigkeiten vorauszusetzen und vorzuschreiben und auch einen Einfluß auszuüben auf Gehalts-, Pensions- und Hinterbliebenenrechte. Dieser ganze Entwicklungsvorgang ist noch nicht abgeschlossen. Jedoch ist zu erwarten, daß mit der Zeit sowohl die Anforderungen an die Kassenbeamten als auch ihre Berechtigungen steigen werden, daß sich auch hier ein eigenartiger durch Spezialkenntnisse ausgezeichneter, in seiner Bedeutung nicht zu unterschätzender Beamtenstand entwickelt. Auch die Zahl der berufsmäßigen Beamten muß notwendigerweise mit der Zahl der Kassenmitglieder sich erhöhen, was natürlich bei steigender Bevölkerungsvermehrung unausbleiblich ist. Mit der Anspannung der Forderungen an die Kassenbeamten werden die betreffenden Stellen immer mehr auch von akademisch gebildeten Personen begehrt werden und ihnen eine wirtschaftlich und sozial befriedigende Tätigkeit in Aussicht stellen.

In der *Unfallversicherung* ist die Selbstverwaltung der

Unternehmer das kennzeichnende Element, während die Versicherten an der Verwaltung unmittelbar nicht beteiligt sind. Infolgedessen hat das berufsmäßige Beamtentum eine unverhältnismäßig große Rolle schon vor dem Inkrafttreten der Reichsversicherungsordnung gespielt und es ist nach dessen Inkraftsetzung in seinem Einflusse noch gewachsen. Denn es kann der Genossenschaftsvorstand auf eigene Verantwortung bestimmte Aufgaben besoldeten Geschäftsführern übertragen und hiervon wird in weitgehendem Maße Gebrauch gemacht. Dies hängt unter anderem auch damit zusammen, daß der verwickelte Organismus der Unfallversicherung den ehrenamtlichen Unternehmern nicht so geläufig sein kann wie den berufsmäßig dafür geschulten Beamten und weil das Fehlen einer unmittelbaren Mitwirkung der Versicherten, als einer nützlichen Korrektur, die Verwaltung zu einer ganz besonders vorsichtigen, den rechtlichen Vorschriften übereinstimmenden machen muß. Die Reichsversicherungsordnung hat im Gegensatz zum bisher geltenden Rechte die Angestellten mehr als früher gesichert, ihre Rechtsverhältnisse denen einerseits der staatlichen Beamten, andererseits der Kassenbeamten stark angenähert und im Falle der Streitigkeiten aus dem Dienstverhältnis, das auf eine besondere Dienstordnung gestützt ist, das Reichsversicherungsamt als Beschwerdeinstanz vorgesehen. Wird nun die Verwaltung in den Berufsgenossenschaften mit dem Fortschreiten der Zeit immer reichhaltiger und schwieriger, so verlangt sie, vielleicht noch mehr als bei den Kassen, volkswirtschaftlich und verwaltungsrechtlich besonders gut ausgebildete Kräfte. Die Aussichten für Stellungen in der Unfallversicherung sind daher für akademisch gebildete mit den entsprechenden Spezialkenntnissen versehene Personen zweifellos gewachsen. Schon bisher gewährt diese Angestelltentätigkeit noch mehr als die bei den Kassen eine auch sozial angesehene Stellung. Die Tatsache, daß hervorragend tüchtige Personen lebenslänglich gerne in solchen Berufen geblieben sind und bleiben, deutet darauf hin, daß die Stellung innere und äußere Befriedigung zu gewähren imstande ist. Freilich darf man nicht außer acht lassen, daß die Zahl der Berufsgenossenschaften eine durch das Recht begrenzte und tatsächlich wenig sich vermehrende ist und daß alles in allem das Beamtentum der Berufsgenossenschaften kaum mehr als einige hundert Personen umfassen wird, insbesondere soweit es sich um die leitenden Stellungen handelt.

In der Invaliden- und Hinterbliebenenversicherung hat der Vorstand der Versicherungsanstalt die Eigenschaft einer öffentlichen Behörde. Seine Geschäfte führen ein oder mehrere Beamte des Gemeindeverbandes oder des Bundesstaates. Der Gemeindeverband und die oberste Verwaltungsbehörde des Staates bestellt die beamteten Vorstandsmitglieder und bezeichnet eines von ihnen als Vorsitzenden. Die Selbstverwaltung ist hier durch nichtbeamtete Arbeitgeber und Versicherte gewahrt, die auch im Ausschuß jeder Versicherungsanstalt vertreten sind.

Das ganze Gebiet der Sozialversicherung durchzieht die neue organisatorische Einrichtung der Versicherungsämter, die als örtliche soziale Stellen die Verbindung der verschiedenen Versicherungszweige untereinander herbeiführen sollen. Neben ehrenamtlichen Vertretern der Versicherten und der Arbeitgeber sind hier Beamte vorhanden, deren Stellung sich nach den Besonderheiten der einzelstaatlichen Organisation der Versicherungsämter richtet. Die Versicherungsämter sind nach der Reichsversicherungsordnung bestimmt zu einer Abteilung anderer Ämter für Arbeitsversicherung und sind grundsätzlich an die untere Verwaltungsbehörde anzulehnen, demnach nur ganz ausnahmsweise als selbständige Ämter zu errichten. Die deutschen Einzelstaaten haben demgemäß das Versicherungsamt entweder der Gemeinde oder dem Kreise angeschlossen, der Leiter der städtischen Verwaltungsbehörde und des ländlichen Kreisamtes ist grundsätzlich der Vorsitzende des Versicherungsamtes. Es werden ihm ein oder mehrere ständige Stellvertreter bestellt. Praktisch ist dieser Stellvertreter, dem nach der ursprünglichen Absicht der Reichsversicherungsordnung der Titel eines „Versicherungsamtmannes“ beigelegt werden sollte, der Leiter des Versicherungsamtes. Während der Beratungen des Gesetzeswerkes hatte man von seiten der Regierung ausdrücklich betont, daß bei der Bedeutung des neuen Amtes eine Besetzung mit Subalternbeamten nicht erfolgen solle. Tatsächlich ist aber heute in weitem Umfange der Vertreter des Vorsitzenden kein akademisch ausgebildeter Mann. Die Schattenseiten dieser Tatsache zeigen sich an vielen Punkten. Hier handelt es sich nur darum, festzustellen, daß diese Beamtenstellung des „Versicherungsamtmannes" an eine bestimmte durch Staatsprüfungen zu erlangende Befähigung nicht gebunden ist. Überdies sind jetzt nach der Größe des Versicherungsamtes weitere sachkundige Kräfte nötig, für die dasselbe gilt. Diejenige Geschäftsgewandtheit, praktische Befähigung, Kenntnis des Versicherungsrechtes usw., die der Natur der Sache gemäß verlangt werden, sind demnach auch auf anderem Wege als durch Staatsprüfungen zu erwerben.

Infolge der Anlehnung des Versicherungsamts entweder an den städtischen Magistrat oder an die Kreisverwaltung können zwar als Leiter andere als höhere Gemeinde- oder Kreisbeamte nicht auf Anstellung rechnen d. h. es kommen durchschnittlich nur solche Personen in Frage, die das Assessorexamen bestanden haben; jedoch als Vertreter des Leiters und als seine weiteren Mitarbeiter sind für die Sozialversicherung sonstige akademisch ausgebildete Personen ernstliche Bewerber. Vorausgesetzt ist natürlich, daß sie entweder diejenige Befähigung besitzen, die sonst bei ähnlichen Beamtenstellen gefordert werden oder daß sich ein spezielles Sozialbeamtentum ausbildet, dessen Anfänge schon vorhanden sind und das weder übereinstimmt mit den Kreisen der höheren Justiz und der Verwaltung, noch andererseits mit dem mittleren hauptsächlich als Büroangestellte zu qualifizierenden Staats- und Gemeindebeamtentum.

In der Angestelltenversicherung sind als Organe der Verwaltung vorgesehen: Das Direktorium, der Verwaltungsrat, der Rentenausschuß, Vertrauensmänner, Schiedsgericht und Oberschiedsgericht; auch hier gilt dasselbe wie für die Versicherungsanstalten der Invalidenversicherung. Einerseits sind hier Beamtenstellungen vorhanden, die nur den zum höheren Verwaltungsdienst oder Richteramt Befähigten eröffnet sind, teils solche, für die Büro-, Kanzlei- und Unterbeamte in Frage kommen, welche den in den deutschen Einzelstaaten herkömmlichen Vorbereitungsdienst durchgemacht haben. Beide Gruppen können für akademisch gebildete höhere Beamte nicht in Betracht kommen.

Die soziale Fürsorge außerhalb der Sozialversicherung erstreckt sich auf überaus zahlreiche Gebiete. Die immer stärkere Sozialisierung des Staates und der Gemeinden wird zu immer reicheren organisatorischen Formen führen, die wiederum in der eigenartigsten Weise mit anderen Formen auf sozialen Betätigungsgebieten verbunden sind, so daß ein Beamter auf einem Spezialgebiet seine Aufgaben mit vollem Erfolg nur dann wird erfüllen können, wenn er auch Kenntnis und Einsicht in das Gesamtgebiet der sozialen Kultur- und Wohlfahrtspflege besitzt.

Im übrigen wird die soziale Fürsorge heute in Deutschland und sicherlich auch in Zukunft nach verschiedenen Gesichtspunkten geschieden werden müssen. Eine Gruppe ist durch reichs- oder landesgesetzliche Bestimmungen in ihren Voraussetzungen, Mitteln und Zielen begrenzt, wobei auch der persönliche Berufskreis mehr oder minder fest umrissen ist. Als Beispiel kann hier dienen die Tätigkeit der Gewerbeinspektoren, der Gewerberäte. Eine zweite Gruppe lehnt sich an Einrichtungen der Kommunen verschiedensten Grades: größere Landgemeinden, Bürgermeistereien, Ämter, Städte, Kreise, Provinzen und Zweckverbände an. Ich erwähne in diesem Zusammenhang als kennzeichnend die Gebiete der Armenpflege, Waisenpflege, Jugendfürsorge, Fürsorgeerziehung, Jugendgerichtshilfe, Rechtsauskunftstellen. In einer dritten Gruppe ist die soziale Fürsorge frei von staatlicher oder kommunaler Initiative und geht aus entweder von Organisationen der kirchlichen Behörden oder der Arbeitgeber- oder Arbeitnehmerverbände, ebenso aber auch von freier Vereinstätigkeit großer industrieller Betriebe usw. Ob und inwieweit ein Teil dieser Organisationen, Verbände usw. doch wiederum in einen höchst verschiedenartigen Zusammenhang mit Staat und Kommune gebracht wird, kann hier ausscheiden.

Wir sehen, daß sich ein soziales Beamtentum im Sinne der Befassung mit sozialer Wohlfahrtspflege und Versicherung zum Teil deckt mit dem Staats- und Kommunalbeamtentum, dessen „Sozialisierung" vorher gefordert wurde. Doch handelt es sich darüber hinaus um ein organisatorisches Problem. Staat und Gemeinden werden immer mehr in die Lage versetzt sein, für jene großen Sondergebiete neue Beamtenarten zu schaffen. Es muß darauf bedacht genommen werden, für diese einerseits die den sogenannten höheren Beamten entsprechende Stellung in bezug auf inneren Wert, äußeres Ansehen, auch Gehalt und andere materielle Vorteile zu gewähren, ihnen andererseits nicht unter allen Umständen die hergebrachten Vorbildungswege vorzuschreiben. Dies kommt besonders für höhere Staatsbeamte in Ämtern in Betracht, bei denen das Assessorenprivileg herrscht und sich auch auf Gebieten durchsetzt, die eine ganz andere Art von Beschäftigung verlangen, als sie bei der rein juristischen Vorbildung und Ablegung zweier rechtswissenschaftlichen Prüfungen vorausgesetzt wurde. Anders liegt es schon bei den Kommunen, weil hier, im Zusammenhang mit der Idee der Selbstverwaltung, die Vergebung der kommunalen Ämter an bestimmte gesetzliche Voraussetzungen nur in seltenen Fällen gebunden ist und die Nachahmung des staatlichen Vorbildes zwar zu einer entsprechenden Praxis, aber nicht überall zu gleich guten Ergebnissen geführt hat. Jedenfalls haben es die Gemeindeverbände rechtlich in der Hand, sich der für die Stellungen besonders geeigneten Persönlichkeiten zu versichern, auch ohne daß diese die hergebrachten juristischen Prüfungen bestanden haben.

Wenn auch infolge der Einteilung in verschiedene Ressorts bei jeder nur irgendwie größeren Kommunalverwaltung der Leiter der Stelle (Stadtrat, Beigeordneter) in der Regel ein zum höheren Verwaltungsdienst oder zum Richteramt qualifizierter Beamter zu sein pflegt, so ist doch kein rechtliches Hindernis vorhanden, zu seinen Mitarbeitern und Gehilfen Sozialbeamte mit anderer Vorbildung zu ernennen. Je verwickelter die Angelegenheiten der sozialen Wohlfahrts- und Kulturpflege werden, desto mehr werden die Kommunen von dieser Möglich keit Gebrauch machen müssen. Viel weniger als Staat und Kommune sind sodann freie Organisationen, industrielle Betriebe, kirchliche und karitative Verbände, Arbeitgeber- und Arbeitnehmerorganisationen an gewisse staatlich abgestempelte Voraussetzungen und an hergebrachte Schemata gebunden. Sie können ihre Angestellten dort hernehmen, wo sie sie wollen und sie werden, wenn erst ein Sozialbeamtentum in stärkerem Maße als speziell vorgebildeter Berufsstand in die Öffentlichkeit treten wird, gewiß nicht versäumen, sich der besten Kräfte zu versichern.

Die Vorbildung für diese Berufe kann auf verschiedene Weise erworben werden. Natürlich ist dafür die Universität wie jede andere Hochschule an sich geeignet, falls sie sich der Aufgabe widmet, die hier einschlägigen zahlreichen Fächer sowohl vom rein wissenschaftlichen wie vom praktischen Standpunkte aus zu pflegen. Soweit man heute jedoch die Entwicklung zu überblicken vermag, muß man sagen, daß nur wenige Universitäten dazu übergegangen sind, oder im Begriffe sind, überzugehen, der hier fraglichen volkswirtschaftlichen und verwaltungsrechtlichen Ausbildung in einem solchen Maße zu genügen, das geeignet und ausreichend ist, eine neue Gruppe von besonders befähigten und zur Beherrschung eines Sondergebietes geeigneten Beamten hervorzubringen. Daß die Technischen Hochschulen ebensowenig wie die Bergakademien diesen Aufgaben vorzugsweise Aufmerksamkeit widmen, dürfte bekannt sein. Dagegen zeigt die Akademie für kommunale Verwaltung in Düsseldorf Ansätze zu einer Unterweisung für soziale Verwaltung und die Hochschule für kommunale und soziale Verwaltung in Köln hat — wie ihr Name schon ergibt — zur vollen Hälfte ihrer Betätigung sich die Ausbildung des Sozialbeamtentums erwählt. Es läßt sich daher nicht verkennen, daß an diesen kommunalen Hochschulen neben wenigen Universitäten zur Zeit die einzige Ausbildungsmöglichkeit der hier fraglichen Art gegeben ist.

Natürlich genügt die wissenschaftliche Vorbildung allein nicht. Jeder, der Sozialbeamter in dem hier bezeichneten Sinne werden will, muß kürzere oder längere Zeit in einer praktischen Tätigkeit sich bewährt haben. Er wird teils neben, teils nach, unter Umständen auch vor der akademischen Ausbildung bei Krankenkassen, Berufsgenossenschaften, Versicherungsämtern, Gewerbeaufsichtsstellen, Unternehmerverbänden, Gewerkschaften, Landwirtschafts-, Handels- und Handwerkskammern und dergleichen gearbeitet haben müssen.

Dieses soziale Beamtentum, wie ich es hier dargestellt habe, besteht nur in bescheidensten Ansätzen. Es muß erst werden. Das hängt zum Teil damit zusammen, daß die soziale Verwaltung selbst das Ergebnis der jüngsten geschichtlichen Entwicklung ist, daß sie durch überkommene Gepflogenheiten und fest geprägte Ansichten hinsichtlich des für sie in Betracht kommenden Personenkreises nicht beengt ist. Damit ist aber andererseits auch ein Vorteil verknüpft; eine Gebundenheit an staatlich vorausgesetzte Prüfungen ist nicht vorhanden. Fehlen einerseits dem sozial ausgebildeten Beamten staatliche Berechtigungen auf eine Stellung, so sind andererseits die in Frage kommenden Behörden und Organisationen in ihrer Auswahl nicht gebunden an Personen, die eine herkömmliche Vorbildung bestimmter Art genossen haben. Sie nehmen ihre tüchtigen Leute dort her, wo sie sie wollen. Weil Deutschlands Zukunft die Auswahl der Fähigsten verlangt, können Ämter und Stellungen, die sehr hohe Anforderungen stellen, nicht weiterhin dauernd mit Kräften besetzt werden, die für einzelne Ämter nicht besonders vorgebildet sind. So wird sich ein Berufsstand der Sozialbeamten aus innerer Notwendigkeit heraus durchsetzen, dem ein für das Amt und die Staatsgemeinschaft überaus wichtiges, ehrenvolles Wirken beschieden ist. Ein „sozialisiertes" Beamtentum in Staat und Gemeinde, ausgezeichnet durch ein vertieftes Wissen über politische, wirtschaftliche und kulturelle Verhältnisse der Gesellschaftsgruppen, mit Verständnis für deren Wohl und Wehe, mit klarem Blick bei bewußter Verwendung der gewonnenen Einsichten bei der Handhabung von Rechtspflege und Verwaltung: das ist das eine. Ein zu besonderen Aufgaben der eigenartig entwickelten sozialen Wohlfahrtspflege und Versicherung speziell ausgebildetes und befähigtes öffentliches und privates Beamtentum: das ist das andere. Jedes stellt ein ideales Ziel dar, aber doch kein unerreichbares.

XVIII.

Betritt man die Einzelgebiete der inneren Verwaltung, so ergeben sich politische Fragen aus einer ganzen Reihe von Erscheinungen, die bisher noch nicht beachtet worden sind.

Zunächst kann sich die Handhabung der Verwaltung in einzelnen Fällen, besonders aber bei fortgesetzter Gleichmäßigkeit als Ausfluß eines bestimmten politischen Planes darstellen, z. B. bei der Behandlung der in der Minderheit befindlichen Nationalitäten, Konfessionen, Parteien; denken wir nur an die in Deutschland geübte Politik in Elsaß-Lothringen, Posen, Nord-Schleswig, an den Kulturkampf der achtzehnhundertachtziger Jahre, an die Stellungnahme gegenüber der Sozialdemokratie vor dem Kriege. Sodann kann die Verwaltungstätigkeit unmittelbar politischen Zwecken der Regierungen bei der Ausführung der Gesetze dienen, so bei der Handhabung des Vereins- und Versammlungsrechtes, der Freizügigkeit, noch mehr auf denjenigen Gebieten, die nicht durch formelle Gesetze eingeschränkt sind, bei denen vielmehr die Durchführung von Maßnahmen in Betracht kommt, die ganz oder teilweise dem freien Antriebe der Staatsregierungen oder ihrer nachgeordneten Stellen anheimgegeben sind, so z. B. bei der polizeilichen Ausweisung lästiger Ausländer, ferner hinsichtlich der Organisation der Volkswirtschaft, besonders des Verkehrswesens oder finanzieller Maßnahmen. Lehrreiche Beispiele bietet die Kriegszeit, für die folgende Stichworte Erläuterungen bringen: Nahrungsmittelversorgung, insbesondere organisatorische Maßnahmen zur Sicherung der Versorgung, zur Preisregelung und Bekämpfung des Lebensmittelwuchers, zur Landbestellung; Vorratserhebungen und Viehzählungen; Regelung der Aus-, Ein- und Durchfuhr, Besorgung von Futtermittel für Tiere, Schutz des wirtschaftlichen Lebens durch Fürsorge für alle notwendigen Waren (z. B. Tabak, Textilwaren, Leder, pflanzliche und tierische Öle zu technischen Zwecken, Beleuchtungsstoffe, Gummi, Metall,

Brennstoffe, Druckpapier); Beschaffung und Sicherung von Kriegsbedarf; Vorkehrungen der Reichsbank (Fragen des Goldbestandes, Notenumlaufs, Darlehns- und Reichskassenscheine, Scheidemünzen, Aufschubwechsel, private Kreditinstitute, Giroverkehr, Bestrebungen zur Förderung des bargeldlosen Zahlungsverkehrs, Scheckwesen); steuerliche Behandlung von Sendungen an die Truppen, Anwendung von Zollsätzen auf Waren aus dem besetzten Auslande. Dann die Verwaltungsaufgaben, die durch den Krieg erforderlich geworden sind in den Tätigkeitsbereichen des Arbeiterschutzes, Arbeitsnachweises, der Arbeiter-, Angestellten- und Privatversicherung; der Kriegswohlfahrtspflege: Kriegsunterstützung von Familien der Mannschaften, Aufwendungen aus Reichsmitteln für Wochenhilfe, Unterstützung notleidender Arbeiter, Feststellung der Kriegsschäden zwecks Entschädigung. Zu all diesen Gruppen kommt aber noch die Vornahme solcher Verwaltungshandlungen, die nicht bewußt und mit Vorbedacht auf politischen Erfolg ausgehen, sondern nur in ihren Wirkungen politischen Einschlag zeigen, so besonders auf dem ganzen polizeilichen Gebiete. Wenn man von dem reaktionären oder umgekehrt weitgehendst liberalen Geiste einer Staatsverwaltung spricht, so ist neben Verfassungsfragen in erster Reihe daran gedacht, wie die Polizei sich gegenüber Freiheit und Eigentum des Staatsbürgers — beide im weitesten Sinne genommen — verhält. Die Verwaltung kann also Werkzeug der Politik sein, sie kann auch im Ergebnis ihrer Einzelakte, besonders aber in ihrem Gesamtverhalten politische Färbung aufzeigen. Sie wird dadurch jener nüchternen Sachlichkeit entkleidet, an die man bei einer von der Wirklichkeit und den Unwägbarkeiten des staatlichen Lebens verstandesmäßig absehenden geistigen Erfassung der Erscheinungen am liebsten denken möchte. Wenn man von der Verwaltung als einer staatlichen Betätigung redet, die neben Gesetzgebung und Rechtspflege den wesentlichsten Teil der Lebenskreise einer Nation umschreitet, so faßt man freilich ihre politik-freien Aufgaben ins Auge. Sie hat aber auch andere.

Wie diese Verwaltung die engsten Beziehungen zur auswärtigen und allgemeinen inneren Politik aufweist, dürfte offen zutage liegen. Eine kurze Überlegung ergibt aber auch, daß das politische Moment den einen Verwaltungszweig stärker, den anderen schwächer durchdringen, den einen oder anderen ganz unberührt lassen kann, je ferner er von dem Mittelpunkte der politischen Strömungen und Absichten liegt, je weniger er sich zum Mittel praktischer Durchsetzung politischer Tendenzen eignet. Grundsätzlich aber braucht kein Verwaltungsgebiet des politischen Einschlags zu entbehren. Er kann sich daher überall geltend machen und findet nur an dem möglichst unzweideutig gefaßten Gesetze eine eherne Mauer; allenfalls kann selbst hier bei Anwendung des freien Ermessens eine Bresche geschlagen werden. Nun wirken aber gerade die mit der Handhabung des Verwaltungsgesetzes gemachten Erfahrungen auf den Reformeifer innerhalb und außerhalb der Volksvertretungen und so setzt denn auch recht häufig eine politische Tätigkeit ein, deren Ziel die Änderung des bestehenden Rechtszustandes ist, sei es durch Schaffung neuer oder durch Verbesserung bestehender Gesetze. Ein Hineingreifen in die Fülle der hierher gehörigen Erscheinungen läßt uns dies noch deutlicher erkennen.

XIX.

Das Reichs- und Staatsangehörigkeitsgesetz vom 1. Juni 1870 hatte im ersten Absatz seines § 21 bestimmt, daß Deutsche, die das Reichsgebiet verlassen und sich zehn Jahre lang ununterbrochen im Auslande aufhalten, dadurch ihre Staatsangehörigkeit verlieren. Die bezeichnete Frist wird von dem Zeitpunkte des Austritts aus dem Reichsgebiet oder, wenn der Austretende sich im Besitze eines Reisepapiers oder Heimatscheines befindet, von dem Zeitpunkte des Ablaufs dieser Papiere ab gerechnet. Sie wird unterbrochen durch die Eintragung in die Matrikel eines Reichskonsulates. Seltsam genug war diese Vorschrift zustande gekommen [82]! Von allen deutschen Staaten hatte Preußen zuerst die Militärdienstpflicht eingeführt, dagegen kannten die übrigen deutschen Staaten, die im Deutschen Bunde vereinigt waren, nur das System der Stellvertretungen. So mußte Preußen befürchten, daß seine Untertanen, um sich der Militärpflicht zu entziehen, in die umliegenden Bundesstaaten auswandern würden, um erst dann in die Heimat zurückzukehren, wenn das Lebensalter eine Einstellung in das Heer nicht mehr zu ließ. Aus diesem Grunde ist in dem sogenannten preußischen Indigenatsgesetz vom 31. Dezember 1842 der § 23 geschaffen worden. Er setzte fest, daß preußische Untertanen, die ohne Erlaubnis nach dem Auslande auswanderten, und nicht binnen zehn Jahren zurückkehrten, ihrer Eigenschaft als Preußen verlustig gingen. Für die anderen deutschen Staaten war aber diese Bestimmung nicht bindend, und sie erkannten deshalb den Verlust der Untertanenschaft nicht an. So kam es in den vierziger Jahren des 19. Jahrhunderts zwischen den verschiedenen Bundesstaaten zu zahlreichen Schwierigkeiten wegen staatenloser Personen. Aber auch diese selbst wurden oft jahrelang hin- und hergeschoben und in Gefängnishaft gehalten. Man einigte sich schließlich in dem Gothaer Vertrag vom 15. Juli 1851 u. a. auf die Bestimmung, daß sich jede Regierung verpflichtet, ihre vormaligen Angehörigen, auch wenn sie die Untertanenschaft nach der inländischen Gesetzgebung verloren haben, solange, als sie nicht dem anderen Staate nach dessen eigener Gesetzgebung angehörig geworden sind, auf Verlangen des anderen Staates wieder zu übernehmen. Nach der Errichtung des Norddeutschen Bundes waren die Verhältnisse ganz anders gelagert, da die Wehrpflicht durch Bundesgesetz festgelegt wurde. Trotzdem enthielt der preußische Entwurf eines Staatsangehörigkeitsgesetzes, der in Session 1868/69 vorgelegt wurde, wieder die gesetzliche Bestimmung des Verlustes der Staatsangehörigkeit durch Zeitablauf. Der Entwurf kam nicht zur Erledigung. Im Jahre 1870 wurde nun ein neuer Entwurf eines Bundesangehörigkeitsgesetzes dem Reichstage des Norddeutschen Bundes vorgelegt, der diese Bestimmung ebenfalls enthielt. Die liberale Partei wollte den Verlust der Staatsangehörigkeit durch Zeitablauf nur mit dem Zusatze der Erwerbung einer fremden Staatsangehörigkeit annehmen. Die verbündeten Regierungen lehnten aber den Zusatz ab, weil sich Unzuträglichkeiten daraus ergäben, wenn die Fortdauer der Staatsangehörigkeit eines im Auslande befindlichen Deutschen nicht durch Urkunden, sei es die

Eintragung in die Matrikel eines Konsuls, sei es den Besitz von Pässen und Reisepapieren, festgestellt wird. Man glaubte die Härte dieser Bestimmung dadurch auszugleichen, daß man die Renaturalisation erleichterte, derart, daß Deutsche, welche ihre Staatsangehörigkeit durch zehnjährigen Aufenthalt im Auslande verloren haben und demnächst in das Reichsgebiet zurückkehren, die Staatsangehörigkeit in demjenigen Bundesstaate erwerben, in welchem sie sich niedergelassen haben. Sie brauchen bloß ein Gesuch einzureichen und die höhere Verwaltungsbehörde hat die Aufnahmeurkunde auszufertigen. Auch bestand ja immerhin die Möglichkeit der Unterbrechung jenes Zeitablaufes. So ist der § 21 des Staatsangehörigkeitsgesetzes entstanden.

Auf die Aufhebung dieser Vorschrift, die uns jährlich unzählige Reichsangehörige entfremdet und entzogen hat, war ein sehr eindringliches wissenschaftliches und politisches Bemühen abgerichtet. Man wies darauf hin, daß keine große Nation der europäischen und amerikanischen Welt die Staatsangehörigkeit durch Zeit verloren gehen läßt. Die Bestimmung hatte in der preußischen Gesetzgebung ihren guten Grund, aber sie paßte nicht mehr für das Deutsche Reich. Kein großer Staat kann seine im Ausland wohnenden Angehörigen stillschweigend von sich abschütteln, wenn sie nicht selbst, aus eigener Initiative, durch die Erwerbung einer ausländischen Staatsangehörigkeit den Wunsch zu erkennen geben, die staatsrechtliche Verbindung mit ihrer früheren Heimat zu lösen. Aber die Bestimmung ist auch höchst unpraktisch. Wenn auch das Deutsche Reich gesetzlich bestimmt hat, daß man durch den zehnjährigen Aufenthalt im Auslande oder durch die Entlassung auf Antrag seine Staatsangehörigkeit verliert, so kann der Staat, in dem sich die betreffende Person aufhält, immer erklären: solange sie nicht eine andere Staatsangehörigkeit erworben hat, ist sie Deutscher und muß von der Heimat übernommen werden[83]). Aber erst nach 43 Jahren (!) gelang es, die Vorschrift in dem Reichs- und Staatsangehörigkeitsgesetz vom 22. Juli 1913 zu beseitigen, mit einer Begründung, die schon seit Jahrzehnten hätte durchgreifen müssen: die Annahme, daß das Band der Nationalität zwischen dem Vaterland und einem Deutschen, der sich zehn Jahre hindurch ununterbrochen im Ausland aufgehalten hat, tatsächlich gelöst sei, konnte als zutreffend nicht mehr gelten, da seit dem Bestehen des Reichs das deutsche Nationalgefühl beständig gewachsen ist, da die Ausbreitung des deutschen Außenhandels, der deutschen Schiffahrt und aller Verkehrsmittel die Ausgewanderten in engerer Beziehung zur Heimat hält als früher und da der kräftige Schutz, den Deutschland seinen im Ausland lebenden Angehörigen gewährt, die Zugehörigkeit zum Vaterland als ein wertvolles Gut erscheinen läßt. Das vom Gesetze den Auswanderern zur Abwendung des Verlustes der Staatsangehörigkeit an die Hand gegebene Mittel der Eintragung in die Konsulatsmatrikel hat im großen und ganzen versagt, da von diesem Mittel teils aus Unkenntnis, teils aus Saumseligkeit nur ein verhältnismäßig sehr geringer Gebrauch gemacht wurde. So hat die Nichterfüllung einer bloßen Formalität den Verlust wertvoller Elemente zur Folge gehabt, darunter auch solcher Personen, die im deutschen Heere gedient, ja sogar an dessen Feldzügen teilgenommen haben. Das anerkennt nun die amtliche Begründung des neuen Reichs- und Staatsangehörigkeitsgesetzes!

Aber auch in diesem letzteren sind Vorschriften enthalten, die politisch bedenklich sind. Selbstverständlich muß jedem deutschen Staatsangehörigen auf seinen Antrag die Entlassung aus seinem Einzelstaatsverbande erteilt werden, wenn er nur die Staatsangehörigkeit in einem anderen deutschen Bundesstaat besitzt und sich diese vorbehält; will aber jemand in keinem anderen deutschen Bundesstaate Bürger bleiben, so bewirkt die Entlassung aus der Staatsangehörigkeit in einem deutschen Einzelstaate gleichzeitig die Entlassung aus der Staatsangehörigkeit in jedem anderen deutschen Bundesstaate. Beschränkungen sind nur für Wehrpflichtige, Militärpersonen und Beamte vorgesehen. Tatsächlich kennt nun keiner der größeren Staaten der Welt eine gesetzliche Bestimmung, durch die seinen Staatsangehörigen der Weg geebnet wird, um aus ihrem Staatsverbande auszuscheiden, wenn sie nicht schon durch Erwerb einer fremden Staatsangehörigkeit den Willen hierzu kundgegeben haben. Dem Deutschen wird nur aus dem Grunde zugemutet, seine Entlassung zu erwirken, um nach dem Ausland auswandern zu können. Die Auswanderungsfreiheit ist aber in jedem deutschen Verfassungswerke grundsätzlich gewährleistet. Zur Begründung der Entlassung auf Antrag wurde, seitdem die gesetzliche Bestimmung besteht, von den Verwaltungsbehörden stets behauptet, daß nicht sowohl zugunsten des Entlassenen, der dadurch seiner Pflichten gegen den Staat ledig werde, als zum Vorteile des Staates, der von den Pflichten gegen den Staatsangehörigen befreit werde, eingeführt sei. Dies stimmt aber, wie Wilhelm Cahn im einzelnen ausführt[84]), insofern nicht, als Personen, die entlassen sind, und von der deutschen Behörde als Ausländer erachtet werden, auf Grund von Übernahmevereinbarungen oder sonstigen Verträge wieder nach Deutschland übernommen werden müssen, falls diese Personen nicht eine andere Staatsangehörigkeit erworben haben. Deutschland hat also in solchen Fällen gar keinen Nutzen davon, daß es seinem ehemaligen Staatsbürger eine Entlassungsurkunde aushändigte. Ist aber andererseits die Entlassung von irgendeinem Nutzen für den Staatsangehörigen, der ins Ausland zieht? Dies muß ganz entschieden verneint werden. Die Entlassungsurkunde erhält nur derjenige, der noch nicht wehrpflichtig ist, oder seiner Wehrpflicht durch Gestellung, bzw. durch Ableistung des Militärdienstes vollauf genügt hat. Geht ein solcher Deutscher ins Ausland, so ist er nur schlecht beraten, wenn er die Entlassung nachsucht und eine solche erwirkt. Da es nämlich keinen Staat in der Welt gibt, der ohne vorherige längere oder kürzere Niederlassung eines Ausländers die Naturalisation gewährt, so ist der im Auslande wohnhafte, entlassene Deutsche während dieser Wartezeit staatlos, rechtlos und schutzlos. Verheiratet er sich, so überträgt er seinen Personenstatus, der nur in der Negation der Rechte beruht, auf Ehefrau und Kinder. Wir haben also hier das Beispiel eines Mannes, der seine Pflichten gegen das Vaterland erfüllt hat und der aus Unwissenheit und weil das vaterländische Gesetz die Hand dazu bietet, sich im Auslande in der mißlichsten politischen Lage befindet. Er kann diesem Zustande nur dadurch abhelfen, daß er später die ausländische Staatsangehörigkeit erwirbt. So hat Deutschland selbst seinen früheren Angehörigen dazu gedrängt, Untertan eines fremden Staates zu werden.

Von hervorragend politischer Bedeutung ist, ob man nur den Erwerbsgrund der Abstammung oder auch den des Geburtsorts in einem bestimmten Lande gelten läßt. Jener prägt sich bei uns darin aus, daß das eheliche Kind eines Deutschen die Staatsangehörigkeit des Vaters, das uneheliche Kind einer Deutschen die Staatsangehörigkeit der Mutter erwirbt. Aber das ist zu bescheiden. Man müßte bestimmen, daß die Staatsangehörigkeit auch durch Geburt auf deutschem Boden begründet wird. Der Wohnsitz des Vaters zurzeit der Geburt wäre damit neben dem Abstammungsgrundsatz entscheidend. Dann wären wir endlich bei der Auffassung, die die Engländer schon längst besitzen. Es ist nicht zu verkennen, daß es sich hier gleichzeitig um einen Gradmesser des nationalen Selbstbewußtseins und Stolzes handelt.

Ein Recht auf Einbürgerung (Naturalisation) hat der Ausländer zwar nicht. Aber die einzelstaatliche Behörde kann seinem Antrage entsprechen, wenn er sich im Inlande niedergelassen hat, nach den Gesetzen seiner bisherigen Heimat unbeschränkt geschäftsfähig ist oder nach den deutschen Gesetzen unbeschränkt geschäftsfähig sein würde, einen unbescholtenen Lebenswandel geführt hat, an dem Orte seiner Niederlassung eine eigene Wohnung oder ein Unterkommen gefunden hat, an diesem Orte sich und seine Angehörigen zu ernähren imstande ist. Dagegen gibt es keinen Staat der zivilisierten Welt, der einem Ausländer die Naturalisation verleiht, ohne daß er sich einen gewissen Zeitraum hindurch, nirgends unter zwei Jahren, im Inlande niedergelassen hat. Mit Recht hat man gesagt, es sei nicht zu verstehen, warum das Deutsche Reich unter allen Staaten der einzige sein soll, der den Ausländer ohne weiteres als Staatsbürger bei sich aufnimmt und daß es daher schon mit Rücksicht auf eine gleiche Bewertung mit anderen Staaten durchaus geboten ist, der Naturalisation eines Ausländers in Deutschland erst dann näherzutreten, wenn er sich mindestens fünf Jahre bei uns aufgehalten hat.

Auch wurden andere Gründe für die Festsetzung einer Niederlassungsfrist ins Feld geführt. So namentlich der, daß es bisher der über das Einbürgerungsgesuch entscheidenden Behörde nicht leicht war, sich über die persönlichen Verhältnisse der Antragsteller hinreichend zu unterrichten. Es kam daher nicht selten vor, daß die Naturalisation auf Grund von Urkunden und Angaben gewährt wurde, die sich später als falsch erwiesen. Eine Nichtigkeitserklärung der einmal erteilten Naturalisationsurkunde ist aber gesetzlich nicht vorgesehen. Bei längerem vorherigen Aufenthalte des Antragstellers läuft aber die über das Gesuch entscheidende Behörde kaum Gefahr, über seine persönlichen Verhältnisse getäuscht zu werden. Eine Ausnahme könnte vorgesehen werden für Personen, die sich in irgendeiner Hinsicht auszeichnen und ihre Einbürgerung in Deutschland nachsuchen. Diese Vorschläge, insbesondere der, eine Niederlassungsfrist einzuführen, sind auch in dem neuen Reichsangehörigkeitsgesetz von 1913 nicht berücksichtigt worden. Nur hat man bestimmt, daß die Einbürgerung in einen Bundesstaat erst erfolgen darf, nachdem durch den Reichskanzler festgestellt worden ist, daß keiner der übrigen Bundesstaaten Bedenken dagegen erhoben hat; erhebt ein Bundesstaat Bedenken, so entscheidet der Bundesrat. Es soll hier verhütet werden, daß in einem deutschen Einzelstaat die Naturalisation sich besonders leicht vollziehe, während sie in einem anderen Staate Deutschlands an strengere Bedingungen, vor allem an eine zurückhaltendere Verwaltungspraxis geknüpft ist. Es würde z. B., wie dies früher der Fall war, eine verhältnismäßig leichte Naturalisation in Sachsen-Koburg-Gotha den Erfolg haben, daß der Eingebürgerte ohne weiteres auch den Antrag auf Übernahme in den preußischen Staatsverband mit Erfolg stellt, da er sich bloß in Preußen niedergelassen zu haben braucht. Hier würde aber sein Naturalisationsgesuch von vorneherein nicht genehmigt worden sein. Die Bedenken, die ein einzelner deutscher Staat gegen die Naturalisation erhebt, sind auf die Fälle beschränkt, in denen sich eine positive Gefährdung von Reichs- oder Staatsinteressen erwarten läßt. Es genügt nicht die bloße Behauptung, sondern es müssen Tatsachen angeführt werden, die die Besorgnis einer solchen Gefährdung rechtfertigen. Ein Bundesstaat darf niemals seine Bedenken darauf stützen, daß der Ausländer einer Religionsgesellschaft angehört, die er in seinem eigenen Staatsgebiet anerkannt habe. Dagegen steht nichts entgegen, die Zugehörigkeit zu einem nicht anerkannten Bekenntnis z. B. dem mormonischen, für staatsgefährlich zu erachten. Es ist aber offersichtlich, daß die jeder einzelstaatlichen Verwaltung eingeräumte Befugnis, die Einbürgerung unter den gesetzlich bestimmten erwähnten Voraussetzungen zu gewähren, auch die Befugnis der Ablehnung der Naturalisation in sich schließt. Hierbei ist irgendein Rechtsmittel nicht vorgesehen, und es kann sich auch nicht etwa darum handeln, daß der Einzelstaat nachweist, es sei, wie in jenem anderen Falle, eine Gefährdung von Reichs- oder Staatsinteressen für die Entscheidung maßgebend gewesen. Dieser Rechtszustand bietet aber politisch mancherlei Bedenken. Es kann jeder deutsche Einzelstaat jede Naturalisation ablehnen, die ihm nicht paßt. Der Auslandsstaat, dem der Antragsteller angehört, kann allerdings auf diplomatischem Wege Beschwerde führen; doch dürfte dies praktisch sehr wenig Bedeutung haben, da erfahrungsgemäß Naturalisationsgesuche von Angehörigen solcher Staaten, mit denen politische Freundschaft besteht, ohnedies nicht oder nur im vorausgesetzten Einverständnis mit dem Auslandsstaate abgelehnt werden, Einbürgerungen von Angehöiigen nicht befreundeter Staaten aber in der Regel von vorneherein Schwierigkeiten begegnen.

Nationalen Gesichtspunkten hat das neue Reichsangehörigkeitsgesetz in einzelnen Bestimmungen mehr als früher Rechnung getragen. So soll die Wiedereinbürgerung verlorengegangener Glieder des Volkes nach Möglichkeit erleichtert werden. Ein ehemaliger Deutscher, der sich nicht einmal im Inlande niedergelassen hat, kann von dem Bundesstaate, dem er früher angehört hat, auf seinen Antrag eingebürgert werden, wenn er geschäftsfähig und unbescholten ist. Dem ehemaligen Deutschen steht gleich, wer von einem solchen abstammt oder an Kindesstatt angenommen ist. Gedacht ist insbesondere an Vertreter des Handelsstandes, an Mitglieder der deutschen Gemeinde in Palästina, an Missionare, überhaupt an Personen, die im Auslande an der Pflege des Deutschtums besonderen Anteil nehmen, z. B. im deutschen Vereinsleben, namentlich zur Erhaltung deutscher Schulen und Kirchen, wertvolle Dienste leisten[85]). Ferner muß ein ehemaliger Deutscher, der als Minderjähriger die Reichsangehörigkeit durch Entlassung verloren hat, auf seinen Antrag von dem Bundesstaate, in dessen Gebiete er sich niedergelassen hat, eingebürgert werden, wenn er geschäftsfähig ist und den Antrag innerhalb zweier Jahre nach der Volljährigkeit stellt.

In einer Anzahl europäischer Staaten ist der französische Grundsatz anerkannt, daß die Inländerin, die durch die Ehe mit einem Ausländer ihrer Staatsangehörigkeit verlustig gegangen ist, nach Auflösung dieser Ehe ihre ursprüngliche Staatsangehörigkeit wieder erwirbt. Artikel 19 Absatz 3 des französischen Gesetzes vom 26. Juni 1889 bestimmt, daß mit dem Wiedererwerb der Staatsangehörigkeit der Witwe auf ihren Antrag auch die Verleihung der Staatsangehörigkeit an ihre minderjährigen Kinder erfolgt. England hat in seiner Naturalisationsakte vom 12. Mai 1870 Sektion 10 Absatz 2 und 4 eine der französischen ähnliche Bestimmung erlassen. In den Vereinigten Staaten von Nordamerika sowie in südamerikanischen Staaten enthalten die Verfassungsurkunden ähnliche Bestimmungen. In Deutschland hat erst das neue Gesetz von 1913 eine Lösung versucht. Darnach muß die Witwe oder geschiedene Ehefrau eines Ausländers, die zur Zeit ihrer Eheschließung eine Deutsche war, auf ihren Antrag von dem Bundesstaat, in dessen Gebiet sie sich niedergelassen hat, im Falle der Geschäftsfähigkeit und unbescholtenen Lebenswandels wieder eingebürgert werden.

Eine besonders interessante Frage stellt die Staatsangehörigkeit der im Inlande geborenen Kinder eines hier wohnenden Ausländers dar. Sollen die volljährigen Kinder für die Staatsangehörigkeit ihres Geburtslandes optieren können? Es ist unnatürlich, daß Kinder eines in Deutschland wohnhaften Ausländers mehrere Geschlechterfolgen sich der Rechte der Inländer erfreuen können ohne sich den diesen obliegenden

Pflichten unterziehen zu müssen. Mit Wilhelm Cahn muß man zwei Gruppen von Kindern unterscheiden. Die eine ist die der in Deutschland geborenen Kinder eines daselbst wohnhaften mit einer Deutschen vermählten Ausländers. Diesen Kindern sollte die Möglichkeit gegeben werden, in dem Jahre nach erreichter Volljährigkeit für die Angehörigkeit zu demjenigen Staate zu optieren, in dem sie geboren sind. In die zweite Gruppe fallen diejenigen Kinder, deren Eltern zwar Ausländer, die aber selbst schon in Deutschland geboren sind. Diese müßten nach erreichter Volljährigkeit als Deutsche betrachtet werden, sofern sie nicht den Nachweis erbringen, daß sie noch die Staatsangehörigkeit ihrer Eltern besitzen.

XX.

Die die natürlichen Personen unmittelbar angehende innere Verwaltung trifft außer der Ordnung der Reichs- und Staatsangehörigkeit die Frage des Personenstandes, die politische Ausstrahlungen kaum haben dürfte, dann aber Freizügigkeit, Niederlassung und den Unterstützungswohnsitz (öffentliche Armenpflege). Wie in der Freizügigkeit eine politische Forderung des wirtschaftlichen Liberalismus gesetzliche Sicherung gefunden hat, so ist später immer wieder der Gedanke aufgetaucht, ob nicht zur größeren Seßhaftmachung der Bevölkerung, insbesondere der ländlichen, zur Beschaffung des Arbeiterbestandes eine Beschränkung möglich wäre. Nach dem geltenden Rechte des Deutschen Reiches hat jeder Reichsangehörige die Befugnis, innerhalb des Reichsgebietes an jedem Orte sich aufzuhalten oder niederzulassen, wo er eine eigene Wohnung oder ein Unterkommen sich zu verschaffen imstande ist. Eine Änderung in dieser Rechtslage ist angesichts des sich immer mehr erweiternden Verkehrs, der Unmöglichkeit der Bindung der Bevölkerung an die Scholle und aus vielen anderen Gründen unmöglich. Doch ist gerade diese Frage ein Schulbeispiel dafür, daß ein verwaltungsgesetzlich ausgeprägter Grundsatz ebenso wie die auf seine Lockerung abzielende Bewegung den Ausdruck einer politischen Strömung darstellt. Des weiteren besteht aber auch geschichtlich ein inniger Zusammenhang zwischen Freizügigkeits- und Verehelichungsbeschränkung und Armenwesen. Auf diese beiden Punkte einzugehen dürfte um so lehrreicher sein, als durch Ausdehnung des Gesetzes über den Unterstützungswohnsitz auf das ganze Reich seit dem 1. Januar 1916 eine Entwicklung zum wahrscheinlich recht lange dauernden Abschluß gekommen ist, die den Zusammenhang von Verwaltung und Politik gut wiederspiegelt.

Die im deutschen Mittelalter wesentlich von der Kirche betätigte öffentliche Armenversorgung war lediglich auf das Prinzip der Karität gebaut, im übrigen ohne System und ohne genügende Scheidung zwischen Arbeitsunfähigen und Arbeitsunlustigen. Auch die Zünfte und Gilden, überhaupt genossenschaftliche Verbände aller Art, teilweise auch die Städte, übten die Mildtätigkeit als solche, während staatliche, kommunale oder gar soziale Gesichtspunkte vollkommen fehlten. Erst seit dem 15. Jahrhundert wurde in Deutschland die Armenpflege zuerst in den Städten als eine stadtstaatliche Aufgabe erkannt. Doch beschränkte man sich auf die Gestattung des Bettelns durch den armen Bürger, während die Nichteinheimischen von der Wohltätigkeit ausgeschlossen waren. Seit 1530 eiferten Reichspolizei- und Landespolizeiordnungen in der Bemühung, dem Bettelunwesen zu steuern. Aber vergeblich. Nach der Reformation waren es erst recht die Städte, die in einer organisierten Armenpflege die einzige Möglichkeit der Besserung sahen. Indem aber Landesgesetze und Kirchenordnungen die Pflicht der Gemeinden zur Unterhaltung ihrer Armen aussprachen, bewirkten sie, daß die Gemeinden den Kreis ihrer Angehörigen immer enger zogen, sich gegenüber fremdem Zuzug möglichst abschlossen. Seit dem 17. Jahrhundert haben auch die Partikulargesetze diese Beengung sanktioniert. Die Folge war einerseits ein genügender Schutz des gemeindeangehörigen Bürgers in Tagen der Not und Krankheit, andererseits aber ein namenloses Elend der Heimatlosen, die das Kontingent der Bettler, Landstreicher, unehelichen Kinder und Verbrecher, besonders seit dem dreißigjährigen Kriege, ins Unabsehbare vermehrt hatten. Mit Recht konnte man von einem System „engherziger Schollenpolitik der Gemeinden“ reden. Der absolutistische Staat des 18. Jahrhunderts hat auch hier scharf durchgegriffen. Er hat darüber gewacht, daß der Begriff der Gemeindeangehörigkeit nicht einseitig von den Städten rechtlich formuliert und ausgelegt wird, sondern sich nach landesgesetzlichen Normen richte. Wer Gemeindebürger, wer Staatsbürger ist, wird nunmehr der Willkür der Gemeindeverwaltung entrückt. Die Beschränkungen der Zulassung in den städtischen Bereich wurden zum Teil beseitigt; jeder mußte in dem städtischen Weichbilde belassen werden, der Niederlassung und Gewerbe beabsichtigte. Wieder sind also Niederlassungsfreiheit, Freizügigkeit und Armenwesen in ihren Beziehungen klar zu erkennen. Die Beamten des Landesherrn beaufsichtigten vielfach, wie in Preußen, Bayern und Sachsen, die städtische Armenpflege. Der aufgeklärte Absolutismus führt die Frage weiter. Hier ist eine Beschränkung auf die Bestimmungen des Preuß. Allgemeinen Landrechts (Teil I, Titel 19, § 1ff.), welche die Grundsätze des Friderizianischen Preußens hinsichtlich der Armenpflege formulieren, empfehlenswert. Es wird zunächst dem Staate die Pflicht auferlegt, für die Ernährung und Verpflegung derjenigen Bürger zu sorgen, die sich ihren Unterhalt nicht selbst verschaffen und ihn auch von anderen Privatpersonen, welche nach besonderen Gesetzen dazu verpflichtet sind, nicht erhalten können. Denjenigen, welchen es nur an Mitteln und Gelegenheit mangelt, ihren und der ihrigen Unterhalt selbst zu verdienen, sollen Arbeiten, die ihren Kräften und Fähigkeiten gemäß sind, angewiesen werden. Wir sehen hier die Forderung verwirklicht, daß der Staat grundsätzlich die Armenpflege übernehmen soll. Wir gewahren ferner einen wenn auch noch so bescheidenen Ansatz zur Arbeitslosenfürsorge. Diejenigen sodann, die nur „aus Trägheit, Liebe zum Müßiggang oder anderen unordentlichen Neigungen“ die Mittel nicht anwenden wollen, sich ihren Unterhalt selbst zu verdienen, sollen durch Zwang und Strafen zu nützlichen Arbeiten unter gehöriger Aufsicht angehalten werden. Dies schmeckt ebenso nach Absolutismus, wie die Vorschrift, daß der Staat berechtigt und verpflichtet ist, Anstalten zu treffen, wodurch der „Nahrlosigkeit seiner Bürger vorgebeugt und der übertriebenen Verschwendung gesteuert werde. Veranlassungen, wodurch ein schädlicher Müßiggang, besonders unter den niederen Volksklassen genährt und der Trieb zur Arbeitssamkeit geschwächt wird, sollen im Staate nicht geduldet werden". Dagegen bleibt es eine auch bis heute wirksame Idee, daß fremde Bettler nicht in das Land gelassen oder darin geduldet werden sollen und, wenn sie sich gleichwohl einschleichen, sofort über die Grenze zu schaffen sind. Endlich sollte nach dem Allgemeinen Landrecht auch einheimischen Armen das Betteln nicht gestattet, sondern sie sollten an den Ort, wohin sie gehören und wo für sie gesorgt werden muß, zurückgeschafft werden. Der Staat hat aber die Armenpflege nur insoweit auszuüben, als die Versorgung der Armen nicht einzelnen Privatpersonen, Korporationen oder Kommunen obliegt, so daß in Wirklichkeit auch nach dem Allgemeinen Landrecht die primäre Last auf den Stadt- und Dorfgemeinden ruhte. Nur bei mangelnder Verpflichtung oder mangelndem Können der erwähnten Stellen sollen Arme durch Vermittlung des Staates in öffentlichen Landarmenhäusern untergebracht werden. Auf diesen Grundlagen baute Preußen durch das Gesetz vom 31. Dezember 1842 weiter. Indem die Gemeinde, in der die Hilfsbedürftigkeit zutage trat, zur Übernahme der Armenlast gezwungen wurde, ist in demselben Maße die Heimatgemeinde erleichtert worden, die nach früherem Rechte auch dann verpflichtet war, wenn der Besitzer des Heimatrechtes frühzeitig ausgewandert und nicht wieder zurückgekommen war. Das preußische Recht sucht einen Ausgleich darin, daß es die Gemeinde als Ortsarmenverband verpflichtete, für jeden Bedürftigen zunächst einzutreten; es bleibt jedoch dieser Ortsarmenverband nur vorläufig verpflichtet, da ihm ein Rückgriffsrecht gegeben wurde gegen diejenige Gemeinde, in der sich der Bedürftige eine Zeitlang aufgehalten, oder in der er durch seine Tätigkeit der Kommune mehr oder minder maßgebliche Vorteile verschafft hat. Wer innerhalb eines Ortsarmenverbandes nach zurückgelegtem 24. Lebensjahre zwei Jahre ununterbrochen seinen gewöhnlichen Aufenthalt gehabt hat, erwirbt dadurch in demselben den Unterstützungswohnsitz, den er nur verliert bei Erwerbung eines anderweitigen Unterstützungswohnsitzes oder einer zweijährigen ununterbrochenen Abwesenheit nach zurückgelegtem 24. Lebensjahr. Diese Regelung ist auf das ganze Deutsche Reich durch das Unterstützungswohnsitzgesetz vom 6. Juni 1870 ausgedehnt worden. Der Fortfall einer Reihe persönlicher Beschränkungen, die Einführung der Verehelichungsfreiheit (1868), der Freizügigkeit (1867), des Paßwesens, vor allem der Gewerbefreiheit (seit der Gewerbeordnung von 1869 für das ganze Reich) brachte ein Hin- und Herfluten der Bevölkerung, eine Entfesselung aller wirtschaftlichen Kräfte mit sich, die eine sorgfältige Regelung des Armenwesens gerade mit Rücksicht auf die überaus häufige Wohnsitz- und Aufenthaltsverschiebung unerläßlich machte. Durch Novelle vom 12. März 1894 wurde das Unterstützungswohnsitzgesetz dahin geändert, daß zum Erwerb des Unterstützungswohnsitzes ein zweijähriger Aufenthalt schon mit dem 18. Lebensjahr begonnen werden konnte, weil mit dem vollendeten 18. Lebensjahr annähernd derjenige Zeitpunkt getroffen werden sollte, in dem der Arbeiter zur vollen Unabhängigkeit von seiner Familie zu gelangen pflegte. Die Novelle vom 12. März 1894 hatte dabei die Absicht, die Heimatsgemeinden in angemessener Weise zu entlasten. Ausreichend ist dies jedoch nicht geschehen, so daß ein Bedürfnis bestand, die Wirkungen der Freizügigkeit, die in bezug auf die Verschiebung der Armenlast hervortraten, durch eine weitere Änderung des Gesetzes über den Unterstützungswohnsitz zum Ausgleich zu bringen. Das Alter zum Erwerb und Verlust des Unterstützungswohnsitzes wurde durch Gesetz vom 30. Mai 1908 vom vollendeten 18. auf das 16. Lebensjahr herabgesetzt, dafür die Frist zum Erwerb des Unterstützungswohnsitzes um ein Jahr verkürzt, sie beträgt also ein Jahr statt zweier Jahre. Man hat die Notwendigkeit der Gesetzesänderung zunächst mit der aus den Volkszählungen gewonnenen Überzeugung von der Verschiebung der Bevölkerung begründet. Die Binnenwanderungen sind in dem Jahrzehnt 1890/1900 zwischen allen Staaten und Landesteilen ausnahmslos erheblich lebhafter geworden, als sie es bisher schon gewesen waren.

In denjenigen Gebieten, für welche bereits 1890 ein Wanderungsgewinn festgestellt wurde, ist 1900 fast ausnahmslos ein noch größerer Gewinn vorhanden gewesen, wo bereits 1890 ein Verlust zu verzeichnen war, ist dieser zumeist ebenfalls gewachsen. Beispielsweise war ein Wanderungsgewinn zu verzeichnen für Berlin 76,4%, Hamburg 55,4%, Bremen 39,5%, Lübeck 31,6%, Westfalen 9%, Königreich Sachsen 6,6%, Rheinland 5,5%. Dagegen ein Wanderungsverlust für Ostpreußen 18,6%, Posen 14,7%, Mecklenburg-Schwerin 12,2%, Pommern 11,8% und Westpreußen 10,7%. Die Großstädte gewinnen also offensichtlich bei dem Wanderungsverkehr. Nach der Volkszählung von 1900 machten die nach den Großstädten überhaupt zugezogenen Personen nicht weniger als 55,7% der ortsanwesenden Bevölkerung aus, so daß in den Großstädten die Zugewanderten in der Mehrzahl, die Einheimischen in der Minderzahl waren. Ebenso läßt es sich nicht bezweifeln, daß die Verteilung der Arbeitsfähigen und der Nichtarbeitsfähigen auf Stadt und Land sich zuungunsten des letzteren verschiebt. Die Bewohner des flachen Landes und der Kleinstädte haben die Neigung, nach den Großstädten und den Industriezentren abzuwandern. Dagegen blieb nach dem früheren Rechtszustande den kleinen Gemeinden noch während eines längeren Zeitraumes nach erfolgter Abwanderung der in ihnen aufgewachsenen jugendlichen Arbeiter die Armenfürsorge für diese. Die Heimatgemeinden, die Opfer gebracht haben durch Gewährung von Schulunterricht und Darbietung sonstiger Vorteile, sehen sich bald infolge der Freizügigkeit der wichtigsten Arbeitskräfte beraubt und haben von den Abgewanderten selten Vorteile zu erwarten. Es erschien deshalb gerecht, die kleinen Gemeinden von der Verpflichtung zu befreien, für solche abgewanderte ortsfremd gewordene Personen im Falle der Hilfsbedürftigkeit aufzukommen. Jedenfalls war eine Abkürzung des Zeitraums, während dessen den Heimatgemeinden die Fürsorgepflicht obliegt, geboten. Je größer der Zeitraum ist, welcher zwischen dem Zeitpunkt der Abwanderung aus der Heimatsgemeinde und dem Eintritt der Hilfsbedürftigkeit liegt, desto ungerechtfertigter erschien die Belastung, die sich aus der Unterstützung ehemaliger Gemeindeangehöriger ergibt. Aber nicht nur für die sogenannten Heimatgemeinden, sondern auch für die Vorortsgemeinden in der Umgebung größerer Städte und Industriemittelpunkte, in denen die in benachbarten Großstädten und industriereichen Ortschaften beschäftigten Arbeiter mit Vorliebe ihren Wohnsitz aufschlagen, führten die früheren Bestimmungen zur Ungerechtigkeit. Denn die Vororts- und Wohnsitzgemeinde hat die Kosten der Unterstützung im Falle eintretender Bedürftigkeit, sowie andere Aufwendungen (z. B. Schul- und Polizeilast) zu tragen, während die wirtschaftliche Leistung der in Arbeit gehenden Personen der Großstadt oder dem Industriemittelpunkt zugute kommt. Die Herabsetzung des zum Erwerb des Unterstützungswohnsitzes notwendigen Alters auf 16 Jahre entspricht im allgemeinen den veränderten wirtschaftlichen Verhältnissen. In immer jüngeren Jahren beginnt bei der arbeitenden Bevölkerung die wirtschaftliche Selbständigkeit und die freie Selbstbestimmung. In den vorwiegend ländlichen Gegenden Preußens, so namentlich in den östlichen Provinzen, treten bereits nach der Konfirmation die jungen Leute ihre erste Stellung an und verlassen in der Regel ihre Heimat. Auch in den industriereichen Gegenden des Westens pflegen die jugendlichen Arbeiter spätestens mit dem vollendeten 16. Lebensjahre selbständig ihrem Erwerb nachzugehen. Nach dem Invalidenversicherungsrechte der Reichsversicherungsordnung, das hier zum Vergleich herangezogen werden kann, sind ebenfalls Personen, die als Arbeiter, Gehilfen, Gesellen, Lehrlinge oder Dienstboten gegen Lohn beschäftigt werden, vom vollendeten 16. Lebensjahre ab zu versichern. Jetzt erreicht die Fürsorgepflicht der Heimatgemeinden für die im Alter von 16 Jahren oder früher abgewanderten Arbeiter bereits mit dem vollendeten 17. Lebensjahre, mithin drei Jahre früher als ehedem, ihr Ende.

Einen wichtigen Streitpunkt des Gesetzes vom 30. Mai 1908 bildete eine weitgehende Abänderung des § 29 UWG. Er war durch die Novelle vom 12. März 1894 in das Gesetz gekommen. Bis dahin war der Beschäftigungsort von jeder

Inanspruchnahme befreit. Durch die Entwicklung der Sachsengängerei erschien es eine Unbilligkeit, daß Arbeiter, die von Osten nach Westen zogen, hier viele Monate blieben und dann an ihrem Beschäftigungsorte erkrankten, von der Heimatbehörde verpflegt und unterhalten werden mußten. Deshalb hat man 1894 die Bestimmung eingeführt, daß die Beschäftigungsgemeinde die Pflicht hat, Personen, die gegen Lohn oder Gehalt in einem Dienst- oder Arbeitsverhältnisse stehen, auch Lehrlinge, im Erkrankungsfalle für die Dauer von 13 Wochen zu versorgen, ohne hierfür einen Ersatz von dem für den Unterstützungswohnsitz des Erkrankten zuständigen Armenverbande beanspruchen zu dürfen. Der Fortfall des Erstattungsanspruches ist an die Voraussetzung geknüpft, daß das Dienst- oder Arbeitsverhältnis nicht nach seiner Natur oder im voraus durch Vertrag auf einen Zeitraum von einer Woche oder weniger beschränkt ist, also nicht ein nur ganz vorübergehendes Verhältnis zwischen dem Arbeiter und dem Dienst- oder Arbeitsorte begründet ist. Diese Vorschrift des § 29 sollte dem Grundsatze der Wechselwirkung zwischen wirtschaftlicher Leistung und Unterstützungspflicht Rechnung tragen und zugleich den praktischen Zweck verfolgen, in betreff gewisser Bevölkerungsklassen, bei denen ein besonders häufiger Ortswechsel vorkommt, die Streitigkeiten wegen Erstattung der Verpflegungskosten und Übernahme Hilfsbedürftiger zu vermindern. Diese Vorschrift ist in mehrfachen Beziehungen geändert worden. Die Beschäftigungsgemeinde hat die Verpflichtung nicht nur auf 13 Wochen, sondern auf 26 Wochen zu übernehmen. Es ist die Beschäftigung von einer Woche genügend, um eine Unterstützungspflicht der Arbeitsgemeinde für alle Fälle der Hilfsbedürftigkeit des Arbeiters und seiner Familie für 26 Wochen zu begründen. Das scheint mir eine Überspannung des an sich richtigen Grundsatzes der Wechselwirkung zwischen wirtschaftlicher Leistung und Unterstützungspflicht durch starke Heranziehung der Arbeitsgemeinde zu sein. Gewiß entspricht es dem allgemeinen Rechtsbewußtsein, daß die Unterstützungspflicht begründet ist in dem Nutzen, den eine Gemeinde vor Eintritt der Hilfsbedürftigkeit aus der Arbeitsleistung des Hilfsbedürftigen gezogen hat. Aber man wird nicht verkennen können, daß von einem solchen Nutzen bei einer nur achttägigen Arbeitszeit nicht wohl die Rede sein kann. Ebenso ist das Bedürfnis anzuerkennen, die Heimatgemeinden zu entlasten. Aber es ist sehr zweifelhaft, ob man nicht gerade dadurch andere kleinere Gemeinden belastet. Denn nicht immer ist es das Verhältnis zwischen kleinen Gemeinden einerseits, großen Gemeinden und Industriemittelpunkten andererseits, das in Frage kommt. Rechtspolitisch wird man sagen müssen, es ist nicht gerechtfertigt, den Dienstort schon nach einer Beschäftigung von einer Woche mit den manchmal ganz außerordentlich hohen Unterstützungskosten zu belasten. Hinzu kommt, daß jetzt die Fürsorgepflicht von 13 auf 26 Wochen ausgedehnt wurde. Es geschah dies, abgesehen von der Berechtigung einer weitergehenden Erleichterung der Heimat- wie der Vororts- bzw. Wohnsitzgemeinden, unter dem Gesichtspunkt, daß es zwar vernünftig ist, dem Arbeitsort in allen Fällen einer nur vorübergehenden Hilfsbedürftigkeit die Fürsorgepflicht aufzuerlegen, daß aber die endgültige Belastung des Arbeitsortes dann nicht mehr berechtigt ist, wenn die Erwerbsunfähigkeit als eine dauernde angesehen werden muß. Denn es ist richtig gedacht, daß der Arbeiter, der nur vorübergehend erkrankt ist, und nach der Genesung seinem Erwerb wieder nachzugehen beabsichtigt, auf die Arbeitsgemeinde, der invalide gewordene Arbeiter dagegen auf die Gemeinde seines Unterstützungswohnsitzes verwiesen wird, in welche er häufig etwaiger Familien- oder sonstiger Beziehungen wegen zurückzukehren bestrebt sein wird. Einen Anhalt findet das Gesetz für die zu treffende Grenzfestsetzung zwischen vorübergehender Krankheit und Invalidität im § 1255 Absatz 3 der Reichsversicherungsordnung, wonach Invalidenrente auch der Versicherte erhält, der nicht dauernd invalide ist, aber während 26 Wochen ununterbrochen invalid gewesen ist oder der nach Wegfall des Krankengeldes invalide ist, für die weitere Dauer der Invalidität (Krankenrente). Auch bestimmt § 183 der Reichsversicherungsordnung, daß die Krankenhilfe endet spätestens mit Ablauf der 26. Woche nach Beginn der Krankheit, wird jedoch Krankengeld erst von einem späteren Tage an bezogen, 26 Wochen nach diesem Tage. Die Fristbestimmung des Unterstützungswohnsitzgesetzes entspricht demnach der gesetzlich festgelegten zeitlichen Grenze zwischen den Begriffen „Krankheit“ und „Invalidität“, welche für die Verteilung der Armenlast unter die Arbeitsgemeinde einerseits und der Gemeinde des Unterstützungswohnsitzes andererseits eine zutreffende Unterlage gewährt.

Doch besteht ein Bedenken gegen die Regelung im § 29 des Unterstützungswohnsitzgesetzes. Durch die geplante einseitige Belastung der Städte und industriellen Gebiete wird nicht nur ein vollständiger Stillstand der Bestrebungen zur Verbesserung der ländlichen Armenpflege sich ergeben, sondern auch noch eine weitere Vermehrung des Anreizes zur Abwanderung vom Lande in die Stadt gegeben sein. Die mit der Freizügigkeit verbundene Landflucht kann in ihren Wirkungen viel schädlicher sein als die Belastung der Gemeinde mit ihren auf kurze Zeit in die Großstädte oder Industrieorte abgewanderten Angehörigen. Die Arbeitskraft der Familie geht für das Heimatsdorf schlechterdings verloren, wenn der Unterstützungswohnsitz in der Stadt und die Fürsorge nach einer so außerordentlich kurzen Beschäftigung eingetreten ist.

Die letzte Fassung des Unterstützungswohnungsgesetzes ist freilich von der Abneigung gegen die großen Städte und Industriemittelpunkte eingegeben, wenn auch natürlich diese eine starke Belastung gegenüber den ländlichen Bezirken erfahren haben. Es werden sich die Städte der Anerkennung des Grundsatzes, daß die stärkeren Schultern auch die größeren Lasten zu tragen haben, in Anerkennung der wirtschaftlichen Vorteile, welche sie von dem Zufluß der Landbevölkerung nach den Städten haben, nicht versagen und eine vom Gesetze beabsichtigte Ausgleichung treffen. Allein gerade darauf kommt es an, hier den Grundsatz nicht zu überspannen. Es besteht ferner ein naher Zusammenhang zwischen der Armenpflege und der Arbeiterversicherung. Diese letztere hat in erheblichem Maße eine Verminderung der Armenpflegekosten herbeigeführt, wie das auch in den Motiven der ersten Unfallversicherungsvorlage angedeutet war. Nach den Untersuchungen von Grünspecht (Conrads Jahrbücher für Nationalökonomie 1907) werden ca. 57% der Almosenempfänger wegen Krankheit, Invalidität und Alter hilfsbedürftig. Böhmert hat in 77 Städten Untersuchungen angestellt und gefunden, daß vorzugsweise die Altersschwäche die Ursache der Hilfsbedürftigkeit bildet. Daß die Steuerumlagen der Gemeinden durch die Armenpflege vermindert werden können, ist eine vielfach beobachtete, aber statistisch noch nicht erfaßte Erscheinung. Die durch die Reichsversicherungsordnung eingeführte Hinterbliebenenversicherung bedeutet eine weitere Entlastung der Armenpflege, zumal mehr als 1/6 aller Witwen in Deutschland entweder auf öffentliche Armenpflege oder auf private Wohltätigkeit angewiesen ist. Alle diese Erwägungen zeigen den engen Zusammenhang zwischen Armenwesen, Steuer- und Sozialpolitik, aber auch die Verbindung mit der allgemeinen staatlichen Politik, wobei wohl in erster Reihe das Verhältnis zwischen Stadt und Land in den Vordergrund tritt. Zutreffend hat man deshalb schon früher betont, es könne sich für eine weitblickende Gesetzgebung nicht darum handeln, die Armenlast mehr oder weniger zugunsten des Landes auf die Städte zu übertragen, sondern in erster Linie müsse die Sorge stehen, die kleinen Gemeinden, die außerstande sind, die ihnen nach geltendem Armenrechte auferlegte Last zu tragen, zur Erfüllung ihrer rechtlichen Verpflichtung fähig zu machen. „Nichts helfe es, den uralten engherzigen Streit der Gemeinden um die bequemste Handhabe der Abschiebung wieder zu verewigen, sondern helfen kann allein eine Gesetzgebung und eine Verwaltungsorganisation, die auch die Landgemeinden befähigt, ihr Armenwesen nicht lediglich aus dem Gesichtspunkte der Gemeindekasse, sondern aus dem einer wirklichen Hilfe für die Armen zu betrachten." Die hierfür vorhandenen Möglichkeiten bestehen vor allem in einer angemessenen Beteiligung der größeren Verbände an der die kleineren Gemeinden besonders bedrückenden Armenlast, für Preußen speziell in dem Ausbau des Gesetzes von 1891 über die erweiterte Armenlast. Wichtig sind auch Maßregeln der Vorbeugung in der Armenpflege.

Deshalb muß man wünschen, daß der Landbewohner durch guten Lohn, durch Besitz eines eigenen Heims, durch Schaffung von Wohlfahrtseinrichtungen und sonstiger helfender Fürsorge so gestellt werde, daß ihm die Scholle lieb gemacht wird. Da ist ein Vorschlag, der auf dem westfälischen Provinziallandtage zu Münster am 8. März 1908 gemacht worden ist, bemerkenswert, der Prämien von 1000 M. für Landbewohner einzuführen beabsichtigt, die eine lange dauernde Arbeitszeit hinter sich haben. Diese Prämien wären nach und nach von dem Arbeitgeber zu zahlen und etwa bei der Landesversicherungsanstalt anzusammeln. Jedoch führt dies aus dem Gebiete des Armenwesens bereits hinaus und weist auf das der allgemeinen Sozialpolitik. Es fehlt zurzeit noch an einer großzügigen Gesamtregelung des Reichsarmenwesens. Die Grundlagen, wie sie in dem Unterstützungswohnungsgesetze vorhanden sind, sind gesund und einwandfrei, doch darf es auch auf diesem Gebiete des staatlich politischen Lebens einen Stillstand nicht geben.

XXI.

Die Verehelichungsfreiheit ist durch Gesetz vom 4. Mai 1868 für Deutschland ausgesprochen worden. Danach bedürfen Reichsangehörige zur Eingehung einer Ehe oder zu der damit verbundenen Gründung eines eigenen Haushaltes weder des Besitzes, noch des Erwerbes einer Gemeindeangehörigkeit oder des Einwohnerrechtes, noch der Genehmigung der Gemeinde oder des Armenverbandes, noch einer obrigkeitlichen Erlaubnis. Insbesondere darf die Befugnis zur Verehelichung nicht beschränkt werden wegen Mangels eines bestimmten, die Großjährigkeit übersteigenden Alters oder des Nachweises einer Wohnung, eines hinreichenden Vermögens oder Erwerbs, wegen erlittener Bestrafung, bösen Rufes, vorhandener oder zu befürchtender Verarmung, bezogener Unterstützung oder aus anderen polizeilichen Gründen. Auch darf von der ortsfremden Braut ein Zuzugsgeld oder eine sonstige Abgabe nicht erhoben werden. Man wird unwillkürlich an die Zeiten des guten patriarchalischen Zustandes erinnert, während dessen Gemeinde oder Gutsherr die Eheerlaubnis geben oder verweigern konnten. Natürlich hingen die damaligen Zustände eng zusammen mit der Gebundenheit der ländlichen Bevölkerung an die Scholle und der städtischen an gewisse Beengungen und Gebundenheiten sozialer und wirtschaftlicher Art. Die jetzt seit bald einem halben Jahrhundert bestehende Verehelichungsfreiheit ist natürlich unantastbar. Es ist aber eine Frage sozialpolitischer Fürsorge, wieweit leichtsinnigen Eheschließungen durch Rat und Warnung vorgebeugt oder wieweit eine bessere wirtschaftliche Lage der Verlobten oder Eheschließenden herbeigeführt werden könnte. Von nicht geringer Bedeutung wird diese Frage auch nach dem Kriege für die mehr aus Neigung als vernünftiger Überlegung geschlossenen zahllosen Kriegstrauungen unreifer Menschen werden. Andererseits ist die Bevölkerungsfrage in Deutschland wichtig genug, um jeder Begründung einer sittlich und wirtschaftlich begründeten Ehe jede nur denkbare Förderung zuteil werden zu lassen. Eine andere sozialpolitische Frage betrifft die Möglichkeit der Begründung von Ehen solcher Personen, deren gesundheitliche Verhältnisse eine Vererbung schwerer Krankheiten oder unheilvoller Krankheitsanlagen befürchten lassen und bei denen daher eine sowohl individual-hygienische wie rassen- und sozial-hygienische Vorbeugung am Platze ist. Es ist schwer zu sagen, ob gesetzliche Maßregeln in diesen außerordentlich feinmaschigen Problemkreisen Erfolg versprechen. Die Verhinderung von Eheschließungen z. B. schwer lungenkranker Personen wird natürlich ihren außerehelichen Verkehr nicht hindern und dadurch die hygienischen Absichten des Verbotes zuschanden machen. Auch Strafvorschriften hätten hier wenig Erfolg; eher schon solche, die das Verbot der Ehe vor vollkommener Ausheilung bei inneren Krankheiten schwerer Art und bei ansteckenden Krankheiten im Auge haben. Die für Beamte und Militärpersonen bestehenden Beschränkungen der Eheschließung sind durch das erwähnte Gesetz vom 4. Mai 1868 nicht betroffen. Diese Beschränkungen sind der Standesgemäßheit der Lebensführung, einer gewissen Ausschließlichkeit des Beamten- und Militärstandes angepaßt, sie müssen nach dem Kriege verschwinden. Sie hindern nicht nur vielfach die Eheschließung, deren finanzielle Sicherung durch den Nachweis einer bestimmten Summe bei der Geringfügigkeit des Zinsfußes ohnedies recht fragwürdig ist, sie hindern die Bevölkerungsvermehrung und befördern die Standesabschließung.

XXII.

Unter den juristischen Personen, auf die die Verwaltung Einfluß übt, stehen die Vereine und Versammlungen in erster Reihe. Soweit es sich um solche des öffentlichen Rechtes handelt, war von ihnen bereits die Rede[86]). Hier werfen wir einen Blick auf die privatrechtlichen Vereine, deren Regelung hauptsächlich durch das Bürgerliche Gesetzbuch erfolgt ist, wobei der Verwaltung eine wichtige Mitwirkung zugewiesen wurde. Die Rechtsfähigkeit erlangt der Verein, wenn er nicht auf einen wirtschaftlichen Geschäftsbetrieb gerichtet ist, durch Eintragung in das Vereinsregister des zuständigen Amtsgerichtes. Hierher gehören die sogenannten idealen Vereine mit gemeinnützigen, künstlerischen, wissenschaftlichen, geselligen Zwecken. Das Amtsgericht hat, wenn die Anmeldung zugelassen wird, sie der zuständigen Verwaltungsbehörde mitzuteilen. Sie kann gegen die Eintragung Einspruch erheben nicht nur, wenn der Verein nach dem öffentlichen Vereinsrecht unerlaubt ist oder verboten werden kann, sondern auch, wenn er einen politischen, sozialpolitischen oder religiösen Zweck verfolgt. Der Einspruch kann im Wege des Verwaltungsstreitverfahrens angefochten werden. Wir erkennen auch hier eine vollkommen unbegründete Angst der Staatsgewalt gegenüber politischen Vereinen. Schon die Möglichkeit eines Einspruches der Verwaltungsbehörde, wenn der Verein einen politischen Zweck ins Auge gefaßt hat, ist kennzeichnend genug. Als ob es nicht ausgereicht haben würde, nur gegen einen unerlaubten politischen Zweck einzuschreiten. Soweit ein Verein auf einen wirtschaftlichen Geschäftsbetrieb gerichtet ist, erlangt er die Rechtsfähigkeit durch staatliche Verleihung. In Frage kommt hier wieder die einzelstaatliche Verwaltung. Nicht erforderlich ist die Verleihung dort, wo besondere reichsgesetzliche Vorschriften vorliegen, wie bei den Gesellschaften des Handelsgesetzbuches, den Erwerbs- und Wirtschaftsgenossenschaften, Krankenkassen, Berufsgenossenschaften usw. oder wo die Landesgesetzgebung die Regelung der Rechtsverhältnisse für bestimmte Gebiete beibehalten hat, so bei bergrechtlichen Gewerkschaften, Wassergenossenschaften, Waldgenossenschaften usw. Von politischer Bedeutung ist aber bei allen Vereinsarten, daß sie eine keineswegs unbeachtet gebliebene gesellschaftliche Macht auf die ihnen angeschlossenen aber auch auf außenstehende Personenkreise ausüben können. Man denke nur an die wirtschaftliche Betätigung von Vereinen, die sich als Zusammenschluß monopolistisch gerichteter Gesellschaften darstellen oder an Verbände, die wegen ihres parteipolitischen Charakters alle Gesinnungsgenossen nicht bloß heranziehen, sondern auch terroristisch beeinflussen können. Die Bedeutung von Stiftungen und Anstalten liegt zwar wesentlich auf dem Gebiete des Vermögensrechtes, so daß die erforderliche staatliche Genehmigung nur selten ein politisches Kennzeichen hat. Ganz ausgeschlossen ist dies aber auch nicht, wenn es sich um die Erfüllung eines Stiftungszweckes handelt, der sozialen Absonderungsbestrebungen Vorschub leistet oder die Zusammenballung von großen Vermögensmassen erleichtert, ohne daß diese in einer das Gemeinwohl fördernden Weise verwendet werden.

Von den verschiedenen Teilgebieten der Polizei begegnete uns die auf Sicherheit gerichtete schon unter anderen Gesichtspunkten. Daß in der Ordnungspolizei auch politische Gesichtspunkte vorwalten können, kann man nicht verkennen. Eine etwa einseitig orientierte Verwaltungsbehörde kann zugunsten oder zuungunsten einer Bevölkerungsschicht oder einer politischen Partei Absperrungsmaßregeln, straßenpolizeiliche Anordnungen und dergleichen treffen, um politische Zwecke zu erreichen oder zu verhindern. Auch die schon berührte Freiheit der Presse gehört hierher, nicht minder das Recht des Belagerungszustandes. Über dieses letztere kann man nur sagen, daß es sich im Kriege als sehr besserungsbedürftig erwiesen hat, doch mag auf ein näheres Eingehen wegen der besonders verwickelten juristischen Probleme dieses Gebietes an dieser Stelle, Reformen durch Gesetz erhoffend, verzichtet werden.

An politischen Fragen unbeteiligt sind die sittenpolizeilichen Aufgaben. Eine Reihe der, Verschlechterung der Sittlichkeit vorbeugenden und ihrer Aufrechterhaltung dienenden Maßnahmen gehört zur Verwaltung; wir denken an die Beschlagnahme von Druckschriften unsittlichen Inhalts nach Maßgabe des Preßgesetzes, Überwachung des Plakatwesens, Verhinderung der Anheftung anstößiger Bilder, Bekämpfung von unehelichem Zusammenwohnen, Regelung der Prostitution, Einschreiten gegen Glücksspiel, Mißbrauch geistiger Getränke, Aufsicht über Lustbarkeiten und Wirtshausverkehr. Grundsätzlich ist auch die Verwaltung des Gesundheitswesens politisch indifferent, aber es kann doch auch einmal anders sein; es genügt, an die Kämpfe zu erinnern, welche die Zulassung der Feuerbestattung in Preußen vor Erlaß des Gesetzes vom 14. September 1911 ausgelöst hat, da hier religiöse und weltliche Gesichtspunkte miteinander im Kampfe lagen. Auch kann die Hygiene der Ernährung als Gegenstand der Sozialpolitik in Betracht kommen.

Baupolizei und Bauwesen gehören zusammen. Für jene handelt es sich um Anwendung des öffentlichen Baurechtes, Ausübung der staatlichen Aufsicht über die Einhaltung der gesetzlichen Schranken, Wahrnehmung der bautechnischen Anforderungen, wie sie meist in den Baupolizeiordnungen in die Erscheinung treten. Die Bauverwaltung greift viel weiter und hat politische Bedeutung: Mit ihr hängt die ganze Wohnungsfürsorge in Staat und Gemeinde, die in Übereinstimmung oder im Gegensatz zu bodenreformerischen Gedankengängen geleitete Bodenpolitik zusammen. Diese pflegt sich in reichhaltiger Abtönung im einzelnen darzustellen: im Erwerb unbebauten Geländes, Wohnungsbau durch die Gemeinde, in der Gestaltung und Einflußnahme auf Bebauungspläne und Bauordnungen, sowie in der Wohnungspolitik: teilweiser Ersatz privater Bautätigkeit durch die öffentliche, insbesondere Errichtung von Kleinwohnungshäusern, Schaffung von besonderen Hypothekenanstalten, Erlaß von Wohnungsordnungen, Durchführung der Wohnungsaufsicht.

Bei der Erwähnung der Verkehrsverwaltung treten uns zunächst die rechtlichen und volkswirtschaftlichen Beziehungen der Eisenbahnen, Wege, Land- und Wasserstraßen vor das geistige Auge; aber auch Post und Telegraphie gehören hierher. Überall sind finanz- und steuerpolitische Erwägungen denkbar, wenn z. B. die Einnahmen aus den preußischen Staatseisenbahnen lange Zeit das Rückgrat der preußischen Staatsfinanzen gebildet haben, die Verkehrsabgaben als Einnahmequelle eine nicht geringe Rolle spielen. Im Weltkrieg sind z. B. die Reichsabgaben zu den Post- und Telegraphengebühren hinzugekommen, eine Umsatzsteuer ist auf Zahlung von Warenlieferungen gelegt, der Frachturkundenstempel erhöht worden (Gesetze vom 17., 21., 26. Juni 1916). Verfassungspolitisch besonders bestritten war und blieb die Erhebung der Schiffahrtsabgaben auf natürlichen Wassenstraßen (nach dem Reichsgesetze vom 24. Dezember 1911)[87]. Daneben kommen für die Verkehrsverwaltung sehr wichtige sozial-politische Gesichtspunkte in Betracht, die sich sowohl auf die möglichste Verbilligung der Personen- und Gütertarife, wie auch, hauptsächlich auf gemeindlichem Gebiete, auf die Ausdehnung des Straßenverkehrs, seine Zugänglichmachung selbst für die ärmsten Bevölkerungsschichten und für diese erst recht, beziehen; ferner auf einen Ausgleich der Gegensätze zwischen privatkapitalistischen Interessen und solchen des Gemeinwohles, nicht zuletzt gerichtet auf eine gute Wohnungspolitik, zumal durch gemeinnützige Vermehrung der Verkehrsmittel, so daß die innerhalb der Stadt arbeitenden Menschen die Möglichkeit haben, in den billigeren Außenbezirken zu wohnen, dadurch immer neues Bauland außerhalb der teuren Gegenden erschlossen wird und die Geschäftsmittelpunkte von der Wohnungsnachfrage der weniger Bemittelten entsprechend entlastet werden.

XXIII.

Das Verwaltungsrecht hat sich auch mit dem Handel zu befassen; in Frage stehen hier staatliche Maßnahmen für die auf den Güterumlauf gerichtete Tätigkeit. Man muß hier den Binnenhandel innerhalb des deutschen Reichsgebietes und den internationalen Handel unterscheiden. Für jenen ist die Verwaltung tätig durch Einrichtung und Aufsicht über die Handelskammern und andere kaufmännische Korporationen, für die Ordnung des Verkehrs auf den Börsen, durch Errichtung von Fachschulen, Einrichtung von Sammlungen, Veranstaltung von Ausstellungen. Bei Errichtung von Staats- oder Gemeindefabriken werden besonders verfeinerte Beziehungen zwischen Verwaltung und Handel hergestellt. Natürlich sind die das Gewerbe im weitesten Sinne angehenden Aufgaben der Verwaltung auch für den Handel von Bedeutung. Bei dem internationalen Handel hat die sogenannte große Politik die Vorderhand. Die Beziehungen zu fremden Staaten können entweder auf den Grundsatz der Zollfreiheit oder auf den des wiederum mannigfach abgestuften Zollschutzes gestellt werden. Der Erlaß von Ausfuhr- und Einfuhrverboten erfolgt auf gesetzlicher Grundlage durch die Verwaltungsorgane, doch können hierbei auch mehr polizeiliche Gesichtspunkte in Frage stehen wie z. B. gesundheits- und sicherheitspolizeiliche. Für die Kriegszeit entstehen hier natürlich außergewöhnliche Zustände, die einerseits die Macht der Verwaltungsbehörden erweitern, sie andererseits mit einer noch größeren Verantwortlichkeit als im Frieden für die bestmögliche Gestaltung der Handelsbeziehungen zum Auslande belasten. Die durch den Handelsverkehr mit fremden Staaten erhobenen Abgaben sind die Zölle; die Zollverwaltung untersteht dem Reichsfinanzrechte; die engsten Beziehungen zur auswärtigen Politik drängen sich dem Beobachter von selbst auf.

Eine Anzahl von scheinbar neutralen Verwaltungsaufgaben stellen diejenigen dar, die sich auf Geld und Kredit im weitesten Sinne beziehen. Gewiß ist die Münz- und die Banknotenpolitik eines Staates notwendigerweise von jedem politischen Einschlage außer dem finanzpolitischen fern; aber gerade diese letzterwähnte Ausnahme zeigt, daß es sich auch hier um stärkste und grundsätzliche Meinungsverschiedenheiten hinsichtlich staatlicher Verwaltungsmaßnahmen handeln kann, wie denn in der Tat die Kämpfe zwischen den Männern der Goldwährung, der Silberwährung und den sogenannten Bimetallisten für die früheren Zeiten der deutschen Reichspolitik keine untergeordnete Bedeutung gewannen. Auf dem Boden des Kreditwesens ist nicht nur die Möglichkeit wirtschaftspolitischer Gegensätze, sondern auch solcher, die sich auch auf die Spannung zwischen verschiedenen Erwerbsständen beziehen, gegeben; so ist es z. B. durchaus möglich, die staatliche Fürsorge mehr dem landwirtschaftlichen, als dem gewerblichen Kreditwesen zuzuwenden und dadurch politische Kämpfe zu entfesseln. Von besonderer Bedeutung ist dieses Kreditwesen auch dadurch, daß die Immobiliarkreditanstalten nicht nur private Kreditvereine und Hypothekenbanken (Grundkreditbanken, Bodenkreditbanken), sondern auch staatliche und kommunale Immobiliarkreditanstalten sind, so daß die staatliche oder kommunale Verwaltung auch hier unter politische Zweckbestimmungen gerät. Aber auch unter den Mobiliar- und Personalkreditanstalten finden sich staatliche und kommunale, denen zuweilen besondere Privilegien eingeräumt sind und die schon deshalb eine eigenartige Stellung gegenüber anderen Einrichtungen einnehmen, die vielfach nur den allgemeinen Vorschriften des bürgerlichen Rechtes unterstehen.

Eine größere Anzahl der obengedachten Verwaltungszweige gehört auch in den großen Bezirk der Wirtschaftspolitik mit hinein. Schaltet man hier die privatwirtschaftlichen Gesichtspunkte aus, betrachtet man vielmehr nur die volkswirtschaftlichen, so stößt man, wenn man nicht wie bisher den Einteilungsgrundsatz des Verwaltungszweiges, sondern die Einteilungen der Wissenschaft der Politischen Ökonomie nimmt, auf Sondergebiete, deren Zusammenfassung auf dem Erkenntnisboden der Volkswirtschaftspolitik von vorneherein, wie schon der Name zeigt, eine von politischen Einwirkungen gesättigte Atmosphäre bietet. Es kann an dieser Stelle nur ein

Hinweis erfolgen auf die großen geschlossenen Wissenschaftsteile der Agrar-, Gewerbe-, Handels-, Verkehrs-, Einkommens- und Armenpolitik. Überall handelt es sich natürlich um den volkswirtschaftlichen Gesichtspunkt, nicht um den rein verwaltungsmäßigen oder rechtlichen; auf jeden Fall ist aber, betrachtet man die Dinge vom Ausgangspunkte der Verwaltungslehre oder der politischen Ökonomie aus, eben dieses politische Element unausscheidbar und seinem Wesen und Inhalt, seinen Mitteln und Zielen nach sachlich hier wie dort dasselbe. Mag man nun die Sozialpolitik als einen Bestandteil der politischen Ökonomie ansehen, oder, was zutreffender ist, als ein Gebiet politischer Betrachtungen, das reichlich durch wirtschaftliche Momente bestimmt aber nicht ausschließlich durch sie beeinflußt, neben der Volkswirtschaftslehre eine selbständige Disziplin darstellt: jedenfalls ist sie, neben der möglichst unparteiischen und sachlichen Feststellung der in Frage kommenden Tatsachen, darauf gerichtet, innerhalb der durch das Zusammenleben und Gegeneinanderwirken der gesellschaftlichen Klassen entstandenen Probleme den Weg der Zukunft, dessen, was sein soll, zu weisen. Ich erinnere hier nur an die Fragen des Arbeitsverhältnisses auf Grund des gewerblichen Arbeitsvertrages, an die zahlreichen Fragen des Arbeiterschutzes und der Arbeiterversicherung, an die Lage und Forderungen des Privatbeamtentums, an die Regelung des Arbeitsmarktes, an Koalitionsrecht und Koalitionsfreiheit, an die Arbeiterberufsvereine, insbesondere die Gewerkschaften und die sogenannte „gelbe" Bewegung; an die Arbeitgeberverbände; an Streiks und Aussperrungen; an die Versuche zur Verhütung immer schärferer Auswüchse des Kampfes zwischen Kapital und Arbeit usw. Wir sahen aber schon, daß das sozial-politische Element sich auch bei anderen Verwaltungsgebieten zeigt, in denen hergebrachtermaßen nur von staatlichen oder kommunalen Verwaltungstätigkeiten ohne sozialen Einschlag früher die Rede war; ich erinnere nur an das Armenwesen, Verkehrs- und Wohnungswesen [88]).

XXIV.

Schul- und Unterrichtswesen ist mehr, als es ohne näheres Eingehen auf den Gegenstand wohl scheinen möchte, mit politischen Problemen verbunden. Nichts ist kennzeichnender, als daß das bereits in der preußischen Verfassungsurkunde vorgesehene allgemeine Schulgesetz wegen der konfessionellen und parteimäßigen Schwierigkeiten bis zum heutigen Tage noch nicht zustande gekommen ist und noch auf lange Zeit hinaus ein frommer Wunsch bleiben wird. Die anderen deutschen Bundesstaaten haben zwar Schulgesetze, sie entsprechen aber nirgends einer fortschrittlichen politischen und kulturellen Auffassung, sind unter sich widerspruchsvoll und stehen durchweg auf einer längst überholten Stufe des zur Mündigkeit erwachten deutschen Volkes und Geistes. Betrachtet man zunächst die Volksschule, so sind bei ihrer Einrichtung in Preußen die konfessionellen Verhältnisse nach der Verfassungsurkunde „möglichst zu berücksichtigen"; den Religionsunterricht leiten die betreffenden Religionsgesellschaften. Der Kirche steht aber das Aufsichtsrecht über den Religionsunterricht unbezweifelterweise zu[89]). Man hat der Grundsatz, daß die konfessionellen Verhältnisse möglichst zu berücksichtigen sind, auch dahin aufgefaßt, daß er aussprechen wollte: in der Regel solle der Einrichtung von Konfessionsschulen der Vorzug gegeben werden, Simultanschulen sind nur einzurichten, wo sie nicht vermeidbar sind. Die kirchliche Schule zeichnet sich dadurch aus, daß der Religionsunterricht ihr Hauptgegenstand ist, alle Lehrgegenstände, auch außer dem Religionsunterrichte, den höchsten Religionswahrheiten und dem Erziehungszwecke der kirchlichen Lehre untergeordnet bleiben müssen; daß das Unterrichtspersonal der kirchlichen Konfession angehören muß und die Oberaufsicht der Kirche aus eigenem Rechte gebührt und mit der geistlichen Hierarchie als solcher verbunden ist. Dieses System der kirchlichen Schulen hat zwar in der preußischen Gesetzgebung Durchbrechungen erfahren, aber das Verwaltungssystem hat sich hieran nicht gekehrt, vielmehr dahin gestrebt, die Staatsschule in dem Geiste zu gestalten, daß sie als kirchliche Einrichtung wirke. Den Abschluß der Kämpfe stellt das die tatsächliche Übung der Verwaltung anerkennende Volksschulunterhaltungsgesetz vom 28. Juli 1906 dar. Danach gelten folgende Grundsätze: 1. In der Regel sollen die Schüler einer Schule derselben Konfession angehören und von Lehrern ihrer Konfession unterrichtet werden; 2. Ausnahmen sind nur aus besonderen Gründen, insbesondere aus nationalen Rücksichten oder da, wo dies der historischen Entwicklung entspricht, zulässig. Lehrer, die zur Erteilung des Religionsunterrichtes für konfessionelle Minderheiten an Schulen anderer Konfessionen angestellt sind, dürfen voll beschäftigt werden; 3. erreicht die Zahl der schulpflichtigen Kinder einer konfessionellen Minderheit eine angemessene Höhe, so hat diese Minderheit den Anspruch auf Einrichtung einer Schule ihrer Konfession; 4. es sind zur Verwaltung der Schulangelegenheiten neben den ordentlichen Gemeindebehörden in den Städten Schuldeputationen und auf dem Lande Schulvorstände einzurichten, bei denen der Kirche, der Gemeinde und den Lehrern eine angemessene Vertretung zu gewähren ist.

Diese Grundsätze stellen das von den beiden konservativen und der nationalliberalen Partei 1906 geschlossene Kompromiß dar, dem entsprechend das Volksschulunterhaltungsgesetz sich für die Konfessionsschule entschieden hat, indem es bestimmt: Die öffentlichen Volksschulen sind in der Regel so einzurichten, daß der Unterricht evangelischen Kindern durch evangelische Lehrkräfte, katholischen Kindern durch katholische Lehrkräfte erteilt wird. Dagegen stellt die Simultanschule d. h. eine Volksschule, an der nach ihrer besonderen Verfassung bisher gleichzeitig evangelische und katholische Lehrkräfte anzustellen waren, eine Ausnahme dar[90]).

Mag auch die Beseitigung dieses Zustandes in Preußen und teilweise in den übrigen Bundesstaaten schwierig sein, sicherlich geht eine starke Strömung auf Verweltlichung der Volksschule, die den Glauben in Ehrerbietung unangetastet läßt, ihn nicht einmal für Privatsache erklärt, vielmehr für die religiöse Unterweisung durch die einzelnen Religionsgesellschaften die nötige Zeit gewährt, aber es nicht als die Aufgabe der von

Kindern aller Konfessionen besuchten Schule ansieht, den Religionsunterricht von Staats wegen obligatorisch zu erteilen. „Sobald in der Welt der Erwachsenen die Gefühle gegenseitiger Duldung unter den Konfessionen erstarken, das Bewußtsein der Gemeinsamkeit der Glaubensgrundlagen lebendiger wird und der Gedanke an die trennenden Unterschiede in Dogmatik und Kultus zurücktritt, dann ist für die Schule die Zeit gekommen, die echte Simultanschule wieder aufleben zu lassen und unseren Kindern einen gemeinsamen Religionsunterricht auf biblischer Grundlage in der Schule zu erteilen mit Ausschluß der Dogmatik, die der kirchlichen Unterweisung vorbehalten bleibt. Die Stimmung unserer Tage ist solchem Streben günstig." [91])

Die Unentgeltlichkeit des Unterrichts ist in Deutschland für die Volksschule bereits längst durchgeführt. Es erhebt sich aber auch die Forderung einer ausreichenden Ernährung und Verpflegung der Schulkinder, damit sie dem Unterrichte folgen und den nötigen körperlichen und geistigen Gewinn aus den erzieherischen Maßnahmen ziehen können; ja es wird als eine Übergangsmaßnahme auf dem Wege zu völliger unentgeltlicher Verpflegung in den öffentlichen Schulen die Gewährung von Beihilfen für die Eltern begabter Kinder, zur Hebung der geistigen Volkskraft, verlangt [92]).

Besonders durch den Krieg gefördert wurde auch der Gedanke der Einheitlichkeit der Volksschule, ja des gesamten Schulwesens. Den technischen Ausdruck fand man hierfür in dem Worte „Einheitsschule". Zwar wurde jüngst behauptet, daß über den hiermit verbundenen Begriff noch keine Klarheit bestehe [93]). Doch ist aus den Schriften führender Erziehungsmänner sehr wohl ein deutliches und festumrissenes Bild zu gewinnen [94]). Der letzte Beweggrund ist zweifellos demokratisch gefärbt, hat aber vor allem einen auf die Einheit der nationalen Erziehung gerichteten Ausgangspunkt. Die Einheitsschule soll nach dem Gedanken ihrer Wortführer auf den gegebenen geschichtlichen Grundlagen das deutsche Schulwesen entwickeln, nicht etwa, wie der Name zu besagen scheint, eine einzige, alle Kinder des Volkes umfassende Schule, sondern ein Schulsystem sein, in dem die Volksschule, die Realschule, das Gymnasium, die Mädchenschule weiter bestehen, aber einer Änderung unterworfen werden, durch die an die Stelle der bisherigen äußeren Häufung eine engere Verbindung der Schularten sich ergeben soll. Verschwinden soll die Vorschule; die Volksschule soll allgemein eingeführt werden. Schon der preußische Kultusminister Dr. Bosse hat dies empfohlen: „Es hat seine großen Vorzüge, die Kinder zunächst in die allgemeine Volksschule zu schicken und seine sehr großen Nachteile, durch die Vorschule schon die Kinder nach Ständen und in ihren Anschauungsweisen zu trennen, in Zeiten, wo dieselben dafür noch nicht reif sind und wo dafür ein spezielles Bedürfnis noch nicht besteht." Von der sechsjährigen allgemeinen Volksschule erwartet man einigermaßen sichere Ergebnisse für die Beurteilung der Kinder, um sie dann den oberen Stufen der Bürger- und Fortbildungsschule, den mittleren Gattungen Realschule oder Lyzeum, oder den höheren Erziehungsschulen, Gymnasium, Studienanstalt oder Realschule, zuzuführen. Alle diese Anstalten sind Erziehungsschulen, die nicht in erster Linie Wissen und Fähigkeiten vermitteln, sondern die Grundlagen für die Charakterbildung geben sollen. Jener dreifachen Gliederung der Erziehungsschulen als Oberbau, der sich auf die allgemeine Grundschule aufsetzt, entspricht eine dreifache Gruppierung des Fachschulwesens in ein unteres, mittleres und höheres, und dieses wieder ist der dreifachen Schichtung unseres sozialen Körpers angemessen, der aus einem unteren, mittleren und höheren Arbeitskreis mit fließenden Grenzen besteht[95]). So legte Wilhelm Rein einen Entwurf vor, der auf der sozialen Schichtung des deutschen Volkes aufgebaut ist. Untere Berufsschicht: Handarbeiter, Tagelöhner, Fabrikarbeiter, Kleinbauer, niederer Verwaltungsdienst; mittlere Berufsschicht: Gewerbestand, Kleinhandel, Großbauer, mittlerer Verwaltungsdienst; höhere Berufsschicht: Großkaufmannschaft, Großgrundbesitz, Großindustrie, höheres Beamtentum, Offiziersstand, Gelehrtentum und Lehrerstand. Das Bildungswesen zerfällt im Anschluß an diese soziale Schichtung in zwei Teile. Für das Erziehungsschulwesen wird geplant: Vor der Schule

Volkskindergarten, namentlich für die unbemittelten Kreise. Hierauf folgt gemeinsamer Elementarunterricht für alle Kinder in der allgemeinen Volksschule sechs Jahre lang (Grundschule); hiernach Trennung der Kinder in drei Schulgruppen a) Oberstufe der Volksschule, siebentes und achtes Schuljahr (Knaben- und Mädchen-Mittelschule); b) Realschule, Lyzeum, siebentes bis zehntes Schuljahr, c) höhere Schulen, siebentes bis zwölftes Schuljahr und zwar entweder Oberrealschule oder Gymnasium. Bei jener ist obligatorisch Französisch, Englisch; Latein ist wahlfrei. Ihr aufgesetzt wird die Frauenschule und das Oberlyzeum. Im Gymnasium ist Griechisch und Latein Pflichtfach, dagegen Französisch und Englisch wahlfrei. Hier wird aufgesetzt die Studienanstalt. Daneben geht das Fach- oder Berufsschulwesen einher. Grundsatz ist die vielfache Trennung. Das niedere Fachschulwesen umfaßt a) die allgemeine obligatorische Fortbildungsschule in Verbindung mit der Oberstufe der Volksschule im neunten bis zwölften Schuljahr, b) untere Fachschulen: Handwerkerschulen, Ackerbauschulen usw.; hier im neunten bis zwölften Schuljahr. Das mittlere Fachschulwesen wird dargestellt durch das Technikum, die Handelsschule, Kunstgewerbeschule, Kunstschule, Forstschule, Bergbauschule usw. (elftes bis vierzehntes Schuljahr). Das höhere Fachschulwesen umfaßt: a) Lehrer- Lehrerinnenseminar, b) Akademie (Kunstakademie, Forstakademie, Bergakademie usw.), c) Handelshochschule, d) Technische Hochschule, e) Universität; dreizehntes bis sechzehntes Schuljahr. Hierauf erfolgt die gemeinsame Ausbildung im Heere und eine freiwillige Fortbildung in Volkshochschulen, Fortbildungskursen, Ferienkursen, durch Volksbüchereien, Lesehallen usw. Dieser Plan ist klar, übersichtlich und folgerichtig.

Die Gegner der Einheitsschule sind überaus zahlreich. Von hervorragender pädagogischer Seite her[96]) wird das sozialistische Moment hervorgehoben: man erkläre den gleichmäßigen Unterricht der sämtlichen Kinder unseres Volkes für eine Reihe von Jahren in derselben Art der öffentlichen Volksschule nach gleichem Plan und Ziel, nach gleicher Methode d. h. also in einer Gleichheitsschule für notwendig, wenn man die von einander augenblicklich noch geschiedenen Klassen unseres Volkes wieder aneinanderschließen wolle. Hierin liege die Gefahr einer Mechanisierung des Erziehungssystems; das mechanische Gleichheitsprinzip würde die verhängnisvollsten Folgen nach sich ziehen. Die Volksschule würde ihre besten Schüler verlieren: Wenn die Einheitsschule irgendwelchen Zweck haben soll, so müßte der Rat, den die Lehrer im zwölften Lebensjahre den Eltern erteilen würden, ihre Kinder auf der Gemeindeschule zu lassen oder aber einer höheren Schule zuzuführen, für die Eltern verbindlich werden. Es dürfe aber das Recht der Familie, über die Zukunft ihrer Angehörigen zu entscheiden, nicht durchbrochen werden; abgesehen davon sind die Lehrer verpflichtet, des Grundsatzes der Einheitsschule wegen höher Begabte unter allen Umständen auf die höhere Schule zu verweisen. Das würde eine Verärmerung der niederen Schulen bedeuten, die einer Vernichtung der hohen Volksschulbildung gleichkäme, durch die wir heute unsere Siege gewännen. Die Verkümmerung der Volksschule sei vielleicht der schwerwiegendste Beweisgrund gegen die Einheitsschule. Nicht anders stehe es mit dem Mittelschulwesen: Die Berechtigung der Mittelschule überhaupt müsse von der Einheitsschule geleugnet werden. Die Mittelschule, die eine vollkommen eigentümliche Bildung, zugeschnitten auf den Mittelstand, geben will, würde in diesem System überhaupt keinen Platz haben. Diese Behauptung widerstreitet freilich der von mir aufgeführten folgerichtigen Eingliederung auch der Mittelschule in den Plan der Einheitsschule. Was endlich die höheren Schulen angeht, so befürchtet man, daß ihre Richtung durch die Gleichheitsschule vollkommen verschoben werden würde; sie würde nicht mehr von innen her und im Dienste des Ganzen bestimmt werden, sondern von vornherein durch Rücksichtnahme auf das einseitige Gleichheitsprinzip. Auch die Abschaffung der Vorschule wird von diesen Gegnern der Einheitsschule nicht gebilligt; man führt dagegen an, daß die Einheitsschule nur möglich sei, wenn der Staat die Inanspruchnahme von Privatschulen und Privatzirkeln zur freien Vorbereitung an Stelle der Vorschulen ohne weiteres verbietet. Das geschehe aber eben nur um des mechanischen Gleichheitsprinzips wegen, das nun und nimmermehr als ein wirklich den Staatsinteressen dienender Grundsatz sich erweisen könne. Werde aber der privaten Erziehung wieder Tür und Tor geöffnet, so würde der ganze Fortschritt des letzten Jahrhunderts, der eben gerade darin bestand, daß mehr und mehr die Ständeschulen den öffentlichen Schulen wichen, rückgängig gemacht werden. Endlich wird den Verfechtern der Einheitsschule, die auf das Beispiel der Schweiz, Nordamerikas und Dänemarks hinweisen, entgegen gehalten, daß bei den Einheitsschulfreunden eine Verschiebung des Verhältnisses von Grund und Folge Platz gegriffen habe: nicht wird ihr sozialistisches Ideal oder wenigstens ihr Streben auf Annäherung der Stände aneinander durch die Einheitsschule erreicht, sondern umgekehrt, die Länder, in denen die Einheitsschule ganz oder teilweise vorhanden ist, sind demokratischer von früh auf gewesen und haben deshalb die Einheitsschule. Es liege ein schwerer Irrtum darin, zu glauben, daß die geschichtliche Entwicklung ohne weiteres beiseite geschoben werden und nur auf Grund eines Ideals eine vollkommene Neuorientierung unseres Schulsystems in die Wege geleitet werden könne. Die Einheitsschule würde eine solche Revolutionierung unserer pädagogischen Anschauungen zur Folge haben müssen, daß unsere ganzen bisherigen Auffassungen über den Haufen geworfen werden müßten. Sodann wird den Einheitsschulfreunden vorgehalten, der gesunde Gedanke ihrer Darlegungen sei doch, allen Begabten den Aufstieg zu ermöglichen und zu erleichtern. Die Gleichheitsschule sei aber durchaus nicht der einzige Weg, auf dem die Rekrutierung der oberen Stände durch die unteren erreicht werden kann [97]).

Meines Erachtens sind die Einwände gegen die Einheitsschule, wie diese von W. Rein am besten formuliert ist, grundsätzlich nicht stichhaltig. Auf rein philosophischer Grundlage lassen sich derartig praktisch-pädagogische Fragen nicht ausschließlich entscheiden, und das Bedenken, das in der Durchführung des Gleichheitsgrundsatzes liegt, wird durch die reiche Gliederung des oben wiedergegebenen Planes einigermaßen ausgeschaltet. Überdies muß beachtet werden, daß sich der ganze Gedankenkreis der Einheitsschule noch in den Anfängen befindet und ausreifen muß; hierbei werden Schlacken ausgeschieden, Ecken und Kanten abgeschliffen werden. Wie meist in solchen Fällen, wird sich die tatsächliche Reformarbeit schließlich von Übertreibungen und äußersten Einseitigkeiten fern halten, wahrscheinlich die Beseitigung der Vorschule erreichen, die verschiedenen Unterrichtsanstalten in eine innere Beziehung bringen und, ohne öde Gleichmacherei und künstliche Einförmigkeit, zu Maßnahmen geleiten, die eine Bekämpfung des Kasten- und Ständewesens innerhalb der Schulen zum Ziele haben, die weitere Annäherung der verschiedenen Volksschichten erstreben und eine Entwicklung fördern, die den Einklang der körperlichen, geistigen und seelischen Fähigkeiten des Einzelnen herbeizuführen geeignet sein kann.

Die politischen Seiten des Unterrichtswesens hängen also offensichtlich mit Fragen der Demokratie, dem Gedanken nationaler Einheit, mit der Weltlichkeit des Unterrichts zusammen. Der Weg ist nicht weit bis zu der Forderung, die selbst von einem konservativem Politiker wie dem Freiherrn von Zedlitz ausgesprochen wurde: „daß den Besitzlosen, der Arbeiterschaft, Kraft und Befähigung vorausgesetzt, die völlig gleiche Bildungsmöglichkeit eröffnet wird, wie den besitzenden Volksgenossen." Damit steht in Verbindung das berechtigte Verlangen, den freiwilligen Bildungsanstalten aller Art, mögen auch die Betätigungsgründe und -Formen von parteipolitischen Gesichtspunkten nicht frei sein, keine gesetzlichen und verwaltungsmäßigen Schwierigkeiten zu bereiten. Weniger leicht ist schon die Erfüllung des Wunsches, die bestehende Reichsschulkommission in ein Reichsschulamt umzuwandeln. Denn das Schulwesen ist einzelstaatlich und bildet einen der geschichtlich fest begründetsten Zweige der einzelstaatlichen Verwaltung. Gewiß kann man radikal verlangen, daß auch hier überall an Stelle der partikularen Gestaltung die vom Reiche als solchem getragene treten möge, wobei dann natürlich auch ein Reichsschulgesetz zur Regelung des gesamten Schulwesens nötig und möglich wäre. Aber hier sind dieselben politisch tiefgehenden Hindernisse vorhanden, die auch sonst in der Überführung des wesentlich föderalistischen Baues in den Einheitsstaat liegen [98]). Die Betrachtung der wirklichen Verhältnisse läßt daran zweifeln, ob es hier leichter wäre, das unitarische Element stärker durchgreifen zu lassen, oder gar zum ausschließlichen Siege zu verhelfen, als etwa auf dem Gebiet des Finanz- insbesondere Steuerwesens. Hinzu kommt noch, daß auch das Unterrichtswesen sehr bedeutender materieller Mittel nicht entbehren kann und diese — bei sonstiger Inanspruchnahme der Reichseinnahmen — in absehbarer Zeit kaum noch für Unterrichtszwecke durch das Reich aufgebracht werden können, während erfahrungsgemäß der Einzelstaat, und hier der große und mittlere wieder mehr, als der kleine, die Erfüllung dieser Kulturaufgaben seit Jahrhunderten durch seine Finanzkraft nach Möglichkeit, wenn auch unter wenig befriedigender Belastung der Gemeinden, auf sich genommen hat [99]).

XXV.

Zu diesen finanzpolitischen Erwägungen treten noch solche hinzu, die, wesentlich aus den Kriegserfahrungen erwachsen, eine Verbindungsbrücke schlagen zu den Problemen der Wehrhaftigkeit der Nation. Ein unübersehbares Schrifttum ist bereits über die Notwendigkeit, Möglichkeit und Methode der Jugenderziehung in dieser Richtung entstanden. Dem Streite entrückt ist wohl nur der Grundsatz, daß, indem die Schule die Charakterbildungs- und Erziehungsanstalt ist, sie nicht nur die intellektuellen, sondern auch diejenigen Eigenschaften zur Reife bringt, die für das Gemeinschaftsleben im Frieden und im Kriege unentbehrlich sind: Mut und Ausdauer, Fähigkeit zum Ertragen von Mühen und Entbehrungen, frische Entschlußkraft, geschärfte Sinne, Geistesgegenwart. Es ist demnach eine Ausbildung des Körpers und seiner Leistungsfähigkeit, Erweckung und Stärkung der sittlichen Tugenden neben denen des Geistes unerläßlich. Dazu kommt noch eine zielbewußte, sorgsame Pflege des Gemeinschaftsgeistes, der sich in allen Lebenslagen zu bewähren hat. Über diese Summe von im wesentlichen unbestrittenen Gedanken hinaus besteht aber eine Fülle von

Meinungsverschiedenheiten. Verlangen manche gewisse dem Soldaten nützliche Fähigkeiten schon von der Schuljugend, wie Zurechtfinden in ungewöhnlicher Lage und mit ungenügenden Hilfsmitteln, Kartenlesen, Entfernungsschätzen, so gehen andere noch weiter und fordern eine militärische Erziehung im strengsten Sinne des Wortes. Dies geschieht bei denen, die eine Verkürzung der Militärzeit erstreben, in Verbindung mit dem Gedanken, durch die Wehrhaftmachung der Jugend vor der Militärzeit diese wesentlich knapper bemessen zu können; bei denen, die nicht hierauf ausgehen, soll die Entwicklung soldatischer Eigenschaften nur zur Stärkung und Erhöhung der Leistungsfähigkeit während der Dienstleistung im Heere oder der Marine im Kriege dienen. Das Zweckdienliche wird wohl auch hier in der Mitte liegen. Auf das allerdringendste und ernsteste zu erstreben ist: eine besondere Rücksicht auf Körperkultur, die Ertüchtigung der Jugend, die vor Verwahrlosung in frühen Jahren ebenso bewahrt, wie sie die geeignete seelische und leibliche Unterlage für die militärisch vollkommenste Ausbildung während der späteren Zugehörigkeit zur bewaffneten Macht liefert, deren Aufgabe wesentlich erleichtert und fördert. Aber bei allem Streben „dem physiologischen Übungsbedürfnis der Jugend und ihrem Tätigkeitstriebe Rechnung zu tragen", darf nicht die Eigenart der jugendlichen Menschen, die eben Kinder und nicht Soldaten sind, unterdrückt, ihnen nicht vor der Zeit ein Stempel der Gleichförmigkeit, Kasernierung, des militärischen Drills, mechanischer Starrheit und Gebundenheit aufgedrückt werden. Gewiß braucht es sich auch hierbei nicht um reine Äußerlichkeiten zu handeln; aber es ist erst dem reiferen Alter gegeben, die diesen zugrunde liegenden ethischen Mächte des unbedingten Gehorsams, der Pünktlichkeit, Genauigkeit, vollkommenen Unterordnung unter geschlossene Gesellschaftskörper mit unbedingtester Befehl- und Zwangsgewalt voll zu begreifen. Die Ausbildung rein militärischer Fachkenntnisse, das Schießen und stramme Exerzieren, das widerspruchslose Eingestelltsein auf einen fremden Willen, der Ausschluß des Selbstbestimmungsrechtes enthält für das jugendliche Alter Gefahren, die gar nicht überschätzt werden können. Die zu weit gehenden Forderungen einer militärischen Jugendausbildung sind aber auch überflüssig, weil das erwünschte Ziel einer späteren soldatischen Bewährung auch auf jener mittleren Linie erreicht werden kann, zumal schon seit geraumer Zeit selbst außerhalb der Schule durch Einrichtungen wie die des Wandervogels, der Pfadfinder und dergl. sowohl körperliche Übungen wie Gemeinschaftsgeist weitgehende Berücksichtigung erfahren haben.

Eng zusammen hängt hiermit der seit der Zeit des Weltkrieges Macht gewonnene Gedanke, der Sozial- und Persönlichkeitspädagogik gegenüber stellt und jener wenn nicht die ausschließliche, so doch die überwiegende Herrschaft zuweist. Es fragt sich also, ob die jungen Menschen in erster Linie für die menschliche Gesellschaft und den Staat oder ob sie zunächst für sich selbst gebildet werden, damit sie zu selbständiger Persönlichkeit und geistiger Individualität erhoben werden[100]. Betont man das erstere, so wird man Persönlichkeitsfragen und vor allem die auf die Innerlichkeit abzielende Erziehung vernachlässigen, betont man die individualistische Pädagogik, so wird der Gemeinschaftsgeist leicht zu Schaden kommen. Es dürfte also auch hier ein Ausgleich zwischen den beiden Polen erstrebt werden müssen und auch wohl ohne Schwierigkeit erreichbar sein. Hierdurch würde man sich auch vor gefährlichen Einseitigkeiten bewahren, die zwar während der Zeit der Not und des Krieges begreiflicherweise ein gewisses Übergewicht gewinnen, sich aber unmöglich auch in Zeiten kultureller Friedensherrschaft behaupten können. Des weiteren besteht die in der Natur der Sache selbst liegende Gefahr bei Überspannung des Grundsatzes der Sozialpädagogik in dem bisher vertretenen Sinne, eines schönen Tages den allerbestimmtesten Umschlag in den äußersten Gegensatz zu erleben. Freilich ist die Sozialpädagogik, wie sie heute noch gelehrt und vor allem von pädagogischen Gesichtspunkten aus behandelt wird, etwas anderes als eine uns noch fehlende Erziehungslehre der Gesellschaftsklassen. Für diese letztere ist man bisher noch nicht eingetreten. Man hat vielmehr nur die Frage der Erziehung für die Gemeinschaft ins Auge gefaßt, nicht aber die Erziehung der Gesellschaftsklassen als solcher im

Verhältnis zueinander. Eine solche Erziehung der Gesellschaftsklassen, wie sie mir vorschwebt, begnügt sich nicht mit mehr oder minder wirksamen Mahnungen und Predigten zur Aufrechterhaltung und Pflege des Gemeinschaftsgeistes, sondern sie will die tatsächlich gegebenen Ursachen des Kampfes und Widerstreites der verschiedenen ausgleichbaren und nur scheinbar unausgleichbaren Gegensätze persönlicher, ethischer, wirtschaftlicher und kultureller Art erkennen, um dann durch Vermittlung dieser Einsicht die Mittel eines Ausgleiches zu prüfen und sie verstandesgemäß den einzelnen Teilen und Gliedern der Gesellschaftsklassen beizubringen. Es bedarf der Erweckung des Verständnisses dafür, daß in diesem Gesellschaftskampfe, der ununterbrochen und wesensnotwendig ist, eine gewisse Milderung und Verständigung dem Interesse aller Teile entspricht, sodaß dann die Schwächung der Kämpfe und die Erhöhung der Friedensmöglichkeiten durch das wohlverstandene Interesse aller Teile fest und jedenfalls sicherer verankert sind, als durch eine noch so schöne, ethische Bußpredigt. Immerhin ist so viel klar, daß die Bedeutung des Erziehungswesens auf die nationale Entwicklung, ja auf Werden und Vergehen unserer Gemeinschaft von außerordentlicher Tragweite ist[101]).

Im übrigen ist auch die Ertüchtigung des weiblichen Geschlechts während und nach der Schule nicht aus dem Auge zu verlieren. Eine nicht mehr zu übersehende große Bewegung verlangt das weibliche Dienstjahr, ohne daß über irgend einen Teilpunkt dieses großen Problems auch nur die geringste Meinungsübereinstimmung in der Öffentlichkeit bisher hätte erzielt werden können[102]). Selbstverständlich ist jede Kasernierung, eintönige und gleichförmige Gestaltung eines Frauendienstjahres von vornherein abzulehnen. Wieweit man dann, innerhalb der möglichst jeder Eigenart angepaßten Formen, den aus der Schule entlassenenen Mädchen eine Erziehung angedeihen lassen muß, die auf die Pflege des Gemeinschaftsgeistes, Verständnis für staatliche, gesellschaftliche, politische, wirtschaftliche usw. Verhältnisse ausgeht, wird noch einer sehr eingehenden jahrelangen Prüfung aller amtlichen und nichtamtlichen Stellen vorbehalten bleiben müssen. Bei alledem bleibt aber zu bedenken, daß die Not der Zeit, die nach dem Kriege von Grund aus gewandelten gesellschaftlichen und wirtschaftlichen Ansichten und Lebensverhältnisse ohnedies schon eine unverhältnismäßig große Zahl von Frauen teils in das Erwerbsleben drängen, teils sie in dauernde Fühlung mit den Verhältnissen der Öffentlichkeit, der Klassenschichtung und des Klassenkampfes bringen, daß hierbei zur Erwerbung von Erfahrungen, zur Erweckung von Fähigkeiten und zu ethischen Bestrebungen reichlicher Anlaß gegeben ist. Vielleicht wird es in einigen Jahren lediglich einer gewissen Organisation schon vorhandener Betätigungen im Interesse der Allgemeinheit und nicht eines schematischen Erziehungsjahres bedürfen, um im wesentlichen das zu erreichen, was die Reformer hier erstreben.

Es war bereits mehrfach auch von sozialpolitischen Fragen des Schul- und Unterrichtswesens die Rede; so wenn die Ernährung und Verpflegung der Schulkinder, die Gewährung der Beihilfen für die Eltern erwähnt, als ein Ziel des neuen Erziehungswesens die Ausgleichung der gesellschaftlichen Unterschiede, die Annäherung der verschiedenen Volksschichten, die Bekämpfung des Kasten- und Standesgeistes bezeichnet wurde. Man hat aber auch nicht unbeachtet gelassen, daß für die Erziehung zur Wehrhaftigkeit gewisse sozialpolitische Voraussetzungen unerläßlich sind. Alle spätere Kinderpflege ist mit Recht als Stückwerk bezeichnet worden, sofern das Kind nicht gesund und lebensfähig zur Welt kommt. Daher wird der Schutz der schwangeren, besonders der erwerbstätigen Frau verlangt, nach der Geburt Säuglings- und Mutterschutz. Durch Kinderhorte sind erwerbsmäßig tätige Mütter von der Sorge um die Unterbringung und Verpflegung der Kinder tagsüber zu entlasten. Alle Erziehungsanstalten von der Krippe bis zur Hochschule sind in geeigneter Weise ärztlich zu überwachen. Der gesamte Unterricht ist den Ansprüchen einer gewissenhaften Schulhygiene gemäß zu organisieren. Von Staat und Gemeinden sind Spielplätze und Walderholungsstätten bereit zu stellen. In allen Gemeinden sind genügende Turnhallen mit ausreichender Ausrüstung zu beschaffen, alle Behinderungen des Turnvereinswesens haben aufzuhören [103].

XXVI.

Es war schon in allem Vorhergehenden nicht möglich, die Fragen des Volksschulwesens von denen der Mittel- und Hochschulen zu trennen, besonders soweit der Gedanke der Einheitsschule und der damit verwandte Gedanke einer Freimachung der Bahn für alle Befähigten in Frage kam. So empfiehlt es sich noch kurz auf das politische Problem des Hochschulwesens überhaupt kurz einzugehen. Bekanntlich sind die höchsten Bildungsstätten der deutschen Nation die mit berechtigtem Ruhme überhäuften, auf lange geschichtliche Entwicklung zurückblickenden Universitäten. In der eigenartigen Verbindung von Forschung und Lehre haben sie ihre Aufgaben zu erfüllen gesucht, im großen und ganzen in vorbildlicher, den anderen Kulturstaaten in keiner Art nachgebenden Weise. Es ist aber bereits seit Jahrzehnten nicht zu verkennen, daß sich im Laufe der Zeit Mängel und Lücken gezeigt haben, die mit den erhöhten Anforderungen der Zeit zusammenhängen und denen das wesentlich konservative Gebilde der deutschen Universität nicht oder wenigstens nicht in allen Zweigen vollauf gerecht geworden ist. Die Aufgaben der Forschung werden zwar noch in einer durchaus Anerkennung verdienender Weise erfüllt; die Übernahme mannigfacher formaler Geschäfte und deren Häufung infolge der großen Zahl der Studierenden hat aber den Forschungstrieb und auch die Forschungshäufigkeit in nicht unbedenklicher Weise gemindert. Schon die Tatsache, daß in Deutschland besondere Forschungsinstitute zu errichten notwendig geworden ist, beweist, daß dieser Zweig der geistigen Führerschaft auf den Universitäten nicht mehr ausschließlich seine Heimstätte findet. Auf dem Gebiete der Lehraufgaben kann man ein alle Fächer gleichmäßig treffendes Urteil kaum abgeben. Sicher ist aber, daß die an sich schon seltene Verbindung zwischen Lehrbefähigung und Forschungsbegabung des Hochschullehrers immer seltener wird, daß die Hörerschaft auf großen Sondergebieten (insbesondere auf denen der Rechtswissenschaft) immer mehr zusammenschmilzt und daß sie die ihr erforderliche wissenschaftliche Bildung günstigstenfalls aus geeigneten Lehrbüchern, meist aber aus dem Unterricht außer-universitätsmäßiger freier Lehrkräfte, der sogenannten Einpauker gewinnt. Damit kann natürlich nur ein gewisses formales, schablonenhaftes Wissen, das auf Prüfungszwecke zugeschnitten ist, nicht aber ein wirkliches Können erreicht werden. Ebensowenig wird dann für diese sich freiwillig aus dem Betriebe des Universitätsunterrichts ausscheidenden Studentenschaft die Aufgabe der Charakterbildung, die ebenfalls der Universität obliegt, irgendwie in Frage kommen können. Es ist daher auf Mittel und Wege zu sinnen, um einerseits eine Förderung der Forschungsarbeit, andererseits eine bessere Auswahl der Universitätslehrer in der Richtung der Unterrichtsfähigkeit zu erreichen. Die Unterrichtsverwaltung eines jeden deutschen Einzelstaates muß unter verständnisvoller Unterstützung der Volksvertretung auf diese Dinge ihr Augenmerk richten und für ausreichende finanzielle Mittel Sorge tragen. Die Kulturaufgaben dieser Art dürfen nicht Not leiden und es ist jedes Argument zurückzuweisen, das sich auf die Notwendigkeit der vorzugsweisen Befriedigung von rein materiellen Bedürfnissen beruft. Darin gerade besteht die Größe der deutschen Kultur, daß sie den geistigen Bedürfnissen mindestens in demselben Maße wie den rein materiellen Rechnung zu tragen gewillt ist. Das politische Element des Universitätsunterrichtes tritt aber auch noch in manch anderen Punkten in die Erscheinung. So z. B. bei der Besetzung von theologischen und nationalökonomischen Professuren durch Vertreter der einen oder anderen Richtung, mehr positiver oder liberaler, mehr wirtschaftsgebundener oder wirtschaftsfreier, sozialistischer und antisozialistischer Auffassung und dergleichen; sie kommt in Betracht für die auch in den allerkleinsten und subtilsten Dingen aufrecht zu erhaltende Lehre von der Freiheit der Wissenschaft, die auch nicht durch indirekte Mittel irgendwie gefährdet werden darf. Nicht zuletzt ist es auch ein politisches Erfordernis, daß der Geist des Banausentums und die geringe Einschätzung rein wissenschaftlicher Arbeit, wie sie in vielen Kreisen der Volksvertretungen und des höheren Beamtentums vor dem Weltkriege zu finden war, endgültig verschwinde; nicht im Interesse der einzelnen Vertreter der Wissenschaft, sondern in dem der nationalen Gemeinschaft, die der wissenschaftlichen Forschung und Erfindung so unendlich Vieles verdankt. Wenn sie auch erst im Weltkriege selbst dem blödesten Auge klar geworden ist, so war sie gleichwohl schon lange vorher vorhanden.

Ein verständnisvolles Handinhandgehen der staatlich-politischen Instanzen mit den Einrichtungen und Vertretern des Hochschulwesens bezieht sich aber nicht nur auf die Universitäten, sondern auch auf die anderen Hochschulen, von denen sich in letzter Zeit besonders die Technischen Hochschulen, die Handelshochschulen und die kommunalen Hochschulen einen besonders großen Raum im Interessenkreis des gebildeten Bürgertums, der berufsmäßig zu schulenden Schichten und in der Allgemeinheit erworben haben. Die Frage, wieweit alle die von diesen Sonderhochschulen vertretenen Fächer, Bestrebungen und Aufgaben eigentlich in den Kreis einer universitas literarum gehören, kann hier nur berührt werden; es wäre sehr die Frage, ob die aus innerem Wachstum der einzelnen Wissenschaftszweige allmählich zu Selbständigkeit sich emporringenden Geistesgebiete in dem einheitlich gedachten Kreise der Universitätswissenschaft wiedergefunden werden könnten; mir erscheint es sehr unwahrscheinlich. Sicher ist aber, daß die Berechtigung jener Hochschulen vor allem darin zu suchen ist, daß die Universitäten Lücken und Mängel aufgewiesen haben. Ihre Bedeutung als wichtiger Glieder des deutschen Hochschulunterrichtes liegt in der Tatsache der Befriedigung hoher geistiger von anderer Seite nicht befriedigter Bedürfnisse. Der Staat und die wenigen großen Gemeinden und Körperschaften, die selbst Hochschulen errichtet haben (Berlin, Köln, Frankfurt a. M., Mannheim, München), werden als die mit am wichtigsten kulturellen Fragen, deren Schatten sich auf die rein politischen Verhältnisse deutlich abzeichnet, die Hochschulfragen behandeln müssen [104]).

XXVII.

Nimmt man die Finanzverwaltung zum Ausgangspunkte für die Betrachtung der innerhalb ihres Gebietes gegebenen und möglichen politischen Gedanken und Aufgaben, so kann zunächst verwiesen werden auf die Betrachtung der Beziehungen zwischen reichs- und einzelstaatlicher Finanzhoheit und auf die Andeutungen, die in der Richtung einer zukünftigen Deckung des ungeheuer angewachsenen Bedarfs bereits gemacht worden sind [105]). Auch der verfassungsrechtlichen Zusammenhänge mag gedacht werden, die mit der Einrichtung des Budgetwesens, der Einflußnahme der Volksvertretung auf die finanzielle Gebarung der Regierungen zusammenhängen [106]). Vor allem hat aber das Steuerwesen von Reich, Staat und Gemeinde neben seiner rechtlichen und verwaltungstechnischen Seite — zu letzterer gehört auch die Bestimmtheit, Bequemlichkeit und möglichste Billigkeit der Erhebungsformen — seine rein politische Seite; mag hier an die finanzpolitische (ausreichende Höhe und Zulänglichkeit, gemessen an den Notwendigkeiten oder den darüber hinausgehenden kulturellen Bedürfnissen; Beweglichkeit der Steuer) oder an die wirtschaftspolitische (Wahl der Steuerarten, Wirkung auf die Steuerzahler, Möglichkeit der Steuerüberwälzung, Regelmäßigkeit oder Unregelmäßigkeit der Steuerquelle) gedacht werden. Bei der Berücksichtigung der Grundsätze der Gerechtigkeit wird ferner sozialpolitischen Forderungen genüge geleistet werden müssen; hierher gehören diejenigen der Allgemeinheit der Besteuerung, der übrigens die Steuerfreiheit des Existenzminimums und Befreiungen aus besonderen wirtschaftlichen Gründen nicht widersprechen, das Prinzip der Gleichmäßigkeit der Besteuerung, das auf die Fragen der wirtschaftlichen Leistungsfähigkeit, der Verhältnismäßigkeit und der stufenweisen Steigerung der Steuer führt [107]). Nicht nur das Verhältnis des Abgabesystems von Reich, Einzelstaaten und Gemeinden, sondern auch die jeweilige Neueinführung oder Änderung, Erhöhung oder Verminderung einer Abgabe erfolgt wesentlich mit unter politischen Gesichtspunkten, die wieder teils von dem Bedarf, teils von der Möglichkeit der Belastung der Abgabepflichtigen, teils davon abhängen, ob als Ausgangspunkt die Beantwortung der Frage genommen wird, welche Leistungen von dem größeren oder kleineren Gemeinwesen erwartet werden müssen, um hiernach das Problem der materiellen Deckung für die so festgelegten Aufgaben zu lösen. Ob Zölle oder Aufwandsteuern, ob Verkehrs- oder Verbrauchssteuern, Einkommens- oder Vermögenssteuern, ob Gebühren oder Beiträge und in welcher Höhe sie erhoben werden, ist lediglich nach finanzpolitischen Gesichtspunkten zu beantworten, ohne daß die rechtlichen Schranken und verwaltungstechnischen Möglichkeiten außer Betracht bleiben könnten [108]). Keiner Unterstreichung des politischen Charakters bedarf es bei den Reichs-, Staats- und kommunalen Anleihen [109]).

XXVIII.

Die politische Seite des Militärwesens können uns am besten geschichtlich-verfassungsrechtliche Ereignisse beleuchten. König Wilhelm I. von Preußen hatte im Jahre 1860 die Militärreform zu Ende geführt, durch die die dreijährige Dienstzeit wieder hergestellt, die vollständige Umbildung der Landwehr, die Vermehrung des Offizierkorps und die Neubildung von 36 Infanterieregimentern erfolgte. Die Kosten dieser Reform hatte das Abgeordnetenhaus zunächst vorläufig bewilligt, in der Schlußabstimmung vom 23. September 1862 aber vollständig und unbedingt abgelehnt. Die Auflösung, die diese Haltung des Parlamentes hätte mit sich bringen müssen, ist jedoch nicht erfolgt, die Reform wurde vielmehr im Widerspruch zum Abgeordnetenhaus vollständig durchgeführt und festgehalten. So entstand der große Budgetkonflikt von 1862—1866. Nach Abschluß des Krieges 1866 erbat der König die parlamentarische Indemnität und die staatsrechtlichen Verhältnisse kamen wieder in normale Bahnen [110]).

Andere militärpolitische Ereignisse reichen bis in den Anfang der Reichsgründung zurück und führen bis an die Schwelle des Weltkrieges. Die Friedenspräsenzstärke des deutschen Heeres war durch die Reichsverfassung bis zum 31. Dezember 1871 auf eins vom Hundert der Bevölkerung von 1867 festgestellt, und bestimmt worden, daß sie in Zukunft von der Reichsgesetzgebung festgelegt werden solle. Dies geschah für die Jahre 1872—74, dann für die Jahre 1875—81, für die Zeit vom 1. April 1881—30. März 1888; hierauf folgt das sogenannte Septennat, das Ergebnis heftiger politischer Kämpfe, das vom 1. April 1887—31. März 1894 reichte. Aber schon im Frühjahr 1888, als ein Krieg drohte, war die Dienstpflicht in der Landwehr bis zum 39. Lebensjahr verlängert und dadurch das Kriegsheer auf etwa 700000 Mann verstärkt worden. Aber die Durchführung der allgemeinen Wehrpflicht war noch nicht vollständig erfolgt. Zahlreiche diensttaugliche Jungmannschaften konnten nicht eingestellt werden, im Kriegsfalle mußten die alten gedienten Leute gegen den Feind geführt werden, während jene erst hätten ausgebildet werden müssen. Die als Ersatzreservisten eingezogenen Mannschaften dienten nur zehn Wochen, waren also bevorzugt. Eine Heeresverstärkung um rund 80000 Mann sollte im Frühjahr 1890 vom Reichstage angefordert werden. Fürst Bismarck, der eine solche Vorlage zu vertreten bereit war, wurde aber am 18. März 1890 aus seinem Amte entlassen und sein Nachfolger General v. Caprivi glaubte die geplante Militärvorlage beim Reichstage nicht durchsetzen zu können. Es fand daher eine wesentliche Beschränkung des Planes und eine Verstärkung des Heeres um nur 18574 Mann statt. Bis zum Ende des Septennats sollte die Armee an Unteroffizieren und Mannschaften ohne Einjährig-Freiwillige, Lehr- und Versuchstruppen 468983 Mann zählen. Als im Jahre 1892 das russisch-französische Bündnis abgeschlossen war und sich damit die Möglichkeit eines Krieges nach zwei Fronten ergab, mußte man an eine verstärkte militärische Rüstung denken. Sie unter Beibehaltung der dreijährigen Dienstzeit beim Reichstage durchzusetzen, konnte die Regierung nicht erhoffen. Deshalb ging man zur zweijährigen Dienstzeit für Fußtruppen und Feldartillerie über. Dafür sollte die Friedenspräsenzstärke um mehr als 80000 Mann, d. h. auf 492000 Gemeine erhöht, die Artillerie wesentlich vermehrt werden; auch für die Kavallerie, die Pioniere und die Verkehrstruppen waren einige Verstärkungen vorgesehen. Kadettenkorps, Unteroffizier- und Unteroffiziervorschulen sollten erweitert werden. Die Vorlage lehnte jedoch der Reichstag ab, der neugewählte Reichstag nahm sie nach erheblichen Abstrichen mit geringer Mehrheit an. Das Gesetz sollte aber nur Gültigkeit haben bis zum 31. März 1899, so daß an Stelle des Septennats das Quiquennat getreten ist. „Die weitere Entwicklung des Heeres vollzog sich unter fortgesetzten Kämpfen mit dem Reichstag, der von Parteiinteressen und wahltaktischen Rücksichten geleitet, ohne Verständnis für die großen politischen Fragen in kleinlicher Weise an den Vorlagen der Regierung nörgelte, die ihrerseits glaubte, sich angesichts der ablehnenden Haltung der Volksvertretung mit halben und Aushilfsmaßregeln begnügen zu müssen[111].“ In den Jahren 1897 und 1898 fand die Bewilligung starker Vermehrung der Flotte statt. Kurz vor Ablauf des Quinquennats im Jahre 1898 verlangte die Regierung eine Erhöhung der Heeresstärke um 23277 Mann, hauptsächlich zu Etatserhöhungen bei der Infanterie, eine starke Vermehrung der Artillerie und einige Neuformationen bei den übrigen Waffen, insbesondere den Verkehrstruppen. Die zweijährige Dienstzeit sollte grundsätzlich beibehalten werden. Der Reichstag bewilligte die Vorlage in ihren Hauptpunkten, strich jedoch auch hier wichtige Forderungen. Das Gesetz gab Anlaß zu heftigen parlamentarischen Kämpfen, die beinahe zur Auflösung des Reichstages geführt hätten. Die Friedenspräsenzstärke für die Zeit bis zum 31. März 1904 wurde festgestellt auf im ganzen 495500 Gemeine. Am letztbezeichneten Zeitpunkte zählte die Armee außerdem 24374 Offiziere und 81954 Unteroffiziere, ohne die Sanitätsoffiziere, Beamten und Einjährig-Freiwilligen. Im Winter 1904/5, als die englisch-französische Entente zustande gekommen war und der Marokkostreit mit Frankreich begann, wurde eine weitere geringe Verstärkung für die folgenden fünf Jahre verlangt, die zweijährige Dienstzeit für die Fußtruppen, die fahrende Artillerie und den Train dauernd festgelegt. Nach diesem Gesetze, das bis zum 31. März 1910 laufen sollte, war die Friedenspräsenzstärke allmählich auf 505839 Gemeine, 87350 Unteroffiziere und 25494 Offiziere zu bringen. Die wenig günstige Entwicklung der politischen Lage von 1905 bis 1911, die Einwirkung des russisch-japanischen Krieges und die Einsicht, daß die Heeresverstärkung dem wirklich vorhandenen

Mannschaftsbestande nicht entsprach, führte zu dem Gesetz vom 27. März 1911, durch das die Armee bis zum 31. März 1916 um 9482 Mann verstärkt werden sollte. Die Etatsstärke betrug vom 1. Oktober 1913 ab 790778 Mann. Dazu treten rund 10000 Einjährig-Freiwillige. Man kann darüber gar keinen Zweifel hegen, daß die Militärpolitik des Reichstages den großen durch das Schicksal bestimmten Aufgaben des Deutschen Reiches in einem Kriege nicht gewachsen war. Dies im einzelnen hier darzulegen ist nicht der Ort; der Feststellung der politischen Bedeutung des Militärwesens ist jedoch durch den Hinweis auf diese wichtigsten Tatsachen Genüge geschehen.

Nicht minder gehört in das Gebiet der Politik die Kritik und Kontrolle des Parlaments über die Militärverwaltung, soweit sie rechtlich zulässig und tatsächlich möglich ist. Die Ausgestaltung der Militärgerichtsbarkeit, die den modernen staatsbürgerlichen Begriffen entsprechende Behandlung der Heeresangehörigen, die Frage der sogenannten Soldatenmißhandlungen zeigen, wo hier eine Mitwirkung von Volksvertretung, öffentlicher Meinung und Presse möglich ist. Auf die, eine grundsätzliche Lebensfrage des deutschen Volkes berührende Marinepolitik mag nur hingewiesen werden [112]).

XXIX.

Die politischen Möglichkeiten, die die Justizverwaltung bietet, sind schon angedeutet worden [113]). Die Beeinflussung der richterlichen Entscheidung ist unzulässig und widerspricht der Unabhängigkeit der Gerichte; jede irgendwie geartete mittelbare Einwirkung fordert vom rechtlichen Standpunkt aus Zurückweisung und vom politischen den Kampf heraus. Die Justizverwaltung hat zur Aufgabe, die zur Ausübung der Rechtspflege nötigen Veranstaltungen zu treffen, sie muß die Tätigkeit der Rechtspflegeorgane unterstützen und sie insoweit überwachen, als dies mit der gesetzlich gewährleisteten Unabhängigkeit der Gerichte verträglich ist. Es hat die Justizverwaltung Richter und Staatsanwälte zu ernennen, den Geschäftsgang zu regeln, für Dienstgebäude, Büchereien zu sorgen, die Ausbildung und

Prüfung des Beamtennachwuchses zu ordnen, die Vollziehung der Rechtssprüche zu ermöglichen, Gebühren und Stempel für die Rechtspflegetätigkeit zu erheben. Sie hat ferner gegen äußere Ordnungswidrigkeiten der Rechtspflegeorgane einzuschreiten, insbesondere gegen Geschäftsverzögerungen. Ihre Mittel sind die Aufsicht, in schweren Fällen die Disziplinargewalt. Nicht alle staatliche Verwaltungstätigkeit, die dem Rechtspflegezwecke dient, ist Justizverwaltung, sondern nur diejenige, die zum Ressort der Zentraljustizbehörde gehört. Das ist nicht der Fall hinsichtlich der Tätigkeit der Gerichtsärzte, der gerichtlichen Polizei und der Kriminal- oder Sicherheitspolizei, der Angelegenheiten der Militärjustiz. Auch der Strafvollzug in Gefängnissen und Zuchthäusern gehört nur insoweit zur Justizverwaltung, als er nicht der inneren Verwaltung zusteht [114]). Politische Fragen können sich daher nicht nur bei einer unbefugten Einmischung der Justizverwaltung in die materielle Art der Geschäftserledigung durch die Richter, sondern auch in der Handhabung des Aufsichtsrechts, der Disziplinargewalt, der Strafvollstreckung, der Behandlung der Gnadensachen ergeben. Indem sodann die Justizverwaltung die in ihr Gebiet gehörigen Gesetzentwürfe vorbereitet, ausarbeitet und vor der Volksvertretung vertritt, ist auch hier der verfassungsrechtlich-politische Bindepunkt angezeigt. Wie die Kritik des geltenden die Rechtspflege im weitesten Sinne betreffenden Rechtes, so richtet sich auch diejenige der sogenannten streitigen und der nichtstreitigen Gerichtsbarkeit in erster Reihe gegen die Justizverwaltung. Nicht nur positive Maßnahmen, sondern auch Unterlassungen bei notwendig erachteter Fortbildung des Rechtes, besserer Ausgestaltung der Verwaltung, gewinnen politischen Einschlag.

XXX.

Wir hatten versucht, die einzelnen Verwaltungszweige als den leitenden Ariadnefaden zu behandeln, der uns durch das Labyrinth der politischen Fragen und Möglichkeiten hindurch geleitet. Die innere, die Finanz-, Justiz- und Militärverwaltung war daher zum Ausgangspunkt sowohl wie auch zur Unterlage für die Betrachtung einzelner Gebiete genommen worden. Nur von der auswärtigen Verwaltung war noch nicht die Rede. Sie hängt mit der Frage der auswärtigen Politik naturgemäß zusammen und bedarf einer sorgfältigen Einzelbeobachtung. Bevor jedoch hierauf eingegangen werden kann, muß zurückgelenkt werden auf die Erkenntnis, daß die Politik die mit bewußtem Willen auf Gemeinschaftszwecke gerichtete schöpferische Tat nicht nur für den Staat, sondern auch für die ihm eingegliederten Körperschaften, insbesondere die Gemeindeverbände ist[115]). Es ist deshalb hier der Ort, über Wesen und Umfang der Kommunalpolitik einige orientierende Bemerkungen zu machen, zumal sie sich hauptsächlich auf dem Gebiete der inneren Verwaltung und der Finanzverwaltung auswirkt, dagegen bei den übrigen Verwaltungszweigen entweder nur dem Grundsatze nach unwesentliche Hilfsleistungen zeigt (wie in militärischen und Justizangelegenheiten) oder aber von ihnen gar nicht berührt wird, wie in den noch ins Auge zu fassenden auswärtigen Angelegenheiten.

Das Wesen der Kommunalpolitik ist nicht zu erkennen, ohne daß das Verhältnis der Gemeinden zu dem Staate richtig erfaßt wird und ohne daß die Grenze der beiderseitigen Aufgaben wenigstens mit annähernder Sicherheit gezeichnet wird. Dann erst bedarf es außerdem noch einer Feststellung des rein tatsächlichen, durch geschichtliche Bedingtheit und gegenwärtige Bedürfnisse gegebenen Aufgabenkreises.

Auf die bedeutenden und reizvollen Fragen der geschichtlichen Ursprünge der Selbstverwaltung zurückzugehen, ist hier nicht der Ort[116]); die politische Seite des kommunalen Wesens findet heute ihren Anknüpfungspunkt in der Steinschen Städteordnung (1808), nach deren Vorbild in allen deutschen Staaten eine Neuordnung der staatlichen und kommunalen Verwaltung stattgefunden hat. Es ist damals weder die genossenschaftliche Idee des Mittelalters, noch die französisch-belgische Auffassung von einem pouvoir municipal als einer selbständigen Gemeindegewalt übernommen worden. Vielmehr war der Grundgedanke einer durchgreifenden Verbesserung der staatlichen und kommunalen Organismen, die Zurückdrängung polizeistaatlicher Ideen, die Belebung des Gemeinsinnes der Bürger maßgebend. Der Freiherr v. Stein verlangte: „Die Nation muß daran gewöhnt werden, ihre eigenen Geschäfte zu verwalten und aus diesem Zustand der Kindheit herauszutreten, worin eine immer unruhige, immer dienstfertige Regierung die Menschen halten möchte“ und er betont in der sogenannten Nassauer Denkschrift: „Der Formenkram und Dienstmechanismus in den Kollegien wird durch Aufnahme von Menschen aus dem Gewirre des praktischen Lebens zertrümmert, und an seine Stelle tritt ein lebendiger, fest strebender, schaffender Geist und ein aus der Fülle der Natur genommener Reichtum von Ansichten und Gefühlen.“ Die Stadtbürger sollten zu öffentlichen Ämtern herangezogen, die staatliche Bevormundung auf ein Mindestmaß beschränkt werden; die Gemeinde soll die Selbstverwaltung ihres Haushaltes erhalten, die Gemeindeorgane sollen durch die Gemeindeglieder gewählt werden, um so (wie dies der Eingang der Städteordnung vom 19. November 1808 sagt), „dem dringend sich äußernden Bedürfnis einer wirksameren Teilnahme der Bürgerschaft an der Verwaltung des Gemeinwesens zu genügen, in der Bürgergemeinde einen festen Vereinigungspunkt zu bilden, ihnen eine tätige Einwirkung auf die Verwaltung des Gemeinwesens beizulegen und durch diese Teilnahme Gemeinsinn zu erregen und zu erhalten“. Das ist die damals gemeinte „Selbstverwaltung“, „Selbständigkeit“, „Autonomie“. Doch wurde keine berechtigte Gemeindekörperschaft geschaffen. Die Gemeindeverwaltung gilt nur als eine selbständige, von der Regierung möglichst unabhängig zu gestaltende Vermögens- und Anstaltsverwaltung. Der Gedanke einer öffentlichrechtlichen Funktion der Kommune in eigenem Namen unter Geltendmachung obrigkeitlicher Gewalt fehlte. Als Träger der Gemeindeverwaltung erschienen Sozietäten oder gemeinrechtliche Korporationen mit Privatrechtsfähigkeit, den Rechtsvorzügen und dem Privatrechtsschutz der Minderjährigen. „Soweit bei Betätigung der Gemeinden überhaupt von Rechtspersönlichkeit die Rede ist, werden sie allen anderen Personen als Subjekte von Rechten und Pflichten des Privatrechtes gleichgestellt und stehen zum Staate im Verhältnis von Untertanen, denen besondere Lasten im Interesse des Staates auferlegt werden können." [117]) Der Einfluß der französischen Reformideen auf die Steinsche Städteordnung ist daneben zweifellos [118]). Auch in den dreißiger Jahren des 19. Jahrhunderts haben Gesetzgebung und amtliche Literatur sich zu Grundauffassungen bekannt, die zu der Meinung bringen konnten, die Gemeinde habe kein subjektives öffentliches Recht auf Anerkennung ihrer Selbstverwaltung. In dem ersten Drittel des 19. Jahrhunderts begriff man unter Selbstverwaltung die sogenannten „eigenen Gemeindesachen", also die wirtschaftliche Freiheit der Gemeinde, ihre freie Vermögensverwaltung, ihr Besteuerungsrecht, die Aufnahme in den Gemeindeverband, die Bestellung der Gemeindeorgane durch die Wahl, die Handhabung der Ortspolizei, unbeeinflußt von staatlicher Bevormundung. Die Ausübung von Gemeindegewalt innerhalb dieses Wirkungskreises erschien als natürliches Recht, als ein Grundrecht, das Recht auf Selbstverwaltung [119]). Dieser Theorie folgte die deutsche Gesetzgebung in den Jahren 1848—50, erkannte also ein Recht auf Selbstverwaltung als Grundrecht an. Hingegen lag es wieder der preußischen mit der Kreisordnung vom 31. Dezember 1872 beginnenden Verwaltungsreform vollständig fern, sich auf das Gebiet solcher Grundsätze zu begeben und eine ihnen entsprechende Kommunalverwaltung einzuführen. Vielmehr stand hier wieder der Zusammenhang der neugeordneten Staats- und Kommunalverwaltung im Vordergrund, mit der Absicht einer „planmäßigen und bewußten Heranziehung der örtlich geschlossenen Kollektivverbände für Staatsaufgaben" [120]). Da aber nun diese Reform auf Gneists Schriften und Einfluß beruht, dieser Schriftsteller wieder auf den aus der englischen Rechtsentwicklung entnommenen Vorstellungen des Selfgovernment aufbaut, ergibt sich seit den siebziger Jahren ein System von Befugnissen, das in Wahlberechtigungen und Rechten auf Anerkennung im Ehrenamt, ein System von Pflichten, das in den Obliegenheiten zur Annahme und Führung des Ehrenamtes und in den Steuerpflichten im Kommunalverband zur Ausführung kommt [121]).

Es ist ein Komplex von innerlich zusammengehörigen Grundgedanken, den wir Selbstverwaltung der Gemeinden nennen. Es fehlt weder die Vorstellung eines bis zu einem gewissen Grade selbständigen, eigene Rechtspersönlichkeit besitzenden Verbandes, der auch gegenüber dem Staate auf seinem Recht zum Bestehen und Auswirken innerhalb eines rechtlich umgrenzten Rahmens beharrt, noch die Verbindung von Staats- und Kommunalverwaltung in dem Sinne einer Unterordnung dieser unter jene. Dagegen ist dem deutschen geltenden Recht die Anerkennung eines selbständigen pouvoir municipal ebenso fremd, wie die Annahme einer vom Staate unabhängigen Rechtspersönlichkeit, endlich auch die Auffassung, die die rechtliche Lage der mittelalterlichen Stadt zum Maßstab der rechtlichen Stellung der heutigen Stadt wählt, diese nur als eine Art der grundsätzlich gleichberechtigten Genossenschaften neben Provinz und Staat ansieht, in der Gemeinde eine auf selbständigen Ursprung zurückzuführende Rechtsform erblickt, ihre Betätigungen als lediglich öffentlichrechtliche auffaßt, während ihre privatrechtliche Vermögensverwaltung nicht als Selbstzweck, sondern nur als Mittel zum Zweck betrachtet wird. Hiernach soll die Wirksamkeit der Gemeinde ebenso wie die des Staates, eine nur örtlich und im Umfange geringere sein, alle Seiten des Zusammenlebens der Mitglieder umfassen: „innere Organisation, Rechtsbildung, Wirtschaftsleben, öffentliche Verwaltung, ja selbst den Wehrdienst [122])." Gemeindebürgerschaft und Staatsbürgerschaft werden als zwei voneinander vollständig geschiedene rechtliche Qualitäten angesehen [123]). Einer derselben wissenschaftlichen Richtung entsprechenden Meinung ist die Selbstverwaltung die organisatorische Reform für die Mitwirkung von Organen, die von den obersten Regierungsorganen abhängig sind, bei der Verwaltung . . . Diese Aufgabe wird gelöst dadurch, daß die Rechtsordnung außer dem Staate noch andere Gemeinwillen als publizistische Personen anerkennt und daran der Regierung nicht untergeordnete Organe bei der öffentlichen Verwaltung mitwirken läßt [124]). Wenn auch infolge der bahnbrechenden Wirksamkeit von Gneist die Ideen, welche sich an die Lokalverwaltung in England und an den von dorther entnommenen Begriff des Selfgovernment knüpfen, nicht ohne Einfluß auf die Reformgesetzgebung von Preußen seit 1872 geblieben sind, so kann doch von einer inneren Verwandtschaft der englischen und der preußischen Selbstverwaltung nur in einem sehr bedingten Sinne gesprochen werden. Denn die letztere, wie sie seit der Städteordnung von 1808 grundsätzlich festgehalten worden ist, hat mit dem englischen Selfgovernment, wie es bis zum Jahre 1832 bestand, keinerlei Berührungspunkte und bezüglich der seither in England geltenden Kommunalverfassung ist die preußische die zeitlich frühere gewesen. Sie erscheint auch bei uns als geschichtliches Ergebnis, das durch die Ereignisse der nach Jena und Auerstädt einsetzenden Wiedergeburt des Staatswesens und durch die seitherige Entwicklung bestimmt ist. Aus diesem Grunde ist es auch nicht zulässig, das Wesen der preußisch-deutschen Selbstverwaltung mit Gneist, der hierbei die für England gewonnenen Erkenntnisse zusammenfaßt, dahin zu bestimmen, daß sie sei eine innere Landesverwaltung der Kreise und Ortsgemeinden nach den Gesetzen des Landes durch persönliche Ehrenämter unter Aufbringung der Kosten durch kommunale Grundsteuern, so wenig natürlich die Bedeutung der Ehrenämter für die kommunale Verwaltung in Abrede gestellt werden kann. Das wesentliche Element liegt nicht in ihnen. Denn einerseits sind auch Selbstverwaltungsbeamte zuweilen mit einer Remuneration versehen, oder erhalten ein Pauschquantum, so daß sie immerhin Bezüge aus ihrem Amte haben, andererseits gibt es auch unbesoldete Berufsbeamte. Auch die Frage der Wahl oder Ernennung der an der Verwaltung beteiligten Organe kann nicht zum unterscheidenden Merkmal der Selbstverwaltung genommen werden. Auch die Annahme trifft nicht zu, daß obrigkeitliche Verwaltung Sache des Staates, die wirtschaftliche Sache der Selbstverwaltung sei, denn auch der Staat übt wirtschaftliche Verwaltung und die Kommunen sind innerhalb ihres Wirkungskreises mit obrigkeitlicher Gewalt ausgestattet.

XXXI.

Den richtigen Standpunkt gewinnt man, wenn man die Selbstverwaltung zunächst als ein politisches Prinzip anerkennt, in dem ausgesprochen ist die Absicht, den örtlich bestimmbaren Interessen eine weitgehende Freiheit von der zentralisierenden Staatsgewalt durch Verwaltung, möglichst mittels ehrenamtlicher Tätigkeit, unter Anerkennung der Rechtspersönlichkeit der Gebietskörperschaften und eines selbständigen Lebensinhalts zu verschaffen. Darin liegt die Heranziehung unabhängiger Bürger zum Dienste der Gemeinschaft mit dem Zwecke, ihren Gemeinschaftsgeist zu erwecken, zu pflegen und zu erhalten, sie zur Einsicht in staatsbürgerliche Dinge, in die Voraussetzungen, Notwendigkeiten, Mittel und Wirkungen der öffentlichen Verwaltung zu erziehen, in ihnen den Geist uneigennützigen Waltens für den öffentlichen Dienst und die Fähigkeit zu diesem zu erschaffen und zu fördern und mit alledem beizutragen zu einem Ausgleich der jede einzelne Klasse beherrschenden selbstsüchtigen Bestrebungen im Interesse des Ganzen. Man kann dies auch anders, wenn auch nicht ebenso vollständig, dahin ausdrücken, daß politische Selbstverwaltung sei „das Produkt der gesamten Rechtsentwicklung, der politischen Erziehung und sozialen Beschaffenheit eines Volkes“ [125]) und daß sie sich im Reich und in den Einzelstaaten darstellt als die Heranziehung der Staatsbürger als solcher zu den öffentlichen Geschäften in der Form, daß sie als einzelne, als Vertrauensmänner der Volksgenossen in bestimmten Kreisen, der behördlichen Organisation eingegliedert werden, oder eine solche zum Teil ersetzen [126]).

Der rechtliche Begriff der Selbstverwaltung ist von der Erkenntnis der politischen Selbstverwaltung entscheidend beeinflußt, aber doch unabhängig von ihr zu erfassen. Man muß davon ausgehen, daß seit der Aufrichtung des modernen, alle ständischen Gewalten besiegenden Staates seine Betätigungen innerhalb seines Gebietes grundsätzlich sämtlich staatliche sind. Es ist Sache des Staates selbst, ob er sich alle Geschäfte zur eigenen Erledigung durch besonders hierzu bestellte Personen vorbehält, oder ob er seine Angelegenheiten, die einer örtlichen Begrenzung fähig sind, die eine nach lokalen Verhältnissen verschiedenen Behandlung zulassen, ja ihrer Natur nach herausfordern, den naturwüchsig entstandenen oder zu diesem Zwecke geschaffenen ihm eingegliederten Gemeinwesen zur selbständigen Erledigung unter staatlicher Aufsicht überläßt. Die moderne Entwicklung hat überall zu dieser zweiten Möglichkeit der Erledigung von Staatsgeschäften und zwar in stetig wachsendem Umfang geführt. Der Staat beschränkt sich nach Möglichkeit auf diejenigen Aufgaben, die für die Gesamtheit einheitlich geregelt werden müssen, bei denen es wesentlich darauf ankommt, daß sie an allen Orten und in allen Fällen gleichmäßig gehandhabt werden. Das sind die Geschäfte der Staatsverwaltung; in Preußen lautet der technische Ausdruck: Allgemeine Landesverwaltung. Beschränkt sich aber der Staat auf jene gleichartig und einheitlich zu regelnden Aufgaben, so bleiben alle übrigen öffentlichen Angelegenheiten mit der gedachten örtlichen Begrenzungsfähigkeit übrig. Sie beläßt der Staat den besonderen mit Rechtspersönlichkeit ausgestatteten Gemeinwesen zu selbständiger Erledigung unter seiner Aufsicht. Das die Staatsverwaltung und die Selbstverwaltung trennende Moment liegt darin, daß jene mit ursprünglicher (originärer) Gewalt ausgestattet ist; die Körperschaften der Selbstverwaltung aber mit abgeleiteter (derivativer) Gewalt. Unter diesen Körperschaften nehmen die Kommunen die erste Stelle ein. Ihre Befugnis zur Selbstverwaltung — teilweise auch zur Selbstgesetzgebung in dem Rahmen des Satzungsrechtes — gilt nur innerhalb der ihnen vom Staate zugewiesenen oder belassenen Grenzen. Diese können erweitert oder enger gezogen werden; der Staat kann — grundsätzlich nur im Wege der Gesetzgebung — die lokalen Gewalten entweder ganz oder teilweise beseitigen oder ihre Zuständigkeit mindern, an die Stelle der Dezentralisation eine mehr oder minder straffe Zentralisation treten lassen. Dies ist rechtlich zulässig, mag es auch aus politischen Gründen im einzelnen unerwünscht, ja vielfach unausführbar sein. Insoweit aber die Selbstverwaltungsorgane einen staatsgesetzlich umfriedeten Wirkungskreis besitzen, haben sie auf ihn ein bestimmt verbürgtes Recht, so daß insofern und solange ihre Unabhängigkeit und Selbständigkeit gesichert und nur auf gesetzlichem Wege veränderbar ist. Kann auch von einer auf der angeblichen Eigenschaft als selbständiger Organismus beruhenden originären Natur der Kommunen für das preußisch-deutsche Recht ebensowenig wie von einem pouvoir municipal die Rede sein, so hat das Selbstverwaltungsorgan doch innerhalb der ihm vom Staate belassenen oder noch erweiterten Lebensbetätigung eine der staatlichen entsprechenden Gewalt auszuüben, deren letzthin zwingende Natur ebensowenig wie die der Staatsgewalt in Zweifel steht.

Wir nehmen daher an, daß alle öffentlichen, das Gemeinleben betreffende Angelegenheiten dem Grundsatze nach in die Zuständigkeit des Staates gehören, der neben Rechtssetzung und Rechtsprechung verwaltet, d. h. alle zweckmäßigen Einrichtungen für das Gemeinwohl in körperlicher, geistiger und wirtschaftlicher Hinsicht unter seiner Rechtsordnung außerhalb von Gesetzgebung und Justiz trifft. Er besorgt die Staatsverwaltung durch besonders ausgebildete Berufsbeamte, in diesem Sinne sogenannte Bürokraten; es handelt sich hier um ein Verwaltetwerden vom Standpunkt des Untertanen, um die von Gneist so genannte „Ministerverwaltung". Läßt jedoch der Staat grundsätzlich staatliche, aber lokaler Begrenzung fähige Geschäfte durch die ihm eingegliederten Körperschaften, insbesondere Kommunen wahrnehmen, so gewinnen diese gleichzeitig einen besonderen, eben den durch die örtliche Beziehung gekennzeichneten Charakter und können deshalb als eigene Angelegenheiten der Gemeinden erscheinen, wie denn die Selbstverwaltung dadurch eine Verwaltung im Interesse des Staates und im gleichen Maße der selbständigen Gebietskörperschaft wird. Bei richtiger Erfassung dieser Grundbeziehungen hat es kein Bedenken, die kommunale Tätigkeit als eine vom übergeordneten Gemeinwesen überlassene zu bezeichnen, wenn es auch richtiger ist, sie als eine übertragene anzusehen, weil die heutige Kommune gegen den Willen des Staates keinen ursprünglichen Betätigungsbereich haben könnte.

Insoweit die kommunalen Organe lediglich staatliche den

Gemeinden übertragene Aufgaben erfüllen, kann nicht von Kommunalpolitik die Rede sein. Sie beginnt erst mit dem sogenannten „eigenen Wirkungskreise“, wie ihn die staatliche Gesetzgebung umschreibt. Wieweit er sich durch freiwillige Übernahme von Pflichten erweitern kann, ist eine Angelegenheit des positiven Rechts, sowie der geschichtlichen und wirtschaftlichen Entwicklung. Die Grenzlinien zwischen der staatlichen und kommunalen Verwaltung sind flüssig und deshalb auch diejenigen zwischen der staatlichen und kommunalen Politik. Zeitweilig gehört ein Gegenstand zu dieser, bald zu jener; die Entwicklung der Dinge führt aber dazu, immer mehr Aufgaben den kommunalen Lebenskreisen zuzuführen, so daß bereits von einer „fortschreitenden Kommunalisierung des Lebens“ gesprochen wurde, d. h. davon, daß in zunehmendem Maße Aufgaben auf das Gemeinwesen übertragen werden, die bisher von den einzelnen erfüllt wurden und daß in zunehmendem Maße andere Gemeinwesen durch die Gemeinden entlastet werden [127]. „Unter dem Einflusse der großen Errungenschaften auf dem Gebiete der Naturwissenschaften und Technik, der vermehrten Erkenntnis sozialer Mißstände, der ihr Rechnung tragenden Reichs- und Landesgesetzgebung, nicht zuletzt auch der bei steigendem Wohlstande fortgesetzt steigenden Ansprüche aller Bevölkerungsschichten haben die letzten zweieinhalb Jahrzehnte eine Vermehrung wie auch Vertiefung der Selbstverwaltung mit sich gebracht, wie kaum je zuvor. Ja es kann geradezu von einem wetteifernden Drängen der öffentlichen Meinung auf die Übernahme immer neuer, auch bisher mehr oder weniger nur privater Tätigkeit überlassener Geschäftsgebiete durch die Selbstverwaltung gesprochen werden“ [128].

Wie der Staat, so setzt auch die Gemeinde ein bestimmtes Gebiet voraus und an dieses knüpfen sich notwendigerweise politische Erwägungen und Ziele. Historisch erwächst eine bestimmte Gemeinde auf einem gegebenen Raume, engt sich ein oder, wie das überwiegend der Fall ist, dehnt sich aus über ihr ursprüngliches Weichbild und schafft einen Interessenzusammenhang zwischen dem ursprünglichen Kerne und dem sich allmählich erweiternden Gebiete; ja sie greift notwendigerweise häufig genug darüber hinaus, wie dies die Vororte der großen und die dörflichen Fabrikanlagen der Industriestädte auf das deutlichste zeigen. Es ergibt sich auch eine kommunalpolitische Bestrebung entweder auf Eingemeindung der vorläufig noch außerhalb des Stadtgebietes liegenden Ortschaften, die schon längst in wirtschaftlicher Beziehung zu dem Mittelpunkte des Stadtwesens gehören, oder aber auf Schaffung von Zweckververbänden, die, ohne die volle Summe der kommunalen Tätigkeit zu erreichen, sich vielmehr von vornherein auf bestimmte einzelne Aufgaben beschränken, wie z. B. Wege-, Schule-, Kirchen-, Verkehrs- und Beleuchtungswesen und dergleichen mehr. Solchen auf Erweiterung der Grenzen gerichteten kommunalpolitischen Bestrebungen steht aber sehr häufig eine Fülle von Interessen außerhalb der Stadt, die sich vergrößern will, gegenüber; erfahrungsgemäß ist auch innerhalb eines konservativ gerichteten Abgeordnetenhauses nicht allzuviel Neigung vorhanden, die Vergrößerung der Stadtgebiete zu fördern. Jedenfalls liegt auf diesem Boden ein ganz außergewöhnlich wichtiges Problem, zumal es mit einer Reihe anderer Fragen zusammenhängt, so mit der Entwicklung des Verkehrswesens, der hygienischen Verhältnisse, der Gewerbeförderung durch Elektrizitätsanlagen und dergleichen, die sämtlich entweder überhaupt oder in ausreichendem Maße nur entwickelt werden können, wenn sie auf der breiten Grundlage eines großstädtischen Gemeinwesens ruhen.

Je umfassender eine Stadtgemeinde, je größer ihre kaufmännische und industrielle Bedeutung wird, desto stärker wirkt sie auch aus auf das jenseits ihrer Grenzen liegende Land, das sich ihrem Einflusse schwer entziehen kann und andererseits durch seine vielfach anders geartete insbesondere landwirtschaftliche Struktur zu ihr in einen Gegensatz gerät, dessen Ausgleichung nicht nur ein staats-, sondern auch ein kommunalpolitisches Problem für sich darstellt. Zu einem solchen wird auch die schon gedachte Frage des Verkehrs. Nicht nur handelt es sich um die häufige, billige und ununterbrochene Verbindung zwischen den verschiedenen Teilen einer und derselben Gemeinde, um die das Wohnungswesen fördernde Ausdehnung des Verkehrsnetzes bis in die äußersten Peripherien des noch wenig bebauten Landes, sondern auch um die Verbindung zwischen Stadt und Dorf, auch die Herstellung eines Zwischengliedes zwischen mehreren Hauptendpunkten, vielfach um eine Unterstützung und Ergänzung der staatlichen Verkehrs- und Transportmittel. Auch das Beleuchtungswesen ist, besonders seit dem durch die Technik die weite Räume überwindende Beförderung von Beleuchtungsstoffen sich ermöglicht hat, eine kommunalpolitische Frage ersten Ranges geworden; sie zeigt sich am besten in den elektrischen Überlandzentralen, die in dem Mittelpunkte einer Gruppe von Gemeinden geschaffen, diesen allen und auch darüber hinaus auf viele Meilen hinweg elektrische Energie zuzuführen und dadurch imstande sind, auch im entlegensten Orte die modernste Beleuchtung zu erzielen, hierdurch Arbeitsmöglichkeiten zu erweitern, darüber hinaus Elektrizität als Kraftstrom zur Unterstützung der gewerblichen Tätigkeit abzugeben.

Nahe verwandt sind die Fragen der kommunalen Armen-, Kranken- und Wohlfahrtspflege. Von den Beziehungen des Armenwesens zur Politik ist schon einmal ausführlich gehandelt worden [129]); hier soll daran erinnert werden, daß sich mit dem Ausgange des 19. Jahrhunderts auch die Bestrebungen zeigten, vorbeugende Maßregeln aller Art zur möglichsten Verhütung wirtschaftlicher und körperlicher Not einzuführen. „Dazu galt es einerseits, überall möglichst persönliche Fühlung mit den Hilfsbedürftigen, sei es durch ehrenamtliche Armen- und Waisenpfleger und -Pflegerinnen, sei es durch Fühlungnahme mit weltlichen oder religiösen Wohltätigkeitsorganisationen zu gewinnen. Andererseits wuchsen so dem Gebiete der Armenpflege weite neue Gebiete der Wohlfahrtspflege hinzu. Krippen und Säuglingsheime, Kinderasyle und Kinderhorte, Jugendschutz und Fürsorgeerziehung, Erholungsheime für Kinder wie für Erwachsene, Tuberkulose- und Trinkerheilstätten mögen nur einige der hauptsächlichsten Bestrebungen andeuten, die mehr oder weniger ausschließlich zu neuen umfassenden Arbeitsgebieten der Selbstverwaltung geworden sind und auf denen sie vielfach mit vorbildlichen Schöpfungen im Dienste der leidenden und pflegebedürftigen Menschheit vorgegangen ist. Solchen Bestrebungen nahe verwandt sind die mannigfachen Maßregeln im Interesse der allgemeinen Fürsorge für die arbeitende Klasse ... Es sei hier nur auf Veranstaltungen wie Arbeiterschutz- und -Wärmehallen, Volksküchen, Volksheime, Rechtsauskunftsstellen, Arbeitsnachweise, die Beschaffung von Arbeitsgelegenheit für Arbeitslose, ja die mannigfachen Versuche mit der Schaffung einer Arbeitlosenversicherung hingewiesen"[130]). All dies hängt mit der schon angedeuteten Sozialpolitik der Gemeinden nahe zusammen. In ihren Bereich gehört auch die Fürsorge für die geistige Ausbildung und Versorgung der Bevölkerung. An erster Stelle steht das öffentliche Schulwesen, dessen schon mehrfach gedacht worden ist[131]).

Es handelt sich keineswegs nur um die allgemeine Volksschule, sondern auch um die Mittelschule und höhere Schule, ja um Schaffung von Hochschulen, deren sich die Städte in wachsender Zahl für die Erfüllung ihrer kulturellen Aufgaben bedienen. Dazu kommen besondere Einrichtungen für Handarbeits-, Handfertigkeits- und Werkunterricht, Koch- und Haushaltungsunterricht, Sonderklassen für Schwachbefähigte, Hilfsschulen, Schulärzte und Waldschulen, des weiteren dient zur geistigen Fürsorge die Einrichtung von Volksbibliotheken, Lesehallen und Stadtbüchereien. Die Gründung von Museen, Veranstaltung von Volksvorstellungen, volkstümlichen Musikaufführungen und die Erziehung zur Kunst durch Führungen, sie sind sämtlich Gegenstände der kommunalen Sozialpolitik. Das ausgedehnte gewerbliche Fortbildungsschulwesen, dem für die Erweiterung der Volksbildung auch für die Zukunft eine große Aufgabe beschieden ist, gehört in diese Gruppe. Noch zu erwähnen sind die gewerblichen Fachschulen aller Art, Baugewerks-, Handwerker-, Maschinenbau-, kunstgewerbliche, keramische, Weberei-Schulen für die Hebung der wirtschaftlichen Tüchtigkeit aller erwerbenden Berufsstände. In anderem Zusammenhange war schon von der Wohnung und Wohnungspolitik die Rede, mag sie sich im Grundstückserwerb, in der Überlassung von Grund und Boden auf der Grundlage des Erbbaurechtes zeigen, oder Wohnungsfürsorge, Wohnungsvermittlung,

Wohnungsaufsicht heißen und durchführen. Wiederum in das Fahrwasser der Kommunalpolitik in engerem Sinne führt das Finanzwesen, dessen verfassungsrechtlich gegebene und verwaltungsmäßig ausgebildete Beziehungen zu Staat und Reich uns bereits bekannt geworden sind [132]). Immer größere Bedeutung gewinnen dann die Gemeindebetriebe, d. h. die Übernahme von gewerblichen Produktionsvorgängen durch die Gemeinden, aber auch gewisse Vermittlertätigkeiten rein kaufmännischer Art. Hier ist etwa zu denken an die städtischen Verkehrs-, Bau- und Siedlungsunternehmungen. Die Nahrungsmittelversorgung während der Kriegszeit beleuchtet ein nahverwandtes Gebiet. Der Versuch, die durch öffentlichrechtliche Körperschaften ins Auge gefaßten wirtschaftlichen Unternehmungen in Gemeinschaft mit privatem Kapital durchzuführen, erinnert uns an die sogenannten gemischtwirtschaftlichen Unternehmungen, über deren zukünftige Gestaltung freilich die Meinungen mehrfach auseinandergehen. Zu den Gas-, Wasser- und Kanalisationswerken treten in den Gemeinden schon häufig die Schlacht- und Viehhöfe, Elektrizitätswerke, Hoch- und Untergrund-, Vorort- und Schwebebahnen, Hafenanlagen, Hypothekenanstalten, Badeanstalten, Theater, Konzert- und Gesellschaftshäuser, Apotheken, Weinberge, Weinkellereien usw. Mit Recht hat man gesagt, daß grundsätzlich kein Gegenstand privaten wirtschaftlichen Getriebes von der Selbstverwaltungswirtschaft ausgeschlossen ist. Die Tendenz, durch die Kriegszeit verschärft, drängt auf eine immer stärkere Erweiterung des kommunalen Betätigungsfeldes hin. Die Grenzen des „Gemeindesozialismus“ sind nur in beschränktem Maße rechtliche. Es handelt sich hier um dasselbe grundsätzliche Problem wie beim Staatssozialismus, dessen relative Lösbarkeit weniger auf dem Gebiete der Gesetzgebung, als auf dem der Verwaltung gegeben ist, wobei die das betreffende Zeitalter beherrschenden Grundanschauungen über das Verhältnis von Gemeinschaftsaufgaben und Einzelbetätigungen, die Zurückdrängung oder das zielbewußte Vorwärtsdrängen des Individuums entscheidend sind.

Endlich mag aus dem Fragenkreis der Kommunalpolitik

noch an die Gruppe der Zweifel erinnert werden, die sich hinsichtlich des Verhältnisses von Staatsgewalt und Selbstverwaltung allezeit auftun. Die Art, das Maß und die Häufigkeit der Staatsaufsicht stellen nur einen der Maßstäbe dar, nach denen sich das Verhältnis der größeren souveränen Gemeinschaft zu der ihr stets eingegliederten nichtsouveränen Kommune zu richten pflegt. Darüber hinaus handelt es sich aber um die, ebenfalls nach der jeweiligen Kultur- und Staatsauffassung verschiedene Bemessung der freien Betätigung der Selbstverwaltungskörper in und gegenüber dem Staate und um denjenigen politischen und wirtschaftlichen Spielraum, den der Staat den Kommunen einzuräumen für richtig findet. Die politische Frage ist daher je nach dem Standpunkt, der für die über- oder eingeordnete Körperschaft eingenommen wird, ein jeweils verschiedener, obwohl sich die beiderseitigen Bestrebungen sehr wohl an einem Punkte treffen können, ja treffen müssen, um die Möglichkeit eines für die ganze Nation notwendigen Auskommens mit einander zu finden. Schon in den Betrachtungen über die Reform der Staatsverwaltung[133]) war auf die Forderung einer Beschränkung der Staatsaufsichtsbefugnisse gegenüber den Gemeinden hingewiesen worden. Jene Reformgedanken beziehen sich aber auch noch in einem anderen Sinne auf die Kommunen, nämlich in dem, daß auch in diesen die Formen und die Funktionen der Verwaltung einer stetigen Überprüfung und folgerichtigen Verbesserung bedürfen, so daß man ebenso wie von einer Reform der Staatsverwaltung auch von einer Reform der Kommunalverwaltung reden kann und reden muß. Die mannigfach sichtbaren Ansätze zur Übernahme vieler ungünstiger Seiten des bürokratischen Verwaltungsorganismus müssen möglichst beseitigt werden. Es hat das kommunale Wesen diejenige Leichtigkeit und federnde Spannkraft vorbildlich in seiner Verwaltung zu zeigen, die ihm wegen der verhältnismäßig leichteren Übersichtlichkeit seiner Aufgaben in einem gegenüber dem Staate erheblich kleineren Gebiete und auch angesichts der freiheitlicheren Formen der Selbstverwaltung durchaus möglich erscheint.

XXXII.

Endlich war von der Politik für bestimmte Gesellschaftsklassen die Rede. Es ist hier eine doppelte Stellungnahme möglich. Entweder handelt es sich um die Gesellschaftsklassen nur als Gegenstand der Politik, dann wird hier wohl kaum etwas anderes als eine staatliche oder gemeindliche in Frage kommen können; alle bereits herangezogenen Beispiele zeigen ja, daß die politische Betätigung sich zwar grundsätzlich allen Kreisen und Schichten des Volkes gleichmäßig zuwenden will und soll, daß aber, bei der vorhandenen mannigfach abgestuften sozialen Schichtung, kein politisches Gebiet der Sonderbehandlung bestimmter Gruppen, also etwa der Arbeiterklasse im engeren Sinne, des Mittelstandes, des Privatbeamtentums usw. entbehrt. Andererseits kann aber auch von einer Politik die Rede sein, bei der die Gesellschaftsklassen sowohl Subjekt als Objekt sind, wo also politische Bestrebungen mehr oder minder geschlossener sozialer Schichten bemerkbar werden und sich auswirken, die dann entweder diesen selbst, oder einer anderen Schicht in ihren Ergebnissen zugute kommen sollen. Das hauptsächlichste Beispiel hierfür bietet die Vertretung der arbeitenden Klasse einerseits in verschiedenen Parteien, wie der sozialdemokratischen, der christlichsozialen usw., andererseits in den Organisationen, insbesondere den Gewerkschaften; hier decken sich vielfach diejenigen Gesellschaftsklassen, die eine bestimmte Wirtschafts- und Sozialpolitik betreiben mit denjenigen, denen das Ergebnis der Bestrebungen zugute kommen soll. Allgemeine Richtlinien für solche politische Betätigung aufzustellen, ist kaum möglich. Die Reichhaltigkeit und Flüssigkeit der täglichen Erscheinungen wirft hier jedes System leicht über Bord. Doch hat dies für die Frage der Erkenntnis der politischen Probleme und für das Verständnis politischen Wesens keine abträgliche Bedeutung; denn in irgend einer Weise handelt es sich doch um dieselben Fragen, die auch von Staat und Kommune aufgeworfen und behandelt, erörtert und beantwortet zu werden pflegen.

Immerhin wird an dieser Stelle auch erkennbar, daß die

politischen Strömungen und Kräfte zwar vom Staate geweckt, benutzt und zu einem gewissen Ziele geleitet werden können und daß all dies auch für die Gemeinden ebenso zutrifft; daß aber die eigentliche Wiege der politisch wirksamen Vorstellungen zwar immer eine Einzelpersönlichkeit, die bestimmende Macht für die Durchsetzung als Tat jedoch stets die Zusammenfassung von Einzelpersonen in bestimmten gesellschaftlichen Gruppen, wirtschaftlichen Schichten, sozialen Zusammenhängen, vor allem aber auch in Parteien ist. Wenn man daher von Parteipolitik redet, so muß man dessen bewußt bleiben, daß hier die Gemeinschaft politisch Gleichstrebender bezeichnet ist, die sich entweder in rein politischer (verfassungsmäßiger) oder in wirtschaftlicher, sozialer, religiöser, allgemein kultureller Richtung auswirken will. So weisen uns diese auf die Klarlegung des Wesens und des Inhalts der Politik gerichteten Erwägungen hin auf den gesellschaftlichen Ursprung der politischen Zusammenschlüsse und Gebilde, sie weisen in die Richtung der Masseninstinkte, Massengefühle und Massenauffassungen. Geläufiger ist es hier, von der öffentlichen Meinung zu reden. Auf all diese menschlich-seelische Elemente des politischen Geschehens und Wirkens wird nicht genug geachtet. Hier zeigt sich, daß an der Stelle, bei der für uns die Betrachtungen über die Klarstellung der inneren Politik ausklingen, sich schon ein Problem erhebt, dessen psychologische Unterlage noch wenig bekannt ist und das dennoch in engstem Zusammenhange steht mit der Aufgabe, die politischen Erscheinungen einem immer größeren Kreise von Staatsbürgern begreiflich zu machen, sie an ihnen zu tiefst zu interessieren und damit das Gemeinschaftsleben zu erhöhen und zu bereichern.

Wir durchschritten alle Gebiete der Verwaltung bis auf eine einzige, die uns alle diese Grundfragen und Schwierigkeiten in buntester Mannigfaltigkeit zeigt. Zu ihr, der auswärtigen Politik, wollen wir uns, in dem beschränkten Rahmen unserer Ziele, nunmehr wenden.

Dritter Abschnitt

Von den Gegenständen der auswärtigen Politik

I.

Die Brücke, die innere und äußere Verwaltung verbindet, wird durch die Betrachtung des völkerrechtlichen Verkehrs der Staaten geschlagen.

Man hat vor noch nicht langer Zeit erkannt, daß es staatliche Tätigkeiten gibt, die weder Gesetzgebung noch Rechtsprechung noch auch Verwaltung sind. Das gilt vor allem für die Kriegführung. „Wenn der Staat seine Heere dem Feinde entgegenwirft zur Verteidigung des Vaterlandes, Menschenleben massenweise vernichtet und Städte zerstört, den friedlichen Bevölkerungen Kriegsleistungen auferlegt, so ist das die kraftvollste Verfolgung seiner Zwecke, aber ist weder Gesetzgebung noch Rechtspflege, aber auch keine Verwaltung. Nicht unser Recht, sondern das Völkerrecht gibt auch dieser Tätigkeit des Staates die äußere Regelung.“ [134]) Daß der Staat hiermit aus dem Bereiche der Rechtsordnung überhaupt heraustritt, ist natürlich nicht richtig, wohl aber daß er dies tut aus dem Bereiche der Rechtsordnung, die nur für sein eigenes Gebiet gilt. Dagegen haben sehr wohl auch für die Kriegführung Rechtssätze, die auf Gewohnheitsrecht oder Vertrag beruhen und internationalrechtlicher Art sind, Bedeutung. Man begegnet oft genug einem ironischen Lächeln, wenn man in diesem Weltkrieg ernsthaft vom Völkerrecht spricht. Ist es nicht tausendfach verletzt worden? Hat man nicht zutreffend von seinem Zusammenbruch gesprochen? Gibt es nach den furchtbaren Erlebnissen dieser Zeit auch nur den Schimmer einer Hoffnung auf eine Stärkung des Völkerrechts und auf seine tatsächliche Achtung? Wo nehme man die Bürgschaft her, daß es nicht bei jedem neuen Anlaß die verachtungsvoll beiseite geschleuderte Maske des brutalen Mächtigeren werden würde? Es vergeht kein Tag, an dem nicht darüber geklagt wird, daß bald dieser bald jener Satz des Völkerrechts von den Feinden Deutschlands mißachtet wurde, an dem nicht die Klage darüber erschallt, daß es notwendig wurde, Vergeltung zu üben. Seltsam aber, daß gleichwohl keiner der Staaten zugibt, das Völkerrecht gebrochen zu haben, immer soll es der andere Staat gewesen sein; keiner will es dulden, willkürlicher Brecher dieses Rechts gescholten zu werden. Bei allem berechtigten Pessimismus über die Gestaltung der Zukunft schwingt doch der Trost mit: Wie eigenartig muß die Macht dieses Völkerrechts sein, wenn man es zwar zu kränken sich nicht scheut, hierfür aber nur äußerste angeblich nationale Lebensnotwendigkeiten zur Entschuldigung gelten läßt. Es dämmert in den Köpfen, daß es doch nicht eitel Spiel der Winde sein kann, was im Grunde aller Dinge das Völkerrecht ausmacht. Je zwiespältiger die öffentliche Meinung, je unsicherer auch die Stellungnahme der Gebildeten, selbst der engeren Fachmänner, desto notwendiger scheint es, einen festen Standpunkt zu gewinnen. Das ist nur bei ruhiger wissenschaftlicher Besinnung und nach objektiver Wertung der Tatsachen möglich. Zu jener sind wir heute schon vollauf in der Lage, zu dieser wenigstens in weitem Umfange.

Was ist zunächst Völkerrecht? Es ist die Gesamtheit derjenigen auf Gewohnheit und Vertrag beruhenden Rechtsregeln, die für den Verkehr der zur zivilisierten Völkerrechtsgemeinschaft gehörenden Staaten maßgebend sind. Diese Begriffsbestimmung bedarf einer Auseinanderlegung. Zunächst wird in ihr behauptet, daß das Völkerrecht Recht sei. Der Streit, ob dies zutrifft, ist sehr alt. Ganz geschlichtet wird er kaum jemals werden, solange man nicht über das Wesen des Rechts eine Übereinstimmung erzielt. An ernsthaft zu nehmenden wie an nutzlos widersprechenden Stimmen fehlt es bei keiner großen Frage des öffentlichen Lebens. Doch kommt es nur darauf an, was der überwiegende Teil der Kulturmenschheit durch diejenigen, die das Recht schaffen und wahren, klarstellen und durchführen, unter der Herrschaft sachlicher Erwägungen als seine Überzeugung bekennt. Auszugehen ist von dem Gedanken, daß nur der Rechtsbestand der Gegenwart zugrunde gelegt werden kann, also im wesentlichen nur der geistige Besitz des 19. und 20. Jahrhunderts maßgebend ist. Somit schaltet die im klassischen Altertum herrschende Idee: zum Recht sei staatlicher Zwang nötig, für uns als innerlich nicht begründet ebenso aus, wie das Urteil von großen, an die Auffassung ihrer Jahrhunderte gebundenen früheren Schriftstellern, etwa des Hobbes und Pufendorf. Ob heutiges Völkerrecht Recht ist, lediglich dies steht zur Erörterung. Was ist aber nun Recht, wenn sein Wesen nicht in staatlich erzwingbarer Ordnung besteht? Es ist die von der Gemeinschaft gewollte Ordnung und Abgrenzung der Lebenskreise der einzelnen und der Verbände. Es ist, wie es Radbruch nach Auseinandersetzung mit gegensätzlichen Auffassungen formuliert, Gemeinschaftsregelung. Stammler begreift unter dem Recht „das unverletzbar selbstherrlich verbindende Wollen“[135]). Nach meiner Meinung beruht das Recht auf dem Willen der verfügungsfähigen Einzelpersonen und der Gemeinschaft. Es ist kein Recht denkbar, das die Gemeinschaft, für die es gelten soll, nicht will. Dieser Wille gibt sich auf verschiedene Weise kund. So durch die Volksvertretung, wo sie, was doch die herrschende Regel, zur Mitwirkung bei der Gesetzgebung berufen ist. Er zeigt sich daher in dem geschriebenen Rechte, dem Gesetze, mag auch bei dessen Zustandekommen die Mitwirkung des Staatsoberhauptes nicht fehlen. Auch Staatsverträge schließen nur die verfassungsmäßig hierzu berufenen Organe des Gemeinwesens. Wo aber Gewohnheitsrecht in die Erscheinung tritt, ist die Ausschaltung der Gemeinschaft oder ihrer einzelnen beteiligten Kreise schon begrifflich unmöglich. Ein dem sittlichen Gefühl, der religiösen Empfindung, einer festgewurzelten Sitte und einem zweifellosen Ehrbegriff widersprechendes Recht ist mit keiner Macht der Welt dauernd aufrecht zu erhalten oder gar durchzusetzen. Im Rechte liegt Macht, das Recht ist aber seinem Wesen nach nicht brutale Gewalt, sondern Gemeinschaftswille. Dieser Wille wird zum Teil durch die in der Staatsgewalt organisierten Vertreter des Volkes mit bindender Kraft ausgesprochen, also durch Gesetz, zum Teil durch die in dem Volke selbst wirksamen rechtbildenden Kräfte unmittelbar geschaffen. Staatlichem Gebote zuwider-

zuhandeln ist unerlaubt, nicht weil das Recht Gewalt, sondern weil es von der Gesellschaft gewollt ist. Es bleibt Recht, auch wenn es nicht mit Gewalt durchgesetzt wird. „Erzwingbarkeit“, sagt Otto Gierke, „gehört nicht zu den Begriffsmerkmalen des Rechts. Schlechthin erzwingbar sind zuletzt die meisten Rechtssätze überhaupt nicht, da überall, wo ein Tun gefordert wird, der Zwang am unbeugsamen Starrsinn des Verpflichteten scheitern kann; immer kann nach einer Rechtsverletzung der Zwang sich nur auf Ersatz oder Strafe richten, niemals das Geschehene, das nicht hätte geschehen sollen, ungeschehen machen[136])
Gewiß, die Erzwingbarkeit des Rechts ist seine hauptsächlichste Begleiterscheinung und innerhalb eines einzelnen Staates ist eine große Zahl von Rechtssätzen der zwangsweisen Verwirklichung unterworfen. Aber zum Wesen des Rechts gehört der Zwang aus folgenden Gründen nicht:

Er kann erst eintreten, wenn sich jemand in seinem Rechte verletzt fühlt oder wenn der Rechtsbruch geahndet werden soll. Folglich muß das Recht schon fertig, vorhanden sein, wenn die Durchsetzung im einzelnen in Frage steht. Täglich gibt es Millionen Fälle bei Kauf- und Verkauf,- Miet-, Dienst- und Werkverträgen usw., in denen Rechtssätze zur Anwendung kommen, ohne daß Zwang angewendet wird, wo sich vielmehr Verkehr und Handel nach den von den Staatsangehörigen anerkannten Rechtssätzen friedlich regelt. Wie gering ist — mag sie absolut genommen beträchtlich sein — im Verhältnis zu den abgeschlossenen Rechtsgeschäften die Zahl derjenigen, die erst nach einem Streite, nach Anrufung des Richters, nach erfolgter Zwangsvollstreckung ihre Erledigung finden!

Sodann gibt es Rechtssätze ohne Erzwingbarkeit in Hülle und Fülle: Es sind das die sogenannten unvollständigen Gesetze des Privatrechts; hierher gehört auch der Fall des strafrechtlich unverantwortlichen Monarchen, so daß hier die Unwirksamkeit des Strafrechts ihm gegenüber hervortritt. Die begriffliche und sachliche Unmöglichkeit, über den verfassungsrechtlich höchsten Instanzen noch höhere zu setzen, zeigt, daß Verfassungsvorschriften verletzt werden können, daß aber ihre Befolgung nicht erzwingbar ist. Daß ein an sich möglicher Zwang gleichwohl unwirksam sein, das Recht nicht verwirklicht werden kann, zeigt sich aber auch in allen Fällen, in denen in bürgerlichen und Verwaltungs-Rechtsstreitigkeiten die Zwangsvollstreckung fruchtlos ausfällt oder in kriminellen Fällen sich der Schuldige der Strafverfolgung oder Strafvollstreckung mit Erfolg entzieht.

Die Vorstellung des Rechts als einer staatlichen Zwangsnorm ist dem Anschauungskreise des Einzelstaats entnommen und beweist, daß der Blick sich nicht eingestellt hat auf die Rechtshervorbringung der mehrere Staaten umfassender Gemeinschaften. Wie das Gewohnheitsrecht, die Observanz, der Gerichtsgebrauch kein staatlich gesetztes Recht bedeutet — die Auffassung, der Staat dulde dieses Recht bloß, ist eine längst allgemein aufgegebene Fiktion —, so ist Recht, wenn auch nicht staatliches, das der katholischen Kirche und das von mehreren staatlichen Gemeinschaften gemeinsam gewollte Recht. Es ist die von einer Gemeinschaft gewollte Ordnung. Jeder Staat ist eine Gemeinschaft, aber nicht jede Gemeinschaft ist ein Staat. Sie kann geringer, sie kann größer sein als er.

Die Aufgabe der Rechtsordnung ist, jedem das Seine zu gewähren, die Lebenskreise der einzelnen und der Verbände abzugrenzen, die in dem Zustande der Rechtlosigkeit herrschende rohe Übermacht zu hindern und ein Gleichgewicht der Kräfte, der Befugnisse und Pflichten, herbeizuführen. Es handelt sich um eine gewollte Ordnung. Deshalb wird sie natürlich überall mit der Absicht der Geltung aufgerichtet; durch irgendeine äußere Macht soll das, was die Gemeinschaft will, gegenüber dem einzelnen sich ihr Widersetzenden ausgeführt werden. Aber die rechtliche Ordnung verliert diese ihre Eigenschaft nicht, weil es zuweilen an der Durchsetzbarkeit mangeln muß, wie z. B. bei Rechtsverletzungen durch oberste Staasorgane, oder weil die sich gegen den Gemeinschaftswillen auflehnende Gewalt stärker ist als der Gemeinschaftsgeist. Der Geltungswille gehört zum Rechtsbegriff, die tatsächliche Zwangsnotwendigkeit gehört nicht zu ihm. Selbst dort, wo der Geltungswille sich durchsetzt, braucht er keineswegs des staatlichen zwingenden Armes sich zu bedienen. Gesellschaftliche, bürgerliche, berufliche und Standesachtung, Stellungnahme der öffentlichen Meinung, etwa in der Presse, drohende Schädigung eigener Interessen sind in der Gegenwart ebenso viele Mächte, die den einzelnen zur Befolgung von Rechtsregeln der Gemeinschaft bewegen.

Dieser Auffassung vom Recht entspricht das heutige Völkerrecht.

Zunächst gewinnt hier der Satz erhöhte Bedeutung, daß staatliche Autorität zur Schaffung des Rechts nicht unbedingt notwendig ist, daß die Kraft der Rechtssatzung auch innerstaatlichen und überstaatlichen Gemeinschaften innewohnt. Letztere entstehen erfahrungsgemäß durch Zusammenfassung von Staaten gemeinschaftlichen Interesses für einzelne oder eine Mehrzahl von Angelegenheiten. Religiöse und sittliche Ideen, Kunst- und Wissenschaft, nicht minder Landwirtschaft, Industrie und Handel, Verkehr zu Wasser und zu Lande, Post- und Telegraphenverkehr, Urheber-, Waren-, Musterschutz usw. schaffen zahllose gemeinsame Interessen der Staaten oder Interessen der Staaten an einer Verbindung mit den anderen. Der geistige und wirtschaftliche Bestand des heutigen Gemeinwesens ist auf einem Austausch von Ideen und Waren im weitesten Sinne aufgebaut. Auf die Dauer ist keines in seiner vollständigen Vereinzelung lebensfähig. Zahllose Einrichtungen und Formen bilden die äußeren, in die Erscheinung tretenden Beweise, vom Gesandtschafts- und Konsularrecht angefangen bis zum internationalen im Haag einzurichtenden Prisengerichtshof der jüngsten Zeit. Es besteht tatsächlich eine auf materieller und ideeller Grundlage ruhende Staatengemeinschaft, die ursprünglich nur die wichtigsten christlichen europäischen Staaten umfaßte. Seit 1783 traten die Vereinigten Staaten von Amerika, im 19. Jahrhundert die Staaten Süd- und Mittelamerikas hinzu, aber auch die christlichen Staaten in anderen Weltteilen. Seit Aufnahme Japans und der Sache nach auch der Türkei, Ende des 19. Jahrhunderts, ist die Beschränkung auf christliche Staaten aufgegeben worden.

Daß die Völkerrechtsgemeinschaft den Willen zur Ordnung und Abgrenzung der Lebenskreise der Staaten untereinander besitzt und daß zu diesem Behufe Regeln bestehen und anerkannt werden, ist unangefochtene Tatsache. Überall dort, wo nicht durch kriegerische Gewalt die Beziehungen der Staaten zueinander eine bestimmte Gestalt erhalten, sind es natürlich friedliche Maßnahmen, durch die man jedem das Seine in der unübersehbar großen Reihe der staatlichen Lebenserscheinungen zuzuweisen bemüht ist. Diese Aufgabe, durch Aufstellung bestimmter Regeln zu bewirken, schließt die Schaffung eines Teiles der Völkerrechtsnormen, nämlich der geschriebenen in sich, aber auch die seit Jahrhunderten entstandenen Gewohnheitssätze dienen demselben Zwecke. Ihre teilweise Unsicherheit und das mitunter feststellbare Fehlen fester Umrisse teilt dieses Gewohnheitsrecht mit dem des Einzelstaates, ohne daß ihm deshalb der Rechtscharakter abgesprochen worden wäre. Das geschriebene Völkerrecht ist aber auch von eindrucksvoller Reichhaltigkeit. Man denke etwa an die Pariser Seerechtsdeklaration vom 16. April 1856, die Haager Abkommen von 1899 und 1907 zur friedlichen Erledigung internationaler Streitfälle, über die Gesetze und Gebräuche des Landkrieges, die Behandlung der feindlichen Kauffahrteischiffe beim Ausbruch der Feindseligkeiten, über die Beschießung durch Seestreitkräfte in Kriegszeiten, die Genfer Konvention von 1906, die Londoner Erklärung über das Seekriegsrecht von 1909. Daß die Völkerrechtsgemeinschaft eine dem Einzelstaat entsprechende Organisation nicht hat, kann keineswegs gegen das Vorhandensein einer für den Rechtsbegriff erforderlichen Gemeinschaft sprechen, da das Vorhandensein einer solchen gleichwohl außer Zweifel steht. Übrigens bestehen schon bedeutende Organisationsformen, wie das durch die Haager erste Konferenz geschaffene Schiedsgericht, der Weltpostverein, andere internationale Verwaltungsgemeinschaften. Von einem Staatenverband der Haager Konferenzen hat bereits ein geistvoller Völkerrechtslehrer gesprochen (W. Schücking).

Daß die von der Völkerrechtsgemeinschaft herbeigeführten Ordnungen mit der Absicht auf rechtliche Geltung entstanden sind, daß die Beobachtung der Vorschriften nicht nur als internationale Höflichkeit oder Sitte angesehen werden sollte, ist durch die Natur mindestens der völkerrechtlichen Verträge, wenn nicht des Gewohnheitsrechts, erwiesen. Jene Vereinbarungen sind im Sinne unbedingter Wirksamkeit für die betreffenden Staaten beschlossen worden, ihre Verletzung bedeutet seit Jahrhunderten Rechtsverletzung, nicht Höflichkeitsverletzung. Vom Völkerrechtsbruch und nicht vom Bruch der Sitte ist die Rede, wenn ein Staat die Bestimmungen des Völkerrechts verletzt; z. B. wenn 1914 in dem gegen Deutschland geführten Kriege Rußland das Gesandtschaftsrecht verletzte, indem es die Ermordung eines deutschen Gesandtschaftsbeamten und die Zerstörung des Botschaftsgebäudes in Petersburg duldete, England und Frankreich, wenn sie den Sultan von Marokko zur gewaltsamen Entfernung des deutschen und österreichischen Geschäftsträgers in Tanger veranlaßten, wenn diese Staaten Dum-Dum-Geschosse bei der Kriegführung verwandten und wenn Belgien das Franktireurwesen ermunterte und organisierte. Als Belgien seinen Verbündeten Frankreich und England militärische Operationen schon vor Ausbruch des Krieges 1914 gestattete, hat es den Neutralitätsvertrag vom 19. April 1839 gebrochen, weshalb Deutschland seinen friedlichen Durchmarsch durch Belgien gegen volle Entschädigung erbat und nach Ablehnung seitens dieses Staates erzwingen mußte. Sofort hat das feindliche Ausland die scheinbare und nur formale Verletzung des Völkerrechts als eine materielle, unter Verschweigung ihrer Notwendigkeit, behauptet und gegen Deutschland als einen Rechtsbruch auszubeuten unternommen. Unendlich ist die Zahl der Völkerrechtsverletzungen auf dem Gebiete des Seekriegsrechts Englands beginnend mit dem Umsturz der Grundsätze des Blockade- und Bannwarenrechtes, fortgesetzt und nie endend in der Verletzung der Gebietshoheit neutraler Küstengewässer und des neutralen Seehandels, der sich unerhörte Plackereien, willkürliche Untersuchungen und Aufbringungen seiner Schiffe, Postraub und Schlimmeres gefallen lassen muß. Die Schandtaten gegen wehrlose Verwundete und Kriegsgefangene, die Verletzungen der Genfer Konvention, die Vernichtung der Selbständigkeit des neutralen Griechenlands — man findet bei der Aufzählung der Rechtsbrüche unserer Feinde kaum eine Grenze. Dies, obwohl die Rechtsnatur des Völkerrechts die Staaten des europäischen Kulturkreises in zahllosen Fällen feierlich und mit aller Bestimmtheit anerkannt haben; so auf dem Wiener und Pariser Kongreß in den Jahren 1815 und 1856, in den Genfer Konventionen 1864 und 1906, in den Haager Abkommen der Jahre 1899 und 1907, in der Londoner Seekriegsrechtserklärung 1909. Die Konsuln erhalten durch Staatsverträge das Recht, Verletzungen des „Völkerrechts" durch den Empfangsstaat zu rügen, den Schiedsrichtern wird aufgetragen „nach Völkerrecht" die Entscheidung zu fällen; die nationalen Gesetze enthalten (so in den „Delikten gegen das Völkerrecht") seine Anerkennung und die nationalen Gerichte (insbesondere Prisengerichte) bringen es zur Anwendung (v. Liszt).

Die Garantien des Völkerrechts sind in Ermangelung einer über den Staaten stehenden, diese unbedingt zwingenden Autorität nicht dieselben wie für das einzelstaatliche innere Recht, aber sie sind gleichwohl vorhanden. In erster Reihe steht hier das eigene Interesse der Staaten, die bei Völkerrechtsverletzungen Vergeltung und Schädigung zu erwarten haben. In zweiter Reihe liegen Garantien in den internationalen und Verkehrsverhältnissen und anderen Gesamtinteressen der zivilisierten Staatengemeinschaft, daher, nach einem Wort von G. Jellinek, die Verwaltungsverträge oft sorgfältiger von einzelnen Staaten beobachtet werden, als ihre eigenen Gesetze. Zu beachten ist auch, daß die einzelnen Staaten selbst immer wieder den Rechtscharakter des Völkerrechts betonen, dem Verletzer einen Makel vor der Öffentlichkeit anzuhängen suchen, ihre staatlichen Behörden mit Weisungen zu versehen pflegen, die Bestimmungen des Völkerrechts zu achten, ihre Angehörigen von völkerrechtswidrigen Handlungen in der Regel zurückhalten. Die häufige Verletzung völkerrechtlicher Verträge endlich kann ihnen den Rechtscharakter ebensowenig nehmen, wie z. B. dem bürgerlichen Rechte das Zuwiderhandeln gegen das Bürgerliche Gesetzbuch, dem Strafgesetz das täglich vorkommende kriminelle Handeln, von dem sowohl die Urteile der Gerichte, wie die Nachrichten über ungesühnte Verbrechen Kunde geben [137].

Mit der hier vertretenen Auffassung stehen auch fast ausnahmslos die jüngsten wissenschaftlichen Untersuchungen im Einklang. Völkerrecht ist nicht nur eine Frage der Zukunft [138], sondern der Gegenwart. Es ist freilich, wie Heinrich Triepel sagt, ein Recht von besonderer Art. Seine Regeln werden nicht von einer herrschenden Gewalt für Untergebene vorgezeichnet. Es ist kein Recht, das innerhalb eines organisierten Verbandes besteht. Es ist Recht zwischen Staaten, die gegeneinander unabhängig und von keiner übergeordneten Gewalt beherrscht sind ... Völkerrecht ist der Ausdruck eines von einer Staatengemeinschaft hervorgebrachten Gemeinwillens. An diesen ist der Staat gebunden, weil er an seiner Bildung durch Erklärung oder Billigung Anteil genommen hat; er fühlt sich daran gebunden, weil ihm in der völkerrechtlichen Norm, eben weil sie auch seinem Willen ihr Dasein verdankt, nicht ein schlechthin fremder, sondern auch sein eigener Wille entgegentritt. Auch zu dem Zwangsproblem nimmt dieser namhafte Völkerrechtslehrer Stellung. Der Zwang im Völkerrecht ist nicht derselben Art wie er dem staatlichen Rechte in der Urteils- und Vollstreckungsgewalt von richterlichen und Verwaltungsbehörden zur Seite steht. Im internationalen Leben können die Staaten ihr Recht nur durch Eigenmacht, durch Mittel der Selbsthilfe durchsetzen. Darin liegt eine von niemandem bestrittene Schwäche des Völkerrechts. Aber der Name Recht gebührt dieser Ordnung des Gemeinlebens, obwohl die Gewähr für ihre Durchsetzung eine geringere ist, als bei anderem Rechte. Gibt es doch auch innerhalb des Staates neben gut geschütztem Rechte schlecht geschütztes Recht, d. h. Normen, hinter denen wenig oder auch keinerlei Zwangsschutz steht. Auch das Staatsoberhaupt oder die Volksvertretung, die doch beide unter, nicht über dem Rechte stehen, kann man nicht zur Befolgung rechtlicher Gebote zwingen. Ein Recht hört deshalb nicht auf, Recht zu sein, weil es vielfach übertreten wird. Die staatlichen Gesetze, die den Diebstahl oder den Betrug oder die Beleidigung verbieten, werden tagtäglich hundertfach mißachtet, und nicht minder der privatrechtliche Grundsatz, daß ein Schuldner seinen Gläubiger zu befriedigen hat. „Sind solche Gesetze kein Recht? Man wird sagen: Gewiß sind sie das, weil sie sich in der Wirklichkeit doch schließlich bewähren; denn der Dieb wird ins Gefängnis gesperrt, der faule Schuldner vom Gerichtsvollzieher ausgepfändet. Allein auch heute noch gilt das Wort, daß die Nürnberger keinen henken, sie hätten ihn denn zuvor und beim vermögenslosen Schuldner ist auch durch die Zwangsvollstreckung nichts zu holen. Wo nichts ist, da hat bekanntlich selbst der Kaiser sein Recht verloren!"[139]) Conrad Bornhak[140]) geht zwar davon aus, daß das Recht sich von den verwandten Erscheinungen der Religion und Moral, die durch Glauben und Gewissen und der Sitte, die durch gesellschaftliche Rücksichten binden, nur durch die dahinter stehende Zwangsgewalt des Staates unterscheiden läßt. Doch fügt er gleich hinzu, man dürfe nicht meinen, daß das Recht in jedem einzelnen Falle, in dem man es anwendet, erzwungen werden müsse. Die Möglichkeit des Zwanges ist schon Zwang und Religion, Moral und Sitte drängen vielfach in derselben Richtung. Die meisten Menschen stehlen nicht, weil es ihnen durch Religion, Moral und Sitte verboten ist, und weil sie wissen, daß der Diebstahl bestraft wird. Wenn sie aber trotzdem stehlen, so kommt die staatliche Zwangsgewalt und steckt sie ins Gefängnis. Die Möglichkeit des Zwanges ist also von diesem Schriftsteller gefordert, von ihm aber doch das Völkerrecht als Recht anerkannt. Er begründet dies damit, daß der staatliche Rechtszwang freilich nicht im Zwange einer übergeordneten Gewalt, sondern in dem der Rechtsgenossen der Völkerrechtsgemeinschaft besteht. Mangels eines Überstaates ist dieser Rechtszwang der Rechtsgenossen der einzige Weg der zwangsweisen Verwirklichung des Völkerrechts. Aber dieser Rechtszwang ist eben ein staatlicher, weil die Rechtsgenossen Staaten sind. Als China sich um die Jahrhundertwende gegen das Völkerrecht, in dessen Gemeinschaft es aufgenommen war, auflehnte, zwangen es die europäischen Großmächte, die Vereinigten Staaten und Japan mit Heeresgewalt, sich wieder der völkerrechtlichen Ordnung der Dinge zu unterwerfen. Das Völkerrecht, die empfindlichste der rechtlichen Ordnungen, ist zwar leicht durch den Mächtigen zu zerbrechen, aber verletzbar ist schließlich alles Recht. Die größere oder leichtere Verletzbarkeit schließt den Charakter des Rechts nicht aus.

Zitelmann[141]) gibt in seiner geistvollen Darlegung zu, daß das Völkerrecht von allem bestehenden Recht das schwächste ist. Dies liegt sowohl in der Art seiner Bildung, wie in den Mitteln seiner Verwirklichung. Weil es die Beziehungen selbständiger, selbstherrlicher Staaten zueinander ordnen will, gibt es keine organisierte Gewalt, die zu seiner Befolgung zwingen könnte. „Selbst wenn ein unparteiischer Gerichtshof bestünde, der zu urteilen berufen wäre, was in einem völkerrechtlichen Streit Recht oder Unrecht ist, und wenn die einzelnen Staaten sich verpflichtet hätten, diesem Gericht sich zu stellen und seinem Spruch sich zu beugen: ein Zwang dazu würde doch fehlen. Hält sich der kriegführende Staat nicht innerhalb der Schranken des Völkerrechts, bricht er das Recht, so bleibt dem geschädigten Staat kein anderer Zwang, als ein solcher, den er selbst ausüben kann. Das ist das Mittel der sogenannten Repressalien“[142]). Aber auch dieser Gelehrte weist die Meinung zurück, daß das Völkerrecht kein wahres Recht sei; er anerkennt mit der überwiegenden Meinung der heutigen Wissenschaft, daß der Zwang durch eine übergeordnete Gewalt kein notwendiges Wesensmerkmal eines Rechtssatzes ist. Im Ergebnis leugnet auch niemand, daß das Völkerrecht verbindliche Kraft hat und „deshalb gilt es als Gewissenspflicht, als Pflicht der Ehre, aber auch als ein Gebot praktischer Klugheit, es zu wahren, sofern man nur nicht an den Vorteil des Augenblicks denkt, sondern weitsichtige, für lange Zeiträume berechnete Politik treiben will. Das Völkerrecht will ja doch nicht den Vorteil eines einzelnen Staates, sondern den aller Staaten; was es dem einen gibt, gibt es auch dem anderen; was es dem Staat an freier Bewegung nimmt, läßt es ihm auch an Schutz zuwachsen. Je stärker jene Gewissenspflicht empfunden, je klarer dieser Nutzen der rechtlichen Ordnung anerkannt wird, desto sicherer lebt das Völkerrecht“[143]). Auch Eltzbacher[144]), der wohl in dem Radikalismus der Beseitigung vieler bisheriger Rechtssätze des Völkerrechts am weitesten geht, bestreitet nicht seine Rechtsnatur. Gewiß müsse überstaatliches Recht auf staatliche Zwangsmittel verzichten. Wenn bei mächtigen Staaten starke Interessen dem bestehenden Völkerrechte zuwiderlaufen, sei die Gefahr sehr groß, daß ein Bruch des Völkerrechts erfolgt. Aber alles Recht hat auf früheren Stufen der Entwicklung die

Schwäche gehabt, wie heute das Völkerrecht. Das Recht sei älter als der Staat. Erst lange nachdem das Recht entstanden ist, treten besondere Einrichtungen zum Zwecke seiner Durchsetzung auf. Wenn es daher keineswegs zum Wesen des Rechts gehört, daß es durch staatlichen Zwang durchgesetzt werden kann, so ist es doch nicht minder richtiges Recht. Die Bedeutung des Rechts bestehe viel weniger darin, daß Rechtsverletzungen ausgeglichen, als darin, daß solche überhaupt verhindert werden. Die öffentliche Aufmerksamkeit lenkt sich auf das Recht allerdings in der Regel nur dann, wenn eine Rechtsverletzung vorliegt. Aber seine Hauptwirksamkeit entfaltet das Recht in den unzähligen Fällen, wo infolge seines Daseins die Verletzung unterbleibt. Die Bedeutung des Völkerrechts liegt darin, daß es auf den Willen der gewissenhaft geleiteten Staaten einen beständigen Druck ausübt, der die Verletzung verhütet, sodann aber auch darin, daß wenn das Völkerrecht doch einmal verletzt wird, dem verletzten Staat eine gewisse Aussicht auf diplomatische, unter Umständen auch militärische Unterstützung anderer Staaten sich eröffnet. Man muß natürlich noch weitergehen und verlangen, daß die zur Völkerrechtsgemeinschaft zusammengeschlossenen Staaten den auch zu einem Schadenersatze nicht bereiten Brecher des Völkerrecht in Zukunft gemeinsam zur Verantwortung ziehen. So viel ist aber auf alle Fälle klar, daß es bei ernsthaft zu nehmendem Denken keinem Zweifel begegnet, dem Völkerrechte die Eigenschaft des *Rechtes* zuzuweisen.

II.

Ist es aber nun, wenn das Völkerrecht Rechtscharakter hat, zutreffend, zu sagen, es sei gleichwohl keine wirkliche Macht mehr, es *war* einmal?! Darauf kann es nur *eine* Antwort geben: Solange internationale Staatengemeinschaften irgendwelcher Art in der modernen Staatenwelt heute bestehen und fürderhin sein werden, wird es niemals an einer *rechtlichen* Ordnung ihrer Beziehungen fehlen können. Deshalb müssen auch diejenigen, die meinen, der bisherige Bestand der Völkerrechtssätze sei umgestoßen, notwendig zu der Folgerung gelangen, daß nunmehr neue Rechtssätze zu schaffen sind. Darin liegt aber wieder das Anerkenntnis, daß irgendwelche Völkerrechtsregeln unentbehrlich und von allen Kulturstaaten zu beachten sind, daß nur ihr Inhalt einem Wandel, wie alles menschliche, unterliegt. Besonders kennzeichnend sind hier die Ideengänge von Eltzbacher[145]); der sicherlich vielen beherzt auf Neuerungen ausgehenden Menschen aus der Seele gesprochen haben wird. Dem törichten Ablehnen wie dem sinnlosen Verhimmeln des Völkerrechts gegenüber richtet er die Blicke mit realpolitischem Verständnis in die Zukunft und unternimmt den Versuch, die künftigen Richtlinien aus den wirklichen Tatsachen des Weltkrieges zu erkunden. Neues Völkerrecht ist nach seiner Meinung schon da, es braucht nicht erst in einer dritten Friedenskonferenz geschaffen zu werden. Überall, wo sich im Verhältnisse zwischen Staaten Rechtsgrundsätze herausgebildet haben, die die Beziehungen dieser Staaten zueinander regeln, sei Völkerrecht vorhanden; es könne durch Gewohnheit und durch revolutionäre Rechtsbildung außer Kraft gesetzt werden. Die Kriege haben sich immermehr verschärft, sie sind zu Vernichtungskriegen geworden. Das Völkerrecht habe bei dieser allmählichen Verschärfung des Krieges beiseite gestanden, es habe sie nicht zu hindern vermocht. Sie seien auch immer mehr aus einer bloßen Sache der Regierungen zu einer Sache der Völker geworden, sie werden nicht mehr bloß zwischen Heeren und Flotten, sondern zwischen den Völkern geführt mit der Einschränkung, daß unnötige Leiden der bürgerlichen Bevölkerung des feindlichen Staates zu ersparen sind. Der Krieg sei nicht nur tatsächlich, sondern auch völkerrechtlich aus einem Kriege der Waffen zu einem Völkerkriege geworden. Der gegenwärtige Umfang des Völkerrechts sei durch Verletzungen des bestehenden Völkerrechts eingetreten; unter diesen Rechtsverletzungen hebt sich eine besondere Art heraus, das ist diejenige, in der neue Rechtsgedanken zur Erscheinung kommen: man will die feindliche Volkskraft als die letzte Grundlage des kriegerischen Widerstandes brechen, die wirtschaftliche Kraft des Gegners lähmen, seine Forderungen nicht erfüllen, ihn vom Verkehr und von den Neutralen absperren und die seelischen Kräfte des feindlichen Volkes bedrücken. Der alte Grundsatz des Völkerrechts, daß der Krieg nur gegen die feindliche Waffenmacht, nicht gegen das feindliche Volk geführt werden darf, sei zusammengebrochen und zwar in revolutionärer Weise.

Diesen geistvollen Gedankengängen gegenüber muß aber folgendes festgehalten werden: Auch das zukünftige Völkerrecht muß vor allem Recht sein. Nicht gebilligt werden kann es, wenn den unzähligen Verletzungen des bisherigen Völkerrechts, das seinerzeit gerade mit Rücksicht auf die kommenden Kriege, also auch auf den jetzigen Weltkrieg, geschaffen worden war, wenn den gewaltsamen Verleugnungen einer das Völkerrecht auf den Kopf stellenden Praxis der Charakter des Rechts beigelegt werden soll. Davon, daß mehrere in den jetzigen Krieg verwickelte Staaten darin übereingekommen wären, bestimmte Rechtsgrundsätze nicht mehr zu achten, kann gar keine Rede sein. Wenn der Verletzung des Völkerrechts seitens eines Staates die Verletzung seitens eines anderen folgte, so liegt das entweder auf dem Boden der Tatsachen und kann deshalb nur Rechtsbeugung, nicht aber grundsätzliche Rechtsverneinung sein, wie ja die absichtliche und zeitlich erste Verletzung dem anderen Staate zugeschoben wird; oder auf dem Boden der Vergeltung und damit handelt es sich um einen Notbehelf im konkreten Falle, der die gewollte Aufhebung des betreffenden Rechtssatzes schlechthin ausschließt, ihn nur für den gegebenen Fall außer Übung setzt. Es fehlt in beiden Fällen die unentbehrliche Voraussetzung einer gewohnheitsrechtlichen Bildung, nämlich die aus dem Rechtsbewußtsein fließende Überzeugung der Nichtgeltung des Völkerrechtssatzes. Außer Gewohnheitsrecht kommt aber für das Völkerrecht nur Vertrag in Betracht. Auch eine vertragliche Außerkraftsetzung ist in diesem Weltkriege in keinem Punkte erfolgt. Es ist natürlich möglich, daß die Praxis des gegenwärtigen Krieges zu neuen Rechtsregeln führt, wenn die für eine der bezeichneten Rechtsquellen erforderlichen Momente sich einstellen werden. Bisher ist das aber nicht geschehen. Gewiß ist theoretisch zu unterscheiden zwischen Rechtsverletzungen, durch die kein neues Recht entstanden ist und solchen, in denen neuer Gemeinschaftswille zum Ausdruck kommt; der Beweis eines solchen Gemeinschaftswillens ist bis heute aber für die Zeit des Weltkrieges nicht geführt.

Eltzbacher versucht auch „Grundsätze des Völkerkriegs" zu umreißen. Der erste lautet dahin: Im Völkerkriege ist auf beiden Seiten das gesamte Volk beteiligt, die Beteiligung ist aber bei der Waffenmacht eine aktive, bei der bürgerlichen Bevölkerung eine passive, die ihr jede Anwendung von Gewalt untersagt. Im Landkrieg darf nur das Heer die Waffen führen, wobei allerdings Freischaren unter verantwortlichen Führern mit bestimmten Abzeichen und offen geführten Waffen als Bestandteile des Heeres gelten. Dagegen ist der bürgerlichen Bevölkerung jede Führung der Waffen zu Angriff oder Verteidigung untersagt. Ebenso muß es im Seekrieg beurteilt werden, wenn ein Handelsschiff auf ein feindliches Kriegsschiff, etwa ein Unterseeboot schießt oder es zu rammen versucht und es kommt nicht darauf an, ob dies zum Angriff oder zur Verteidigung geschieht. In dem einen wie in dem anderen Falle liegt kein durch Kriegsrecht gestattetes Handeln, sondern ein Verbrechen vor. Der zweite Grundsatz soll dieser sein: Die feindliche Waffenmacht darf auch in ihren kleinsten Teilen, dagegen darf die bürgerliche Bevölkerung des feindlichen Staates nur als Ganzes bekämpft werden. Dem einzelnen Angehörigen des feindlichen Volkes dürfen immer nur solche Leiden zugefügt werden, die dazu dienen, die Angriffs- oder Widerstandskraft des feindlichen Volkes im Ganzen zu brechen. Daher sind auch im Völkerkrieg Leben, Gesundheit, Ehre und Eigentum der Bürger geschützt. Der dritte Grundsatz endlich lautet dahin: Wie der feindlichen Waffenmacht, so dürfen auch der bürgerlichen Bevölkerung des feindlichen Landes Leiden nur zur Erreichung des Kriegszieles zugefügt werden. Dieser Satz gilt auch für den Kampf gegen die bürgerliche Bevölkerung, ja er ist in diesem Kampfe noch gesteigert. Von mehreren zur Erreichung des Kriegszieles geeigneten Mitteln, muß gegenüber der bürgerlichen Bevölkerung das mildeste gewählt werden[146]).

Dieser Versuch, Grundsätze des Völkerrechts aufzustellen, enthält große Gefahren. Denn die Schutzmaßnahmen, die dem

Kampf gegen die nicht zur Militärmacht gehörige Bevölkerung gesichert werden sollen, können nur sehr allgemein gefaßt werden. Welches der Bevölkerung zuzufügende Leiden zur Durchsetzung der Kriegsziele notwendig ist und welches nicht, kann schließlich niemand mit Sicherheit sagen. Objektive Maßstäbe fehlen hier durchaus. Für die Durchsetzbarkeit jener Maßnahmen in die Wirklichkeit der Dinge fehlt jede Bürgschaft; sie müßte in den meisten Fällen ihren Erfolg verfehlen. Die Idee Eltzbachers kommt schließlich heraus auf eine förmliche Anerkennung der Rechtsnatur eines die ganze Bevölkerung ergreifenden gegenseitigen Kampfes, womit eine Aufhebung aller kulturellen Eigenschaften des Völkerrechts, dessen Ziel die Humanisierung des Krieges ist, verbunden sein müßte. Die während des Krieges vorgekommenen Rechtsbrüche mit dem Mantel des Rechts zu bedecken, ist aber auch deshalb bedenklich, weil dann bei jedem neuen Kriege alle Kriegführenden mit Verachtung auf das vor seinem Beginn als geltend geachtete jüngste Völkerrecht herabsähen und es wieder zu brechen für befugt hielten; das ist die unentrinnbare Folgerung der Lehre, daß notwendigerweise jeder Krieg ein neues Völkerrecht zu schaffen hat. Natürlich würde es dasjenige sein, das der mächtigsten Kriegspartei am meisten zusagt. Sicher ist nur, daß das Völkerrecht der Zukunft sich an den Erfahrungen der Gegenwart wird orientieren müssen und daß es anders aussehen wird, als dasjenige vor 1914.

Aber auch von einem anderen Ausgangspunkte aus kann von einem Zusammenbruch des Völkerrechts derart, daß es sich nicht wieder als eine wirksame Macht des öffentlichen Lebens der Staaten erweisen könnte, keineswegs die Rede sein. Gegenüber volkstümlichen Irrtümern bedarf es einer Klarlegung über die besonderen Eigenheiten des Völkerrechts und einer Erklärung seines gewiß nicht zu leugnenden erheblichen Versagens während des Weltkrieges. Zunächst muß festgestellt werden, daß das Völkerrecht noch ein höchst unfertiges Recht darstellt. Es ist „ein junger, in seinen feineren Verzweigungen noch unausgebildeter Sprößling des Rechts. Groß ist das noch unbeackerte Feld, die Sphäre des Dürfens für die einzelnen Staaten, innerhalb deren kein völkerrechtliches Gebot ihr Tun einengt"[147]). Es ist nicht nur das Fremdenrecht in großem Umfange unsicher, nicht nur das Recht der unterseeischen Telegraphenkabel, gegen deren Zerstörung ein völkerrechtlicher Satz vor dem Weltkriege noch nicht bestand, sondern die Unfertigkeit des Völkerrechts zeigt sich auch in unzähligen anderen Punkten. Gerade weil der Krieg, trotz all seiner Greuel und Grausamkeiten im Verhältnis zu der Friedenszeit nur kurze Zeiträume hindurch zu dauern pflegt — alle Kriege des 19. und 20. Jahrhunderts haben dies bisher dargetan und auch der Weltkrieg zeigt nur eine scheinbare Ausnahme — sind die Völkerrechtssätze meist nur auf hypothetische Möglichkeiten eingestellt, denen dann die Wirklichkeit der Kriegszeit nicht ganz entspricht. Es ist möglich, sich über einzelne Vorschriften im Frieden zu verständigen, aber es ist nicht möglich, vorauszusehen, wie die Staatsregierungen und die Heeresleitungen zu einer, auch bei jedem anderen Rechte zulässigen Auslegung gelangen, wenn einmal der Krieg die Wirklichkeit der Dinge offenbar macht[148]). Ebensowenig kann während der Schaffung der Völkerrechtssätze, auch allerseits die beste Absicht vorausgesetzt, vorhergesehen werden, welche neuen rein tatsächlichen Verhältnisse während der Kriegführung entstehen und zu einer der Regelung noch nicht teilhaftig gewordenen Rechtslage drängen. So ist einerseits die immer stärkere Verleugnung des vor dem Kriege grundsätzlich anerkannten Blockade- und Bannwarenrechts durch England der Anlaß geworden zur äußersten Wehr seitens Deutschlands, das hierbei eine für den völkerrechtlichen Verkehr noch nicht bekannte Waffe, die Kriegs-U-Boote verwenden mußte. Unmöglich kann ein vor dem Kriege ausgestaltetes Völkerrecht ohne irgendwelche Änderung anwendbar sein in Zeiten des Krieges, in denen ganz andere Tatbestände in Frage stehen. Zu beachten ist aber weiter noch, daß insbesondere beim Seekriegsrecht nicht das Gesamtinteresse aller beteiligten Völker in dem bisherigen Völkerrechte zum Ausdruck kam, sondern dasjenige Interesse, das die beteiligten Regierungen als Allgemeininteresse ausgaben, das aber doch nur vom Standpunkte der Sonderinteressen der von ihr vertretenen

Völker aus gesehen war [149]). Da nun England bisher die beherrschende Seemacht war, konnte es nicht ausbleiben, daß einerseits die Völkerrechtssätze seinem Interesse in weitgehendem Maße entsprachen, daß es auf der anderen Seite aber sich bereits während des Friedens vorgesehen und Vorbehalte gemacht hatte, deren Geltendmachung während des Weltkrieges seine Verpflichtungen noch weiterhin verminderte. Es ist in diesem Zusammenhang vor allem daran zu denken, daß die Londoner Seerechtserklärung vom 26. Februar 1909 von England nicht ratifiziert worden ist, daß man ihm deshalb die Verletzung der in jener enthaltenen Regeln nicht von vornherein vorwerfen konnte. Dies vermochte man allerdings später unter zwei Gesichtspunkten zu tun: einmal unter dem, daß England sich zunächst am Beginn des Krieges an die Seerechtserklärung gebunden erklärte, später aber willkürlich hiervon immer größere Ausnahmen machte, so daß tatsächlich kaum mehr etwas von jenen Rechtssätzen übrig blieb. Es widerspricht aber jedem völkerrechtlichen Grundsatze, Gemeinschaftsregeln einseitig außer Kraft zu setzen. Der andere Gesichtspunkt, unter dem man England nicht minder Völkerrechtsverletzungen grundsätzlicher Art in weitestem Umfange vorwerfen kann, ist der, daß die Londoner Seerechtserklärung im wesentlichen nichts Neues geschaffen, sondern den bis dahin schon geltenden Zustand des Seekriegsrechts zusammengefaßt hat. Die Nichtachtung dieses auch unabhängig von der Seerechtserklärung von 1909 bestandenen Rechts wird Großbritannien vorgeworfen. Darüber, daß es zur Änderung seiner Rechtsgrundsätze durch deutsche Verletzungen des Völkerrechts herausgefordert sein sollte, wird man überall dort mit einem Lächeln über die geschickte Heuchelei hinweg gehen, wo man weiß, daß alle Beugung des Seekriegsrechts von England nur zum Zwecke der Unterbindung des deutschen Handels und der Nahrungsmittelzufuhr erfolgt ist und wo man der Wahrheit gemäß überzeugt ist, daß das Deutsche Reich niemals Völkerrechtsverletzungen gegen England begangen, sondern nur gelegentlich das unentbehrliche Vergeltungsrecht ausgeübt hat.

Die Unfertigkeit des Völkerrechts zeigt sich aber des weiteren in einer Bestimmung, für die Zitelmann [159]) den Ausdruck „Allbeteiligungsklausel“ geprägt hat. Diese Klausel findet sich bereits in der Petersburger Erklärung vom 29. November 1868, dann in sämtlichen Vereinbarungen (Abkommen und sogenannten Erklärungen) der beiden Haager Friedenstagungen, soweit sie sich auf die Kriegführung selbst, nicht bloß auf die Kriegserklärung oder Kriegsverhütung beziehen, in dem neuen Genfer Abkommen vom 6. Juli 1906, endlich auch in der Londoner Seerechtserklärung vom 26. Februar 1909. Der Inhalt stimmt überein, die Form ist verschieden. Jedesmal heißt es, daß die Vorschriften für die vertragschließenden Mächte nur bindend sind im Falle eines Krieges zwischen zwei oder mehreren von ihnen. Diese Bestimmungen hören mit dem Augenblicke auf, verbindlich zu sein, wo in einem Kriege zwischen Vertragsmächten eine Nichtvertragsmacht sich einer der Kriegsparteien anschließt. Geschieht dies, so wird dadurch ein Doppeltes in rechtlicher Beziehung bewirkt. Einmal ist das Abkommen in dem Verhältnis zwischen der kriegführenden Vertragsmacht und der kriegführenden Nichtvertragsmacht unanwendbar. Sodann aber hat die Beteiligung einer Nichtvertragsmacht im Kriege auch die Wirkung, daß das Abkommen sogar im Verhältnis der kriegführenden Vertragsstaaten untereinander keine Anwendung mehr hat; d. h. alle am Kriege beteiligten Staaten müssen auch am Vertrag beteiligt gewesen sein, sonst ist das Abkommen für keinen von ihnen anwendbar. Der Gedanke war der, es sollte sich für möglichst viele Staaten der Anreiz ergeben, sich dem Haager Abkommen anzuschließen. Ein außenstehender Staat soll die Vorteile nicht schon dadurch genießen, daß er im Kriege Bundesgenosse einer Vertragspartei ist. Man meinte, die Klausel werde auch die Vertragsparteien veranlassen, einen erwünschten Bundesgenossen zur Ratifikation des Vertrages oder zum nachträglichen Zutritt zu veranlassen. Es sollte aber fernerhin vorgebeugt werden, daß eine Vertragsmacht, die einen Krieg gegen zwei Feinde zu führen hat, ungünstiger gestellt sei als die Gegenpartei, weil sie nämlich unter Umständen verpflichtet sein könnte, dem einen ihrer Gegner eine Schonung angedeihen zu lassen, die dieser zwar selbst erwidern müßte, die aber der an seiner Seite kämpfende Genosse nicht zu erwidern brauchte. Wenn z. B. das Abkommen, das die Verwendung von Dum-Dum-Geschossen verbietet, für Deutschland und Frankreich, nicht aber für England verbindlich wäre, dann würden sich im jetzigen Kriege an der Westfront zwar die Franzosen des Gebrauchs solcher Geschosse zu enthalten haben, aber nicht die in ihren Reihen kämpfenden Engländer. Wir könnten uns der Geschosse zwar gegen die Engländer, aber nicht gegen die Franzosen bedienen. Da sich das praktisch jedoch nicht trennen läßt, so müßten wir uns des Kriegsmittels gänzlich enthalten [151]). Die Schattenseiten der sogenannten Allbeteiligungsklausel sind also noch größer als ihre Vorteile. Für den gegenwärtigen Krieg gilt, daß die Kriegsvereinbarungen der ersten Haager Konferenz von allen jetzt kriegführenden Staaten ratifiziert worden sind. Die erste „Erklärung", betreffend das Werfen von Bomben aus Luftschiffen, kommt aber nicht mehr in Betracht, weil sie durch Zeitablauf ihre Kraft verloren hat; ihre Erneuerung auf der zweiten Haager Konferenz ist von der großen Mehrzahl der Mächte nicht unterzeichnet oder nicht ratifiziert worden, auch nicht von Deutschland. Von den Abkommen der zweiten Tagung ist Abkommen XII über die Errichtung eines internationalen Prisenhofes von keinem Staate ratifiziert worden. Von den kriegführenden Mächten haben nicht unterzeichnet oder nicht ratifiziert: Großbritannien die Abkommen V und XIII über die Pflichten der Neutralen und X über die Anwendung des neuen Genfer Abkommens auf den Seekrieg; Rußland das Abkommen VIII über Kontaktminen und XI über Beschränkungen des Beuterechts im Seekriege. Serbien, Montenegro und die Türkei haben überhaupt keines der Abkommen der zweiten Tagung ratifiziert. Das neue Genfer Abkommen hat nur Montenegro nicht für sich anerkannt. Demnach ergibt sich: völlig unanwendbar im Weltkriege sind jedenfalls von dem Abkommen der zweiten Haager Tagung außer dem Abkommen XII die beiden Neutralitätsabkommen V und XIII, ferner die seekriegsrechtlichen Abkommen VI und VII über Kauffahrteischiffe, VIII über Kontaktminen, IX über die Beschießung im Seekrieg und XI über Beschränkungen des Seebeuterechts. Die Unanwendbarkeit dieser sieben Abkommen ist vollständig, sie sind auch zwischen den Staaten, die sie ratifiziert haben, nicht anwendbar. Das neue Landkriegsordnungsabkommen gilt für die Beziehungen von Deutschland und Österreich-Ungarn zu allen seinen Gegnern mit Ausnahme von Serbien und Montenegro; diesen gegenüber gilt das alte Landkriegsordnungsabkommen. Das Abkommen X über die Anwendung des neuen Genfer Abkommens auf den Seekrieg gilt nur für die Beziehungen von Deutschland und Österreich-Ungarn zu Belgien, Frankreich, Großbritannien, Japan, Rußland, nicht aber auch zu Montenegro und Serbien und nicht für die Beziehungen der Türkei zu ihren sämtlichen Gegnern[152]). Hiernach ist „ein bedeutender Teil des geschriebenen Völkerrechts für diesen Krieg der Form nach matt gesetzt“ [153]).

Eine große Reihe von brutalen, unmenschlichen und das sittliche Empfinden verletzenden Handlungen während des Krieges kann aus diesen dargelegten Gründen nicht als Völkerrechtsverletzung bezeichnet werden. Das Völkerrecht ist eben lückenhaft, seine Ausgestaltung im Frieden entspricht nicht im entferntesten den großen und schweren Anforderungen, die im Weltkriege an es gestellt werden mußten. Ein großer Teil der Völkerrechtssätze ist hinsichtlich seiner Tragweite unsicher. Man wird dies außerordentlich bedauern, aber auch objektiv feststellen müssen, daß das Völkerrecht diese Eigenschaft mit allem Rechte teilt. Das Bedauerliche dieser Erscheinung wächst noch, wenn man überlegt, daß die während des Weltkrieges ausschlaggebenden Lebens- und Machtfragen der Staaten diese allzu leicht dazu bringen, eine ihren Sonderinteressen entsprechende Auslegung zweifelhafter Rechtsfragen zu belieben. An der Rechtsnatur des Völkerrechts ändert dies aber sicherlich nichts. Nicht minder gehört in das Gebiet der persönlichen und politischen Moral, daß in einer großen Anzahl von Fällen Vergeltungsmaßnahmen erforderlich geworden sind und eine Fülle von Gehässigkeiten, grausamen Handlungen, in der Kriegführung nicht notwendig begründeten Vernichtungshandlungen mit sich geführt haben. Aber es ist wiederum doch nur ein völkerrechtlicher Satz, daß Vergeltungsmaßnahmen unter bestimmten Voraussetzungen zulässig, demnach rechtlich erlaubt sind. Nicht zuletzt wird man gerechterweise betonen müssen, daß den Verletzungen des Völkerrechts in diesem Weltkrieg eine außerordentliche Zahl von Fällen der Achtung der völkerrechtlichen Gebote gegenüber steht, so daß Sachverständige die Mißachtungen durchaus als Ausnahmen anzusehen geneigt sind. „Daß Hunderttausende, ja Millionen fortgesetzt die Genfer Konvention achten, sich einer anständigen Kriegführung befleißigen, daß die Staaten, dabei insbesondere die neutralen, bei ihren Maßnahmen in der überwältigenden Mehrzahl der Fälle auf die Gebote des Kriegsrechts Rücksicht nehmen, davon wird nicht gesprochen, weil es selbstverständliche Pflicht ist. Das sollte bei der Beurteilung des Völkerrechts nicht vergessen werden“ [154]).

Man kommt daher zu dem Ergebnis: Das Völkerrecht hat hat seine Eigenschaft als Recht niemals verloren; seine Verletzungen in diesem Kriege, so tief bedauerlich sie auch sind, haben hieran nichts ändern können. Die begreifliche Geringschätzung des Völkerrechts hat aber zum Teil in der Unkenntnis seiner besonderen Voraussetzungen und Wirkungsmöglichkeiten, sowie darin ihren Grund, daß das zurzeit des Weltkrieges vorhandene vertragliche Völkerrecht zu einem sehr großen Teile noch nicht ratifiziert, also für eine Reihe der kriegführenden Staaten nicht verbindlich war; daß die Unanwendbarkeit sich in großem Maßstabe aus der Allbeteiligungsklausel ergab; daß das Völkerrecht sogar vom Standpunkte der Zeit vor 1914 äußerst lückenhaft und unvollständig erschien und daß endlich auch die während des Weltkrieges aufgetauchten besonderen, nicht vorhersehbaren Verhältnisse eine Gestalt annahmen, auf die vielfach das bisherige Recht, auch wenn es restlos gegolten hätte, nicht anwendbar gewesen wäre.

Die Hoffnung auf eine Neugestaltung des Völkerrechts und auf seine Anerkennung in Zukunft gründet sich einmal auf seine Rechtsnatur, d. h. darauf, daß sich in ihm ein Gemeinschaftswille kund gibt, dessen Formen wechseln können, der aber als eine kulturelle Notwendigkeit sich immer wieder durchsetzen muß. Jene Hoffnung hat aber auch in der Erwägung eine weitere Stütze, daß die gekennzeichneten Mängel behoben, daß insbesondere die erkannten Lücken und Unfertigkeiten nach Möglichkeit beseitigt, nichtbewährte Klauseln beiseite geschoben werden können. Nicht zuletzt wird auch die Tatsache zu beachten sein, daß keiner der kämpfenden Staaten jemals eine absichtliche Völkerrechtsverletzung — es sei denn unter dem Zwange der Lebensnotwendigkeit des Staates — zugegeben hat und daß das in abertausend Fällen mißachtete Völkerrecht sich gleichwohl der Anerkennung in noch häufigeren Anwendungsfällen erfreut hat. Die Geschichte erweist aber auch, daß das internationale Recht sich zwar langsam, aber doch folgerichtig verbessert hat. Wir haben eine Fülle von Völkerrechtssätzen, die für den Frieden gelten, deren fast ausnahmslose Befolgung seit mindestens hundert Jahren Tatsache ist. Daß dies für das Kriegsrecht nicht gilt, war freilich festzustellen; wir müssen aber sachlicherweise anerkennen, daß auch die Arten und Folgen der Kriege sich gewandelt haben und auf sie nicht ohne weiteres sich ein für eine andere Form und Art geprägtes Völkerrecht anwenden läßt. Es muß aber die Zeit kommen, in der die Staaten einsehen, daß nicht nur in Post-, Telegraphen-, Eisenbahn-, Niederlassungs-, Handels-, Schiffahrts- und Rechtsschutzverträgen, in Konsular- und Auslieferungsabkommen das Interesse der Kulturnationen gewahrt werden kann, sondern auch in der Achtung völkerrechtlicher Bestimmungen, die für den Krieg geschaffen sind. Zunächst scheint allerdings die die kleineren und mittleren Staaten überragende Bedeutung einzelner Großmächte dem zu widersprechen; es hat den Anschein, als ob das, was diesen frommt, nicht auch jenen gut und nützlich und vor allem staatsförderlich erscheinen müßte und umgekehrt. Wer aber die politischen Dinge während des Krieges ruhigen Blickes verfolgte, wird nicht zweifeln, daß sich unverkennbar die Einsicht durchzuringen im Begriffe ist: Es kann zwar das Interesse einer Großmacht eine andere völkerrechtliche Ordnung wünschenswert erscheinen lassen, als dasjenige eines kleineren oder mittleren Staates; es sind aber durchaus Fälle möglich, in denen eine unterschiedliche oder einseitige Formulierung zum Schaden dessen ausschlägt, der sie im Sinne seines Vorteils glaubte mitbestimmen zu sollen. Des weiteren hat sich gerade im Laufe des Weltkrieges gezeigt, daß auch die größten und stärksten Staaten aufeinander gegenseitig und auch auf die anderen minderbedeutenden angewiesen sind, daß Handel und Verkehr, Schiffahrt und internationales anderweitiges Transportwesen, daß aber auch alle sonstigen kulturellen Güter ein nicht mehr (oder nur zum Schaden der gesamten Zivilisation) trennbares Netz darstellen. Wo auch immer eine Masche reißt, es macht sich mittelbar und unmittelbar in weiteren Umkreisen fühlbar. Es ist aber vielleicht auch der Gedanke eines Gleichgewichts der Mächte geeignet, die Höherentwicklung des Völkerrechts zu beschleunigen. Denn mag sich die Gruppierung der Staaten des europäisch-amerikanischen oder auch des asiatischen Weltteils nach diesem Kriege gestalten wie immer, von einer schlechthin überragenden Kraft der einen Mächtegruppe gegenüber der anderen wird nicht die Rede sein dürfen. Halten sich aber die staatlichen Wagschalen einigermaßen im Gleichgewicht, dann kann nicht eine völkerrechtliche Ordnung vom Standpunkte des Stärkeren gegenüber dem Minderstarken oder Schwachen, sondern nur eine solche das Ziel sein, das diesem Gleichgewicht entspricht. Das ist aber ein Völkerrecht der Gleichberechtigung, bei dem die Vorstellung obwaltet, es könne jedem der das Völkerrecht mitschaffenden Staate derselbe Rechtssatz einmal zum Vorteil wie zum Schaden gereichen. Endlich kann man auch nicht umhin, zu erwarten, daß die Bestrebungen, internationale Streitigkeiten auf friedlichem Wege zu erledigen, nach diesem Weltkrieg mehr Aussichten haben, als bisher. Die Schiedsgerichtsbarkeit ist ganz sicher kein Allheilmittel. Solange die Staaten die Formel sich vorbehalten, sie unterwürfen sich der Schiedsgerichtsbarkeit nur insoweit, als nicht die Existenz und die Ehre der Nation in Frage steht, wird man auf wenig Erfolg gerade bei Austragung von weltbewegenden Streitigkeiten rechnen können. Jeder Staat wird gegebenenfalls geneigt sein, bei an sich wichtigen Streitpunkten auf jene Formel zurückzugreifen. So selbstverständlich es auch vielen scheint, daß sich Staaten jenen Vorbehalt leisten, so wird es doch notwendig sein, die Frage, ob wirklich eine Dasein oder Ehre berührende Angelegenheit zum Gegenstand des Streits geworden ist, nicht allein dem Staate zur Entscheidung zu überlassen, der sich des Vorbehalts bedient. Es ist nicht zu befürchten, daß bei solcher Regelung eine Unterdrückung der Lebensnotwendigkeiten einer Großmacht entsteht, denn schließlich wird sie sich einem Schiedsgerichtsurteil, das ihr ans Leben und an die Ehre geht, nicht fügen. Aber gerade deshalb ist es nicht wahrscheinlich, daß die Schiedsgerichtsbarkeit jemals zu solchen verzweifelten Mitteln Anlaß geben wird. Von allergrößter Bedeutung würde aber schon sein, wenn durch eine immer häufigere Inanspruchnahme der internationalen Schiedsgerichte immer mehr Zündstoff zwischen den Staaten gelöscht, wenn immer zahlreichere durch persönliches Nähertreten auch menschlich wertvollere Beziehungen unter den Schiedsrichtern der verschiedenen Nationen entstünden; wenn man lernte, an diesen mit den letzten politischen Fragen der Staatenwelt beschäftigenden Stellen die Gründe und Gegengründe zu hören, und wenn man so allmählich Verständnis gewönne auch für die allerentgegengesetztesten Gedanken und Strebungen. So kann man, alles in allem, mit einiger Zuversicht in die Zukunft des Völkerrechts blicken und die Klagen über den vollständigen Zusammenbruch auf das richtige Maß zurückführen.

Eine andere Frage ist die, welche Mittel und Formen der völkerrechtliche Verkehr hat. Man hat behauptet [155]), er träte überhaupt aus dem Bereiche der Rechtsordnung des Einzelstaates heraus. Vertragsschlüsse mit fremden Staaten und diplomatische Schritte bei ihren Regierungen, Vorstellungen, Beschwerden, Drohungen, der ganze nach Reichsverfassung Art. 3 Abs. 6 allen Deutschen zu gewährende Schutz, das alles stehe für seine Verwirklichung nicht mehr unter den Regeln unserer eigenen Rechtsordnung. Es sei nach Grund und Form und Wirkung unmittelbar rechtlich bestimmt durch das alle Staaten verbindende Völkerrecht. Deshalb seien diese Tätigkeiten nicht als Verwaltung anzusehen [156]). Dem muß man freilich entgegenhalten, daß auch in der Verwaltung Tätigkeiten vorkommen, die von Rechtsregeln nicht ergriffen werden. Daß es sich bei dem völkerrechtlichen Verkehr um eine grundsätzliche

Unzulänglichkeit des Verwaltungsrechts handelt, ist gewiß nicht richtig, denn die Tätigkeit der Beamten im Auslande ist sicherlich auch Verwaltung [157]. Richtig ist nur, daß ein großer Teil des völkerrechtlichen Verkehrs nicht durch Rechtsregeln beengt sein kann, wenn die auswärtige Verwaltung zum Gegenstande hat die Tätigkeit der Zentralbehörden zur Wahrnehmung der Interessen des Staates und seiner Angehörigen gegenüber dem Auslande und die Tätigkeit seiner Verwaltungsorgane im Auslande [158]), und wenn diese Verwaltung nach deutschem Rechte unter Berücksichtigung des Völkerrechts erfolgt, so fehlt es zwar nicht an rechtlichen Grenzen (besonders soweit das Gesandtschafts- und Konsularrecht, soweit das Friedensvölkerrecht, hauptsächlich in bezug auf Handel, Verkehr und Schiffahrt in Betracht kommt); darüber hinaus aber steht in Frage die keineswegs rechtlose, aber doch auch nicht in starre Formeln zu fesselnde auswärtige Politik. Von ihr und von der Möglichkeit, ihren Inhalt einigermaßen zu umschreiben, wird jetzt zu handeln sein.

III.

Der heilige Augustin sah eines Tages am Meeresstrande einen Knaben, der versuchte, in ein gehöhltes Loch den Inhalt des Meeres auszuschöpfen. Zu Rede gestellt, antwortete er, ein verkappter Engel: so wenig wie ihm dies gelingen könne, werde es dem Heiligen möglich sein, das Geheimnis der Dreieinigkeit zu ergründen. Sollte nun die auswärtige Politik auch ein unerschöpfliches Meer sein, das in den kleinen Raum des gedanklichen Systems zu ergießen törichtes Beginnen wäre? Gewiß, wenn alles weltgeschichtliche Geschehen darunter fiele, dann bliebe allenfalls der geschichtlichen Forschung die Sendung und Aufgabe, hier das Wesentliche als einheitliches Geschehen darzustellen. Die auswärtige Politik umfaßt aber weit weniger, als die Summe der weltgeschichtlichen Ereignisse, zu der schlechterdings alle Äußerungen des natürlichen und menschlichen Daseins gehören.

Zunächst geht die auswärtige Politik nur an, was staatliche Beziehungen besitzt. Das ganze Leben der menschlichen Innerlichkeit hat mit ihr, wenigstens unmittelbar, nichts zu tun. Das gilt für die religiösen Gefühle, die Neigungen und Abneigungen der Menschen, Anschauungen von Sitte und Sittlichkeit, ihre persönlichste Eigenkultur, ihre wissenschaftlichen Überzeugungen und Forschungen, künstlerische Absichten und Vollbringungen. Gewiß kann jede dieser individuellen Eigenheiten auch eine äußere Seite haben und irgendwie politische Bedeutung gewinnen. Auf rein religiösem Boden liegt die Tragweite und die Macht des Papsttums, dessen Stellung in und nach dem Weltkriege Gegenstand eifrigster Studien und Bestrebungen von überzeugten Katholiken ist[159]). Die Sympathie und Antipathie der Staatsvölker und Nationen löst häufig genug Feindseligkeiten aus, die auf die große Politik auswirken; geringschätzige Behandlung der Sitten einzelner Volksteile durch die Staatsgewalt kann zu ihrer Abwendung und Abwanderung führen und zu Verwicklungen Anlaß geben, wenn diese Volkssitte jenseits der Staatsgrenzen auf Verständnis und Pflege rechnen kann, besonders wenn sie machtpolitischen Absichten begegnet. Die sittlichen Auffassungen bestimmen auch die politische Moral, von der für die Gestaltung der Staaten zueinander soviel abhängt; in diesen Bereich gehört auch die zurzeit mit Recht so viel erörterte Bevölkerungsfrage, die Tragik des Geburtenrückganges der kultivierten Staaten, womit natürlich auch ihre Wehrhaftigkeit und damit Sicherung gegenüber feindlichen Mächten, nicht zuletzt auch die Bündnisfähigkeit der Staaten zusammenhängt. Positiv unsittliche Handlungen, die die Gemeinschaft gefährden, können zu internationalen Regelungen führen, wie z. B. gegen den Mädchenhandel. Wissenschaftliche Überzeugungen von der Unentrinnbarkeit des Krieges können seinen Ausbruch beschleunigen, wenn jene auf maßgebende Kreise oder gar auf die ganze öffentliche Meinung ausschlaggebenden Einfluß gewinnen. Das künstlerische Urheberrecht führt zu Schutzmaßnahmen gegenüber dem Auslande. Können sich also Beziehungen auch der persönlichsten seelischen Bezirke des Menschen zur auswärtigen Politik unter Umständen ergeben, so bleibt es, wenn man das Unmittelbare und Regelmäßige ins Auge faßt, doch dabei, daß es nicht solche individuellen, sondern gemeinschaftsmäßige d. h. hier staatliche Verhältnisse sind, die für die auswärtige Politik in Betracht kommen.

Aber auch von den staatlichen Beziehungen trifft dies nur auf eine, wenn auch nicht zahlenmäßig, so doch begrifflich einigermaßen fest bestimmbare Reihe von Angelegenheiten zu. Handlungen und Ereignisse, die nur zwischen dem Staat und seinen Angehörigen Wirkungen äußern, gehören in der Regel nur in die innere Politik. Ich sage: in der Regel; denn auch hier können, besonders wenn man an das Nationalitätenproblem und das der „unerlösten" Volksteile denkt, Fälle der auswärtigen Politik sich ergeben. Das sind aber nur Ausnahmen. Der ganze Umkreis der Angelegenheiten der inneren Politik, wie wir ihn bereits zu umschreiten bemüht waren, scheidet daher grundsätzlich hier aus, so daß sich durch dieses negative Merkmal schon der Umfang der auswärtigen Politik wesentlich verringert. Grundsätzlich gehören also nicht zu ihr die Regelungen des Personenstandes, der Freizügigkeit, des Unterstützungswohnsitzes (Armenwesens), der Verehelichungsfreiheit, der Reichs- und Staatsangehörigkeit; die verwaltungspolitischen Fragen hinsichtlich der Vereine und Körperschaften, Stiftungen und Anstalten; nicht das ganze vielseitige Polizeirecht, Unterricht und Erziehung, die Regelung der wirtschaftlichen Verhältnisse jeglicher Art, mag es sich um Land- oder Forstwirtschaft, Jagd, Fischerei, Gewerbe, Maß, Gewicht, Zeit, Geld, Kredit, Versicherung, Wege und Straßen, Bauten, Wasser und Wasserstraßen handeln. Bei alledem darf man freilich nicht übersehen, daß einzelne Betätigungen der inneren Verwaltung internationalrechtliche Bedeutung gewinnen können, wie die Reichs- und Staatsangehörigkeitsverhältnisse, Patentschutz, der ganze Handel, Eisenbahn, Post, Telegraphie, Schiffahrt und daß dann auch die Organe der auswärtigen Verwaltung in Wirksamkeit treten, so etwa die Konsuln und Gesandtschaften, sowie die Handels- und andere den Ausbau des internationalen Rechts bezweckende vertragschließenden Zentralstellen. Es hat sich infolge der naturgemäß gegebenen Tatsache, daß die einheimische

Staatsgewalt ihre Angehörigen über die Grenzen des Gebietes hinaus ins Ausland verfolgt, eine Anzahl von Regelungen für notwendig erwiesen, die eine Durchbrechung des sogenannten Territorialgrundsatzes darstellen, wonach die Gesetze nur für den im Staatsgebiete befindlichen Menschen gelten. Die Entwicklung eines besonderen Rechtsgebietes, nämlich des internationalen Verwaltungsrechts hat sich erst in jüngster Zeit angebahnt. Man versteht darunter ein Recht, das für die gemeinsame Verwaltung einer staatlichen Mehrheit besteht. Es sind das Rechtssätze, die die Verwaltung einer souveränen Gemeinschaft gegenüber der anderer souveräner Gemeinschaften abgrenzen und auf die Förderung fremder Verwaltung in ihrem Bereiche gerichtet sind. Im allgemeinen kann man Parallelerscheinungen zu dem inneren Verwaltungsrechte feststellen, demnach die Ausbildung von internationalen Verwaltungsrechtssätzen verfolgen, die da betreffen etwa: Aufenthalt und Niederlassung, Familiengründung, Paßwesen, Beurkundung des Personenstandes, Schutz der Volksgesundheit, Sicherheitspolizei, Schutz gegen Feuer und Wasser, Baupolizei, Rechtsfähigkeit der Vereine und Stiftungen, Schulpflicht, Zwangserziehung, Schutz der verlassenen Kinder, Schutz der guten Sitten insbesondere Glücksspiele, Recht der Auszeichnungen (Verleihung, Anerkennung, Führung des Adels). Ja sogar auf das Gebiet der staatskirchlichen Fragen erstreckt sich das internationale Verwaltungsrecht, was mit den Stichworten: die Mitgliedschaft in der Kirche, der Austritt aus ihr, die religiöse Kindererziehung, Bekenntniszwang und Bekenntnisfreiheit, angedeutet sein soll[160]. Ebenso kann auch auf dem Gebiete des internationalen Zivil-, Zivilprozeß-, Straf- und Strafprozeßrechts dieselbe Erscheinung einer zwischen den Staaten in die Wege geleiteten Rechtsregelung verfolgt werden. Der Zweck ist hier überall, eine möglichst einheitliche Rechtsanwendung in gleichliegenden Fällen solcher Angehörigen des einen oder des anderen Staates herbeizuführen, die in Lebensverhältnisse geraten, deren rechtliche Beurteilung und Entscheidung die Rechtsordnung mehrerer Staaten, mindestens mehrerer Rechtsgebiete berührt. Auch ein internationales

Finanzrecht ist im Begriffe sich zu entwickeln, hat aber bisher nur schwache Ansätze gezeigt. Bei allen diesen Rechtsbildungen steht naturgemäß die Möglichkeit einer *auswärtigen Politik* in Frage. Denn es fördert den friedlichen internationalen persönlichen und Handelsverkehr, je mehr die Rechtsnormen übereinstimmen, oder wenigstens die Angehörigen des jeweils anderen Staates auf eine Erledigung ihrer Rechtsverhältnisse rechnen können, die nicht ungünstiger erscheint, als die sie in ihrem eigenen Staate zu gewärtigen hätten. Sodann ist zu beachten, daß zur Durchführung internationalrechtlicher Beziehungen friedliche eben durch die auswärtige Politik zu schaffende Zustände zwischen den betreffenden Staaten unerläßlich sind und daß es zu den Aufgaben der für die auswärtige Verwaltung überhaupt zuständigen Stellen gehört, mittels Vertrags die Weiterentwicklung, Verbesserung und Bereicherung der internationalen Rechtsverhältnisse zu fördern. Diese wirken dann wiederum günstig ein auf die sonstigen allgemeinpolitischen Beziehungen der mit einander im völkerrechtlichen Verkehr stehenden Staaten, schaffen zwischen ihnen nicht nur rege persönliche und sachliche Beziehungen, sondern auch eine unübersehbare Fülle von gemeinsamen Interessen, deren Netz so engmaschig werden kann, daß es auf die Aufrechterhaltung und Förderung des Friedens unter den Staaten bestimmend einwirkt. So sehen wir, daß, wenn auch die Fragen der *inneren Verwaltung* und Politik grundsätzlich mit der auswärtigen Politik nichts zu tun haben, sie dennoch in der Regel auf dem Wege internationalrechtlicher Beziehungen zu wesentlichen Bestandteilen der auswärtigen Politik werden können. Selbst so offenbar der Sache nach innere Fragen, wie Geld, Kredit- und Finanzwesen, machen hierbei keine Ausnahme. An das internationale *Finanzrecht* ist schon erinnert worden; denken wir noch an die Währungsfragen und die damit zusammenhängende Abhängigkeit der Valuta auf dem Weltmarkt, an die Zahlung mit einem bestimmten Metall, in der Regel Gold; an die Bedeutung des internationalen Kredits bei Aufnahme von Anleihen, insbesondere in Kriegszeiten, im Auslande. Auch das *Militärwesen* ist, solange nicht die nur für Träumer bestimmte Abrüstungsidee verwirklicht ist, neben seiner innerpolitischen Bedeutung gleichzeitig ein Gegenstand auswärtiger Politik; denn es liegt zutage, daß ein seine Heeresmacht auf höchster Höhe entwickelter Staat stärkere Bündnisfähigkeit besitzt, als ein militärisch schwacher und entweder eine sichere Grundlage für die Aufrechterhaltung des Friedens darstellt, oder aber zu seiner Bekämpfung eine ungeheure Übermacht herausfordert. Dies hat ja gerade der Weltkrieg mit seiner Einkreisung Deutschlands durch seine Feinde dargetan. Im wesentlichen unberührt von auswärtiger Politik ist die Kulturpflege, insbesondere das ganze Unterrichtswesen, Wissenschaft und Kunst. Aber auch hier führen Fäden zur auswärtigen Politik, wenn man z. B. die Behandlung der Ausländer an deutschen Universitäten, die Anerkennung ausländischer akademischer Grade, die Bedeutung der durchgeführten Schulpflicht für die geistige Höhe des schlagfertigen Heeres, das Verständnis der Staatsangehörigen für die Bedeutung nationaler Wehrhaftigkeit und Gefährdung betrachtet. Auch hier gibt uns der Weltkrieg lehrreiche Aufschlüsse. Der Eintritt der großen Volksmassen in Deutschland in den Krieg, die mit Recht bejubelte Einheit des deutschen Volkes am 4. August 1914 in jener Reichstagssitzung, in der auch die sozialdemokratische Partei alles an Gut und Blut auf den Altar des Vaterlandes legte, wäre undenkbar gewesen ohne eine durch die Höhe unseres Schulwesens vermittelte Kultur. Nur so vermochte auch der kleinste Mann im Volke zu erkennen, worum es sich für Deutschland in diesem ungeheuren Ringen handelt. In der sozialen Fürsorge und Wohlfahrtspflege steht wiederum grundsätzlich nur die innere, nicht die auswärtige Politik in Frage. Jedoch sind auch hier die Beziehungen zur letzteren unverkennbar. Denken wir daran, daß die Sozialpolitik des Deutschen Reiches ein gesundheitlich und ethisch hochstehendes Heer zu schaffen und zu erhalten wesentlich mitgeholfen hat; daß das Bewußtsein der unteren Klassen des Staates, es werde für sie nach Menschenmöglichkeit von Staats wegen gesorgt, jenes unerhört starke Gefühl des sicheren Rückhaltes an der großen Gemeinschaft gegeben hat, das zur Vollbringung eines großen

Teils der militärischen Leistungen schlechterdings unentbehrlich war. Dazu kommt noch, daß die soziale Fürsorge, wie sie seit fast vier Jahrzehnten im Deutschen Reiche mit beispiellosem Erfolge getrieben worden ist, auch zu jener handelspolitischen Ausdehnung und zu der gewaltigen im Wettbewerb der Nationen hochragenden Stellung im Wirtschaftsleben geführt hat, die als ein Bestandteil deutscher Größe gelten muß. Mag damit auch das ungeheure Problem der standesgemäßen Lebenshaltung der jährlich mit 600000 bis 800000 Köpfen wachsenden Bevölkerung, letzten Endes auch der Drang nach Ausdehnung unserer Grenzen, Kolonisation und imperialistischer Politik zusammenhängen und mögen hierdurch tragische Notwendigkeiten zur Auslösung gelangen — auf alle Fälle handelt es sich um weltpolitische Grundfragen.

Nicht unbeachtet gelassen werden können auch die Organisationen, welche heute schon zwischen den verschiedenen Staaten bestehen und bereits die Hoffnung eines europäischen oder gar Weltstaatenbundes gezeitigt haben. In Wirklichkeit handelt es sich freilich nur um bescheidene Ansätze, um Zweckverbände mit begrenzten Aufgaben. Es bestehen z. B. internationale Ämter für die Verwaltung des 1865 begründeten internationalen Telegraphenvereins, des 1875 ins Leben getretenen Weltpostvereins, ein Amt für Maß- und Gewichtswesen, eines zum Schutze des gewerblichen Eigentums, der Werke der Literatur und Kunst; ein anderes zur Bekämpfung des Sklavenraubes und des Sklavenhandels, eines für den ständigen Schiedsgerichtshof im Haag, ein internationales Sanitätsamt, eines für Funkentelegraphie, das landwirtschaftliche Institut in Rom. Dazu kommen noch verschiedene Organisationen, wie die Rheinschiffahrts-Zentralkommission, die europäische Donaukommission, die durch die Kongo-Schiffahrtsakte vom 26. Februar 1885 vorgesehene internationale Kommission, verschiedene Sanitätskommissionen, ein Amt für die öffentliche Schuld der Türkei seit 1878 (neuerdings aufgehoben) und zur Überwachung der ägyptischen und der griechischen Finanzverwaltung und dergleichen mehr. In allen diesen Fällen sehen wir über den Einzelstaat hinausgehende Verwaltungsorganisationen, deren

Gegenstücke in der einzelstaatlichen inneren Verwaltung leicht zu erkennen sind.

Erstrebten wir nun auf diese negative Weise die Grenzen der auswärtigen Politik durch Ausscheidung der nicht zu ihr gehörigen Gebiete zu finden, wobei dann allerdings wieder Berührungspunkte mit den grundsätzlich zu trennenden Sphären der inneren Politik zutage traten, so soll auch der Versuch unternommen werden, diejenigen Fragen und Betätigungen, die positiv zur auswärtigen Verwaltung gehören, aus der Vogelschau zu erkennen.

In erster Linie steht die Summe politischer Handlungen, deren Zweck die Schaffung und Erhaltung der Sicherheit des Staates nach außen, seines Bestandes, seiner Verteidigung ist. Nahe verwandt ist damit die Sorge um die Bewahrung der Unverletzlichkeit der nationalen Ehre. Wenn wir selbst alle die in der buntesten Mannigfaltigkeit vor unserem geistigen Auge vorüberziehenden geschichtlichen Ereignisse des letzten Jahrhunderts betrachten könnten, so würden wir ohne weiteres erkennen, daß der weitaus überwiegende Teil aller politischen Bemühungen der Erfüllung dieser Aufgaben gewidmet ist. Dabei können die einzelnen Konstellationen die wechselvollsten sein. Das farbige, die teils ewig gleich bleibenden, teils unerwarteten und bis dahin unbekannten Ereignisse durcheinander wirbelnde Geschehen, die Leben erhöhenden oder vernichtenden Stürme mögen hier den Blick vom Wesentlichen ablenken — immer bleibt es dabei, daß in allererster Reihe jedes Beginnen der auswärtigen Politik auf die Verwirklichung jener Zwecke gerichtet ist. Hierbei erkennt man nun wieder den eigenartigen Parallelismus zur inneren Politik, indem nämlich auch für sie eine zu allen Zeiten unverrückbare Staatsaufgabe in dem Schutz der Gesamtheit und ihrer Glieder, in der Bewahrung und Erhöhung des internationalen Ansehns liegt, auf Erhaltung und Förderung der eigenen Existenz gerichtet ist [161]).

Eine weitere Gruppe der internationalen politischen Betätigung stellt notgedrungen dar die Förderung der — teils nach vorgefaßten Zielen, teils nach inneren und äußeren Notwendigkeiten bestimmten — nationalen Entwicklungsmöglichkeiten. Diese können sich nun wieder entweder auf den Staat in seiner Gesamtheit, oder auf einzelne seiner Angehörigen beziehen; der Schutz der Staatsangehörigen im Auslande ist hier die maßgebende Formel. Welche Entwicklungsmöglichkeiten dies sind, läßt sich nur nach den gegebenen Umständen und niemals in aller Vollständigkeit begrifflich herausstellen. Es ist aber nicht zu verkennen, daß auch hier die Frage nach materiellen und ideellen Zielrichtungen sich bewegt, d. h. die auswärtige Politik hat sowohl im Auge die Förderung der wirtschaftlichen Verhältnisse, insbesondere des Handels und Gewerbes, der Industrie, des Verkehrs, des Transportwesens (Eisenbahn und Schiffahrt), wie die kulturelle Ausbreitung der von dem Heimatsstaate ausgehenden Ideen, geistiger Bestrebungen, religiöser, sittlicher nicht zuletzt politischer Strömungen, unter denen diejenigen, die tieferstehenden Völkern die weitmöglichsten politischen Fortschritte bringen wollen, im Vordergrunde stehen. Wieweit sich der Machtzweck des Staates mit dem Kulturzweck und dem Schutzzweck verbindet, ist so mannigfaltig durch Ort, Zeit und die das einzelne Staatswesen tragenden politischen Ideen bedingt, daß sie einer pedantischen Aufzählung naturgemäß spotten. Auch hier erkennen wir wiederum das nebeneinander Einherlaufen der innerpolitischen und weltpolitischen Staatszwecke. Denn auch bei jenen spielen Macht-, Schutz- und Rechtszweck eine niemals auszuschaltende Rolle und sie befinden sich auch dort in der vielfältigsten und eigenartigsten Verbindung miteinander[162]).

Als eine dritte geschlossene Gruppe der weltpolitischen Betätigung kann dann die in den obigen Darlegungen bereits klargestellte Aufgabe der Fortbildung und Aufrechterhaltung der Rechtsordnung und damit Förderung der Kulturinteressen bezeichnet werden[163]), wie denn sich hieran auch die Fragen der Organisation unter den Staaten, die bereits gedachte internationale Verwaltung, Sozialpolitik und Wohlfahrtspflege anschließen. Der Wandel der Staatsaufgaben ist für nationale wie für internationale Politik ein Kennzeichen meist aufsteigender Entwicklung und seinerseits bedingt von allen geistigen und materiellen Kräften, die — innerhalb des einzelnen Staatswesens oder der irgendwie miteinander in Verbindung getretenen Staaten — auch von der kulturellen Gesamthöhe eines Zeitalters und den sie bewegenden Ideen abhängen [164]).

Diese Erkenntnis von den Grenzen und dem Inhalt der auswärtigen Politik gibt uns natürlich noch kein vollständiges Bild von der auswärtigen Politik einer bestimmten Epoche, kann es natürlich nicht geben. Es bedarf noch zweier Erwägungen, um zu einer befriedigenden Einsicht über weltpolitische Dinge zu gelangen.

Welche Mittel den Staatslenkern, den maßgebenden Verwaltungsorganen für die Durchsetzung der im allgemeinen festgestellten Zwecke zur Verfügung stehen, wird man nicht außer acht lassen dürfen, wenn man sich von der Wirklichkeit eine klare Vorstellung machen will. Es handelt sich nicht bloß um die diplomatischen Künste der Überredung, Klarstellung, Interessenerweckung und Interessenverflechtung, nicht nur um Ausgestaltung internationaler Rechtsbeziehungen, Verknüpfung der den Handel, den Verkehr, das anzuwendende Recht betreffenden Gemeinsamkeiten, sondern auch um jenes ungeheuer feine und empfindlich rückwirkende Spiel mit Angebot und Gewährung von Vorteilen, Überbietung anderer Wettbewerber, nötigenfalls Drohung mit bestimmten Maßregeln, äußerstenfalls kriegerischer Verwicklung; ferner auch um die Ausnutzung gewisser Eigenheiten des Volkscharakters, bestimmter Schichten, Wirtschaftskreise, Staatsorgane in einem Auslandsstaate. Nimmt man hierzu noch die auf der geographischen Lage, auf naturgegebenen klimatischen, wirtschaftlichen Verhältnissen beruhende und in die Berechnung der Diplomaten einzustellende Summe sachlicher Voraussetzungen eines zweckentsprechenden Handelns, so hat man ungefähr ein Gefühl von dem Überreichtum der Mittel, die zur Ausführung der Aufgaben der auswärtigen Politik zur Verfügung stehen.

Der zweite mit dem ersten zusammenhängende Punkt aber betrifft die seelischen Voraussetzungen der zu behandelnden in den fraglichen Staaten zusammengeschlossenen Menschengemeinschaften, deren „Grundtendenzen" durch

Nationalität und kosmopolitische Richtung in einer freilich nicht erschöpfenden Weise bezeichnet sind [185]). Die Frage demnach, welche die die auswärtige Politik auslösenden Momente im gegebenen Falle sind, muß vorab, d. h. vor der Anwendung der zur Erfüllung der Aufgaben notwendigen Mittel erkannt werden.

So sehen wir denn, daß die oft behauptete Unzugänglichkeit einer wissenschaftlichen Erfassung der Probleme der auswärtigen Politik nicht besteht. Richtig ist nur, daß es das geistige Menschenvermögen überschreitet, die auswärtige Politik auch nur mehrerer Jahrhunderte in allen ihren Verästelungen zu durchforschen und zu erkennen. Wo, wie für Gegenwartsaufgaben, die Hilfe der historischen Forschung noch nicht zur Verfügung steht, ist es kaum denkbar, die Weltpolitik der jeweiligen Gegenwart nach ihren sie bewegenden Kräften, Aufgaben und Mitteln restlos zu beherrschen. Jedoch reißt auch auf diesem Gebiete der innere ununterbrochene Zusammenhang der historisch und psychologisch, geographisch und allgemein kulturell bedingten Ereignisse nicht ab. Es ist deshalb, bis zu einem nicht zu unterschätzenden Grade, aus dem bisherigen Verlaufe der Entwicklungskurve weitere Schlüsse zu ziehn erlaubt, ja für das praktisch-politische Handeln unentbehrlich. Für das wissenschaftliche Erkennen aber, das auf ein unmittelbares Eingreifen in weltpolitische Geschehnisse nicht hingedrängt wird, steht die Sache noch günstiger, da dem rückwärtsblickenden Auge die Ursächlichkeit der Geschehnisse um so weniger verschleiert zu sein braucht, je geringer das unmittelbare Tagesinteresse auf eine Geheimhaltung der Urkunden einer geschichtlich noch nicht weit zurückliegenden Epoche hindrängt. So wollen wir denn an dem Beispiele der deutschen auswärtigen Politik etwa seit 1888 zu zeigen versuchen, wie weltpolitische Ideen und Ereignisse einer geistigen Erfassung fähig sind, um hierdurch eine lebendige Anschauung davon zu vermitteln, wie mit den noch später zu erwähnenden Hilfsmitteln dem verschleierten Sais-Bild der auswärtigen Politik in das sorgenvolle Antlitz geschaut werden kann.

IV.

Es ist immer etwas Willkürliches, trotz des niemals abreißenden Fadens des geschichtlichen Geschehens, bestimmte Zeitepochen zu unterscheiden, gewisse Jahreszahlen als Grenzen anzunehmen und in sie eine als geschlossene Einheit gedachte Reihe von politischen Erscheinungen zu zwängen. Immerhin geben durch ihre Wichtigkeit hervorstechende Ereignisse hierzu die äußere Veranlassung, während die innere Berechtigung zu einem solchen Verfahren darin zu finden ist, daß es nur bei seiner Anwendung möglich erscheint, eine Gruppe gleichzeitig oder hintereinander sich abspielender Begebenheiten in ihrer sie wesentlich kennzeichnenden Eigenart zu erfassen, dem geistigen Bewußtsein nicht als zusammenhanglose und deshalb jeden tieferen Sinnes entbehrende Geschicke zuzuführen. Für uns Deutsche bietet sich das Jahr, in dem die ehrwürdige Gestalt des ersten deutschen Kaisers in das Reich der heldischen Schatten versank, das tragische Schicksal seines herrlichen Sohnes sich erfüllte und Kaiser Wilhelm II. auf den Thron gelangte, als eine willkommene Zeitgrenze an. Freilich wird der Blick sich auch noch etwas weiter rückwärts lenken müssen[166]).

Der Dreibund zwischen Deutschland, Österreich-Ungarn und Italien bestand seit 1883; 1887 wurde er weiter befestigt. Aber schon 1884 verstand es Bismarck, Neutralitätsverträge zwischen dem Deutschen Reich, Rußland und Österreich-Ungarn zu schaffen und damit die ziemlich weit zurückliegende, schon 1879 von dem Fürsten Gortschakow angedeutete Idee eines französisch-russischen Zusammengehens zurückzudrängen. Der Wunsch des leitenden Staatsmannes in Deutschland, das neu aufgerichtete Reich innerlich zu festigen, führte zu der Politik, Frankreich in der Verfolgung seiner kolonialen Ausdehnungs- und Eroberungspläne nicht nur nicht zu hindern, sondern zu fördern, damit es von der europäischen Politik abgelenkt werde und nicht als Störer deutscher Entwicklung auftreten könne. Die Folge war jedoch eine Erweiterung der französischen Macht und Bündnisfähigkeit, die mit einer wachsenden Abkühlung der deutsch-russischen Beziehungen einherging. Bismarck, vor die

Wahl gestellt, sich für Österreich oder Rußland zu entscheiden, tat dies für jenes, erhöhte damit natürlich die immer gefährlicher werdende Spannung zu der großen östlichen Macht; der deutsch-österreichische Bündnisvertrag wurde 1888 veröffentlicht, um einen Krieg zu vermeiden. Aber gleichzeitig rückte doch die Möglichkeit des Zweifrontenkrieges als eine unmittelbar drohende Gefahr zum ersten Male für Deutschland in den Gesichtskreis. Immerhin war noch erst 1887 der deutsch-russische Rückversicherungsvertrag zum ersten Male erneuert worden, obwohl panslawistische Strömungen, die in maßgebenden russischen Gesellschaftsschichten vorhandene Feindseligkeit gegen alles Deutschtum Gegnerschaften darstellten, mit denen zu rechnen war. Je geringer das Vertrauen Rußlands, freilich völlig ungerechtfertigterweise, in die Ehrlichkeit der Bismarckischen Politik wurde, desto erfolgreicher erwiesen sich die Bestrebungen, eine russisch-französische Annäherung herbeizuführen. Die Macht Deutschlands hielt aber das Schicksals des Friedens in Händen; denn der Gegensatz zwischen Italien und Frankreich im Mittelmeere trieb jenen Staat immer fester an die Mittelmächte heran, nicht ohne sich des Einverständnisses Englands zu versichern. Zwischen England und Frankreich stand die ägyptische Frage, stand eine Anzahl von Meinungsverschiedenheiten in der Kolonialpolitik und das Problem der Vorherrschaft im Mittelmeere. Mit dem Ausscheiden Bismarcks aus dem Amte war die größte europäische politische Autorität ausgeschaltet, die sich der Durchführung eines französisch-russischen Bündnisses mit Erfolg hätte entgegenstemmen können. Unter seinem Nachfolger v. Caprivi wurde der deutsch-russische Rückversicherungsvertrag nicht mehr erneuert. 1891/92 kam die russisch-französische Militärkonvention zustande, in Kronstadt wurde die Freundschaft der beiden Staaten in überschwenglicher Weise gefeiert.

England war in „glänzender Vereinsamung“ und auf den Dreibund angewiesen; keine andere europäische Macht bot ihm irgendeine Stütze für seine Aufgaben und Gefährdungen in Indien und Ägypten, im Orient und Mittelasien. Je mehr Englands Erzfeind Rußland durch den Dreibund geschützt war, desto dringender war Englands Wunsch, es von Deutschland abzulenken. Das gelang seit der Ära Caprivi, kurz nachdem England seine Notlage durch außerordentliche Vergrößerung seiner Flotte unfreiwillig bewies; bestimmend war der Maßstab, daß die englische Flotte ebenso groß sein sollte, wie die französische und russische zusammen. Am 17. Juni 1890 wurde der deutsch-englische Vertrag über Helgoland und Sansibar geschlossen, zum großen Mißvergnügen Rußlands, das sich, eine deutsch-englische Annäherung befürchtend, immer mehr an Frankreich schloß. 1891 wurde die Entente zwischen den beiden Mächten unterzeichnet. Frankreich erhält Stütze in der damaligen vatikanischen Politik (Kardinal Rampolla), England zieht sich vorsichtig von Deutschland zurück. Unsere Orientpolitik (Reise Kaiser Wilhelms II. nach Konstantinopel) erregt das russische wohl kaum je ganz beschwichtigte Mißtrauen. Dies, zumal Deutschland Gewicht legt auf die Erhaltung der Türkei, mit ihr 1890 einen Handelsvertrag schließt, nachdem zuvor die erste Konzession zum Bau der Anatolischen Bahn erlangt worden war. Die russisch-deutschen Beziehungen werden weniger freundlich in den folgenden Jahren, die Annäherung Rußlands und Frankreichs wird immer intimer; 1894 wird das russisch-französische Bündnis unterzeichnet. Immerhin wurde damals auch das deutsch-französische Kamerun-Kongo-Abkommen geschaffen, das wieder England verstimmte, weil dadurch Frankreichs koloniale Sphäre erweitert wurde „gerade durch dasjenige Gebiet, das man im deutsch-englischen Vertrage von 1893 Deutschland gelassen hatte, damit die Franzosen es nicht nähmen“. In den Jahren 1892—94 wurden auch die kritischen Stimmen gegen den Dreibund in Italien und die Sympathien für Frankreich stärker. In Deutschland aber erkennt man immer mehr, welche Schwierigkeiten es bedeutete, in der Kolonial- und Weltpolitik mitzusprechen, ohne sich auf eine mächtige Flotte stützen zu können. Des Kaisers weitausschauende Erkenntnis war aber noch nicht die der ganzen Nation geworden.

Im Jahre 1895 beginnt eine neue Zeit der Weltpolitik. Zu den europäischen Großmächten treten mitbestimmend die

Vereinigten Staaten von Nordamerika und Japan. Als weltpolitische Wetterwinkel zeigen sich besonders die Türkei und China, aber auch das afrikanische Kolonialgebiet. Es kommt erst jetzt die „Vervielfältigung und völlige Internationalisierung der weltpolitischen und weltwirtschaftlichen Interessen“ zu klarem Bewußtsein. Rußland, Frankreich und Deutschland intervenieren gegen Japan nach dem japanisch-chinesischen Kriege und dem Frieden von Schimonoseki 1895. Für Deutschland war in erster Reihe maßgebend der Wunsch, eine Rußland sympathische Politik zu treiben, in zweiter, sich in der Kiautschoubucht festsetzen zu können. Die erste Erwartung hat sich nicht erfüllt; dagegen hat die Mitwirkung Deutschlands an jener Intervention gegen Japan die unter der Asche lange glimmende Feindschaft des aufkommenden Reiches im fernen Osten gezeitigt und auch die Reibungsflächen mit England erheblich vergrößert. Dies war um so ernster zu nehmen, als der deutsche (zusammen mit Frankreich erfolgte) Einspruch gegen das englische Kongo-Abkommen jenseits des Kanals sehr übel aufgenommen wurde. Die südafrikanische Politik beschleunigte die Entwicklung. Der großartige Plan von Cecil Rhodes, Südafrika für die englische Herrschaft zu einem einheitlichen Gebiete zusammenzuschließen, fand im burischen Transvaal und im deutschen Südwestafrika für England unerwünschte Hindernisse. Die Zuspitzung der Verhältnisse zeigten: die Erdrosselungsbestrebungen Englands gegenüber den freien Staaten in Südafrika, der Einfall Jamesons und seine Gefangennahme, das Krüger-Telegramm des deutschen Kaisers, seine gehässige Aufnahme in England. Die neue deutsch-englische diplomatische Feindschaft, die sich durch das ganze Jahr 1895 hindurchzog und in jener Depesche vom 3. Januar 1896 ihren Gipfelpunkt erreichte, „sinkt von der demonstrativen Höhe, die sie besonders im Winter 1895/96 kühnlich erklommen hat, rasch wieder herab, muß herabsinken, da ihr kein wirksames Druckmittel gegen England zur Verfügung steht“ [187]). Schließlich hat Deutschland, in Ermangelung einer ausreichenden Flotte, die englischen Pläne nicht mehr aufhalten können. Es hat sich sogar zu einer viel freundlicheren Englandpolitik entschlossen. Denn als infolge der Niederlage Italiens bei Adua in Abessinien 1896 auch Englands Stellung in Oberägypten gefährdet erschien und diese Großmacht eine Expedition nach Dongola wünschte, deren Kosten die an Ägypten beteiligten Großmächte aus der ägyptischen Schuldenkasse bewilligen sollten, haben Rußland und Frankreich abgelehnt, Deutschland aber hat zugesagt. Trotzdem tritt die deutsch-englische Gegnerschaft von nun ab unverhüllt hervor. Mit Recht hat man darauf hingewiesen, daß es schon früher einen weltwirtschaftlichen Gegensatz zwischen Deutschland und England gegeben hat, der sich gelegentlich schon vor 1895 politisch-diplomatisch zugespitzt hatte, so wegen der englischen Waffenlieferungen 1870/71, wegen der angeblichen deutschen Kriegshetze 1875, wegen der deutschen Kolonialpolitik und wegen der Kongofrage 1884/5, daß aber alle diese und andere Zusammenstöße hinter dem des Winters 1895/6 verschwinden. „Dies deutsch-englische Zerwürfnis ist im ganzen neunzehnten Jahrhundert, ja überhaupt ohne Beispiel. Vor 1895 haben sich die deutsch-englischen Beziehungen schon deshalb völlig anders gestaltet als nach 1895, weil England damals noch in Rußland den Feind sieht“ [168]).

Neben der Transvaalfrage beginnt der wirtschaftliche Wettbewerb Deutschlands für England immer fühlbarer zu werden. Um jene Zeit versichert der frühere Premierminister Lord Rosebery: er führe die Störung des Verhältnisses zwischen Großbritannien und Deutschland vor allem darauf zurück, daß Deutschland Großbritannien auf wirtschaftlichem Gebiete zu überflügeln beginne. Er sei ganz überrascht von den technischen und kommerziellen Fortschritten der Deutschen; der deutsche Wettbewerb auf diesen Gebieten sei eine Gefahr der Zukunft. Deutschland besitze das vollkommenste System technischer Ausbildung, sei daher der gefährlichste Nebenbuhler Großbritanniens und bedrohe den britischen Handel, sogar in Indien und Ägypten. England sei bedroht durch einen furchtbaren Gegner, der es benage wie das Meer die schwachen Partien einer Küste. Der Handel des vereinigten Königreichs höre nicht auf, sich zu verringern, und was es verliere, das gewinne in der Hauptsache Deutschland. Das alles schien den imperialistischen Plänen, wie sie mit dem Gedanken eines Zusammenschlusses sämtlicher englischer Kolonien auf wirtschaftlichem Gebiete allmählich ganz England nach dem Vorbilde von Josef Chamberlain durchdrangen, höchst gefährlich. Gerade 1896 zeigt die Statistik, daß England aus dem früher sehr umfangreichen und gewinnbringenden Zwischenhandel, den es für Deutschland über See geführt hatte, fast verdrängt worden war. Von 1886 bis 1896 war der deutsche Seeverkehr nach England in Tonnen berechnet nur um 35% gestiegen, nach Schweden um 97, nach Österreich-Ungarn um 340, nach den Vereinigten Staaten um 128, nach Mexiko, Mittel- und Südamerika um 317, nach Indien und Ostasien um 488, nach Australien um 475, nach Südafrika um 250, nach der Levante um 261%. Die Hochseefischereien der Nordsee, die früher beinahe ausschließlich in englischer Hand gewesen waren, hatten sich von 1873 bis 1896 verzwölffacht. In derselben Zeit war die Zahl der deutschen Dampfer auf das Sechsfache gestiegen, ihr Tonnengehalt auf mehr denn das Zehnfache. Der Wert des deutschen Gesamthandels hatte um 1100 Millionen Mark zugenommen. Die deutschen Passagierdampfer galten mit Grund und Recht als die besten und schnellsten der Welt. Die deutschen Konsulate im Auslande vermehrten sich von Jahr zu Jahr, und ebenso wuchs die Höhe der über See investierten Beträge deutschen Geldes[169]). Seitdem 1897 Kontreadmiral Tirpitz Staatssekretär des Reichsmarineamts geworden war, begann für Deutschland eine neue Epoche der Weltpolitik. Erst von da ab wurde ein Machtmittel in ihren Dienst gestellt, ohne daß es zu völliger Ohnmacht gegenüber seinen Gegnern in seiner Handels- und Kolonialpolitik verurteilt gewesen wäre. Damals begann die großzügige im Weltkrieg erprobte Flottenpolitik, als das Ergebnis der ganzen nationalen Entwicklung Deutschlands und der europäischen, wie amerikanischen und asiatischen Konstellation. In das Jahr 1896 fällt einerseits eine Bekräftigung des französisch-russischen Bündnisses, andererseits eine Art von scheinbarer Interessengemeinschaft zwischen Rußland und Deutschland, die sich mit unverkennbarer Spitze gegen England wandte. So kann man auch begreifen, daß für die Balkanfrage die vorhandene Gegnerschaft zwischen

Rußland und Österreich-Ungarn in diesem Zeitpunkte keinen sichtbaren Ausdruck findet.

Der griechisch-türkische Krieg (1897) führte nicht zur Aufrollung der orientalischen Frage, so daß England auch seine Besorgnisse wegen Ägyptens nicht bestätigt fand. Dasselbe Jahr brachte im Verfolg der chinesischen Unruhen den Besitz von Kiautschou für Deutschland, um hier eine Musterkolonie zu gründen, nicht um ausgreifende Machtpolitik zu treiben. Dies war schon mehr Sache Rußlands, das einmal von China die Verpachtung von Port Arthur und der Insel Talienwan auf vorläufig 25 Jahre und das Recht erlangte, Port Arthur mit seiner großen sibirischen Bahnlinie durch eine Eisenbahn zu verbinden, wodurch die Grundlagen zu einer großen russischen Provinz (Mandschurei, Korea und Kwantung) gelegt werden sollten; sodann als es mit Korea die Abtretung der strategisch sehr wichtigen, der japanischen Küste nahegelegenen Hirschinsel zwecks Benutzung als Kohlenstation vereinbarte; endlich einigte sich Rußland mit Japan über Korea in einer für ihn selbst recht günstigen Weise. Es liegt zutage, daß Englands Machtinteresse an einem empfindlichen Punkte getroffen wurde. Der Gegenschachzug, der in dem Pachtvertrage mit China — Besitznahme des Küstenpunktes Wei-hai-wei am Gelben Meere — lag, war nur das Vorspiel zu einer Neuorientierung, die zuzunächst eine Annäherung an Deutschland suchte, jedoch deshalb zu keinem Ergebnis kommen konnte, weil England hierbei unternahm, Deutschland in einen entschiedenen Gegensatz zu Rußland zu bringen. Doch führte die Stimmung der damaligen Zeit zu dem sogenannten Angolavertrage, einem Geheimabkommen über eine eventuelle Teilung der portugiesischen Besitzungen in Südafrika zwischen dem Deutschen Reiche und Großbritannien, dessen praktische Durchsetzung aber an der Unehrlichkeit der englischen Staatskunst unübersteigliche Hindernisse fand. England wollte in der Welt nur nicht mehr vereinzelt dastehen und den Anschein erwecken, als könne es sich in wichtigen Fragen auf Deutschland stützen.

Das Verhältnis des Deutschen Reiches zu Frankreich hat sich in dieser Zeit trotz deutscher Freundlichkeiten zwar nicht gebessert, wurde aber auch nicht schlechter; dagegen hat sich die Spannung zwischen England und Frankreich durch die Schmach von Faschoda (Expedition des Hauptmanns Marchand) bis an die Grenze der Kriegsmöglichkeit entwickelt. Sie hat sich aber durch die Politik von Delcassé allmählich wieder gelöst, da dieser Vertreter der auswärtigen Politik Frankreichs sich einerseits der Unzulänglichkeit der französischen Flotte, andererseits der Notwendigkeit bewußt war, Englands gegen seine zukünftige Weltpolitik gegen Deutschland zu bedürfen. So erklärt sich Frankreichs Nachgiebigkeit in den folgenden Jahren, die einen teilweisen Verzicht auf koloniale Ausbreitung in sich schloß und England ermöglichte, seine Herrschaft am oberen Nil zu befestigen. Gleichzeitig wird der Erfolg italienisch-französischer Annäherungsbestrebungen sichtbar, gestützt auf einen Handelsvertrag, der dem fast zehnjährigen Handelskriege ein Ende bereitete; 1899 treffen sich ein französisches, englisches und italienisches Geschwader im Hafen von Genua; Freundschaftsversicherungen von allen drei Seiten erfolgen.

Der spanisch-amerikanische Krieg 1898 gab Anlaß zum Beweise von Deutschlands unbedingter Neutralität zugunsten der Vereinigten Staaten trotz vorwiegender für Spanien günstiger Volksstimmung in Deutschland. 1899 wurde die Angelegenheit der Samoa-Inseln geregelt; sie wurden zwischen Deutschland England, Amerika aufgeteilt, nicht gerade zum Vorteil Deutschlands, das schon damals eine seltsame Parteilichkeit der Vereinigten Staaten gegen sich spüren mußte. Im Jahre 1899 begann der Burenkrieg, währenddessen Deutschland, in scheinbarem Gegensatz zu seinem früheren politischen Verhalten, strengste für England besonders günstige Neutralität an den Tag legte. Dies macht auch das Bündnisangebot Chamberlains an uns verständlich. Doch fiel es in eine Zeit, in der Deutschland hierauf nicht eingehen konnte, auch abgesehen von den Einzelbestimmungen, die eine Feindschaft mit Rußland befürchten ließen. Immerhin hielt man damals noch auf beiden Seiten die Gegensätzlichkeit zwischen Deutschland und England noch nicht für unüberwindlich. Gewiß wäre England an einer kriegerischen und selbst an einer schroffen diplomatischen Auseinandersetzung damals durch den Burenkrieg verhindert gewesen; doch zeigt sich überall das Bestreben Englands, aus seiner Vereinzelung herauszukommen und zwar womöglich auf Deutschlands Kosten. Die versuchten Ausgleichsverhandlungen mit Deutschland bezogen sich sogar auf die Türkei, deren gemeinsame Aufteilung Deutschland vorgeschlagen wurde. Wir konnten darauf schon wegen unserer grundsätzlichen türkenfreundlichen Politik nicht eingehen. Diese hatte sich ja gerade jetzt anläßlich der Armenierhetze von 1895/97, des griechisch-türkischen Krieges und der Aufrollung der mazedonischen Frage, und besonders anläßlich der höchst bedeutsamen und folgenschweren Orientreise Kaiser Wilhelms II. 1898 programmatisch gezeigt. Während die balkanischen Gegensätze zwischen Rußland und Österreich-Ungarn damals infolge der Bindung der russischen Politik in Ostasien noch ganz zurücktreten und während andererseits die russisch-englische Nebenbuhlerschaft auch im nahen Osten damals fast ungeschwächt weiter besteht, tritt die orientalische Frage im ganzen doch auch schon in ihr modernes Stadium ein, in dem sie, abgesehen allerdings noch von Ägypten, in den deutsch-englischen Gegensatz verwickelt wird [170]).

Aber nicht bloß mit Deutschland sucht England anzuknüpfen. Seine Feindschaft mit Frankreich beginnt es durch den Sudanvertrag 1899 beizulegen und erzielt eine Verständigung, die man als eine Vorläuferin und notwendige Voraussetzung der Entente cordiale von 1904 bezeichnet hat. Mit Japan lassen sich freundschaftliche Beziehungen um so eher spinnen, als England sich an der Intervention des sogenannten ostasiatischen Dreibundes nach dem Frieden von Schimonoseki augenfällig nicht beteiligt hat. Scheint die Verbindung mit Deutschland nicht zu gelingen, so verlegt sich England auf die Hetze, die es in allen, ihm geeignet gehaltenen Ländern, besonders in China und Japan schürt. Auch mit Nordamerika kommt England trotz des diplomatischen Streites wegen Venezuela (1895/6) in das beste Einvernehmen. Nur mit Rußland steht es, teilweise wegen Indiens, schlecht; 1899 kommt es an den Rand des Krieges, der aber infolge von Rußlands militärischer Unzulänglichkeit vermieden wird. Kaiser Nikolaus II gibt die Anregung zur ersten

Haager Friedenskonferenz und schafft eine Atmosphäre allgemeiner Entspannung, die England zur Vorbereitung auf seinen Burenkrieg benützt, während es den Großmächten gelingt, auf Anregung Nordamerikas die Politik der offenen Tür in China durchzusetzen.

Im Jahre 1900 kam der Boxerkrieg in China. Eine fremdenfeindliche Bewegung, durch maßgebende hohe chinesische Kreise im geheimen unterstützt, greift immer mehr um sich, gefährdet die Provinz Tschili und die in ihr liegende Hauptstadt Peking, führt zur Ermordung des deutschen Gesandten Freiherrn v. Ketteler. Infolgedessen spielte hier Deutschland als in erster Reihe gekränkte Macht eine führende Rolle. Internationale Truppen wurden unter das Oberkommando des Feldmarschalls Grafen Waldersee gestellt und erledigten schließlich ihre Aufgabe nach Möglichkeit. Rußland benutzt aber die Gelegenheit, in der Mandschurei Fortschritte zu machen. Das deutsch-englische sogenannte Yangtse-Abkommen vom 16. Oktober 1900 suchte die Politik der offenen Tür für jede wirtschaftliche Tätigkeit der Großmächte zu sichern, den Gebietsbestand des chinesischen Reiches zu verbürgen und enthielt das gegenseitige Versprechen, keinerlei territoriale Vorteile in China unter Benutzung der Unruhen zu erlangen. Dieser Vertrag hätte für die deutsch-englischen Beziehungen von grundlegender wohltätiger Wirkung und Bedeutung werden können. Das Gegenteil traf aber ein, weil Deutschland mit Bestimmtheit das russisch-chinesische Mandschurei-Abkommen als durch den Yangtse-Vertrag nicht berührt bezeichnet hat, durch diese Erklärung seines „Desinteressement" sich Rußland verpflichten wollte, in Wirklichkeit jedoch nur England auf lange Zeit hinaus verstimmte und reizte. Dadurch, daß Englands Kräfte infolge seiner südafrikanischen Verwicklungen gebunden waren, ist es während der Chinawirren zu ganz besonders bescheidenem Auftreten genötigt gewesen. Vergessen hat es Deutschland jene Bevorzugung Rußlands niemals, zumal das Yangtse-Abkommen die einzige wenig süße Frucht der jahrelangen Bemühungen Englands war, Deutschland zu sich herüber zu ziehen, oder besser, seinen Zwecken dienstbar zu machen. Andererseits hat sich Deutschland erfolgreich auch dem Unterfangen Rußlands und Frankreichs widersetzt, eine gemeinsame Intervention zugunsten der Buren herbeizuführen. Diese unsere Neutralitätstreue hat aber England wenig zu schätzen verstanden. Das mag wieder damit zusammenhängen, daß das zweite deutsche Flottengesetz vom 14. Juni 1900 die Engländer in die irrige Annahme einer gerade gegen sie gerichteten Rüstung versetzte und den hochmütigen Anspruch, alleinige Beherrscherin der Meere zu sein, ohne Absicht verletzte. Jedenfalls hat die deutsche russenfreundliche Politik auch verhindert, daß Deutschland an dem englisch-japanischen Bündnis hätte teilnehmen können, das am 30. Januar 1902 in London unterzeichnet worden ist. Dadurch ist der ostasiatischen Politik Rußlands ein starkes Gegengewicht geschaffen. Die Zeit einer Auseinandersetzung mit Japan schien Rußland wegen seiner militärischen Unfertigkeit, der fehlenden Vollendung der Bahn nach Port Arthur noch nicht gekommen. Zwar begann die Räumung der Mandschurei anfangs teilweise, doch hat Rußland mit der Einrichtung einer „Statthalterschaft des fernen Ostens“ im Jahre 1903, durch baldigen Aufschub jener Räumung und durch den Versuch, Korea für sich zu gewinnen, den energischsten Widerstand Japans hervorgerufen, der schließlich zu dem mit dem 8. Februar 1904 beginnenden Kriege führte. Deutschland hielt sich streng neutral, ohne aber dadurch Rußland, das ewig mißtrauische, zu befriedigen. Man hat mit gutem Grunde angenommen, daß Japan ohne den englischen Bund weder machtpolitisch noch finanziell zum Kriege in der Lage gewesen wäre. Hinzu kam noch, daß Rußland mit Deutschland befreundet schien. So galt es für England, beide zu treffen, nach Besiegung Rußlands aber sich mit diesem Staate zum Schaden Deutschlands zu einigen. So wird Japan, dessen Lebensinteressen und Ausdehnungsbestrebungen auch durch die russische ostasiatische Politik bedroht waren, in den Krieg gehetzt, der für ihn günstig ausfällt. Jetzt kann sich England mit Rußland versöhnen. Nun wird dieser Staat aber auch von selbst vom fernen Osten auf den nahen Osten verwiesen, sein Interesse am Balkan und Konstantinopel in den Vordergrund gerückt.

Damit ist die Politik wieder eine europäische geworden; die Gegensätze zwischen Rußland und Österreich-Ungarn einerseits, der Türkei und Rußland andererseits, mußten sich verschärfen. Jetzt wird eine neue Gruppierung der Mächte eingeleitet, die ganze Weltkonstellation ändert sich.

Hatte England, dessen Verständigungs- und Allianzversuche gegenüber Deutschland „bei Lichte besehen nur diplomatische Demütigungsversuche sind“ trotz Faschoda mit Frankreich einen allmählichen Ausgleich zu erreichen vermocht, so war damit auch Frankreich der Weg einer näheren Verständigung mit Italien offen. Diese mußte auch England willkommen sein, da es, gleich Frankreich, an der Schädigung des Dreibundes ein Interesse hatte. Dieser ist 1901/2 nur unter größten Schwierigkeiten erneuert worden, zumal England und Frankreich Tripolis gleichsam Italien zuwarfen, die Volksstimmung in Italien gegen Deutschland bearbeitet wurde, handelspolitische Reibungen hinzutraten, das Verhältnis zu Österreich-Ungarn sich, auch infolge der Irridenta [171]), nicht gerade rosig gestaltet hatte. 1903 konnte König Viktor Emanuel zum Präsidenten Loubet von einer „glücklich vollendeten Annäherung“ zwischen Frankreich und Italien sprechen. Auch mit England war Italien schon seit langem freundschaftlich verbunden. 1897 stand es in der griechischen Frage auf seiner Seite, 1900 trat es dem deutsch-englischen Yangtse-Vertrage bei und in der Mandschureifrage unterstützte es England. „Italien hatte nie aufgehört, in England den alten und mächtigen Garanten seiner Mittelmeerstellung — ein bei Gelegenheit stets wirksames Gegengewicht gegen die Festlandsmächte — zu erblicken.“ [172])

Im Januar 1901 folgte König Eduard VII. seiner Mutter auf dem englischen Throne. Die Politik seines Landes war damals schon dahin orientiert, daß weitere Annäherungsversuche an Deutschland keinen Erfolg im Sinne der englischen überwiegenden Vorherrschaft mehr zu haben schienen und daß deshalb die schon seit geraumer Zeit begonnene Umgruppierung der Mächte lediglich in einer Gegensatzstellung zu Deutschland erfolgen müsse. Wirtschaftseifersucht und zollpolitische Schwierigkeiten taten das übrige. Die Volksstimmung in England verschärfte sich gegen Deutschland immer mehr. Die öffentliche Meinung hatte sich z. B. heftig gegen ein Zusammengehen mit Deutschland in der Venezuela-Angelegenheit gewendet. Viel klüger wäre es gewesen, sich gegen die Vereinigten Staaten zu kehren, die Englands Schwierigkeiten im Burenkriege dazu benutzten, um in zwei Verträgen vom 1. Dezember 1900 und 18. November 1901 Englands alte Anrechte auf Bau und Schutz des zukünftigen mittelamerikanischen Kanals gegenstandslos zu machen. Als dann zu Pretoria am 31. Mai 1902 nach den Verhandlungen von Vereeniging der Friede mit den Buren unterzeichnet war, hatte England wieder seine Ellenbogen frei — gegen Deutschland. Es war im Bunde mit Japan, im Begriffe sich mit den Westmächten endgültig zu verständigen; auch Rußland sollte „nach Europa zurückkehren". Erfolgt dies nach dem Kriege mit Japan, so ist die englisch-russische Verständigung 1907 doch der Angelpunkt des ganzen weltpolitischen Umschwungs [173]). Diese Versöhnung der Erzfeinde bedeutet die größte Gefahr für Deutschland. Die englisch-französische Entente 1904 war immerhin schon durch frühere Ereignisse vorbereitet und zum Teil noch gegen Rußland gerichtet, die englisch-russische Entente hatte nur eine kurze Vorgeschichte, die vielleicht noch kürzer gewesen wäre, hätte Rußland nicht 1905/7 mit der Niederwerfung seiner heimischen Revolution zu tun gehabt. Es ist kein Wunder, daß just in dieses Jahr 1907 die zweite Haager Friedenskonferenz fällt. Nicht Krieg, sondern Verständigung der Feinde Deutschlands, Schaffung des Dreiverbandes war das Losungswort. Die Entente cordiale von 1904 ist kolonialpolitisch von größter Bedeutung, indem sie die französischen Rechte auf Ägypten und die englischen Ansprüche auf Marokko fallen läßt, jene zugunsten Englands, diese zugunsten Frankreichs. Hierdurch erhält Frankreich die Möglichkeit zur Aufrichtung eines Protektorats, das jedoch nur möglich war durch Verletzung der internationalen Madrider Marokko-Akte von 1880, die jedes fremde Protektorat ausschließt [174]). Vor allem ist Deutschland damit brüskiert worden, weil es immer mehr wachsende wirtschaftliche Interessen in Marokko besaß. Durch die Reise des deutschen Kaisers nach Tanger am 31. März 1905 wird Verwahrung eingelegt gegen den Bruch des Madrider Abkommens, gleichzeitig eine Marokkokonferenz verlangt, deren Ziel die Anerkennung der Unabhängigkeit dieses Landes sein sollte. Hierauf folgt zwar der Abschluß einer englisch-französischen Militärkonvention, Frankreich droht zwar mit dem Kriege, läßt es aber nicht soweit kommen, weil noch der russisch-japanische Krieg tobt. England muß auch erst Rußland gedemütigt sehen, um es für bündnisfähig zu halten, aber, aus demselben Grunde, und damit Rußland für Deutschlands Ostgrenzen gefährlich bleibe, darf es auch nicht zu schwer gestraft werden. Deshalb wird Japan bewogen, auf die Kriegsentschädigung zu verzichten. Der am 5. September 1905 in Portsmouth abgeschlossene Frieden ist für das geschlagene Rußland noch recht glimpflich. Aber auch Japan darf nicht zu groß werden. Das zu verhüten ist man den Vereinigten Staaten schuldig, die schon seit dem Venezuela-Streit (1902/3) und während der ganzen Präsidentschaft Roosevelts (1901—9) ganz im englischen Fahrwasser der deutsch-feindlichen Politik schwimmen.

Die Marokkokonferenz zu Algeciras, die am 17. Januar 1906 zusammentrat, war beschickt von Deutschland, Rußland, Großbritannien, Österreich-Ungarn, Frankreich, Italien, die Vereinigten Staaten von Amerika, Portugal, Schweden, Spanien, die Niederlande und Belgien. Ihr waren Geheimverträge zwischen Frankreich und Spanien sowie England und Frankreich vorausgegangen, in denen die Vernichtung der Souveränität des Sultans, die Verletzung der Integrität des marokkanischen Gebiets und dessen Teilung unter Frankreich und Spanien vorgesehen war, während die Vernichtung der Handelsfreiheit sich hieraus ohne weiteres ergab. Auf der Konferenz führte der spanische Minister des Auswärtigen den Vorsitz und erklärte im Gegensatz zu den ihm bekannten Geheimverträgen feierlich „den dreifachen Grundsatz der Souveränität des Sultans, der Integrität seiner Staaten und der Gleichheit der Behandlung in kommerzieller Beziehung“. Als Ziel der Konferenz gab er die Notwendigkeit an einer „gegenseitigen Achtung der gegenseitigen

Interessen und den aufrichtigen Wunsch, die gegenseitigen Interessen in Einklang zu bringen mit den Grundsätzen der Souveränität des Sultans und der Integrität seines Reiches". So wird allmählich die Konferenz zu einem Gaukelspiel, in dem Deutschland betrogen wird. Es hatte stets eine geschlossene Mehrheit sich gegenüber, unter Führung von England zugunsten Frankreichs, wenn es Garantien verlangte für jenen dreifachen Grundsatz der Souveränität. Es war unverkennbar, daß die Mehrheit bereit war, die Konferenz scheitern zu lassen, sobald in einem wichtigen Punkte die deutsche Regierung unnachgiebig auf ihrem Verlangen und Standpunkt geblieben wäre. Scheitern der Konferenz würde für Deutschland aller Wahrscheinlichkeit nach den Krieg bedeutet haben. Dazu war die deutsche Regierung, die unbedingt den Frieden zu erhalten wünschte, nicht bereit. Bei dieser Sachlage war es von untergeordneter Bedeutung, bei welchen Punkten sich die wesentlichsten Meinungsverschiedenheiten einstellten; es waren dies die Schaffung einer marokkanischen Staatsbank und die Organisation einer internationalen politischen Polizei in Marokko. Die Zukunft hat gezeigt, daß die Nichterfüllung der deutschen Wünsche verhängnisvoll wurde [175]). Die Konferenz von Algeciras hatte England und Frankreich noch näher zueinander gebracht, jenes mit einem fast unbegrenzten Einfluß auf die Politik Frankreichs bereichert, dieses von der unbedingten Zuverlässigkeit des Bundesgenossen überzeugt. Ferner hatte die Konferenz England Gelegenheit gegeben, seinen beherrschenden Einfluß auf die Haltung beinahe aller europäischen Mächte zu zeigen, der Welt des Islams vor Augen zu führen, daß Großbritanniens Wille und Einfluß stärker sei als derjenige Deutschlands, den Kaiser Wilhelm zu Damaskus im Jahre 1888 ausgesprochen hatte: „Mögen die dreihundert Millionen Mohammedaner, welche auf der Erde verstreut leben, dessen versichert sein, daß zu allen Zeiten der Deutsche Kaiser ihr Freund sein wird." [176]) Hatte das Vorgehen Frankreichs in Marokko bei Spanien Beunruhigung und Mißtrauen erregt, so suchte König Eduard VII. beides durch seinen Besuch in Carthagena 1907 zu zerstreuen und Spanien noch fester an England zu ketten. Bald nachher konnte ein englisch-spanisch-französisches Abkommen veröffentwerden, dessen Inhalt dahin ging: „Die drei Mächte verpflichteten sich zur Aufrechterhaltung des territorialen Status quo und der Rechte jeder von ihnen im Mittelländischen Meere und der Teile des Atlantischen Ozeans, welche die Küsten und Inseln Europas und Afrikas bespülen. Sollten neue Umstände und Verhältnisse eintreten, die geeignet wären, eine Änderung des Status quo nötig zu machen, so wollten die drei Regierungen miteinander in Verbindung treten, um sich erforderlichenfalls über die gemeinsam zu ergreifenden Maßnahmen zu einigen." Nach Carthagena folgte das Zusammentreffen des Königs von England mit dem König Viktor Emanuel zu Gaeta, dessen Ergebnis das britisch-französisch-italienische Abkommen über Mittelmeer-Angelegenheiten, besonders über die italienischen Ansprüche auf Tripolis war. Nachdem nunmehr England mit den Mittelmeeruferstaaten und Rußland einig war, begann Frankreich seine ausgreifende marokkanische Politik mit der Besetzung der Stadt Udschda und der Behauptung, Frankreichs Sonderstellung in Marokko sei mißachtet worden. Unter Vorbringung von Beschwerden gegen Marokko, die die Tötung, Beraubung oder Gefangennahme von französischen Staatsangehörigen betrafen, behauptete Frankreich, sofort die Polizei organisieren zu müssen und fügte hinzu, daß die französische Politik von jedem Gedanken an Eroberungen oder Eingriffen in fremdes Gebiet frei sei. Im Widerspruch hiermit standen die geheimen französisch-englisch-spanischen Verträge von 1904 und das französische Vorgehen in Marokko seit der Algeciraskonferenz. Es hatte eine französische Gesellschaft trotz des Einspruches der „Souveränität" des Sultans Systeme drahtloser Telegraphie in Marokko eingerichtet, den Grundsatz der offenen Tür und der Gleichheit des Handels mißachtet und in den Fragen des marokkanischen Polizei- und Bankwesens, auch Spanien gegenüber, unbedingte Führerschaft für sich in Anspruch genommen. Frankreich behauptete, die Deutschen hätten die marokkanische Bevölkerung zum Morde aufgereizt und England nahm diese unwahre Behauptung gerne auf. Es folgte der Zwischenfall in Casablanca und der schiefe Weg wurde betreten, der bis an den Rand des Krieges führte. Doch wurden die wechselvollen Zwistigkeiten noch vorläufig beigelegt in dem marokkanischen Vertrage von 1908, dessen Teilnehmer das Deutsche Reich, Dänemark, Frankreich, Großbritannien, die Niederlande und Schweden waren. Versprochen wurde hier die wechselseitige Achtung der souveränen Rechte, die jede der unterzeichnenden Mächte über ihre betreffenden Gebiete in jenen Gegenden besaßen. Für den Fall der Bedrohung des Status quo nach Ansicht einer der Unterzeichnermächte durch irgendwelche Ereignisse wollte man miteinander in Verbindung treten, um in gemeinsamer Übereinstimmung Maßnahmen für die Erhaltung des Status quo zu treffen. Doch bezog sich dieser Grundsatz lediglich auf die zurzeit vorhandenen Gebietsteile der Vertragsmächte, welche an die Nordsee grenzen, dagegen sollte dieses sogenannte Nordseeabkommen nicht angerufen werden, wenn eine der Vertragsmächte auf Grund ihrer Souveränität frei über ihre Besitzungen verfügt. Am selben Tage wie das Nordseeabkommen, wurde in Petersburg das sogenannte Ostseeabkommen zwischen Rußland, Deutschland, Dänemark und Schweden beinahe mit demselben Wortlaute abgeschlossen [177]).

Indem sich Rußland der neuen durch England geführten Weltmachtgruppe anschließt, wird es gezwungen, seine Politik gegenüber Österreich-Ungarn und der Türkei einer Durchsicht zu unterziehen. Die mazedonische Revolution gibt viel gefährlichen politischen Zündstoff, führt aber noch am 3. Oktober 1903 im sogenannten Mürzsteger Programm zwischen Österreich-Ungarn und Rußland zu einer den Balkanfrieden vorläufig bewahrenden Verständigung. Aber diese konnte um so weniger von Dauer sein, als die orientalische Frage bereits durch Englands Stellungnahme ein neues Gesicht gewann. War bis zum Berliner Kongreß 1878 England ein Freund der Türkei, so beruhte dies auf seiner wirtschaftlichen Vorherrschaft und auf seinem Gegensatz zu Rußland. Jene begann infolge des deutschen Einflusses — Anatolische Bahn! — zu bröckeln; dieser war aber nach dem japanischen Kriege allmählich abgebaut worden. England läßt die Türkei in zahllosen Fällen seine Macht in gehässiger Weise fühlen, organisiert auch den großen Araberaufstand 1904/5. Im Frühling 1906 verhindert England die Türkei durch ein Ultimatum, die Hedschasbahn bei Akaba ans Rote Meer heranzuführen „und damit einerseits Arabien besser zu schützen und andererseits einen Fühler nach dem staatsrechtlich noch immer türkischen Ägypten auszustrecken". „Auch die diplomatische Unterstützung Englands durch Rußland auf der Marokkokonferenz von Algeciras liegt vor dem Abschlusse des Petersburger Vertrages" [178]) vom 31. August 1907, durch den der Dreiverband formell geschaffen worden ist. Jetzt kann auch die Revolutionierung des Balkans beginnen. England ist nicht mehr in glänzender Vereinsamung, Frankreich und Rußland gehen Hand in Hand mit ihm und das gelegentliche Auftreten gegen Österreich-Ungarn erfreut auch die an der Adria wesentlich interessierten Italiener. Deutschlands Einkreisung ist bald vollendet. Mag es seine Flotte 1905 noch weiter verstärken, England richtet die seine so ein, daß die „stete Schlagfertigkeit und Verwendungsbereitschaft des ganzen kampfkräftigen Materials" gesichert wird. Die gesamte britische Marinepolitik wird auf Deutschland eingerichtet, die Verteilung an den verschiedenen Meeren danach getroffen.

Nun wird aber auch der Zusammenschluß der Mittelmächte eine Notwendigkeit. Schon bei der Konferenz von Algeciras stehen Deutschland und Österreich-Ungarn in treuem Verein; das erste scharfe Aufeinanderprallen Österreichs und Serbiens im Sommer 1906 findet Deutschland auf seiner Seite, was von besonderer Bedeutung wird, weil Franzosen, Engländer und Russen den Serben den Rücken steifen. Als wegen der mazedonischen Frage zwischen Österreich und Rußland Schwierigkeiten entstehen, setzt sich Deutschland für die Donaumonarchie ein. Auch bei dem Streite um die Aufkündigung der Sandschakbahn durch den Freiherrn v. Ährenthal, dem auswärtigen Minister Österreichs, am 27. Januar 1908 tritt Deutschland als Helfer auf, so daß die Mittelmächte keineswegs mehr in bloßer Passivität verharren. Vergeblich versuchte deshalb Eduard VII. Österreich-Ungarn dem deutschen Bundesgenossen abspenstig zu machen [179]).

Aus dieser nunmehr gefestigten Konstellation ergaben sich auch für England, Rußland und Frankreich die naheliegenden Folgerungen. Bei der Monarchenzusammenkunft in Reval am 8. und 9. Juni 1908 wurde nicht bloß über die mazedonischen Reformen zwischen England und Rußland verhandelt, sondern auch über den Kampf gegen die Türkeit und die Mittelmächte. Praktische Bedeutung haben jedoch diese Verhandlungen wegen des Ausbruchs der jungtürkischen Revolution am 24. Juli 1908 nicht gehabt. Die Türkei festigt sich politisch, die internationale Demokratie verbrüdert sich mit den Jungtürken und deshalb gelingt es dem Dreiverbande, in Konstantinopel wieder zu Einfluß zu gelangen. Auf diese Weise ist dann eine kurz dauernde Freundlichkeit Englands gegenüber der Türkei zu erkennen. Diese jungtürkische Revolution gab aber auch Anlaß zur formellen Angliederung Bosniens und der Herzogowina durch Österreich-Ungarn am 15. Oktober 1908, die bis dahin auf Grund des Berliner Kongresses lediglich in der Verwaltung der Donaumonarchie sich befanden. Die hervorragende kulturelle Arbeit, die sie dort geleistet hat, mußte gesichert werden[180]. Österreich-Ungarn konnte sich nicht der Gefahr aussetzen, diese seinem Staatsgebiete innerlich bereits angepaßten Länder durch eine wiedererstarkte Türkei entreißen zu lassen. Noch während der diplomatischen Vorbereitung der Annexion gelingt es Ährenthal, sich auf einer Konferenz in Salzburg am 4. September 1908 die Zustimmung Italiens und am 16. September auf einer Besprechung in Buchlau in Mähren das Einverständnis auch Rußlands zu sichern, natürlich nicht ohne erhebliche Zugeständnisse und Gegenleistungen. Unter diesen befand sich die im Weltkrieg so ungeheuer bedeutsame Frage der Öffnung der Meerengen für russische Kriegsschiffe. Diese Vereinbarungen waren um so merkwürdiger, als die Gegnerschaft der miteinander verbündeten Staaten England und Rußland offenkundig waren und wahrscheinlich nur möglich, weil einer gegen den anderen durch die Bosporusfrage ausgespielt werden konnte. England widersprach der Ausführung der Buchlauer Verabredung und so mußte die Annexion nicht nur bei England, sondern auch bei der Türkei, Italien und Rußland, trotz jener

Vereinbarungen, Feindschaft erwecken. Auch die Serben, unterstützt von jenen Mächten, aber auch von Frankreich, nahmen an der allgemeinen Feindseligkeit teil. Daß sie nicht zu einem Kriege geführt hat, wird man neben der zielsicheren Politik Österreich-Ungarns in erster Reihe der unbedingten Bundestreue des Deutschen Reiches zuzuschreiben haben. Die Serben erklären am 31. März 1909 unter dem Drucke der ihnen befreundeten Großmächte ihre Loyalität gegenüber Österreich-Ungarn. Beigetragen hat hierzu auch der deutsch-französische Marokkovertrag vom 9. Februar 1909, der die Schlagkraft des Dreiverbandes auf der französischen Seite etwas beeinträchtigt hat [181]).

In der Türkei hatte die Gegenrevolution vom 24. April 1909 nur kurze Lebenskraft. In Mazedonien, Albanien und Kreta ist das heftig aufflackernde Feuer erkennbar, das den Brand des ersten Balkankrieges vorbereitet hat. In den asiatischen Provinzen der Türkei, besonders in Arabien, wo Engländer und Italiener das Feuer schüren und in Afrika, wo Tripolis italienische Kolonie werden soll und wo die Türken von Tunis aus von Frankreich bedrängt werden, zeigen sich politische Wetterwinkel. Am schärfsten geht Rußland gegen die Türkei vor, indem es diese zwingen will, in den Balkanbund gegen Österreich-Ungarn einzutreten. Bei Abweisung dieses Ansinnens richtet sich der Balkanbund gegen die Türkei. In Serbien werden Großmachtsträume auf das unverantwortlichste groß gezogen, mit Bulgarien wird 1909/10 zu größerer Intimität geschritten. Der Funke, der unter der Asche der türkischen inneren Schwierigkeiten glimmt, wird von Rußland auf das wirksamste geschürt. Demgegenüber bleibt die Politik der Mittelmächte trotz Erkenntnis der Gefahr auf Versöhnung und Frieden gerichtet, ja es scheint zwischen Deutschland und Rußland wieder zu einer Verständigung zu kommen, als am 19. August 1911 in Petersburg über Persien und die Bagdadbahn eine Verabredung getroffen wird. Es gelingt aber nicht, die zahllosen geheimen Sprengungsversuche, die England, Frankreich und Rußland im Orient unternehmen, durch eine ebenso geschickte Politik der Mittelmächte unschädlich zu machen [182])

Man konnte sich in Deutschland auch nicht von der überlieferten russischen Freundschaft frei machen, zumal ja doch auch schon kurz vorher (Ende 1910) durch die sogenannte Potsdamer Zusammenkunft Deutschland politische Interessen Rußlands in Persien anerkannte und sich verpflichtete, nördlich einer gewissen Linie nicht um Erlaubnis zur Anlage von Eisenbahn-, Straßen-, Schiffahrts- und Telegraphenlinien bei der persischen Regierung nachzusuchen und beide Mächte die Gleichberechtigung des Handels aller Nationen in Persien zugaben, Rußland den Ausbau eines Eisenbahnnetzes erstrebte, darin eine Linie so, daß deren Verbindung mit der Bagdadbahn durch eine Querverbindung hergestellt werden könne. Den späteren Verkehr zwischen der Bagdadlinie und den persischen Bahnen versprach jede der beiden Mächte zu fördern. Am wichtigsten war für Deutschland die Versicherung der russischen Regierung, sie werde den Bau der Bagdadbahn nicht hemmen, nicht mehr auf die Türkei im alten Sinne wirken, noch auch gemeinsame Sache mit Großbritannien und Frankreich zur Hinderung und Verzögerung der deutschen Bagdadbahnpläne machen[183]). Das klang doch alles nach Entspannung und beinahe Freundschaft. Wie sollte man da in Berlin meinen, daß es an der Zeit sei, die orientalischen Pläne Rußlands zu durchkreuzen?

Die Erfahrung hat gelehrt, daß diese freundlicheren Zwischenakte an der sicheren Linie der Dreiverbandspolitik nichts geändert haben und es beginnt der letzte Aufzug in dem Drama der Marokkofrage. Im Frühjahr 1910 zwang Frankreich dem Sultan Mulai Hafid eine größere Anleihe auf. Als Garantie mußte er seine sämtlichen Einnahmen verpfänden; sie wurden unter französische Kontrolle gestellt. Die Souveränität und Unabhängigkeit des Sultans und des Landes, ferner die Handelsfreiheit war damit endgültig vernichtet. Das widersprach der Algecirasakte und dem Abkommen von 1909. Die Einnahme von Fez durch die Franzosen, die durch eine fälschlich behauptete Gefährdung der Europäer gedeckt worden war, gab Deutschland Anlaß, die Marokkoangelegenheit zur Erledigung zu bringen. Das Kanonenboot „Panther" ankerte am 1. Juli 1911 auf der Reede des marokkanischen Hafens Agadir, nachdem dort wieder deutsche Firmen die Reichsregierung um Schutz gebeten hatten. Bald darauf wurde der „Panther" durch den kleinen Kreuzer „Berlin" ersetzt. Die Weiterentwicklung der Krise kann hier nicht verfolgt werden; sie endete mit Abmachungen vom 4. November 1911 zwischen Deutschland und Frankreich, die zu einer friedlichen Beilegung aller kolonialen Meinungsverschiedenheiten in Afrika hätte führen können, da tatsächlich Deutschland den Franzosen Marokko opferte, „für dessen Selbständigkeit Deutschland sich in langwierigen und erbitterten diplomatischen Kämpfen, die schon an die Grenze des Krieges heranreichten, so häufig eingesetzt hatte. Den Diplomaten der Mittelmächte ist der Weltfriede das kostbarste Gut, dessen Aufrechterhaltung schon ein Opfer wert ist." [184])

Noch während der Berliner Marokkoverhandlungen stellte Italien ein Ultimatum an die Hohe Pforte zu Konstantinopel; sie sei entschlossen, Tripolis und die Cyrenaika zu besetzen. Das Ansinnen an die türkische Regierung, sie möge Anordnungen treffen, daß kein Widerstand geleistet werde, wurde zurückgewiesen und der italienisch-türkische Krieg ging vor sich. Im Oktober 1912 wurde er durch den Frieden von Lausanne beendet mit dem Erfolge, daß Italien Tripolis und den Anspruch auf das noch nicht eroberte Gebiet behielt und sich verpflichtete, der Türkei gewisse Zahlungen zu leisten. Neben anderen Abmachungen wurde auch beschlossen, daß Italien die ägäischen Inseln zu räumen habe, sobald die Räumung Tripolitaniens türkischerseits von Offizieren und Truppen erfolgt sei. Die dadurch bewirkte Schwächung der Türkei war dem Dreiverband willkommen. Die erhoffte Verschlechterung des Verhältnisses zwischen Italien einerseits, Deutschland und Österreich-Ungarns andererseits lag auch in seinem Interesse. Die türkisch-deutsche Freundschaft erwartete man bald begraben zu sehen. Das Ergebnis war freilich nur die Lockerung der Beziehungen Italiens zum Dreibunde, die Freundschaft mit der Türkei wurde nicht betroffen [185]).

Wenn auch der Krieg um Tripolis naturgemäß zwischen Italien und Österreich-Ungarn eine Reihe von Schwierigkeiten entstehen ließ, so konnten sie vorläufig doch wieder beseitigt werden. Es hatte sogar den Anschein, als ob der seit 1901/2 gefährdete Bestand des Dreibundes sich wieder festigte. Es hängt das einmal damit zusammen, daß die „italienische Adria- und Orientpolitik eben nicht nur durch den Gegensatz gegen Österreich-Ungarn, sondern auch durch den Gegensatz gegen die Slawisierung der Adria“ bestimmt wird. Die Gefahr eines Weltkrieges hat sich, nicht zum ersten Male in den letzten Jahrzehnten, aber doch am schärfsten während der Annexionskrise (Bosnien und Herzegowina) und der Marokkoverhandlungen, auch schon während der Algecataskonferenz gezeigt. Es schien nun jetzt so, als ob die Mächte, vor die unmittelbare Möglichkeit eines Weltbrandes gestellt, sich zu einer Versöhnungspolitik bereit finden lassen wollten. Selbst England versucht noch eine Annäherung an Deutschland, nachdem es erkannt hatte, daß der Dreiverband militärisch für einen Krieg noch nicht stark genug war. Es läßt deshalb auch die deutsch-französischen Verhandlungen wegen Marokko 1911 durchführen, nachdem es sich überzeugt hatte, daß Deutschland der Kriegsdrohung vom 20./21. Juli 1911 furchtlos ins Auge sah. Man will es in England wieder einmal mit einer Flötenstimme versuchen, besonders da die Kriegsscheu in England nicht zu verkennen war. Das Ergebnis war die Sendung Lord Haldanes nach Berlin vom 9. bis 11. Februar 1912, „die freilich sofort in eigentümlichem Lichte erscheint, wenn man bedenkt, daß am Tage der Ankunft Haldanes in Berlin Winston Churchill, der erste Lord der Admiralität, in Glasgow seine berüchtigte Rede gegen die deutsche Luxusflotte hält, wie denn die Ausgleichungsverhandlungen auch weiterhin von englischen Drohungen begleitet werden“ [186]). Rußland erreicht zwar den Zusammenschluß der Balkanvölker zu einem Bunde mit der Spitze gegen die Türkei und die Mittelmächte, aber die Versuche einer russisch-deutschen Verständigung werden auch jetzt nicht aufgegeben. Diese seltsamen Widersprüche erklären sich durch die begründete Annahme von Justus Hashagen, daß die Diplomatie des Vierverbandes in den letzten Jahren vor dem Ausbruche des Weltkrieges, bis hart an dessen Schwelle, unablässig damit beschäftigt war, vorhandene Reibungsflächen zu vermeiden und lange wirksame Spannungen zu mildern oder zu beseitigen; daß ein beträchtlicher Teil ihrer Arbeit äußerlich betrachtet darin besteht, dem Scheine nach Versöhnungs- und Verständigungspolitik zu treiben; daß das charakteristische Merkmal daneben die Verhandlungen zur Herstellung von Militärkonventionen sind, unterstützt von einem immer mehr gesteigerten Wettrüsten der beteiligten Mächte. In derselben Zeit, in der Rußland gegenüber Deutschland Versöhnungspolitik treibt, in der England sich gegenüber Deutschland zu Neutralitätsverhandlungen herbeiläßt, in der sich Italiens amtliche äußere Politik gegenüber Österreich-Ungarn größerer Korrektheit befleißigt, setzen in England und Frankreich umfassende Heeres- und Flottenvermehrungen ein und arbeitet Rußland fleißig an dem Ausbau seines Kriegsbündnisses mit Frankreich. Am 13. Juli 1912, am letzten Tage der Anwesenheit des Reichskanzlers in Rußland, wird in Paris mit englischer Beihilfe eine russisch-französische Marinekonvention abgeschlossen; anläßlich des Besuches von Poincaré in Petersburg (9. bis 16. August 1912) wird eine weitere Militärkonvention zwischen Rußland und Frankreich verabredet; Poincaré verspricht in Frankreich die dreijährige Dienstzeit wieder einzuführen [187]).

Es folgen: Die albanische Verständigung zwischen Österreich-Ungarn und Italien, man erneuert den Dreibund am 17. Dezember 1912; auf einer Londoner Botschafterkonferenz wird dann von allen Großmächten die albanische Frage wenigstens theoretisch erledigt. Der erste und zweite Balkankrieg, dieser mit seinem Abschluß im Bukarester Frieden am 10. August 1913 stellen weitere Entwicklungsstufen dar. Alles weitere gehört in eine Vorgeschichte und Geschichte des Weltkrieges. Die Ermordung des österreichischen Thronfolgers in Serajewo am 28. Juni 1914 schleudert schließlich nur den zündenden Funken in das Pulverfaß der europäischen inneren Feindseligkeiten.

V.

Wirft man einen Rückblick auf die weltpolitischen Ereignisse, in die Deutschland bis an die Schwelle des Weltkrieges verwickelt war, so sieht man, daß die sich drängende Fülle von Begebnissen nur dann einigen Aufschluß ermöglicht, wenn man die ihnen zugrunde liegenden treibenden Kräfte zu erkennen vermag, wenn jedes einzelne der bedeutenden politischen Ereignisse auf seine mutmaßlichen Ursachen zurückgeführt werden kann, wenn man imstande ist, die Fäden zu entwirren, die in dem diplomatischen Gewebe herüber und hinüber schießen. Je mehr Staaten an den Verwicklungen teilnehmen, je mehr einander natürlich häufig widersprechende Interessen berührt werden, desto reichhaltiger wird auch die Zahl der Beweggründe für diese oder jene Stellungnahme und Handlungweise. Ein und dieselbe Frage, wie z. B. die Stellung Deutschlands zu England, Frankreich, Rußland, Österreich-Ungarn, Italien ist daher durch Tatsachen und Willensstrebungen, Absichten und Pläne, Möglichkeiten und Zwangsmomente bedingt, die bei jeder dieser Mächte aus einem anderen Gesichtswinkel betrachtet werden müssen, ohne damit schon vollständig geklärt zu sein. Auch die nicht an einer bestimmten Konstellation beteiligten Staaten und Mächtegruppen, ihr gewollter und geltendgemachter Einfluß, Sympathie und Antipathie, aber auch das negative, irgendwie doch der einen oder anderen Partei nützliche oder schädliche Verhalten müssen in Rechnung gestellt werden, wenn man die Dinge durchschauen will. Zur Erkenntnis ihrer wirklichen Beschaffenheit ist dies für den aktiven Staatsmann, aber auch für den, rein geistige Erfassung erstrebenden Politiker gleichmäßig wichtig; nur daß jener allein sie zu unmittelbarem Handeln und Sicheinrichten benutzen muß. Die Probleme der auswärtigen Politik sind also nicht in dem Reichtum weltgeschichtlicher Tatsachen an sich, sondern in der ihnen zukommenden nach außen nur selten sichtbaren Bedeutung zu finden, insbesondere darin, daß sie sich als Symptome innerlich wirkender, nach ihrem Ursprung und in ihrer Zielrichtung zu erforschender Kräfte erweisen. Sie müssen auf bestimmte Ursachen zurückgeführt, die Gedanken, deren verwirklichte Erscheinungen sie sind, müssen enthüllt, die wahrscheinlichen Endergebnisse aufgeklärt werden. Gleichzeitig bedarf es ihrer inneren geistigen Verknüpfung mit zeitlich vorhergehenden Tatsachen und mit zukünftigen Entwicklungen, um im Bilde der Gegenwart die Motive der Vergangenheit und die wahrscheinlichen Folgen der Zukunft zu begreifen. Immerhin ist die zunächst unübersehbare Fülle der Probleme der auswärtigen Politik ohne Kenntnis des bloßen Tatsachenmaterials, das sich auch der emsigsten Geschichtsforschung nur sehr allmählich zu erschließen pflegt, nicht einmal flüchtig zu erfassen. Mit diesem Material muß daher in der bezeichneten Weise gearbeitet werden; ohne die aufgezeigte Methode, politische Probleme zu erkennen, bleibt es nur roher historischer Stoff.

Werden aber nicht lediglich die äußeren Erscheinungen aufgenommen, sondern ihre Wurzel gepackt, ihre Bedeutung verstanden, ihre Zusammenhänge aufgedeckt, ihre Beweggründe und Wirkungen erhellt, dann stellt sich auch bald eine Übersicht ein, die aus dem scheinbar verwirrenden Chaos klare Linien aufsteigen läßt. Es kann dies auf verschiedene Weisen, von denen hier einige angedeutet werden sollen, geschehen.

Wir erkennen etwa geschlossene Problemkreise, die sich durch mehr oder minder lange Zeiträume hindurch ziehen, z. B. koloniale Ausdehnungsprobleme, Fragen der Handels-, Pflanzungs-, oder Strafkolonien; Erwerbung von Protektoraten und Interessensphären; Heeres- und Marinepolitik zum Zwecke der Rüstung gegen Gefahren oder zur Erfüllung gewisser Bündnispflichten oder als Vorbereitung auf einen unvermeidlich scheinenden Waffengang; Handelspolitik im Rahmen einer mehr auf das europäische Binnenland oder auf über See gerichteten Weltwirtschaftspolitik; Erreichung bestimmter Ziele im näheren und ferneren Orient; verkehrspolitische Erschließung Chinas oder Afrikas. Natürlich kehren alle diese politischen Fragen im Verhältnis Deutschlands zu jedem einzelnen an jenen Problemen beteiligten Auslandsstaate oder zu einer Gruppe von ihnen wieder, so daß sich dann Probleme der Verteidigungs-, Rüstungs-, Kolonial-, Handels-, Verkehrspolitik usw. zu England, Frankreich, Rußland, dem Dreiverband ergeben. Es ist offenbar, daß alle diese ihrem Wesen nach dauernde, also G r u n d f r a g e n sind, die aber immer wieder im Hinblick auf kommende

Ereignisse gestellt werden, so daß sie zu Zukunftsfragen werden. Nimmt man noch konkreter Einzelpunkte heraus, so dienen als Beispiele: Rüstungs- und Abrüstungsfragen; Flottenpolitik im Verhältnis zu England; Stellung Deutschlands zu Rußland und Frankreich und der Zweifrontenkrieg; ostasiatische Politik seit 1895; China und die offene Tür; südafrikanische Kolonial- und Weltpolitik vor und nach dem Burenkriege; die Marokkofrage bis zum November 1911; Bagdadbahn und wirtschaftliche Interessenkreise Deutschlands und Englands in der Türkei usw.

Alle diese Fragen und viele andere können eingeschlossen sein in der höheren, der jeweiligen Gruppierung der Weltmächte, die bei der Unmöglichkeit eines einzelnen Staates, für sich in Vereinsamung zu bestehen, häufig als die Grundlage aller auswärtigen Politik überhaupt bezeichnet wird. Dies insofern gewiß mit Recht, als alle der Mächtegruppe gemeinsamen Ziele durch Einigung der Kräfte leichter durchsetzbar sind, als bei einem Alleinstehen, das mit Außenstehen und Einkreisung gleichgestellt werden darf. Doch müssen dann innerhalb der Mächtegruppe wieder gemeinschaftliche Interessen auf dasselbe Ziel hinweisen, was nicht immer der Fall ist. Es wird auch ein Bundesgenosse leicht für die Lebensaufgaben des anderen in Anspruch genommen, ohne daß sich für ihn selbst bei Freiheit vom Bündnis eine entsprechende Stellungnahme ergeben hätte. Überdies ruft die Bündnispolitik Gegenspiele bei anderen Mächten hervor, so daß es sich hier überall darum handelt, den Anschluß an die richtigen Bundesgenossen, zur richtigen Zeit, mit angemessener Begrenzung der Rechte und Pflichten zu finden. Sicher ist aber, daß irgendein nicht mehr europäisches, sondern ein Weltgleichgewicht in Zukunft hergestellt werden muß, um den Frieden des Erdballs auf lange Zeit zu sichern. Dabei wird nur den großen Mächten Mitwirkung und Entscheidung zukommen; die kleinen, sogar auch nur die mittleren, haben wenig Aussicht, mitzusprechen, wenn sie sich nicht der einen oder anderen Mächtegruppe anschließen.

Neben dem wissenschaftlichen Beginnen, von Zeit zu Zeit immer wieder neugestaltete aber von je her vorhandene Probleme herauszugreifen, und sie innerhalb einer bestimmten Zeitspanne zu untersuchen, und neben der Methode, die auswärtige Politik vornehmlich unter dem Gesichtspunkte der jeweiligen Mächtegruppierung zu sehen, gibt es aber noch eine andere. Wir erkennen im Rückblick, daß bei aller Mannigfaltigkeit des Geschehens die drei großen von mir schon bezeichneten Aufgaben der auswärtigen Politik überall deutlich werden: alle Wirksamkeit dient entweder der Selbsterhaltung des Staates, seiner Sicherheit, seiner Verteidigung, seiner Machterweiterung, oder der Durchsetzung bestimmter nationaler Entwicklungsmöglichkeiten, mögen sie sich auf die Ausbreitung des heimatlichen Staatsgebietes, auf koloniale Erweiterungen, handelspolitische Ausdehnung und Einfluß, auf Durchsetzung nationaler Ansprüche beziehen. Zweifellos am wenigsten kommt in der auswärtigen Politik der letzten Jahrzehnte die Aufgabe der Aufrechterhaltung und Fortbildung der internationalen Rechtsordnung zur Durchführung, obwohl es ungerecht wäre, von den völkerrechtlichen, vielfach unterschätzten Ergebnissen der beiden Haager Konferenzen und von anderen Errungenschaften des internationalen Privat-, Handels-, Straf- und Verwaltungsrechts ganz abzusehen [188]).

Endlich vermag man „in die Fülle der Gesichte Ordnung zu bringen“ auch durch die Wahl eines Standpunktes, der mit dem Ausdrucke Weltpolitik oder Imperialismus, wenn auch nicht ganz eindeutig, so doch am besten bezeichnet ist. Unberührt von den Schicksalen irgendeiner Mächtegruppe kann niemals die andere bleiben. Die Untersuchung, wie friedliche oder kriegerische Entwicklung unter dem Zeichen eines die ganze gesittete Welt unmittelbar oder mittelbar in ihre Kreise ziehenden wirtschaftlichen oder blutigen Kampfes vor sich geht, kann unter Umständen auf eine ganze Problemreihe aufklärend wirken. Dabei ist es für das Ringen ohne Belang, ob wirtschaftlicher Notstand oder religiöse Momente vorwalten oder beide ineinander verwoben sind. Es muß immer das Bestreben vorliegen, den eigenen Staat soweit zu vergrößern, daß er der Vorstellung eines Weltstaates entspricht und dadurch notwendigerweise in Berührung und Verwicklung mit allen anderen maßgebenden Gemeinschaften führt. Er muß, wie es

Hötzsch [189]) ausgedrückt hat, imstande sein, seiner Bevölkerung Wohn- und Siedlungsgelegenheit, wenn diese im alten Staatsgebiet nicht mehr zu finden ist, außerhalb zu verschaffen, ohne daß sie dem eigenen Staat und der eigenen Nationalität verloren zu gehen braucht. Der Imperialismus schließt auch den Gedanken ein, daß ein solcher Staat sich so viel Gebiet in tropischen und halbtropischen Zonen zu eigen macht, um wenigstens teilweise den Bezug von Rohstoffen für eine in ihren Ansprüchen außerordentlich gestiegene Volkswirtschaft und Bevölkerung aus eigenem Besitz sichern zu können. Der deutsche Imperialismus hat seine feierliche Verkündigung am 18. Januar 1896 aus dem Munde des Kaisers gefunden: „Aus dem Deutschen Reiche ist ein Weltreich geworden. Überall in fernen Teilen der Erde wohnen Tausende unserer Landsleute. Deutsche Güter, deutsches Wissen, deutsche Betriebsamkeit gehen über den Ozean. Nach Tausenden von Millionen beziffern sich die Werte, die Deutschland auf der See fahren hat. An Sie, meine Herren, tritt die ernste Pflicht heran, mir zu helfen, dieses größere Deutsche Reich auch fest an unser heimisches anzugliedern." Diese Worte waren an Fürsten, Heerführer und Beamte gerichtet.

VI.

Weltreiche hat es seit grauen Zeiten schon gegeben; an das der Römer, Karls des Großen, Karls V. braucht nur erinnert zu werden. Erst mit den Entdeckungen des 15. u. 16. Jahrhunderts über See, den Forschungsreisen des 19. Jahrhunderts, mit der Eröffnung des chinesischen und japanischen Reiches hat sich aber der Begriff der Welt erheblich erweitert, so daß damit auch der Sinn der Weltpolitik ein anderer werden mußte. Hatte er früher nur einen heute verhältnismäßig klein erscheinenden Teil der jetzt bekannten Erde umfassen können, so will er in der Gegenwart möglichst den ganzen Erdball durchdringen. Wie es aber schon in früheren Jahrhunderten nicht möglich war, selbst den damaligen Anspruch auf Weltpolitik zu verwirklichen, so kann er heute in dem alten Sinne einer Beherrschung des ganzen Weltkreises erst recht nicht durchgesetzt werden[190]. Imperialismus bedeutet deshalb teils mehr als ehedem, weil grundsätzlich sämtliche Teile der Erde von ihm erfaßt werden; teils doch wieder weniger, weil es sich nicht um das törichte Verlangen oder Bestreben der Beherrschung aller Staaten durch eine Macht, etwa im Sinne der tyrannischen Träume Napoleons I. handeln kann, sondern um Ausdehnungsversuche, die die Durchdringung der Erde mit Zielen kaufmännischer, verkehrs- und kolonialpolitischer, auch nationalistischer Art in sich schließen. Englands Imperialismus, der schon im Mittelalter sichtbar war, brach in der Mitte des 15. Jahrhunderts zusammen. „Für England war die Sicherung einer Verbindung mit dem Kontinent durch den Besitz von Calais und der Gewinn einer festen Stellung im Kanal durch den Besitz der Kanalinseln alles, was vom imperialistischen Programm des Mittelalters übrig blieb." Es folgte die Zeit seines merkantilistischen Imperiums (16. bis 18. Jahrhundert), der Imperialismus in der Blütezeit des Freihandels, der mit der Besiegung Frankreichs endet, zu einem Welthandelsmonopol ausgreift und das neue Kolonialreich (Kanada, Neufundland, Australien, Neuseeland, Kapkolonien, Indien) schafft. Indem Deutschland das Welthandelsmonopol bedroht, ist einer der wichtigsten Streitpunkte gegeben. Die Vereinigung der mutterländischen mit den kolonialen Interessen, der Ausbau des Systems der Flottenstützpunkte wird, ebenso wie die Angliederung des ganzen Gebietes vom Nil bis zum Yangtse, die Vereinheitlichung seines afrikanischen Besitzes zwischen Kap und Kairo, das Ziel der jüngsten Imperialisten[191].

Frankreichs Imperialismus richtet sich hauptsächlich auf ein möglichst geschlossenes nordafrikanisches Reich. Gegen Wettbewerb gesicherte Absatzgebiete sind für Frankreich um so wertvoller, als seine Industrie auf dem freien Weltmarkte in vielen Zweigen nicht mehr konkurrenzfähig ist. Neben der Bedeutung, den der Bezug von Rohstoffen und Nahrungsmitteln aus eigenen Kolonien besitzt, kommt die Möglichkeit in Frage, vorhandene große Kapitalien in Kolonien zu verwerten. Auch die Folgen des Geburtenrückganges sollen, schon aus Gründen der militärischen Leistungsfähigkeit, durch die Heranziehung der Bevölkerung der Kolonien zum Waffendienste wett gemacht werden. Neue Kolonien bedeuten eine Stärkung Frankreichs auch für seine europäische Aufgabe [192]).

Rußlands Imperialismus geht darauf aus, die Landgebiete zwischen der Ostsee, dem Schwarzen und dem Persischen Meere, dem Nördlichen Eismeer und Stillen Ozean zusammenzuschließen. In seinem mittelländlichen Programm liegt die Sehnsucht nach Konstantinopel einbegriffen; in seiner indischen und persischen Politik, wie in seiner auf die Mandschurei und China gerichteten, kommt, neben unersättlichem Landeshunger, der Drang nach dem Meere, nach den Ausgängen zur Ostsee, dem Mittelmeer, dem Stillen und Indischen Ozean zum Ausdruck [193]).

Italiens Weltpolitik ist durch seine Lage am Mittelmeere gegeben. Nachdem sich Frankreich Tunis genommen hatte, blieb für Italiens Ausdehnungsbestrebung nur das nordafrikanische Küstenland zwischen Tunis und Ägypten, nämlich Libyen übrig. Der Zug nach Tripolis mußte auch für die Niederlage entschädigen, die es in Abessinien (1896) erlitten hatte. Die Irridentabewegung hat es in den Krieg getrieben, um sich an der Adria Machtzuwachs zu holen [194]).

Die Vereinigten Staaten von Nordamerika, gestützt auf die Monroelehre, suchten zunächst Ausdehnung ihrer Macht in Mittel- und Südamerika, dann auch gegenüber europäischen Mächten, wie das der Krieg gegen Spanien 1898 gezeigt hat. Die Angelegenheit des Panamakanals, die Japan berührende Politik gegenüber Mexiko, die Vereinigungsbestrebungen mit Kanada zeigen ebenso, wie der noch nicht ausgefochtene Kampf der Vorherrschaft im Stillen Ozean, das Ringen um den Einfluß in China die bemerkenswertesten imperialistischen Probleme [195]).

Der japanische Ausdehnungsdrang geht auf den Stillen Ozean und einen Teil seiner ostasiatischen Landgebiete, auf die militärische und wirtschaftliche Beherrschung Chinas, Einflußnahme auf Mexiko, teilweises Durchdringen von Kanada [196]).

Die österreichisch-ungarische Weltpolitik ist durch die

Nationalitätenverhältnisse, die Stellung dieses Reiches zwischen Deutschland und Rußland vielfach naturgemäß gebunden. Durch seine Stellung an der Adria und an dem Balkan sind alle mit diesen beiden politischen Depressionsgebieten verbundenen imperialistischen Probleme auch für die Donaumonarchie von unmittelbarster Wichtigkeit [197]).

Und nun zu Deutschlands Imperialismus! [198])

Vor dem Weltkriege hatte die deutsche Weltpolitik noch keine festen Ziele. Zwar hatte sie 1896 durch den deutschen Kaiser ihre programmatische Ansage erhalten und am 18. Oktober 1899 sprach Kaiser Wilhelm zu Hamburg das Wort: „Bitter Not ist uns eine starke deutsche Flotte." Einsichtigen war nicht verborgen, daß der deutsche Imperialismus eine Notwendigkeit bevökerungspolitischer Art geworden ist. Die Bevölkerungszunahme des Deutschen Reiches ist eine ständige. 1871 noch 40½ Millionen, stieg die Bevölkerung 1904 bereits auf 59½ Millionen und betrug 1914 65—70 Millionen. Die jährliche Bevölkerungszunahme beläuft sich durchschnittlich auf ½ Million, zuweilen sogar auf 800000. Je weniger Deutschland diese zunehmende Bevölkerung auf seinem Gebiet oder in seinen Kolonien zu ernähren vermag, desto größer ist natürlich die Auswanderung. Der wirtschaftliche Aufschwung Deutschlands hat einen Rückgang in der bis 1870 sehr starken Auswanderung herbeigeführt. Bis dahin waren in den vorhergehenden 50 Jahren etwa 2½ Millionen Deutsche allein nach den Vereinigten Staaten gezogen. Im Jahre 1904 sind im ganzen jedoch nur 26000 Personen ausgewandert. Den Bevölkerungsüberschuß vollkommen innerhalb der deutschen Grenzen zubehalten, ist aber eine bare Unmöglichkeit. Die deutsche Arbeiterzentrale fertigte im Jahre 1908/9 gegen 600000, im Jahre 1909/10 gegen 650000, im Jahre 1910/11 bereits 700000 Legitimationskarten für ausländische Arbeiter aus. Zu Beginn des Krieges 1914 überstieg die Zahl der ausländischen Arbeiter weit eine Million. Auch dies deutet darauf hin, daß die für Deutschland so wichtigen Arbeitskräfte über den Ozean wandern, gelockt von der Möglichkeit eines schnellen Gelderwerbes, zum Teil hinausgetrieben durch die Schwierigkeit, sich im Inlande standesgemäß zu ernähren und höher zu entwickeln. Aber auch die handelspolitischen Probleme drängen auf den Imperialismus hin. Deutschland hat ein Bedürfnis nach Rohstoffen, das es bis zu einem gewissen Grade aus seinen eigenen Kolonien entnehmen muß und in immer stärkerem Maße wird eine Unabhängigkeit von ausländischer Rohstofflieferung erstrebt werden müssen. Noch wichtiger ist, daß Deutschland für seine Industrie Absatzgebiete braucht, um die heimischen Arbeiter ernähren und die Lage seiner eigenen Volkswirtschaft heben zu können. Nicht zuletzt stellt die Ausdehnung der Weltwirtschaft aller Staaten, die sich in einem unübersehbaren internationalen Güter-, Menschen- und Nachrichtenverkehr äußert, Deutschland vor die Notwendigkeit, sich von ihr nicht nur nicht auszuschließen, sondern an ihr in möglichst hohem Maße teilzunehmen. Ein nach Osteuropa gewandter Imperialismus erweist sich für Deutschland als unmöglich, weil die, durch die Germanisierung früherer Jahrhunderte zurückgestaute slawische Woge immer stärker herüberdrängt und es Kraft genug kostet, sich dieser Überflutung zu erwehren. Ebensowenig bietet sich für einen deutschen Imperialismus ein Weg in der Richtung der skandinavischen Staatenwelt; ihr Zusammenschluß mit dem Deutschen Reiche unter dem Schlagworte einer germanischen Welterneuerung ist auf absehbare Zeit gänzlich ausgeschlossen. Dazu kommt noch, daß die skandinavischen Staaten selbst, besonders Norwegen, durch Abwanderung außerordentlich leiden, woraus zu erkennen ist, daß sie nicht in der Lage sind, ausreichenden Nahrungsspielraum selbst für die eigene Bevölkerung zu bieten. Wo wäre da für deutsche Ausdehnungsbestrebungen Raum?

Ein Engländer, Sir Harry Johnston, ein hervorragender Kolonialbeamter Englands, sagte 1903 und später: „Wäre ich ein Deutscher, so würde ich in meinen Zukunftsträumen ein großes österreichisch-deutsches Reich sehen, mit vielleicht zwei Hauptemporien, das eine Hamburg, das andere Konstantinopel, mit Häfen an der Ost- und Nordsee, am Adriatischen, Ägäischen und Schwarzen Meer, ein Reich oder vielmehr einen Staatenbund, der seinen Einfluß durch Kleinasien und Mesopotamien geltend machen sollte. Dieses ununterbrochene Imperium, das von der Mündung der Elbe bis an die des Euphrat reichen würde, wäre doch gewiß ein so stolzes Ziel, wie es eine große Nation nur träumen und erstreben kann." Ist es nicht, als ob der Weltkrieg uns der Verwirklichung dieses Zukunftstraumes nahegebracht hätte? Führt nicht, nachdem die Freundschaft Deutschlands und Österreich-Ungarns mit der Türkei und Bulgarien hergestellt worden ist, ein unmittelbarer Weg von der Nordsee bis nach Bagdad? Dix[199]) hatte bereits vor dem Weltkriege ausgesprochen: „Die eigenen Interessen des Reiches verweisen uns mehr auf den Zusammenhalt mit dem europäischen Südosten; auf die gemeinsame Freihaltung der mitteleuropäischen, durch Vorderasien führenden Ausgänge nach dem Indischen Ozean hin; auf die wirtschaftliche Annäherung und wechselseitige Kräftigung der Lande zwischen Elbe und Euphrat; auf die Ergänzung unserer volkswirtschaftlichen Produktion durch die Produktion Südosteuropas und die zu entwickelnden vorderasiatischen Kulturen; auf den festen militärpolitischen Zusammenhalt der Lande quer durch Mittel- und Südeuropa in der Abwehr nach Ost und West." Dieses Problem ist jetzt während des Weltkrieges seiner Lösung näher geführt worden. Mit dem etwas mißverständlichen Ausdruck „Mitteleuropa" wird es verfochten, tausendfach erörtert und bekrittelt[200]).

Man hat jedoch erkannt, daß eine in Verbindung mit anderen insbesondere orientalischen Mächten betriebene an sich zweifellos sehr nützliche, ja notwendige Bündnispolitik noch nicht deutscher Imperialismus ist. Es ist natürlich überhaupt eine Grundfrage, ob er, bei Festlegung von klaren Zielen, erreichbar ist ohne eine neue Mächtegruppierung, die gemeinsam mit Deutschland bestimmte imperialistische Pläne durchführt. Nach meiner Ansicht sind für Deutschland die folgenden Richtlinien unerläßlich: Gleichberechtigung auf dem Meere. Das bedeutet nicht ohne weiteres Freiheit der Meere für alle Staaten. Mag es ein hohes von Deutschland sich selbst gesetztes Ziel im Interesse der ganzen Mehrheit sein, so kann man doch nicht verkennen, daß, um es zu erreichen, eine größere weltpolitische Macht notwendig ist, als sie uns zurzeit und in den kommenden Jahrzehnten zur Verfügung steht. Freiheit oder Unfreiheit der

Meere ist eine Frage der größeren oder geringeren Seeherrschaft einzelner Staaten. Es muß für Deutschland genügen, wenn es gegenüber England sich selbst als gleichberechtigt durchsetzt und eine Unterbrechung seines überseeischen Handels nicht mehr gewärtigen muß. Eng damit hängt zusammen die Durchsetzung der wirtschaftlichen Gleichberechtigung in all denjenigen Teilen der Erde, die nicht schon als Kolonien oder ausschließliche Interessensphären eines anderen Staates ein gewisses Monopol ihrer Mutterländer aufweisen. Insbesondere wird daher praktisch die sogenannte offene Tür für China, große Teile von Afrika zu verlangen sein.

Sodann: Wiedererwerb und Ausdehnung des Kolonialbesitzes. Mögen die in dem Weltkriege verloren gegangenen kleineren Schutzgebiete in der Inselwelt des Stillen Ozeans auch vielleicht nicht mehr unbedingt wünschenswert erscheinen, so doch auf jeden Fall Ost- und Südwestafrika, Togo und Kamerun, nicht minder ein großer Teil des Kongo [201]). Weltpolitischer Natur sind auch die Sicherungen, die durch territoriale Erwerbungen an unseren langgestreckten, so außerordentlich gefährdeten und vielfach ungeschützten Grenzen erreicht werden können; ebenso die Ausdehnung und der Schutz des Deutschtums (Einflußnahme auf das Schicksal der Deutschen in den Baltischen Provinzen, nötigenfalls auch in den anderen Gebieten Rußlands, unter Umständen Österreich-Ungarns und in dem neu zu errichtenden Königreich Polen [202]). Die Mittel zur Durchführung einer deutschen imperialistischen Politik können hier nur angedeutet werden. Sie liegen in einer möglichst kräftigen Ausgestaltung von Heer und Flotte, in einer günstigen Bündnispolitik, in der Pflege auswärtiger Beziehungen, in dem Ausbau eines internationalen, dem deutschen Einflusse mitunterliegenden Nachrichtenwesens. Es erhellt aber von selbst, daß alle diese Mittel ihre Voraussetzungen in der inneren Gestaltung des deutschen Reiches, in der Kraft und Ausdauer seines den Geburtenrückgang überwindenden Volkes [203]), in einer gesunden Volkswirtschaft insbesondere auch Finanzwirtschaft haben. So erkennen wir den inneren Zusammenhang zwischen Weltpolitik und innerer Politik, dem wir noch einige zusammenhängende Betrachtungen widmen wollen.

VII.

Schon bei den Versuchen, gewisse Problemgruppierungen für die auswärtige Politik zu finden, war uns aufgefallen, daß für sie wie für die innere Politik ein eigenartiger Parallelismus der zu verfolgenden Zwecke erkennbar wurde. Äußere Sicherheit, Verfolgung der auf nationale Entwicklung gehenden Bestrebungen, Ausgestaltung der Rechtsordnung, dies waren die äußersten Umrisse eines durch lebendige Wirklichkeit nicht allzu schwer auszufüllenden Bildes. Darüber hinaus traten uns aber mehrfach die starken Bindungen der auswärtigen Politik durch die inneren Verhältnisse vor Augen und soeben erst war uns klar geworden, daß die Durchführung imperialistischer Gedanken nicht möglich erscheint, ohne die feste Grundlage eines gesicherten inneren Aufbaues Deutschlands. Dieses Problem des Verhältnisses von auswärtiger und innerer Politik hat schon Ranke eingehend beschäftigt[204]). Für ihn war Politik der Versuch, inmitten des Konflikts der Weltmächte, der idealen sowohl wie der realen, die man nicht beherrschen kann, das eigene Interesse zu wahren und zu fördern. Die Politik der Staaten war ihm als Idee Kampf, als Ereignis Kunst. Schließlich war sie ihm nichts als ein Kampf um Macht. „Scheiden wir sie nach ihren beiden Richtungen als intensive und extensive Politik, so geht bei der ersteren, der inneren, der Kampf um die Macht im Staate, nämlich gegen Ansprüche; bei der auswärtigen geht er um die Macht unter den Staaten, also um Geltung.“ Noch etwas moderner muten uns Versuche an, das Verhältnis der äußeren Politik zur inneren soziologisch zu erfassen. Für Goldscheid[205]) ergibt sich das Kriterium für die Güte der Gesamtpolitik aus der wechselseitigen Beeinflussung von äußerer und innerer Politik. Völkergegensätze sind das Primäre, Klassengegensätze das Sekundäre; mit jeder bestimmten äußeren Politik ist immer eine ganz bestimmte innere Politik, mit jeder bestimmten inneren stets eine ganz bestimmte äußere Politik notwendig verbunden. Es kann hier nicht im einzelnen die Geschichte des Verhältnisses der äußeren Politik zur inneren in Deutschland beleuchtet, auch nicht der Frage nachgegangen werden, wieweit die den Kampf der sozialen Klassen beherrschende innere Politik, sei es von rein gesellschaftlichem, sei es von sozialistischem Standpunkte aus heute wichtige Voraussetzungen der gegenseitigen Verflechtung der inneren mit der auswärtigen Politik abgibt. Wohl aber kann nicht verkannt werden, daß die Art der Behandlung der großen Massen der Bevölkerung durch die innere Politik, deren größere oder geringere Bereitwilligkeit, den Einzelstaat innerlich zu stützen, bewirkt, so daß hierdurch die auswärtigen Beziehungen auf das Wesentlichste beeinflußt werden. Diese überaus subtilen, von der Gesellschaftswissenschaft noch nicht genügend geklärten Beziehungen werden sowohl für wissenschaftliche Untersuchungen, wie für politische Orientierung in Zukunft allerwichtigste Stoffgebiete abgeben. Hier sei jedoch nur das Problem der inneren Verfassungsgestaltung eines Staates in seiner Beziehung zur auswärtigen Politik kurz beleuchtet.

Von all den Vorwürfen und Tadeln, mit denen das feindliche Ausland das Deutsche Reich seit dem Weltkriege überschüttet, ist neben der grotesken Auffassung vom sogenannten preußischen Militarismus keiner so häufig und so scharf ausgesprochen worden als der, Deutschland habe eine rückständige politische Gesamtverfassung. Es sind keineswegs nur untergeordnete Zeitungen und Personen, sondern es ist die leitende Presse in England, Frankreich, Italien, seltsamerweise sogar in Rußland und es sind Vertreter eines hervorragenden wissenschaftlichen Schriftstellertums, die sich diesen Tadel nicht nur zu eigen gemacht haben, sondern ihn auch mit folgerichtiger Bestimmtheit predigen[206]). Wem die Auffassung der Westmächte von der politischen Staatsgestaltung im allgemeinen, wie sie in einer fast überreichen Literatur des 19. und 20. Jahrhunderts hervortritt, bekannt war, der konnte schon lange vor dem Weltkrieg die hier herrschenden Ideengänge auf etwa drei Gruppen bringen.

Die erste geht aus von der Tatsache, daß in England die Mitwirkung der Volksvertretung bereits seit dem dreizehnten Jahrhundert stattgefunden hat, daß die seitherige Entwicklung durch die wechselvolle und in ihrem bunten Reichtum ungeheuer anziehende englische Geschichte immer nur zu einer weiteren Stärkung der individuellen Freiheitssphäre gegenüber dem Staate geführt hat. Das Gemeinschaftsbewußtsein der Engländer beruht auf ihrer immer mehr zur Geschlossenheit gelangenden Kultur, auf ihrer durch die Insellage begünstigten einseitigen aber alle Staatsangehörigen gleichmäßig kennzeichnenden Charakteranlage, durch die Weltherrschaft über die Meere und den durch all dies entwickelten nationalen Stolz, der natürlich auch in den geschichtlichen Erinnerungen und hervorragenden Taten früherer Jahrhunderte seine wohlbegründete Stütze hat. In Frankreich wieder geht man von der großen geistigen Bewegung aus, die seit der Mitte des 18. Jahrhunderts auf eine Umwälzung aller politischen und gesellschaftlichen Verhältnisse gerichtet war und in der französischen großen Revolution ihren grausigsten, aber auch mit elementarster Gewalt sich durchsetzenden, die gesamte Kulturwelt beeinflussenden Erfolg errungen hat. Die Ideenverbindung ist von selbst gegeben in der Richtung, daß, von England und Nordamerika abgesehen, schlechterdings die ganze übrige Kulturwelt ihre politische Neuorientierung von Frankreich her empfangen hat. So erscheinen sich die Angehörigen dieses Staates auch heute noch als die Vorkämpfer der politischen Befreiung der Nationen überhaupt, die sie in gewisser Weise aber nur an der Wende des 19. Jahrhunderts gewesen sind. Alle Staatsformen und Staatsverfassungen, die von derjenigen des französischen Staatswesens abweichen, scheinen ihnen rückständig. Mit der formalen Logik, die den romanischen Geist so sehr kennzeichnet, wird dann gefolgert: So gut die politische Ideenwelt Frankreichs an dem Ende des 18. Jahrhunderts einen Fortschritt gegenüber der vorhergehenden Zeit des Absolutismus bedeutet hat, so sehr habe auch die auf jener ruhende westeuropäische politische Gestaltung im 19. Jahrhundert den Stempel des Fortschrittes, der Freiheit, Gerechtigkeit, der größtmöglichen Entfaltung persönlicher Kräfte innerhalb des gleichwohl mächtig gebliebenen Staatswesens erhalten. In ungenügender Weise über deutsche Verhältnisse unterrichtet, vielfach unfähig, in die ganz anders gearteten staatlichen und gesellschaftlichen Voraussetzungen des politischen

Lebens mit Verständnis Einblick zu gewinnen, sieht man in den beiden westlichen großen Staaten in dem Anderssein Deutschlands ein Schlechtersein. Kann es da wundernehmen, daß eine nicht allzu kurze Zeit lang im Weltkriege die Phrase zu uns herübertönte: die westlichen Mächte wollen nicht das deutsche Volk, sondern den preußischen Militarismus vernichten, jenes wollten sie vielmehr „befreien“?

Verbunden mit diesem Ideengang, aber doch ein gedanklich ausscheidbarer Teil eines politischen Gesamtbekenntnisses ist die Grundüberzeugung der westlichen Staaten von der allein seligmachenden Kraft einer möglichst extremen Demokratie. Unwissend über die höchst eigenartige demokratische Gestaltung Deutschlands infolge der allgemeinen Schulpflicht, Wehrpflicht und nicht zuletzt einer auf dem Gebiete des kommunalen Wesens und der Sozialversicherung herrschenden Selbstverwaltung, lassen sie nur ihre eigenen Vorstellungen von der Demokratie gelten, die geschichtlich im Westen erwachsen sind und in Form wie Inhalt sich wesentlich von den demokratischen Bestandteilen unseres Staatswesens unterscheiden. Es wird hier, wie so oft, verkannt, daß die Demokratie ein ungeheuer verwickeltes Gesamtproblem und nicht eine einzelne Idee ist, daß sie nach meiner Ansicht sich überhaupt nur fassen läßt, wenn man sie in eine politische, wirtschaftliche und gesellschaftliche Demokratie scheidet, und bei jeder einzelnen Gruppe die zahllosen Lebenserscheinungen auf das genaueste auf ihren Ursprung, Wert, ihr Ziel und ihre Notwendigkeit prüft. Bei solcher Methode wird man auch finden, daß, besonders auf dem Boden der wirtschaftlichen und gesellschaftlichen Demokratie, in Deutschland ungeheure Fortschritte seit einem halben Jahrhundert gemacht worden sind; daß auch die politische Demokratie, freilich im Gleichgewicht gehalten durch die konservativen Kräfte des im Mittelpunkte Europas auf sich selbst angewiesenen Staatswesens, eine sehr bemerkenswerte Aufwärtsentwicklung genommen hat. Weder das stürmische Temperament der romanischen Völker, noch der rücksichtslose Egoismus individualistischer Strebung der angelsächsischen Naturen kann für uns irgendwie als Muster dienen. Aus ihren eigenen Wurzeln heraus muß jedes Staatsvolk und Staatsindividuum wachsen; die Einflüsse der Umwelt, in diesem Falle der anderen Kulturstaaten, sind unvermeidlich, aber das angestammte Wesen jeder Staatspersönlichkeit muß den Ausschlag geben. Weil wir nun in Deutschland nicht jene bis zum äußersten bereite Demokratie, wie die westlichen Nationen haben, richtet sich deren uns geradezu possenhaft anmutender Wille auf unsere politische „Verbesserung"

Der dritte, damit zusammenhängende Gedankengang ist aber der, daß die allgemeine persönliche Freiheit im Staate, der Bewegungsspielraum des einzelnen bei uns angeblich geringer ist, als bei unseren Feinden. Diese haben sich aus einzelnen, mehr oder minder falsch verstandenen oder einseitig beurteilten gesellschaftlichen Erscheinungen ein Bild gestaltet, das der Wirklichkeit nicht entspicht. Das Verhältnis der verschiedenen Gesellschaftsschichten in Deutschland zueinander scheint dem Auslande vielfach in dem Lichte brutaler Beherrschung der einen durch die anderen; sie sind vielfach überzeugt von einer hochfahrenden, rohen Behandlung der mittleren und unteren Volksschichten durch die sogenannten herrschenden Klassen, besonders des hohen Militärs und des Beamtentums. Sie stellen sich die große Masse unserer Arbeiterbevölkerung als eine willenlose, geknechtete, trotz der Sozialpolitik ausgesogene Masse dar, die in ihrer politischen Wirksamkeit unterbunden, stets unter der Drohung der Knute und des Säbels steht. Es verschlägt nichts, daß gelegentlich auch im Auslande die Einsicht dämmert, die von allen Staaten der Erde gerade in Deutschland am meisten entwickelte Sozialdemokratie könnte wohl ein Beweis für das Gegenteil sein. Nur wenige, die sich mit dem geistigen Gehalte der äußerlich sichtbaren deutschen Welt an Ort und Stelle zu befassen bemühten, bekamen einen halbwegs klaren Eindruck von den Mächten der ausgleichenden sozialen Gerechtigkeit, von dem durch den Hochstand der Schulbildung geförderten Versöhnungsgeist zwischen den Volksklassen, ohne daß dabei die selbstverständliche, naturgegebene Tatsache eines — durch staatliche Maßnahmen im Zaume gehaltenen — Kampfes der Gesellschaftsklassen zu verkennen war. Persönliche

Ungebundenheit, stärkste individuelle Durchsetzungskraft, das ist es, was den westlichen Kulturstaaten in Deutschland zu fehlen scheint. Auch dies wollen sie, gegenüber der angeblich herrschenden „Militär- und Bürokratenkaste", dem armen Deutschland bringen.

Wie dem aber auch sein mag: es ist klar, daß solche im Auslande verbreitete Überzeugungen von den Verfassungszuständen, vom tatsächlichen Walten der politischen Kräfte in Deutschland, von dem Verhältnis der Gesellschaftsklassen zueinander und von dem hierzulande herrschenden Geiste der angeblichen Bedrückung und Unfreiheit auswirken müssen auf Sympathien und Antipathien und auf den politischen Gedanken von der Eignung oder mangelnden Eignung eines solchen Staates zu gemeinschaftlichem politischen Vorgehen. Denkt man hierbei unwillkürlich an Rußland, dessen politische Zustände uns unendlich viel tiefer zu stehen scheinen als die unsrigen, so stößt man doch auf die seltsame Tatsache, daß der politische Gesamtcharakter Rußlands bei den westlichen Staaten keineswegs geringer geschätzt wird, als der deutsche. Bestimmend hierfür ist psychologisch, daß in Rußland allmählich das Zartum kaltgestellt wird durch das herrschende Beamtentum und durch die sogenannte „Gesellschaft", das heißt durch mächtige soziale Schichten mit einer bestimmten, meist französisch abgetönten Bildung und daß eine mindestens theoretische Verständigung mit diesen für die Westmächte augenscheinlich leichter ist, als mit dem lediglich militärisch-aristokratisch scheinenden Preußentum. Hinzukommt, daß die russische „Volksseele" im Grunde als revolutionär gilt, daß man sich gewöhnt hat, das russische Volk in seiner Gesamtheit als eine vor ungeheuren Zukunftsmöglichkeiten stehende Nation zu betrachten, als eine dunkle, schwere aber fruchtbare Scholle, in die die Saat westlicher politischer Kultur immer mehr eingestreut werden müsse. Dieses gärende, stets unzufriedene Element des russischen Arbeiters und Intellektuellen hat etwas im Wesen Verwandtes mit dem romanischen, politisch unruhigen, revolutionär gestimmten beweglichen Typus. Nicht zuletzt aber kommen auch noch Autosuggestionen seitens der Westmächte hinzu, die auf dem nunmehr bereits mehrere Jahrzehnte alten Freundschaftsbunde mit Frankreich und auch auf der sehr realen Tatsache beruhen, daß französisches Geld in vielen Milliarden in Rußland angelegt ist und zahllose wirtschaftliche Verbindungen mit dem Rentnerstaate geschaffen worden sind. Ist erst eine innere politische Notwendigkeit des Zusammenschlusses angenommen, wie dies durch die Schaffung des Dreiverbandes 1907 bestätigt wurde, dann modelt sich gerne die, leise Gegensätze fühlende Stimmung in einen diese ausgleichenden, den Wert des Zusammengehens optimistisch beurteilenden Geist um.

Für die auswärtige Politik Deutschlands kann es sich naturgemäß nicht darum handeln, eine andere Gesamtstruktur des deutschen politischen Daseins anzuregen und gegenüber dem Auslande immer wieder in die Erscheinung treten zu lassen. Umgekehrt ist es aber Sache der inneren Politik, durch Ausgestaltung aller gegebenen Verhältnisse in der Richtung persönlicher und gesellschaftlicher Freiheit diejenige Gesamterscheinung des Staates zu fördern, die der weitestgehenden Sympathie des Auslandes teilhaftig werden kann. Dann wird auch die auswärtige Politik aus dieser Tatsache ihre Folgerungen zu ziehen haben. In welcher Richtung sich die innere Politik zu bewegen hat, kann nur bei jedem einzelnen innerpolitischen Problem gesagt werden; bei einer großen Anzahl von ihnen ist dies in den obigen Darlegungen versucht worden. Ein schöpferischer, weitausgreifender Staatsmann aber, eine die Bedeutung der inneren Politik für die auswärtige begreifende Volksvertretung und nicht zuletzt die große Zahl der politisch einsichtsvollen Staatsbürger muß dazu beitragen, den jeweils nur an einer einzelnen politischen Angelegenheit durchführbaren Fortschritt zu häufen, so daß hierdurch allmählich ein im Sinne politischer Höherentwicklung verändertes Gesamtbild erkennbar wird. Selbstbewußtsein und stolzes Erkennen des eigenen Wertes ist für eine Nation immer ein nicht zu missender Schatz; ein trotziges Ablehnen aller Möglichkeiten aber, im Auslande durch Erweiterung der politischen Freiheit, durch volksfreundlichste Ausgestaltung der Verfassung und der Verwaltung Sympathien zu erwerben, würde ganz gewiß verhängnisvoll sein.

Zweites Buch

Die Tragweite des Politischen und seine treibenden Kräfte

Erster Abschnitt

Bedeutung der Politik

I.

Fast scheut man sich — in der Erwartung des Vorwurfes, es handle sich um Selbstverständliches — von der Tragweite und Bedeutung der politischen Betätigung zu sprechen. Jetzt, wo wir die Fülle der Gegenwarts- und Zukunftsfragen deutscher innerer und auswärtiger Politik zu übersehen gelernt haben, scheint es uns unfaßbar, daß nicht der Einfluß politischer Tat auf das persönliche und gesellschaftliche, staatliche und nationale Leben jedermann einleuchten soll. Daß dieses Unbegreifliche jedoch tägliches Ereignis ist, wissen wir allzu genau, und verweilen deshalb bei den Gründen dieser seltsamen Erscheinung. Ein Grund liegt in dem Mangel an Tatsachenkenntnis von allen Gemeinschaftsfragen; ein anderer an der selten geweckten Befähigung, selbst etwa vorhandene Einsichten in die Wirklichkeit der Dinge in einen größeren Zusammenhang eben des staatlichen, gesellschaftlichen Ganzen zu bringen. Einen weiteren Grund finden wir in der fehlenden Geneigtheit, politische Dinge als inneres Erlebnis zu behandeln, sie nicht nur sachlich zu werten und in Gewissenhaftigkeit über sie zu urteilen, sondern als einen Teil des eigenen Daseins zu begreifen. Die Erklärung hierfür wiederum liegt darin, daß der Einzelne vielfach erst auf dem Umwege größerer, über ihm stehender Gemeinschaftsverbände eine Einwirkung auf sein unmittelbares Schicksal und auch das nicht immer erfährt, und daß ferner der zeitliche Abstand von dem Augenblick, in dem die politische Angelegenheit brennend geworden ist, bis zu dem Zeitpunkte des persönlichen Betroffenseins mitunter recht groß ist. Der Weltkrieg hat hierin freilich sehr viel geändert, fast jeden Einzelnen auf das empfindlichste an die Beziehungen erinnert, in denen er zu Staat und Welt allezeit und besonders bei schweren Erschütterungen des Gemeinwesens steht. Die verhältnismäßige Kürze unseres nationalen Daseins als geschlossener deutscher Staat erklärt auch die Jugend unseres politischen Bewußtseins. Zu diesem Grunde gesellt sich aber noch einer hinzu: er liegt in dem Charakter unserer gesamten geistigen und wirtschaftlichen Kultur. Der moderne Deutsche — will man ein typisches Bild zeichnen — sieht die Welt unter dem Gesichtswinkel der Arbeit und Pflicht; Muße und beschauliche Enge sind ihm fremd geworden. In den meist beruflich vorgezeichneten, seltener selbstgewählten Bahnen vollzieht sich seines Tages Mühe und Plage, die seiner inneren Befriedigung und seines Glückes sichere Unterlage bildet. Er erfüllt seine Obliegenheiten mit Treue und Gewissenhaftigkeit gegenüber Haus und Herd, Geschäft und Amt, kleinere und große Gemeinschaften der gesellschaftlichen Kreise, der Gemeinde, des Staates und der Kirche. Es tut ihm wohl, wenn alles gegliedert und geordnet ist, wenn die Zuständigkeiten sauber verteilt sind. Läßt ihm das Schaffen um den Erwerb, die Tätigkeit im Berufe nicht allzu viel freie Zeit für politisches Besinnen, so bildet sich allzu leicht in ihm die Vorstellung aus, daß das Wirken im Staate und für den Staat, in der Gemeinde und für sie, gewissen Personengruppen obliegt, wie ihm s e i n e tägliche Beschäftigung, s e i n e wirtschaftliche oder geistige Leistung. Arbeitsteilung überall. Mögen die anderen, die es zunächst gewissermaßen beruflich, von Gottes und Amts wegen angeht, zusehen, daß alles in politischen Dingen gut gedeihe. Gewöhnt, sich auf die Unbestechlichkeit und die sachliche Würde seiner Behörden zu verlassen, fühlt der Deutsche sich normalerweise weltenfern von ihrem wie von der Politiker Wirkungskreise; sie werden es, meint er, schon schlecht und recht schaffen.

Ein anderes spielt wesentlich mit: der herbe Ernst deutschen Arbeitswillens und deutscher Pflichterfüllung wird durch die Mächte der richtunggebenden, tröstenden und aufrichtenden R e l i g i o n in letzter Tiefe stärker beeinflußt, als in irgendeinem

Lande der Welt. Der Deutsche ist, so wenig das auch häufig nach außen sichtbar wird, der frömmste aller Menschen, eines mystischen Zusammenhanges mit dem Weltengeiste in allen Schichten des Volkes bis zum Rande voll. Es ist kaum erst nötig, darauf hinzuweisen, daß die äußerlich sichtbaren Erscheinungen hierfür alle jene zum Teil herrlichen seelischen Ergießungen vom Meister Eckhart bis zu den modernsten Mystikern unserer Tage etwa Rainer Maria Rilke sind. Neben dem religiösen Einschlag steht der künstlerische. Wer möchte wagen, die lebendigen Wirkungen der erhabensten Werke unseres großen Schrifttums von Luthers Zeiten an bis an die Grenze der Gegenwart, unsere bildende Kunst mindestens seit den Tagen, da die Schöpferkraft von Mathias Grünwald, Albrecht Dürer und der Holbeins sichtbar wurde, mit einem Striche abtun zu wollen? Es kann hier nur dessen gedacht werden, daß die Mächte des künstlerisch Geschaffenen in Deutschland die Seele unseres ganzen Volkes, natürlich in den allerverschiedensten Abtönungen, heute mehr fesseln, als man gemeinhin weiß. Nicht zuletzt auch in den großen Kreisen der strebenden Arbeiterschaft herrscht eine Sehnsucht nach Kunst, die ihresgleichen sucht. Weiterhin ergreift die Hoheit unserer Weltanschauungslehre seit Kant jährlich Tausende und Abertausende unter uns. Die Wissenschaften, die sich mit der Geschichte, der unendlich reichen Natur und den vielfältigen Erscheinungen der Gesellschaft befassen, haben ungezählte treue stille Anhänger und Empfänger. Der Deutsche sieht das Leben von sehr vielen Seiten her an: Religion und Kunst, Recht und Wirtschaft sind die Grundelemente, die ihm zum Ausgangspunkte dienen, die Welt des Seins gedanklich und seelisch zu durchdringen — nur das Politische hat noch keine greifbare Macht über ihn gewonnen.

So müssen es denn hier, wie in den meisten Lebensfragen, die drängenden Schicksale selber sein, die sein geistiges und seelisches Bild umgestalten. So hat den Deutschen die Not des Weltkrieges gelehrt, aufzumerken auf alle die unendlich zahlreichen Zusammenhänge, die sein Leben und Schicksal mit denen des Staates untrennbar verbinden; nicht nur in den Tagen gehobener geschichtlicher Erinnerung, vaterländischer Begeisterung, auf den Höhepunkten nationaler Geltung und Anerkennung, sondern im allernüchternsten, alles, das Letzte und Wertvollste von ihm erfordernden Alltag. Wenn aber dem Deutschen, wie dies hier versucht worden ist, auch die Einzelheiten der politischen Gestaltung nahe gebracht werden; wenn er sie nicht in verwirrender ordnungsloser Fülle, sondern durch einige führende Linien geteilt und schattiert erkennen kann, dann tritt der dunkel im Bewußtsein schlummernde Trieb nach Verständnis politischen Wesens in das helle Licht des Tages hinaus. Das ist meine feste, wohl begründete Hoffnung. Sie wird gestützt durch die Einsicht in die bittere Notwendigkeit, all der lösungheischenden Probleme innerhalb der Gemeinschaft Herr zu werden, wird angespornt zum Willen, mitzuraten und mitzutun. Daß unsere auswärtige Politik diesen Weltkrieg nicht vermeiden konnte, ist allen Deutschen eine schmerzliche aber unbestreitbare Gewißheit. Daß die Geschicke der Staaten seit Jahrzehnten auch anders hätten gelenkt werden können, als es geschah, wird bei allen denen zur Überzeugung werden, die den geistigen Mächten, dem Willen und zielbewußten Streben in Gemeinschaftsfragen einen Einfluß zuschreiben, der die naturgesetzten Bedingungen nicht übersieht, wohl aber sie zu beherrschen unternimmt. Sein und Vergehen seines Volkes und seines Staates kann den Deutschen nicht kalt lassen. So wird der sehnlichste Wunsch hervorgedrängt, die Mittel und Wege kennen zu lernen, auf denen jeder, aber auch jeder Staatsbürger helfen kann, daß unsere auswärtige Politik besser, unser Verhältnis zur Welt günstiger werde. Im Inneren unseres durch Einzelstaaten gegliederten Gesamtvaterlandes aber wartet der drängende Reichtum größter Probleme. Wer gemeinsam mit mir die Gegenstände der inneren Politik, die von ihr aufgegebenen Fragen und versuchten Antworten betrachtet hat, weiß jetzt, welche Riesenaufgaben der Wiederaufbau nach dem Weltkriege stellt auf allen Gebieten der Sicherheit und Verteidigung nach außen, der Volks- und Staatswirtschaft, der Industrie, des Handels, der Schiffahrt, der sozialen Frage; welche Wunden des schwer geschlagenen Geschlechtes geheilt werden müssen und wie für die kommenden Generationen, die größer und stärker sein sollen, vorzusorgen ist.

Im Spiegel dieser Gegenwartserfahrungen ist aber um so leichter zu erkennen, daß selbst ohne diesen Weltkrieg die Notwendigkeiten der inneren Staatsgestaltung zahllose wären; daß auf dem Boden der gesellschaftlichen Schichtungen die Milderung schärfster Spannungen zwischen großen Erwerbsklassen dringend notwendig ist; daß die Ausgestaltung unserer Verfassung im Reich und in den Einzelstaaten in vielen Punkten nicht mehr aufgeschoben werden kann, ohne dem Staate unheilbaren Schaden zu verursachen; daß für die Verwaltung und ihre zahlreichen Zweige unermeßlich große und kleine Probleme sich unabweisbar geltend machen. Ist der Einblick in die wichtigsten Grund- und Zukunftsfragen gewonnen, so kann es nicht schwer halten, diese allgemeinen Vorstellungen mit konkretem Inhalte auszufüllen.

Es soll aber hier auch noch versucht werden, die Bedeutung der politischen Handlung für den Einzelnen wie für die Gesamtheit an bestimmten bedeutenden schon eingangs dieses Werkes angedeuteten Problemen klar zu machen. Vorher muß jedoch in möglichster Kürze noch eine andere Aufgabe erledigt werden. Wir erinnern uns, den Weg zu den Gegenständen der Politik durch Zuhilfenahme des Schemas gebahnt zu haben, das sich uns in der Lehre von der Gewaltenteilung — Gesetzgebung, Rechtsprechung und Verwaltung — anbot. Es ergab sich damit eine verläßliche Führerschaft formeller Art, die es ermöglichte, einen Rahmen abzustecken, der das Auseinanderfließen der endlos scheinenden Grund- und Zukunftsfragen verhinderte. Wohl mußten wir uns zeitweilig anders orientieren, als sich erwies, daß der völkerrechtliche Verkehr und die ganze auswärtige Politik sich nicht wohl in die Schranken der normalen Verwaltungstätigkeit zwingen lassen. Gleichviel, es ging, wie mich dünkt, im ganzen gut. Aber wir haben gleich erkannt, daß diese Methode auch eine nur annähernde Vollständigkeit des Problemgebietes nicht verbürgt und schon früh in diesem Werke angedeutet, daß jene ergänzt werden müsse durch die Betrachtung eines systematischen Aufbaus nach wissenschaftlichen Richtlinien. Es soll dies nunmehr in der Weise geschehen, daß der Zusammenhang mit dem Gedanken, die

Tragweite des Politischen ins beste Licht zu rücken, offenbar wird. Freilich kann es hier nicht darauf ankommen, ein abgeschlossenes System zu zeigen, sondern nur darauf, erkenntlich zu machen, wie bei der Aufrichtung eines solchen sich politische Fragengruppen ergeben, die zur Ergänzung unserer Betrachtungen, die bisher an die Gewaltenteilung geknüpft waren, dienlich sind.

Die politische Wissenschaft kann es bei der Reichhaltigkeit der Anschauungsmöglichkeiten nicht zu einem allgemein anerkannten Systeme bringen. Die Ausgangspunkte und Gesichtswinkel sind und müssen vielfach ganz verschieden sein. Es lassen sich jedoch gewisse gemeinsame Unterlagen und Voraussetzungen der politischen Tätigkeit erkennen. Es sind dies etwa folgende: Verständigung über das Wesen des Staates, seine teils grundsätzlich gleichbleibenden, teils geschichtlich notwendig wandelbaren Aufgaben; die Erkenntnis der Staatsformen — monarchische und demokratische mit vielen Abstufungen; souveräne, halb- und nichtsouveräne Staaten. Hinzu kommt die politische Betrachtung des Staatsoberhauptes — Monarch, Präsident — nach seiner grundsätzlichen Seite, nach Rechten und Pflichten, Vorzügen und Nachteilen seiner Stellung in dem jeweiligen Staate. Staatsverfassungen — absolute, konstitutionelle, parlamentarische — bilden mit jenen politischen Fragen nach den Staatsformen und nach dem Staatsoberhaupt zusammen eine geschlossene Gedankengruppe, zu der sich dann vor allem die Volksvertretung unter politischem Gesichtspunkte reiht. Wahlrecht und Wahlverfahren, die uns schon als verfassungsrechtliche Reformfragen erschienen waren, kehren unter neuen Gesichtspunkten, in größerem Zusammenhange, nämlich in dem des Parlamentarismus, wieder. Schon aus der Geschichte des Parlamentarismus der europäischen Staaten ergibt sich ein unmittelbares politisches Interesse, das nur noch gesteigert wird durch die Einsicht, daß für die Zukunft Deutschlands die weitere Ausgestaltung in der Richtung des parlamentarischen Systemes zur brennenden Tagesfrage wird. Kann und wird es niemals in Deutschland dazu kommen, daß die Minister der jeweiligen Mehrheit der Volksvertretung entnommen werden? Insoweit ein darauf gerichtetes Ziel ernstlich verfolgt wird, handelt es sich zunächst um die Möglichkeit der Durchsetzung größerer Rechte der Volksvertretung gegenüber der Regierung, wie dies im Reiche im bescheidensten Maße schon angebahnt ist durch Einrichtung der unter Umständen auch während der Vertagung des Reichstags zusammenbleibenden Ausschüsse, deren engere Fühlung mit der Reichsregierung in Angelegenheiten der auswärtigen Politik aufrecht erhalten werden soll. Die meisten der politischen Systeme bauen sich also auf der Erkenntnis von dem Begriff und der Eigenart des Staates, der Staatsformen, Staatsverfassungen, Staatsorgane auf, um von hier aus, den tatsächlichen Bestand des gegebenen Gemeinwesens zur Grundlage genommen, kritische Einschläge zu machen und dasjenige, was nach einer sorgfältig gestützten Überzeugung als das Seinsollende erkannt wird, vorzutragen. Wie von den letzten Grundfragen des Staates auch das Problem der Nationalitäten, das Verhältnis von Staat und Kirche, Staat und Kommune (zum größten Teil auch dasjenige von Zentralisation und Dezentralisation) umschlossen wird, so führt die eine Welt für sich darstellende Reihe politischer Grund- und Zukunftsfragen hinsichtlich der Parlamente zu der nicht minder ausgedehnten Problemreihe, die die politischen Parteien, ihren Ursprung, ihre Geschichte, ihre Wirksamkeit, ihre Programme, ihre Ziele und Erfolge betrifft.

Darüber hinaus treten dann in allen, auch auf nur einige Vollständigkeit beanspruchenden Systemen große Gruppen von politischen Fragen hervor, die uns schon an der Hand unseres früheren Einteilungsmaßstabes begegnet sind. Ich erinnere nur an die allgemeinen Wirtschaftsfragen, an diejenigen des öffentlichen Verkehrs, Handels, Geldes und Kredits; Urproduktion, Industrie und Gewerbe, Finanz- und Steuerpolitik, Sozial- und Kolonialpolitik und endlich — ohne dieses ungeheure Gebiet erschöpfen zu können — an Unterricht und Bildungswesen, an die Stellung und Bedeutung der geistigen Berufe im Haushalte der Nation.

Der Rahmen, der für die Zwecke dieses Buches gezogen ist, würde gesprengt werden, wenn wir uns nicht begnügten, durch die Vorführung all dieser politischen Gegenstände vor das geistige Auge eine Vorstellung von ihrer Bedeutung und Tragweite zu erwecken. Man sollte meinen, daß es kaum denkbar ist, die unentrinnbaren Zusammenhänge all dieser tausendfältigen Erscheinungen und Handlungen innerhalb des Gemeinschaftslebens mit diesem selbst und mit der Einzelpersönlichkeit zu verkennen. Aber auch das ist dem unpolitischen Wesen des Deutschtums in verblüffend großem Maße bisher gelungen. Vielleicht gerade deshalb, weil ihm nicht eindringlich genug immer wieder die sachliche Verbindung all jener Grund- und Zukunftsfragen mit seinem eigenen Schicksal vorgehalten worden ist; vielleicht auch, weil seine kurze politische Geschichte seit Zusammenfassung in einem einheitlichen deutschen Staatswesen ihn noch nicht zu jenem Bewußtsein politischer Pflicht erzog, das über die normalen der Wehrpflicht, Steuerpflicht, Schulpflicht und des Gesetzesgehorsams hinaussieht. Aus dem absoluten Staat, dessen Überbleibsel noch bedenklich in unsere Verwaltung hineinragen, sind wir erst ein knappes Jahrhundert in verfassungsmäßige Zustände und in die Anfänge eines rechtsstaatlichen Daseins gelangt, das den Idealen politisch mehr vorgeschrittener Länder einigermaßen entspricht. Unsere zentrale Stellung innerhalb Europas, der durch die langgestreckten Grenzen mit feindlichen oder mindestens mißtrauischen und neidischen Nachbarn gegebene, dauernde Druck zwingt zu einer militärischen Straffheit, die auch auf das bürgerliche und politische Leben abfärbt und eine starke Neigung zum vertrauensvollen Gehorchen in den höheren Befehl mit sich bringt. Der viel gewendete Gedanke des deutschen Obrigkeitsstaates hat mancherlei Wesenszüge des aufgeklärten Absolutismus noch im 19. Jahrhundert beibehalten. Was sollte man sich viel um die politischen Verhältnisse kümmern, wenn diese durch unsere Fürsten und Staatsmänner, durch eine zweifellos das Beste wollende, wenn auch auf ihre vorwiegende Herrschaft eifersüchtige Beamtenschaft pflichttreu geordnet und ausgestaltet werden?

Die Eignung des Volkscharakters zum Organisiertwerden hat sich erst etwa seit der Mitte des 19. Jahrhunderts in eine handelnde Organisationskraft zu wandeln begonnen. Noch die Zeiten der Freiheitskriege sehen ein begeistertes, in Kunst, Religion, Mystik und Romantik schwelgendes, aber auch in allen kernhaften Tugenden häuslicher Zuverlässigkeit, handwerksmäßiger Brauchbarkeit, wissenschaftlicher Gründlichkeit ausgezeichnetes, ein klein wenig in der Enge der Lebensverhältnisse politisch verkümmertes Geschlecht. Als dann die Verheißungen der Zeit nach den Freiheitskriegen sich nicht erfüllten, sich die bleierne Stimmung absolutistischer Regierungsweise wieder auf die deutschen Lande senkte, da bedurfte es einer Bevölkerung, die sich immer wieder in rein menschlicher und geistig künstlerischer Sphäre den Ersatz für politische Mitwirkung suchte, des Anstoßes von außen, um sich zur Erkämpfung politischer Rechte aufzuraffen. Alle deutschen Revolutionen sind nur vom Auslande entfachte weitergetragene Brände gewesen. In den Verfassungskämpfen der Paulskirche erhebt sich ein von glühendem Idealismus erfülltes, zu politischer Organisation jedoch noch nicht reifes Volk; es prägt mit erhabener Geste Gedanken, denen die Zukunft gehörte, die es aber selbst nicht verwirklichen konnte. Die fünfziger Jahre des 19. Jahrhunderts waren vielleicht die politisch trübsten der deutschen jüngsten Vergangenheit. Der jammervolle Zustand des Deutschen Bundes ließ oft die Tapfersten an der deutschen Zukunft verzweifeln. Nur den einen nicht, Otto von Bismarck, dem es dann unter unsagbaren Mühen, unter dauernder Verkennung seiner übermenschlichen Leistungen und seines hochragenden vom Auslande auch jetzt noch vollständig mißdeuteten Charakters, gelang, auf dem Wege der Kriege von 1864, 1866 und 1870-71 das Reich zu schmieden. So groß auch die Schar bedeutender Männer war, denen im siebenten und achten Jahrzehnt des 19. Jahrhunderts eine Mitwirkung an dem großen Werke vergönnt war, so ist es uns doch, als ob aus dem Dunkel der Hoffnungslosigkeit sich *sein* Stern als der leuchtendste heraushöbe. Als dann das Deutsche Reich durch ihn aufgerichtet war, mußte es auch eingerichtet werden. Dieser Arbeit hätte der heldenhafte Genius kaum entsprechen können, wenn er hierbei nicht die überragende Gewalt seiner Persönlichkeit auch gegenüber solchen Bestrebungen eingesetzt hätte, die versuchten, immer mehr Volksrechte, mindestens Parlamentsrechte zu erwerben. So hat zwar im Gipfelpunkt seines Ruhmes die Einführung des demokratischen allgemein gleichen und unmittelbaren Wahlrechtes für das Reichsparlament gestanden und die lebendige Freiheit der Einzelpersonen war in dem größeren Rahmen des Reiches sicherlich nicht kleiner als ehedem. Aber man kann nicht verkennen, daß es an der gleichzeitigen Vorwärtsentwicklung konstitutioneller Einrichtungen im Sinne einer größeren Beteiligung immer stärkerer Volksmassen während seiner langen Führerschaft besonders in Preußen gefehlt hat. Auch die sozialpolitischen Gesetze waren nicht ganz in seinem Sinne; Arbeiterschutz erschien ihm etwas Notwendiges, aber seine Zustimmung zu einer Sozialisierung des Gemeinwesens kam nicht aus glücklich überzeugtem Herzen. Weder war Bismarcks Politik gegenüber dem Katholizismus, noch gegenüber der Sozialdemokratie glücklich; vieles, woran wir heute leiden, ist auf die Schattenseite seines großen, durch glänzendes Licht weit überstrahlten Werkes zu schreiben. Wenn wir uns noch des typischen Bildes erinnern, das von dem unpolitischen Wesen des Deutschen mit flüchtigen Strichen gezeichnet worden ist[207], so haben wir eine ungefähre Erklärung für die Möglichkeit solcher Entwicklung.

Der Zusammenhang des unpolitischen deutschen Wesens mit dem Kriege ist aber offensichtlich. Ist eine Nation mit allen Fasern ihres Wesens an der bestmöglichen Gestaltung der Verfassungszustände interessiert, erfaßt sie in jeder täglichen Erscheinung der Verwaltung ihr eigenes Schicksal, hat sie die Fähigkeit, das Verständnis und den Willen, sich zu allen Grund- und Zukunftsfragen politischer Art sofort tatkräftig handelnd zu stellen, auf sie einzuwirken, Veraltetes niederzureißen, Neues aufzubauen, dann ergibt sich ein Zustand der inneren Politik, der schlechterdings ausschließt, von dem Auslande als ein zurückgebliebener, Freiheit und Ansehen des eigenen Volkes schädigender angesehen zu werden. Bei dem mehrfach aufgezeigten Zusammenhang der inneren und der auswärtigen Politik lassen sich aber diese Fragen nicht in künstlicher Trennung betrachten. Der politisch innerlich ergriffene Staatsbürger, der sich um die Fragen der inneren Politik mit derselben Eindringlichkeit kümmert, wie um sein eigenes Wohl und Wehe, wie um seine Lebens- und Weltanschauung, sein wirtschaftliches Vorwärtskommen, seinen geistigen Aufstieg, seine kulturellen Bedürfnisse, der hält auch notwendigerweise den Blick gerichtet auf die Beziehungen des eigenen Staates zum Auslande. Nur wo das politische Interesse für die innere Staatsgestaltung fehlt, dort fehlt sie auch für die äußere Politik und umgekehrt. Nur so war es möglich, daß man in Deutschland sich zwar in steigendem Maße der Unhaltbarkeit der internationalen politischen Lage seit 1888 bewußt wurde, aber schlechterdings nichts tat, um durch Zusammenraffung aller Kräfte eine solche Staatsleitung, eine solche Diplomatie, eine solche Auslandspresse zustande zu bringen, die den immer vorhandenen Reibungsflächen auf dem Gebiete der auswärtigen Politik, wenn auch nicht auswich, sie aber doch im Interesse des Deutschtums glättete. Niemals wird das deutsche Volk darüber hinwegkommen, daß es seinem mächtigen glänzenden Reiche, bei all seiner ungeheuren, gerade im Weltkrieg gezeigten wirtschaftlichen, militärischen und nicht zuletzt kulturellen Macht nicht möglich war, zu einer solchen Bündnispolitik zu gelangen, die die Weltkatastrophe ausschloß; daß wir, vorausbestimmt, mit den ältesten Trägern der Zivilisation ein neues und größeres Europa zu errichten, gerade mit jenen in unlösbaren Konflikt geraten und nunmehr gezwungen sind, uns wieder nach Osten zu orientieren. Wehe, wenn Deutschland sein Antlitz dauernd nur dorthin und nicht auch nach dem Westen richtet! Eine große, die letzten seelischen Kräfte aufrüttelnde politische Bewegung, an der Bürgertum und organisierte Arbeiterschaft gleichen Anteil haben müssen, wird alles daran zu setzen haben, zu erkennen, daß nur eine im Bewußtsein aller denkenden Staatsangehörigen verankerte und von ihnen gebilligte auswärtige Politik unser kulturelles Dasein zu sichern vermag.

II.

Allein, wenn es nun nicht möglich, aber auch bei der handgreiflichen Selbstverständlichkeit der Dinge unnötig ist, für jede Grund- und Zukunftsfrage deutscher Politik deren Bedeutung und Tragweite aufzuweisen, so gibt es doch eine kleine Gruppe von grundsätzlichen und ganz tiefgehenden Problemen, die in gewissem Sinne das ganze politische Denken, wie die Kuppel einen Dom, überwölben und zu denen noch in aller Kürze um so mehr Stellung zu nehmen ist, als der Weltkrieg sie jedem unmittelbar nahe gebracht hat und unsere ganze seelische und geistige Einstellung nach dem Kriege von der Lösung dieser Probleme abhängt.

Ich stelle dasjenige voran, was wir mit der Formel: Persönlichkeit und Staatswesen bezeichnen wollen. Was geht vor: Staatszweck, oder Persönlichkeitszweck? Muß sich der eine dem anderen beugen? Haben uns gerade die großen Schicksale der jüngsten Zeit zu dem Glauben gezwungen, daß die Gemeinschaft alles ist, der Einzelne nichts? Oder gibt es eine Aussöhnung der in diesen Gegenüberstellungen enthaltenen Grundgedanken?

Zur größeren Klarheit sei eine Verständigung darüber vorausgeschickt, was unter dem Staatsgedanken verstanden wird. Es kann dreierlei sein. Einmal die politische Idee, durch die das Herrschaftsgebiet mit den darauf Lebenden erst zur Persönlichkeit des Staates wird. Es handelt sich also um die Vorstellung, daß eine gedanklich zusammengefaßte Einheit von Gebiet, Volk und oberster Herrschaft erreicht wird, in Wirklichkeit eine Abstraktion, da der Staat mit äußeren Sinnen nicht wahrnehmbar ist. Wir können nur seine einzelnen Elemente und seine Wirkungen erkennen. Sodann verstehen wir unter dem Vorwalten des Staatsgedankens, daß die Frage, ob der Staat lediglich als Selbstzweck zu betrachten sei oder nicht, im wesentlichen im Sinne der ersteren Möglichkeit beantwortet wird. Endlich kann mit dem Staatsgedanken von vornherein nicht bloß die Vorstellung seiner unbestrittenen Durchsetzung gegenüber allen geschichtlich erwachsenen Gewalten, sondern seine in der Gegenwart vollendete Abgeschlossenheit, Selbstverständlichkeit, Unvergleichbarkeit, verbunden werden. Unter diesem letzteren Gesichtspunkte erheben sich nicht die Fragen seines Daseins, seiner Berechtigung, seiner Unentbehrlichkeit. Diese stehen vielmehr außer Zweifel. Wohl aber wird dann das Problem lebendig, wie der Staat selbst die Grenzen seiner Betätigung findet und finden soll; was dann nur dieselbe Frage ist, welche Ausdehnung man seinem ideellen Gegenspiel, eben dem Staatsgedanken, zu geben vermag. Es handelt sich also um die inneren Schranken des Staates und insbesondere des deutschen, gegenüber den Lebensbetätigungen der Einzelpersonen und der Verbände. So meint man den Inhalt des deutschen Staatsgedankens in Gegenwart und Zukunft, das Maß und die Art seiner Macht nach innen, das Verhältnis der Staatsgewalt zu Wert und Geltung der Persönlichkeit. Allerdings kann auch das Verhältnis des Deutschen Reiches zur übrigen Staatenwelt bei der Überlegung des Staatsgedankens und seiner Grenzen nicht außer acht gelassen werden. Aber das sind Probleme des Internationalismus, der Staatenbündnisse, der Weltpolitik, für die Richtlinien allgemeiner Art bekanntlich nicht vorgeschrieben werden können, die aber doch auch von einer bestimmten Ausprägung des deutschen Staatsgedankens teilweise abhängig sind. Schließlich fragt es sich nicht nur, welchen Einfluß die Art dieses Staatsgedankens auf die auswärtige Politik besitzt, sondern auch welche Rückwirkung letztere auf das Wohl und Wehe des Deutschen Reiches ausübt.

Insoweit es sich um den Staatsgedanken in jenem ersteren Sinne handelt, bedarf es keinerlei näherer Auseinandersetzung. Mag die Fähigkeit zu der im Staatsgedanken liegenden Abstraktion nicht jedermann geläufig sein, dieser Staatsgedanke ist ein festes Element des geistigen Haushalts aller Kulturnationen. Dagegen erfordert die zweite und dritte Vorstellung von dem Staatsgedanken ein längeres Verweilen, wobei sich dann sehr bald zeigt, daß es sich um in beiden Fällen untrennbare Vorstellungsreihen handelt.

Gehen wir davon aus, daß der Staat heute die körperschaftliche Zusammenfassung der auf einem geschlossenen Gebiete lebenden Menschen unter einer sie zusammenhaltenden Herrschaft ist. Als bewußte Schöpfung dieser Art ist aber der

Staat eine verhältnismäßig neue Erscheinung. Er war früher bestimmt durch nationale, machterstrebende, vor allem aber dynastische Interessen. Noch der Absolutismus hat, indem er den Monarchen nicht nur als Mittelpunkt, sondern auch als den maßgebenden Kernpunkt alles Staatswesens behandelte, ganz naiv dieser Auffassung gehuldigt. Daß der Staat Gemeinschaftsbildung ist, demnach auch auf dem Gemeinschaftswillen der von ihm beherrschten Personen beruht, entspricht erst der modernsten Auffassung. Aus ihr folgt aber sogleich, daß das Bewußtsein von dem Selbstzweck des Staates sich kreuzt mit der Überzeugung von der Einseitigkeit jener Vorstellung, die deshalb einer Ergänzung bedarf durch die Betonung der Zwecke, die die das Staatswesen tragenden Einzelnen und Gruppen angehen. So sehen wir, daß schon aus dem richtigverstandenen Staatsbegriff heraus sich ein Widerspruch gegenüber dem Verlangen eines ausschließlichen Selbstzwecks für den Staat herausbildet. Aber auch vom Gesichtswinkel der Staatsaufgaben läßt sich jene Einseitigkeit nicht halten. Hatten wir schon festgestellt, daß es gewisse dauernde und überzeitliche Staatsaufgaben gibt, so konnten wir auch schon erkennen, daß hierzu der Schutz der Gesamtheit und ihrer Glieder nach außen, also die Sicherheit gegenüber fremden Staaten gehört. Dieser Aufgabe zu entsprechen würde ein lediglich als Selbstzweck anzusehender Staat von vornherein teilweise überhoben sein. Auch die Frage der Erhaltung und Vergrößerung des internationalen Ansehens kann nicht jener einseitigen Auffassung als Stütze dienen. Denn auch die Erfüllung dieses Staatszweckes hat doch nur Sinn, wenn man in ihm eine Förderung der Interessen der zum Heimatsstaate gehörenden Personen erblickt. Schon etwas anders scheint es zu liegen, wenn man die staatliche Aufgabe des eigenen Daseins in Betracht zieht. Aber auch hier begegnet man sofort der aus jenem Staatsbegriff ableitbaren Idee, daß doch auch eine von den Interessen der Einzelnen und der Verbände absehende Wirksamkeit des Staates innerlich hohl und ethisch nicht zu rechtfertigen wäre. Ein ausschließlich auf die Bewahrung seines Daseins gerichteter Staat, der darüber hinaus Persönlichkeitsfragen seiner Angehörigen mißachtete, könnte sich nur durch eine rücksichtslose Aufwendung von äußerer Macht und durch einen ununterbrochenen Kampf der sich in der Herrschaft ablösenden Schichten eine verhältnismäßig kurze Zeit im Gange halten. Wenn weiterhin zu den unläßlichen jedesmaligen Staatsaufgaben der Schutz und die bewußte Fortbildung der Rechtsordnung gehört, so läßt sich auch deren Sinn nur in dem Beziehungsetzen der Persönlichkeitsinteressen des Staates und der ihm eingegliederten Teile erkennen. Wenn man gar von diesen überzeitlichen Aufgaben jedes Staatswesens zu den von der jeweiligen Epoche hervorgetriebenen sich wendet, erhält man immer wieder die Bestätigung dafür, daß von einem ausschließlichen Selbstzweck des Staates nicht die Rede sein kann. Wenn wir etwa auch nur an die Wohlfahrtspflege, staatliche und kommunale Sozialpolitik, kulturelle Angelegenheiten in Schule, Unterricht, Wissenschaft und Kunst denken, so läßt sich schlechterdings nicht ohne unnatürliche Verzerrung der Wirklichkeit behaupten, daß es hier überall ohne die mindestens gleichberechtigten Interessen der Einzelpersönlichkeiten und der körperschaftlichen Verbände abgehen könnte.

Die Wahrheit liegt, wie keineswegs immer, aber doch sehr häufig, in der Mitte. Die grundsätzliche Vorstellung von dem Vorrang des Gemeinschaftsinteresses ist richtig. Soweit sein Träger und sein Vollstrecker der Staat ist, geht dessen Wille, dessen Aufgabe, dessen Zweck vor. Man kann aber schon bei dieser Feststellung einen leisen Zweifel nicht unterdrücken, ob denn die Maßstäbe und Kennzeichen dafür, ob ein Gemeinschaftsinteresse vorliegt, unbedingt sichere sind. Häufig kann eine individualistische Betätigung von kultureller Bedeutung vorliegen, die, obenhin gesehen, in dem Gegensatze des privaten und öffentlichen Interesses diesem unterliegen zu müssen scheint. Da nun aber jene Einzelleistung letzten Endes für größere Gemeinschaften und den Staat eine ungeheure Tragweite gewinnen kann, vermag sich die Beurteilung, ob ein Gemeinschaftsinteresse vorliegt, zu seinen Gunsten zu verschieben. Daß dies allzu häufig geschieht, ist selten; daß die Notwendigkeit hierzu allzu spät erkannt wird, ist dagegen sehr häufig. Sieht man aber von solchen tragischen Konflikten ab, so wird man betonen müssen, daß überall in Verfassung und Verwaltung das öffentliche dem privaten Interesse vorzugehen hat. In einer großen Anzahl von Fällen wird es nicht schwierig sein, das Vorliegen des einen oder anderen ziemlich einwandfrei festzustellen. Auf dem Boden der Verwaltung wird jedesmal, bei jedem Zweige, bei jeder behördlichen Handlung, diese Prüfung ihre Berechtigung haben. Je demokratischer das Zeitalter wird, desto mehr wird es geneigt sein, als Maßstab für das öffentliche Interesse das Wohl der Mehrheit oder der größtmöglichen Zahl anzunehmen. Gerade in unserer Zeit ist die Neigung außerordentlich groß, lediglich in solchen quantitativen Maßstäben das ganze Heil zu sehen. Dieser Entwicklung sich entgegen zu stellen, ist gänzlich aussichtslos; das Einzige, was an Gegenwirkung hier in Frage steht, dürfte die Prüfung sein, ob nicht durch eine allzu starke Zurückdrängung der Persönlichkeitsgeltung gerade jenes Ziel demokratischer und die Menge bevorzugender Art vereitelt wird. Ganz konkret gesprochen, fragt es sich, ob die Zurückdrängung persönlichen Unternehmungsgeistes, wirtschaftlicher Initiative, die Ausschaltung der Vermittlungstätigkeit des Handels auf weiten Gebieten nicht gerade für jene, der überwiegenden Zahl aller Staatsangehörigen den Vorzug gebende Richtung unermeßlichen Schaden bedeutet. So viel ist aber auf alle Fälle sicher, daß nur in einer Aussöhnung des Gegensatzes, wie er in den Formeln: Staat als Selbstzweck und: Persönlichkeit als Selbstzweck enthalten ist, die Möglichkeit einer äußeren und inneren Kultur im Rahmen des modernen Staates sich darbietet. Ohne die innerste seelische Mitwirkung der von bestimmten Gemeinschaftsideen getragenen Staatsangehörigen läßt sich heute und in Zukunft ein Staatsgebilde nicht mehr aufrecht erhalten. Ein Versuch hierzu würde nicht nur in Blut, Tränen, Eisen und Feuer, sondern auch in einem unlöslichen Chaos der lediglich auf Macht eingestellten gegeneinander wirkenden Kräfte zugrunde gehen. Der Staat muß daher, will er seine Aufgaben in Gegenwart und Zukunft erfüllen, mit größter Eindringlichkeit, neben der Wahrung seiner Gesamtpersönlichkeit, auf die Förderung aller nützlichen Persönlichkeitstriebe, aller individuellen Fähigkeiten und Kräfte, die der heutigen Welt ihr Bestehen und ihre Höherentwicklung verbürgen, bedacht sein. Eine Grenze in der Förderung bestimmter individualistischen Mächte liegt für den Staat nur dort, wo seine eigene Daseinsmöglichkeit gefährdet sein könnte und wo es gerade die Rücksicht auf die Interessen anderer Einzelner oder geschlossener Gruppen innerhalb des Staatswesens verlangt. Umgekehrt läßt sich aber nach den bisherigen Erfahrungen nicht verkennen, daß die Möglichkeit irgendwelcher kultureller Betätigung ohne die schützenden Schranken eines Staates für eine Einzelpersönlichkeit nicht gegeben ist. Gerade die Erkenntnis von dem gegenseitigen Aufeinanderangewiesensein wird in Zukunft einen Ausgleich jener gegensätzlichen Vorstellungen herbeiführen. Nicht das Wesen des Staates überhaupt, sondern dieses in seiner Richtung und in seinem Verhältnis zum Einzelwesen und zu Gesellschaftsgruppen wird uns hierbei deutlich, die Notwendigkeit einer Betonung des kulturellen Individualismus, der keinen Gegensatz zu bedeuten braucht gegenüber der staatlichen Selbstbehauptung und Wirksamkeit.

Während des Weltkrieges ist allerdings von einer solchen inneren Versöhnung der Gegensätze wenig zu merken gewesen. Gerade der Sieg des Staates gegenüber allen ihm widerstrebenden Gewalten, auch gegenüber der der Nationalität, erschien als das unbestreitbar Wichtige und Wirkliche in den erschütternden Kämpfen der Zeit. Alle anderen Mächte des irdischen Daseins verblassen vor seiner Gewalt. Man hat gepredigt, daß die Ansprüche des Einzellebens, die sich bis zu der Behauptung ihrer Gleichwertigkeit vorgewagt hätten, in ihrer haltlosen Schwäche zusammengebrochen seien, mit Recht, denn das Einzeldasein finde seine Vervollkommnung erst durch Aufgehen in den Staat. So sei es in den befreienden und erhebenden Gewittern der Zeit, in denen Millionen von Menschen dahinschwinden, in seiner geringen Bedeutung erkannt worden. Da ist der Weg nicht weit gewesen zur zweifelnden Einschätzung der Persönlichkeit. Nur als Elemente des Staates, die in ihm und in seiner Stärke ihre Rechtfertigung und ihren höchsten Daseinszweck zu finden haben, erscheinen alle Volksklassen und Interessentengruppen, alle durch Gemeinsamkeiten seelischer oder praktisch-nüchterner Ziele zusammengeführten Gesellschaftskreise, alle durch Weltanschauung verbundenen Mehrheiten, alle Berufs- und Erwerbsstände, alle Parteien.

Mir ist es kein Zweifel, daß wir hier mit einer Einseitigkeit unter dem furchtbaren Drucke des Weltkrieges zu tun haben und daß die Rechte der Einzelpersönlichkeit auch gegenüber dem Staate sich später wirksam rühren werden. Sie werden den Wert und die Bedeutung der aus der tiefsten Innerlichkeit hervorströmenden Kräfte gegenüber dem ebenso berechtigten Gemeinschaftsgeiste zur Geltung bringen. Der, wie begreiflicherweise im Kriege, die äußerste Vereinheitlichung seiner Kräfte erstrebende Staat wird im Frieden die Zügel seiner straffen, alles für seine Daseinszwecke aufbietenden Machtpolitik etwas lockern und die Auswirkung all derjenigen Kräfte von selbst fördern, deren Ziel nun einmal nicht der Selbstzweck des Staates, sondern das Wohl und Wehe des einzelnen Menschen und bestimmter Gesellschaftsgruppen ist.

Daß dies auf rein kulturellem Gebiete so vor sich gehen wird, wird man schwerlich bezweifeln können; viel eher schon, soweit das Wirtschaftliche in Betracht kommt. Hier ist die Stelle, wo dem Staats- und Gemeindesozialismus einige Worte zu widmen sind. Die vieldeutige Vorstellung, die man sich von dieser Lebenserscheinung gemacht hat, wird wohl am besten an Hand der Begriffsbestimmungen Leopold v. Wiese's[208]) klargestellt. Danach strebt der absolute wirtschaftliche Staatssozialismus die Überleitung aller Produktionsmittel (Kapital und Boden) in das Eigentum der öffentlichen (bestehenden, historisch gewonnenen) Gemeinwesen an. Der relative (abgeschwächte) Staatssozialismus strebt die Überleitung eines großen Teils aller Produktionsmittel (Kapital und Boden) in das Eigentum der öffentlichen (bestehenden) Gemeinwesen an und sucht die daneben vorhandene private Produktion und den privaten Handel mehr oder weniger ihrer zentralisierten und regulierenden Leitung zu unterwerfen.

Im Kriege hat man viel von diesem relativen Staatssozialismus gesprochen. Dabei ist nicht zu verkennen, daß alle jene schon angedeuteten Maßnahmen auf dem Gebiete der Nahrungsmittelversorgung, der Beschlagnahme, der Höchstpreise usw. insofern gar nicht notwendigerweise unter jenen Begriff fallen, als es sich doch nur um eine weitgehende behördliche **Verteilung** der Güter, nicht aber um eine Herübernahme der **Produktion** in die Hände des Staates oder der Gemeinde handelt. Aber schließlich würden sich die Rückwirkungen auch auf die Gemeinschaftsproduktion einstellen, wenn erst das ganze Volk eines großen Staates von Ideen solcher Art durchdrungen wäre und in ihrer Durchführung auch einen Fortschritt wirtschaftlicher Art erkennte, mindestens aber grundsätzliche Vorteile gegenüber dem bisherigen Wirtschaftssystem zu erwarten glaubte. Unter den Verfechtern des Staatssozialismus in diesem modernsten Sinne ist besonders Edgar **Jaffé** zu nennen[209]. Nach dem Kriege im kommenden Frieden werde unser Wirtschaftsleben nicht mehr das gleiche sein wie vorher. Ob wir wollten oder nicht, der Krieg werde auch hier einen ungeheuren Ruck nach vorwärts bedeuten und dieser Fortschritt könne kein anderer sein als der auf dem Wege zur Gemeinwirtschaft. Was heute unter dem Drucke der militärischen Notwendigkeiten geschehe, werde und könne mit diesen nicht wieder verschwinden; wahrscheinlich seien die Kriegsmaßregeln nur der Auftakt zu grundsätzlichen Neugestaltungen, deren Umfang noch nicht abzusehen sei.

Waldemar **Zimmermann**[210]) will besonders stark durchgreifen. „Die Organisation von Zwangsgemeinwirtschaften oder gemischten Unternehmungen, sei es des Reichs, sei es der Bundesstaaten oder der Gemeinden, zur Regelung der Nahrungs- oder Futtermittelgewinnung unter rein gemeinnützigen Gesichtspunkten, die Errichtung von Monopolen, z. B. für die Stickstoffdünger-, Kohlen-, Elektrizitäts-, Gaserzeugung usw., die Verstaatlichung des Zwischenhandels in Getreide, Zucker, Spiritus, Petroleum, Tabakfabrikaten usw. bilden eine immer wichtigere Ergänzung der bloß normierenden und überwachenden wirtschaftlichen Verkehrsgesetzgebung durch positive, produktive und elastisch verwaltende Tätigkeit, bei der die freien organisierten Talente des Bürgertums, insbesondere auch der öffentlich geschulten Arbeiterbewegung, nützliche und zielweisende Mitarbeit leisten können und müssen ... Ein besonders ergiebiges Anwendungsgebiet für die gemeinwirtschaftliche Volksversorgung wird sich in den Stadtgemeinden erschließen, wo ja die Voraussetzungen wenigstens für die Verteilungsorganisation am günstigsten liegen und zahlreiche Ansätze und Vorbilder dafür seit langem bestehen. Die Kriegszeit hat obendrein zu starken Fortschritten in dieser Richtung (Versorgung mit Mehl, Fleisch, Fisch, Kartoffeln, Hülsenfrüchten usw.) gedrängt und die gute verwaltungsmäßige Lösbarkeit dieser bisherigen Privathandelsaufgaben bewiesen. Wenn es auch vielleicht unzweckmäßig wäre, die private Unternehmertätigkeit in diesen Dingen völlig auszuschalten, so wird doch die Arbeiterschaft angesichts des Teuerungsdruckes ein lebhaftes Interesse daran haben, daß durch die Konkurrenz gemeinnützig geleiteter städtischer Lebensmittel- und Massenbedarfsverkäufe die Preise und die Güte der Waren des Privathandels auf einer bekömmlichen Höhe gehalten werden." Dem gegenüber hat schon v. Wiese betont, daß es sich nicht handle um Gemeinwirtschaft *oder* privaten Wettbewerb, sondern um eine neue und vollkommenere Einheit aus beiden Elementen; er hat des weiteren den großen Vorteil des freien Wettbewerbs hervorgehoben, der „immer wieder Gegentendenzen hervorruft, einem zu sehr zersplitterten Markte durch Sammlung in der Richtung zum Monopole Sicherheit gibt, dann aber, wenn das Monopol wirklich droht, ihm wieder neue Gegner entgegenstellt. Greifen jedoch die Zwangsmittel der öffentlichen Gewalt ein, so wird zwar einer ringenden Tendenz zum Siege verholfen, es aber unmöglich gemacht, ihrem zunehmenden Drucke einen Gegendruck entgegenzustellen. Der Staat kann wirkliche Monopole schaffen. Sie aber erdrücken den freien Markt". Der Staatssozialismus enthalte die Gefahr, daß er Freiheit und Initiative des Menschen allzusehr beschränkt, daß er ferner Staat und Gemeinde mit einer Aufgabenfülle belastet, denen sie auf die Dauer nicht gewachsen sind. Die Gefahr lasse sich abwenden, wenn das Verständnis für individuelle Selbständigkeit wieder erwacht.

Meine Überzeugungen gehen in derselben Richtung,

wollen aber hier noch etwas ausführlicher, mit weiteren Gesichtspunkten bereichert, ausgesprochen sein. Wer geistige Strömungen innerhalb der Staaten geschichtlich zu verfolgen weiß, wird es nicht als etwas unerhört Neues bezeichnen, daß sich gerade entgegengesetzte politische und wirtschaftliche Grundtheorien in verhältnismäßig schneller Aufeinanderfolge abzulösen pflegen. Um nur ganz Weniges hervorzuheben: auf die freie Selbstverwaltung der Städte im Mittelalter und im Beginn der Neuzeit folgte das Bevormundungssystem des aufgeklärten Absolutismus, um dann wieder (Steinsche Städteordnung!) in das vollkommenste Gegenteil derart umzuschlagen, daß die Staatsaufsicht ihre Zügel an der Erde schleifen ließ. Die Folge war eine teilweise Zurückschraubung der Fortschritte, die sich organisch aus der Zeit der Wiederaufrichtung des preußisch-deutschen Staates ergeben hatten. Als anderes Beispiel kann gelten die Grundauffassung des Merkantilismus auf der einen Seite, des Manchestertums auf der anderen und wiederum gegensätzlich hierzu die beherrschende Auffassung des sozialpolitischen Zeitalters. Es wird daher nicht gerade beispiellos gelten dürfen, wenn man behauptet: auf die staatssozialistischen übertreibenden Gedankengänge wird eine nicht zu geringfügige Reaktion in der entgegengesetzten Richtung kommen. Dafür besteht um so größere Wahrscheinlichkeit, als der Staats- und Gemeindesozialismus zwar auch schon vor dem Kriege sich in bescheidenen Grenzen zu entfalten begann, daß aber seine zu einer vollkommenen Umwandlung des Grundcharakters der deutschen Volks- und Staatswirtschaft geeignete Richtung sich erst während der Kriegszeit unter dem Zwange der härtesten Notwendigkeit ergeben hat. Was liegt näher, als die Annahme, es werde beim Nachlassen jener ungeheuren, durch den Krieg verursachten Spannung auch mit eines der wesentlichsten Momente für die staatssozialistischen Versuche wegfallen und ein Abflauen jener Richtung damit verbunden sein. Hinzu kommt noch, daß sicherlich ein Verdienst einzelner staatssozialistischer Maßnahmen in diesem Weltkriege (besonders in der Brotverteilung) nicht geleugnet werden kann, daß aber, je länger der Krieg dauert, sich die Unzulänglichkeit gerade einer großen Zahl auf staats- und gemeindesozialistischer Grundlage durchgeführten Maßnahmen erweist. Je geringer der tatsächliche Vorteil für die Gemeinschaft aus der Aufrechterhaltung solcher Maßnahmen schon im Kriege ist, desto weniger wird man zu erwarten haben, daß im Frieden die Überzeugung von der überwiegenden Nützlichkeit sich durchsetzen wird. Dieser praktische Gesichtspunkt ist aber viel stärker als jeder rein ideologische, der sich aus vorgefaßten Prinzipien und Weltanschauungsfragen heraus zu wirtschaftspolitischer Praxis gedrängt fühlt. Gegen die praktische Durchführungsmöglichkeit des Staats- und Gemeindesozialismus nach dem Kriege spricht auch die Erwägung, daß er in so starkem Maße nur in Deutschland durchgeführt wäre und eine eigenartige Form des isolierten Wirtschaftsstaates gestalten hülfe. Wird in allen anderen Staaten der Welt, mit denen wir in dauernder Warenaustauschverbindung stehen, ein von dem Staatssozialismus verschiedener Wirtschaftsbetrieb aufrechterhalten — und das ist, wenn man etwa von Australien und Neuseeland absieht, mit Sicherheit zu erwarten — dann vermögen wir im Deutschen Reiche nur zu unserem eigenen Schaden staats- und gemeindesozialistisch in äußerstem Maße zu sein. Es ist undenkbar, daß lediglich bei uns in Deutschland an Stelle des freien Privathandels der sogenannte soziale Handel treten soll, während rings auf der Erdkugel jener der beherrschende bleibt[311]). Soweit es sich darum handelt, das soziale Element auch in dem Handel zur Geltung zu bringen, den bloß auf individuellen Gewinn ausgehenden Geist oder gar das Streben nach wucherischer Ausbeutung der Notlage, des Leichtsinns oder der Unerfahrenheit weiter Kreise auszuschalten, kann man der Forderung eines sozialen Handels aufs wärmste zustimmen. Aber niemals wird eine Volkswirtschaft ihre höchsten Ziele erreichen können, wenn sie nicht die in dem individuellen Erwerbstriebe und dem persönlichen Interesse liegenden Kräfte nach Möglichkeit — d. h. im Rahmen ethischer Gemeinschaftszwecke — zur Entfaltung bringen läßt. Die Vorstellung von der Kraft und Fähigkeit der Behörden, in allen, aber auch schlechterdings allen wirtschaftlichen Dingen das Richtige vorzukehren, erinnert bedenklich an den aufgeklärten Absolutismus. Wie damals der Apparat schließlich versagte, so würde er es auch jetzt und in Zukunft ganz sicherlich tun; vielleicht trüge hierzu gerade das sichere Gefühl des Beamten, über den Einzelinteressen zu stehen und daher über sie mit souveräner Nichtachtung hinweggehen zu können, wesentlich bei. Sprechen wir es doch mit aller Offenheit aus, daß es dem Wesen einer Behörde überhaupt grundsätzlich entgegen ist, andere als Gemeinschaftszwecke zu verfolgen. Da aber der wirtschaftliche Verkehr, Produktion wie Verbrauch, in allerweitestem Umfange durch individuelle Zwecke bestimmt wird, kann eine amtliche Lösung dieser großen volkswirtschaftlichen Probleme nur unter ganz außergewöhnlichen, kurze Zeit dauernden Verhältnissen überhaupt denkbar sein. Vergessen wir aber auch nicht, daß den Behörden während der Kriegszeit zahllose individuelle Kräfte, die mit volks- und privatwirtschaftlichen Erfahrungen gesättigt sind, zur Verfügung stehen, daß dagegen im Frieden, schon wegen der naturgesetzmäßigen Trennung von einzelwirtschaftlichem und volkswirtschaftlichem Interesse, jene Behörden auf sich selbst gestellt wären. Daß hierbei nur in den seltensten Fällen etwas schlechthin Befriedigendes zu gewärtigen ist, werden diejenigen, die durch Beweisgründe nicht zu überzeugen sind, zu spät am eigenen Leibe erfahren.

Mit alledem ist aber keineswegs gesagt, daß nicht in sorgfältig abgemessenem Umfange staats- und gemeindesozialistische Gedanken auch im Frieden zur Durchführung gelangen können. Sie dürfen aber nicht den Anspruch erheben, grundsätzlich überall zur Geltung zu kommen, in einseitiger Weise die privatwirtschaftlichen Betriebe, Interessen und Bestrebungen auszuschalten. Wer die Dinge von höherer Warte ansieht, staunt zwar nicht über die seltsamen geistigen Einseitigkeiten einzelner leitender Personen und Gruppen, Gelehrter wie Regierungen; solche Dinge können nur den historisch Nichtgeschulten überraschen. Ich möchte aber doch gerne die Überzeugung vermittelt haben, daß nur in dem Ausgleich entgegengesetzter Tendenzen, die ihrerseits in naturgegebenen Tatsachen begründet sind, der Frieden in Staat und Wirtschaft, in Gesellschaft und Volkstum erreicht werden kann.

III.

Unter den Grundfragen, die die Tragweite des Politischen ins hellste Licht rücken und für gegenwärtige wie zukünftige Staatsaufgaben von maßgebender Bedeutung sind, ragt die nach dem Verhältnisse zwischen Staat und Nationalität heraus. Sie beschäftigt uns hier auch in dem Zusammenhange, der durch den Gegensatz von Gemeinschaft und Persönlichkeit bezeichnet ist; denn wenn auch jede Nation für sich eine Gemeinschaft bildet, so stellt sie doch innerhalb eines nicht von ihr allein bewohnten Staates eine, wenn auch nicht juristische, Persönlichkeit dar. Allerdings kann man das Problem auch als dasjenige kleinerer, in den Staat eingefaßter Gemeinschaften ihm gegenüber herausstellen.

Wenn kein anderes Zeitalter, so zeigt uns dasjenige des ausgehenden Mittelalters und des Anfangs der Neuzeit die dynastische Politik der auf Machterweiterung gerichteten europäischen Staaten, auf dem Wege der Gewinnung von immer mehr Gebietszuwachs. Dies führte notwendig dazu, innerhalb eines staatlichen Ganzen eine mehr oder minder große Anzahl von Völkerschaften verschiedenster Herkunft und Eigenart rein äußerlich zusammenzufassen. Je stärker sich aber die einzelnen Völker ihrer ethnischen Besonderheit bewußt werden, desto mehr erwacht in ihnen der Wunsch und Drang, sich auch die nationale Selbständigkeit zu erringen. So ist also zunächst das Nationalgefühl die notwendige Gegenwirkung auf die, lediglich räumliche Ausdehnung erstrebende Machtpolitik des Staats gewesen; da jenes Gefühl aber erst jungen Ursprungs ist, kann man wohl sagen, daß es am wichtigsten gefördert wurde durch den letzten großen Versuch der Gründung eines Weltreiches unter Napoleon I. Sicherlich hat auch der falsch verstandene Humanismus der Aufklärungszeit Ende des 18. Jahrhunderts, der die geistige Internationalität auf das politische Gebiet übertragen half, viel zum Umschlage in die entgegengesetzte Richtung beigetragen.

Schwieriger als die geschichtliche Erklärung ist die begriffliche [212]). Das Volk im Rechtssinne ist das Staatsvolk, das heißt dasjenige Element, das mit dem Gebiet und der Herrschaft zusammen den Staat ausmacht. Dagegen ist das Volk im natürlichen Sinne die Nation. Das Wort bedeutet Volksstamm, gekennzeichnet durch gemeinsame Abstammung, Blutsverwandtschaft, Sprache, Brauch, Sitte, Lebensführung, Denkungsart; sogar Äußerlichkeiten wie zum Beispiel Trachten können hinzutreten. Die Gemeinsamkeit der Wohnstätte ist von nur verhältnismäßig geringer Bedeutung. Prüft man jedoch das Gefühl der Rassen- und Stammeseinheit, so zeigt sich, daß es längst vorhanden war, bevor die Vorstellung der Nation entstand und wirksam wurde. Sie kam erst mit dem 19. Jahrhundert in die Welt. Mazzini versteht unter Nation die natürliche Lebensgemeinschaft von Menschen, die durch gleichen Ursprung, gleiche Sitte, Wohnstätte, Sprache, auch Religion verbunden sind und sich als eine soziale Einheit fühlen, durchdrungen vom Bewußtsein innerer Zusammengehörigkeit.

Freilich halten alle diese Merkmale einer kritischen Untersuchung nur schwer stand. Was die Gleichheit des Ursprungs angeht, so ist sie im Leben der meisten, insbesondere der westeuropäischen Völker, sei es für die Vergangenheit, sei es in der Gegenwart, nirgends mehr aufzuweisen. Überall zeigt vielmehr die Völkerkunde und Anthropologie, daß die modernen Nationen eine Mischung verschiedenartigster Stämme und Rassen darstellen, natürlich um so mehr, je größer die Wanderungen dieser letzteren sind, auf je verschiedenartigeren Ländergebieten sie auftauchen. Die deutsche Nation hat zum Beispiel einen starken Einschlag slawischen Elementes, der sich aus der ostdeutschen Kolonisationsarbeit auf das leichteste erklärt; polnisches, masurisches und litauisches Blut hat sich mit rein germanischem vermischt. Wie weit, das läßt sich kaum feststellen, ebensowenig, wie weit französisches (seit der Vertreibung der Hugenotten) und dänisches (in Nordschleswig) hinzugekommen ist. Zur russischen Nation gehören außer den Großrussen in Mittelasien noch die Polen, Litauer, Deutsche, Finnen, Tartaren, Türken, Kleinrussen. Allerdings sind das nun eben so viele Nationalitäten; aber es ist sicher, daß auch hier die Blutmischung eine außerordentlich starke ist. Zur französischen Nation, die von den Römern, Galliern, Briten, Germanen abstammt, gehören noch nachweisbar die Kelten (in der Bretagne), teilweise die Flamen, Basken, Italiener (besonders in Corsika); auch katalonische und wallonische Elemente finden sich. Die Italiener stammen ab von Etruskern, Römern, Griechen, Germanen, Sarazenen; die Engländer jedenfalls von Angelsachsen, Kelten und Normannen. In den Vereinigten Staaten von Nordamerika ist eine unübersehbare Zahl von Rassen und Stämmen zu Nation vereinigt.

Was das Merkmal der Gleichheit der Sitten angeht, so ist die Abweichung hierin umso erheblicher, je größer die Nation ist. Umgekehrt findet man bei verschiedenen Nationen häufig eine Übereinstimmung von Sitte und Brauch. Die Gemeinsamkeit der Wohnstätten kann ebenfalls nicht als untrügliches Kennzeichen gelten, besonders bei der heutigen Ausdehnung der Großstaaten, bei der durch das Verkehrswesen vermittelten Freizügigkeit, die die verschiedenen Glieder derselben Nation in alle Windrichtungen zu zerstreuen vermag. Ja das Merkmal führt zum Widerspruch, wenn gerade die weitab von einander wohnenden Nationen ihre Zusammengehörigkeit betonen und staatliche Verbindung erstreben.

Die Übereinstimmung in der Sprache ist auch nur scheinbar ein unfehlbares Zeichen der Nation; denn es sprechen zum Beispiel eine halbe Milliarde nicht zur englischen Nation gehörende Personen in Amerika, Afrika und Asien die englische Sprache. Was die Religion angeht, so zeigt uns die Geschichte, daß nur die am niedrigsten stehenden Nationen und auch nur kurze Zeit eine einige und fast allen Staatsangehörigen bekannte Religion haben. Tatsächlich weist nicht einmal Rußland eine einheitliche Religion auf, so stark auch hierauf politische Bestrebungen gerichtet sind. Überhaupt wachsen kulturell höherstehende Nationen fast immer in geistige und damit religiöse Spaltungen hinein. Das ist auch ganz natürlich; denn je reicher ein Volk an Persönlichkeiten ist, desto ausgesprochener ist auch seine Volksindividualität, desto vielseitiger auch das religiöse Leben.

Demnach bleibt uns von jener Begriffsbestimmung des Volkes im natürlichen Sinne, der Nation, nur das eine Merkmal als ganz sicher übrig, daß nämlich die durch Ursprung, Sitte, Wohnstätte, Sprache, Religion, meist, aber nicht immer verbundenen Menschen sich als eine soziale Einheit fühlen. In Wirklichkeit ist auch diese Tatsache ausschlaggebend, freilich im einzelnen außerordentlich schwer nachweisbar. Wenn das Vorhandenseinsein des Gefühls schon bei der Einzelperson sich wissenschaftlicher Nachprüfung entzieht, so noch viel mehr bei einer irgendwie gearteten Gemeinschaft. Immerhin läßt sich dieses soziale Einheitsgefühl an seinen Wirkungen, besonders in längeren Zeiträumen, erkennen. Das Seltsame ist nun aber, daß das Bewußtsein jener sozialen Einheit wiederum bedingt ist dadurch, daß jene erwähnten, aber als nicht sichere Kennzeichen abgelehnten Merkmale, besonders Sprache und Abstammung, wenn auch nicht durchweg und nicht ausschließlich, aber doch eine Rolle spielen.

In diesem Sinne haben auch neuere Schriftsteller den Begriff der Nation erfaßt. So sagt Renan[213]): Eine Nation ist eine große Gemeinschaft, die sich gründet auf das Bewußtsein opferwillig für die Gesamtheit vollbrachter Taten und auf das Einverständnis, auch künftig in dieser aufopfernden Gemeinsamkeit weiterzuleben. Eine Nation ist eine Seele, ein geistiges Prinzip. Der Mensch ist nicht der Sklave seiner Rasse, noch seiner Sprache, noch seiner Religion, nicht des Laufes der Flüsse, nicht der Fluchtlinie der Gebirge. Eine große Menschenmenge gesunden Geistes und warmen Herzens schafft ein sittliches Bewußtsein, das Nation heißt. Fr. J. Neumann[214]) erklärt: Eine Nation ist eine große Bevölkerung, die infolge hoher, eigenartiger Kulturleistungen ein eigenartiges gemeinsames Wesen gewonnen hat, das sich auf einem Gebiete von Generation zu Generation überträgt. In dieser Richtung bewegt sich auch Georg Jellinek[215]), der eine Vielheit von Menschen, die durch eine Vielheit gemeinsamer, eigentümlicher Kulturelemente und eine gemeinsame geschichtliche Vergangenheit sich geeinigt und dadurch von anderen unterschieden weiß, als Nation bezeichnet [216]).

So wenig sich Soziologen und Staatsrechtslehrer, Philosophen und Politiker über den Begriff der Nation einig sind [217]), so kann man doch sagen: Es ist die Nation das Ergebnis eines geistig-kulturellen Anpassungsprozesses, der eine Gemeinsamkeit des Denkens und Fühlens, der Erkenntnis vom Werte gemeinsamer kultureller Güter bedeutet; die Nation ist das Bewußtsein von der Gemeinsamkeit des geschichtlichen und kulturellen Lebensinhalts. Gerade durch seine Entstehungsart, die auf Gefühlsmomente zurückweist, erklären sich die vielfach übertriebenen und einseitigen Anforderungen, die aus dem Grundsatze der nationalen Zusammengehörigkeit abgeleitet werden. Ist sie daher viel mehr, als ein bloßer Volksstamm in genealogischem und ethnographischem Sinne, so ist doch auch die Persönlichkeitsnatur der Nation nicht zu verkennen. Stellen z. B. in Deutschland die in seinem Gebiete wohnenden Polen, Dänen, Franzosen, Wenden, Litauer, Masuren auch Glieder des deutschen Staatsvolkes, so stellen sie doch auch ververschiedene Individualitäten dar. In der Schweiz stehen die deutsche, französische und italienische Nationalität beieinander und bilden zusammen das schweizerische Volk. In Österreich-Ungarn sind die Deutschen, Ungarn, Tschechen, Mähren, Polen, Slowenen, Italiener, Rumänen usw. verschiedene Nationen; sie bilden aber zusammengenommen das österreich-ungarische Staatsvolk.

Verschieden von dem Begriffe der Nation ist das sogenannte Nationalitätsprinzip, das heißt die Frage der Forderung der nationalen Einheit [218]). Kjellén [219]) betont, daß der Idealstaat ein Nationalstaat sein muß und zwar nach außen hin, so daß die Nation sich nicht über ihre Grenzen hinaus in andere Staaten ergießt, und nach innen hin, so daß keine anderen Nationen über ihre Grenzen sich in ihn ergießen. Die Nationalitätsfrage ist im Grunde die Frage nach dem Verhältnis zwischen Nationalität und Staat. Während dieser überall das Bestreben hat, die verschiedenartigsten Nationen innerhalb seines Bereiches zu einer Einheit zusammenzuschweißen, haben umgekehrt die

Nationalitäten den drängenden Wunsch, sich jeweils zu einem ausschlaggebenden in sich geschlossenen Staate zu vereinigen. Am hervorstechendsten ist vielleicht der Drang der moskowitischen Slawen, sämtliche slawische Nationalitäten dem russischen Reiche einzugliedern oder wenigstens mit ihm in einen nahverknüpften Staatenbund zu bringen. Spätestens durch die Aufrichtung eines Königreichs Polen, wie sie am 5. November 1916 durch das Deutsche Reich und Österreich-Ungarn verheißen worden ist, hat das Allslaventum seinen Todesstoß erhalten. Nahe liegt auch das Streben der österreichischen Deutschen, mit dem deutschen Reichsvolke zu einer Staatseinheit zu verschmelzen. Offenkundig ist auch der durch starke machtpolitische Ansprüche unterstützte Wunsch Italiens, alle „unerlösten", unter österreichischer Herrschaft lebenden Italiener, besonders in Südtirol und an der Adria, dem italienischen Staatsverbande einzugliedern. Hierher gehört auch der, freilich durch sachliche Gründe nur schwer zu rechtfertigende Wunsch Frankreichs, — der vielmehr durch die nationale Eitelkeit und den Schmerz über die 1870-71 verlorenen Provinzen erklärt werden kann —, die durch Deutsche außerordentlich stark durchsetzten Lande Elsaß-Lothringen wiederum zum französischen Staatswesen zu schlagen. Auch die Rumänen machen Anspruch darauf, die in Siebenbürgen lebenden Angehörigen ihrer Nationalität „zu erlösen". Grundsätzlich muß nun gesagt werden, daß es einen Rechtssatz, der da lautet: Jede Nationalität hat das Recht für sich einen Staat zu bilden, nicht gibt. Einen Staat bildet vielmehr nur, wer die Kraft dazu hat [220]). Die Lösung der Nationalitätenfrage liegt daher lediglich auf dem Gebiete der Tatsachen und der Macht. Immerhin ist auch weiterhin zu fragen, ob der Drang nach staatlicher Selbständigkeit jeder einzelnen Nationalität oder die Zusammenfassung der in verschiedenen Staaten lebenden Nationalitätensplitter, zu einem einheitlichen Staate zu werden, innere Rechtfertigung besitzt.

Zur klaren Beantwortung dieser Frage muß man die Erwägung anstellen, ob denn jede Nationalität in bezug auf Zahl und innere Kraft die Möglichkeit zur Staatenbildung hat. Dies wird man auf alle Fälle für eine große Zahl von Völkerschaften, die in Afrika und Asien unter der kolonialen Herrschaft Englands, Frankreichs, Deutschlands und der Niederlande stehen, sicherlich von vorn herein verneinen müssen; man wird dies aber auch für europäische Bruchstücke bestimmter Nationalitäten ebenso in Zweifel ziehen dürfen. Das gilt etwa für die sogenannten Kleinrussen, die Ruthenen, die an der Adria angesessenen Slowaken. Das leitet über zu der historischen Erkenntnis, daß tatsächlich eine verhältnismäßig große Zahl von Nationalitäten sich unter der hoffnungslosen Botmäßigkeit der europäischen Kulturvölker befindet und in deren zivilisatorisch höherstehenden Verbänden eine für sie keineswegs gering zu schätzende gesicherte Lebensmöglichkeit gewonnen hat. Sicherlich wird eine Reihe von ihnen dies durch ihre maßgebenden Vertreter bestreiten; die Weltgeschichte geht jedoch darüber mit berechtigtem Stillschweigen dahin, weil auch hier nicht nur die äußere, sondern auch die innere geistige Macht Siegerin bleibt. Aber auch für kulturell hochstehende Nationalitäten gibt es meist unüberwindliche Schwierigkeiten der Staatenbildung in der praktischen Politik. So ist z. B. für die innerhalb des österreichisch-ungarischen Staatsverbandes lebenden Deutschen eine staatliche Zusammenfassung mit dem neugegründeten Deutschen Reiche infolge des freundschaftlichen Verhältnisses zwischen beiden Staaten ausgeschlossen gewesen und geblieben. Nur auf der Grundlage einer Zertrümmerung der österreichisch-ungarischen Monarchie, deren ungarische Hälfte mehr, als man gemeinhin weiß, mit deutschen Elementen durchsetzt ist, würde die Absonderung der deutschvölkischen Bestandteile möglich sein. Dies war weder vor dem Kriege ernstlich denkbar, noch erfuhr diese Sachlage während des Krieges irgendwelche Veränderung; natürlich kann auch die nächste Zukunft hieran nichts ändern. Die unter dem Schlagwort des Panslawismus zusammengefaßte Bewegung aber ist zusammengebrochen, spätestens im Weltkriege, da die Macht des österreichisch-ungarischen Staates und seine Heerführung das Auseinanderfallen dieses Gemeinwesens gehindert hat, daher die slawischen Bestandteile der Donaumonarchie auf absehbare Zeit mit ihr verbunden bleiben. Ohne die Tschechen,

Mähren, Polen und die anderen kleineren slawischen Völkerschaften ist aber ein Allslawentum eine leere Formel. Dazu kommt, daß den mit Rußland kämpfenden Serben, Montenegrinern und Rumänen Rußland im Weltkriege keine wirksame Hilfe bringen konnte und daß sich die Bulgaren, die ihre politische Befreiung Rußland verdanken, sich auf die Seite seiner Gegner geschlagen haben [221]. In Wirklichkeit war auch das Schlagwort des Panslawismus — übrigens nicht älter als zwei Menschenalter — weniger darauf gerichtet, die Slawen in ihrem eigenen Interesse in einem großen Staatswesen zu vereinigen, als dem Moskowitertum die Vorherrschaft über jene zu verschaffen und mit ihrer Hilfe seine Weltpolitik zu einer immer umfassenderen und weiter ausgreifenden zu gestalten. Das Hindernis ferner, das Italiens Irridentapolitik durch die österreichischen Waffen bereitet wurde, zeigt auch hier die Schwierigkeiten der Verwirklichung eines bloß auf die Nationalitätenfrage abgestellten politischen Programms. Hinzu kommt noch, daß das Becken der Adria den Ehrgeiz auch der slawischen Völker bildet und sich hier ein natürlicher Gegensatz zwischen Italien und Serbien einerseits, jenem und Griechenland andererseits gebildet hat und fortwirkt.

Trotz alledem kann man jedoch nicht bestreiten, daß das Nationalitätsprinzip als ein naturgegebenes zu einem ungeheuer wichtigen politischen Beweggrunde geworden ist und noch auf lange Zeit wirken wird. Dies zeigt sich außer in den erörterten Fällen auch in dem Problem der flämischen Nationalität in Belgien, die einen Anschluß mindestens geistiger Art an die Niederlande sucht und sich der Verwelschung durch Frankreich entziehen muß [222].

Zu den angedeuteten grundsätzlichen Beziehungen des Staates zum Nationalitätenproblem kommt aber noch ein weiteres. Die verschiedenen Splitter der Völkerschaften sind vielfach derartig unter die Stammbevölkerung eines Staates verteilt, daß sie nicht in geschlossener Einheit auftreten können. Es läßt sich daher kaum eine innere Rechtfertigung dafür finden, gewisse von diesen Nationalitätensplittern bewohnten Gebiete einem anderen Staate zuzuschlagen, falls ein absolut genommen beträchtlicher, aber im Verhältnis zur Stammbevölkerung nicht erheblicher Teil des Landes dies verlangt. Des weiteren ist es ein innerer Widerspruch, wenn Staaten, die wie England, Rußland, Frankreich, eine große Anzahl von fremden Nationalitäten in ihrem Staatsverbande umschließen, diese nicht aus ihrem staatlichen Griffe heraus lassen, wohl aber verlangen, daß dies andere Staaten, insbesondere Deutschlands und Österreich-Ungarn, tun sollen. Endlich ergibt sich bei der zweifellosen Fortdauer des Zustandes, daß einzelnen Nationalitäten in ihnen grundsätzlich fremde Staaten zersprengt sind, die Forderung einer Politik, die sich auf möglichste Angleichung unter Ausschluß brutalen Zwanges, auf weitgehendstes Entgegenkommen hinsichtlich der nationalen, kulturellen und religiösen Ansprüche richtet. Insoweit wird daher das individualistische Moment, das sich im Nationalitätenproblem vorfindet, zu seinem Rechte gelangen und den Drang nach „Erlösung" immer mehr abschwächen können. Überhaupt ergibt eine vorurteilslose Betrachtung, daß meist nicht diese angeblich unterdrückten Nationalitäten es sind, die ihren Staatsverband wechseln wollen, sondern es ist das stammverwandte bereits zu einer nationalen Einheit gediehene Land, das seinerseits die sehnsüchtigen Arme nach den „Brüdern" ausstreckt. Bei alledem ist natürlich keineswegs ausgeschlossen, daß es einzelnen dieser versprengten Nationalitäten gelingen wird, auf dem Wege kriegerischer Eroberungen, Teile jenes größeren Gemeinwesens zu werden, mit dem sie eine ethnische Gemeinsamkeit und das Bewußtsein übereinstimmender geschichtlicher und gegenwärtiger Kultur verbindet. Hiermit sind aber natürlich nur die allgemeinsten Richtlinien für dieses Problem gezogen. Wie im einzelnen die praktische Politik zu verfahren hat, läßt sich nur von Fall zu Fall entscheiden. Es genügt aber für die staatsmännische Überlegung zunächst, wenn daran festgehalten wird, daß jenes Verlangen der Zusammenfassung aller national bedingten Gemeinschaften zu einem Staatsverbande praktisch in der übergroßen Zahl aller Fälle nicht möglich ist und daß jener Idealstaat, von dem Kjellén spricht, eben nur im Reiche der, vielfach auch gar nicht einmal schönen, Träume befangen ist.

Zweiter Abschnitt

Die treibenden Kräfte der Politik

I.

Dieser große, ja unendliche, niemals aussetzende Betrieb politischen Lebens ist von Menschen in Bewegung gesetzt und wird durch ihre seelischen und geistigen Einwirkungen in Gang gehalten. Indem der Politik das bewußte Zweckmoment begrifflich innewohnt, kann man nur in den Personen die maßgebenden politischen Triebkräfte sehen, während naturgegebene Tatsachen und Verhältnisse lediglich die Bedeutung der bestimmenden aber auch zu bewältigenden Umwelt bilden. Welche Erdgestaltung ein Land hat, welche Rassen es bewohnen, wie Klima, Fauna und Flora beschaffen sind, wird in die Rechnung des politischen Denkens und Handelns einzustellen sein. Ebenso, wie die Eigenart der Bevölkerung in Bildung und Beruf, Religion und Sitte, Willenskraft und Willensrichtung und wie vieles andere sich gestaltet hat, was durch geschichtliche Entwicklung und Zeitverhältnisse, rein sachlich genommen, Einfluß ausüben muß auf schöpferische, Staat, Gemeinde und Gesellschaftsklassen fördernde Tat. Teils ist es Aufgabe der wissenschaftlichen Politischen Geographie, jene dinglichen Unterlagen, Voraussetzungen und Bedingungen des politischen Handelns aufzusuchen, zu erforschen, zu ordnen und unter systematische Gesichtspunkte zu stellen; teils wird dies Aufgabe der Anthropologie sein. Hier handelt es sich uns lediglich um den Menschen, als den bewußt Gemeinschaftszwecke erstrebenden Träger der politischen Gedankenwelt.

An den Staatslenker denken wir zuerst, in den Monarchien an den Fürsten. Doch erkannten wir schon die großen Unterschiede, die in der Gegenwart zwischen den verschiedenen Einherrschaften bestehen. Es gibt im europäischen Gesichtskreise nur ganz wenige — in beschränktem Sinne nur Rußland —, in denen sich der monarchische Wille als der ausschlaggebende erweist oder erweisen kann. Überall sonst gewahren wir die verfassungsmäßig vorgesehene und in ihrer Zuständigkeit die des Monarchen begrenzende Betätigung von Staatsmännern. Wo der Grundsatz der Volkssouveränität das Staatsleben beherrscht, wie in England, Italien, Belgien, Schweden, Norwegen, Dänemark, tritt die Monarchie als politisch letzthin entscheidender Faktor überhaupt zurück und erweist sich vielfach nur als ein die Staatseinheit symbolisch darstellendes Organ. Es braucht immerhin nicht nur dekorativ zu sein, weil ihr gewisse konstitutionelle, nur von ihr zu erfüllende Aufgaben zugewiesen zu werden pflegen. Wir können daher, scheinbar paradox, von demokratischen Monarchien sprechen, in denen das Schwergewicht des politischen Daseins in dem Wahlkörper des Volkes, in dem Parlament oder in den durch dieses wesentlich oder gar ausschließlich bestimmten Regierungen liegt. Daneben ist in anderen Monarchien, vor allem in Deutschland, der geschichtlichen Bedeutung des Fürstentums entsprechend, seine Führerschaft unangetastet geblieben; nur daß seine ausschließliche Geltung mit dem Aufhören des Absolutismus, meist freiwillig, aufgegeben wurde und die Gleichwertigkeit der Volksvertretung als des anderen obersten Staatsorgans sich zu grundsätzlicher Anerkennung emporrang. Die Durchsetzung des Konstitutionalismus, selbst in außereuropäischen Einherrschaften (Türkei, Persien) vervollständigt von der einen Seite, die Aufrechterhaltung absolutistischer Monarchien (vielfach verschleiert durch einen Scheinkonstitutionalismus) in asiatischen und afrikanischen Ländergebieten auf der anderen Seite das Bild, dessen reichhaltige Schattierung schon bei flüchtiger Betrachtung erkennen läßt, daß die in früheren Jahrhunderten im großen ganzen überall vorhandene Wesensgleichheit der Monarchie verschwunden ist. Sie ist in allerlei Abtönungen vorhanden, die von den finsteren Farben einer brutalen, über Leben und Tod willkürlich verfügenden Herrschaft sich bis zu den grellen und schreienden Farben der äußersten Volksherrschaft abstufen.

So sind denn die Begriffe von Monarchie und Demokratie keine absoluten geblieben, sondern relative geworden. Die Republik als demokratische Staatsform hat ihrerseits wieder

Variabilitäten reichhaltigster Art aufzuweisen. Das Normale wird natürlich für sie die Volksherrschaft und die Ausschaltung aller monarchischen Gelüste sein. Allein die Entwicklung in manchen westeuropäischen Staaten (aber auch anderwärts) zeigt klar, daß meist weder von einer Regierung durch das Volk, noch durch die in seinem Sinne gewählten Vertreter die Rede sein kann; daß vielmehr entweder die parlamentarische Körperschaft bis zu weitgehendstem Maße sich als Selbstzweck erweist, oder daß eine von Wenigen politisch, finanziell oder auch durch andere z. B. konfessionelle Momente bestimmte Herrschaft die Oberhand gewinnt. Immerhin lassen sich in der Republik die wirklichen Staatslenker deutlicher erkennen, während dies schwieriger ist in der Monarchie; teils wegen ihrer gekennzeichneten Eigenart, die zwischen Despotismus und verdeckter Republik schwanken kann, teils wegen der Besonderheit des konstitutionellen Systems, das die monarchischen Handlungen durch die ministerielle Verantwortlichkeit deckt.

Nicht die geschichtlichen und grundsätzlichen Fragen der monarchischen Staatsform stehen hier zur Erörterung[223]), sondern nur die Eigenart des Monarchen als bewegende Kraft der Politik. Ausgeschaltet ist er, infolge der Unabhängigkeit der Gerichte, überall, wo es sich um die Rechtsprechung handelt. Nur das Begnadigungsrecht scheint eine gewisse Ausnahme darzustellen. Doch gehört es schon in das Gebiet der Justizverwaltung, das ja, wie wir eingehend gesehen haben[224]), der politischen Beziehungen keineswegs ermangelt. Hinsichtlich aller verfassungsrechtlichen Fragen, deren politische Tönung sehr häufig ist[225]), bestimmt sich die Wirksamkeit des Monarchen nach Inhalt und Art zunächst in Gemäßheit der jeweiligen Rechtsordnung, die entweder ihm eine Vorherrschaft gegenüber dem Parlamente gewährt, oder diesem gegenüber dem Monarchen oder schließlich ein Gleichgewicht beider erstrebt[226]). Da jedoch politische Dinge dynamischer Natur sind, weicht die Verteilung der tatsächlichen Machteinflüsse sehr häufig von der konstitutionellen schriftlichen Ordnung ab. Es entsteht vielfach ein von ihr ganz oder teilweise unabhängiges Gleichgewicht der politischen Kräfte. Dies kann ebensogut in besonderen staatlichen Verhältnissen, internationalen Einwirkungen, wie hauptsächlich in der Persönlichkeit des Monarchen liegen. Anstatt vieler Beispiele mag nur auf Eduard VII. hingewiesen werden, dem eine für das heutige demokratische Staatswesen Englands geradezu unerhörte Festigung seines Machteinflusses gelang und der das englische Schattenkönigtum, wenn auch zum Schaden Deutschlands, mit neuem Glanze zu umgeben wußte. Da die heutige Staatenwelt grundsätzlich nur die Erb-, nicht die Wahlmonarchie kennt, hängt von diesem persönlichen Element überhaupt ein großer Teil der mehr oder minder starken und wirksamen Durchsetzung politischer Triebkräfte ab. Dadurch entstehen dann natürlich wieder die verschiedensten Beziehungen zu der Volksvertretung und der öffentlichen Meinung. Der Fürst als fernhin über den Geschicken des Volkes thronendes Wesen, das in den fest umschlossenen Kreisen seiner höfischen Umwelt lebt, sich nur als Vertreter des Göttlichen, oder als die Macht fühlt, die dem Völkischen das Gleichgewicht zu halten hat; oder der Monarch als Führer und Anreger der Nation in Lebens- und Zukunftsfragen, unter strenger Wahrung der verfassungsmäßigen formellen Schranken; oder als der, strenge Fühlung mit allen geistigen Kräften nehmender Mitschöpfer in allen denkbaren täglichen die Gemeinschaft bewegenden Fragen, unter leiser Ausdehnung seiner Einflußsphäre über verfassungsmäßige Grenzen hinaus: — diese und ähnliche Typen lassen sich in der jüngsten Geschichte mit Leichtigkeit erkennen und damit auch die Reichhaltigkeit der Spielarten in den Gestaltungen und Wesensäußerungen monarchischer Macht.

Damit hängt es zusammen, daß die politische Bedeutung der Monarchie auch auf dem Gebiete der Gesetzgebung nicht mit einer einzigen Formel abgetan werden kann. Schon die rein gesetzmäßige Ausprägung der Mitwirkung des Fürsten zeigt große Verschiedenheiten. Sowohl der Fall der Gleichberechtigung mit der Volksvertretung, wie der einer Bevorrechtigung ihr gegenüber findet verfassungsmäßige Bestätigung. Das Vetorecht des Fürsten in den deutschen Einzelstaaten, die tatsächliche Ohnmacht des englischen, italienischen, belgischen Königs gegenüber der Volksvertretung lassen sich als staatliche

Wirklichkeiten unschwer beobachten. Darüber hinaus ist aber keinem politischen Blick verborgen, daß die Macht eines Monarchen auch in bezug auf die Gesetzgebung nicht bloß durch seine rechtlich geordneten Zuständigkeiten beschränkt ist. Die gesetzgebende Tätigkeit ist nur eine der Formen, in denen sich die politische Macht offenbart. Sie ist nur der sichtbar gewordene Ausdruck dahinter stehender durchschlagskräftiger Willensrichtungen und Zielsetzungen. Je nach dem Ansehen und Einfluß eines Monarchen auf einzelne maßgebende Persönlichkeiten oder Volksteile, je nach der Suggestionsfähigkeit der Überzeugungen des Fürsten auf Öffentlichkeit und Presse, werden gesetzgeberische Handlungen schon innerhalb der Volksvertretung größere oder geringere Befürworter haben, so daß die schließlich durch das Verfassungsrecht vorgesehene Mitwirkung des Monarchen nur den Charakter einer Formalität gewinnen kann. Jene Einflüsse werden schon für ihn gearbeitet haben.

Auf dem Gebiete der Verwaltung aber ist zwar der konstitutionelle Monarch — auch wo es sich nicht um eine Scheinmonarchie handelt — erheblich mehr beschränkt als dies selbst nach der vorrevolutionären Theorie eines Montesquieu notwendig schien. Nach diesem großen Schriftsteller sollte bei der Teilung der Gewalten dem Fürsten die Ausübung der Verwaltung zufallen, wie dem Volke die Gesetzgebung, den unabhängigen Gerichten die Rechtsprechung. Heute ist es aber, vor allem in deutschen Landen, so, daß die grundlegenden organisatorischen Verwaltungsgesetze jeder monarchischen Einseitigkeit eine unüberschreitbare Schranke aufrichten und daß die alle diese Zweige der Verwaltung immer stärker durchdringende formalrechtliche Ordnung ein Verhältnis schafft, das von dem in der Justiz nicht wesentlich verschieden ist. Gleichwohl bleibt gerade auf dem Gebiete der inneren Verwaltung für die monarchische Einwirkung ein um so größerer Spielraum, als, wie wir eingehend gesehen haben, das politische Element sich von den wechselnden Verwaltungsaufgaben nur schwer trennen läßt, ja dort, auf innerstaatliche Dinge gesehen, sein Hauptbetätigungsfeld findet [227]). Der Gedanke an die unausschaltbare Funktion des freien Ermessens überhebt uns hier eines weiteren Beweises. Auf dem Gebiete der **auswärtigen Verwaltung** ist aber, selbst in Scheinmonarchien, dem Fürsten ein mitunter fast unbegrenzter Machtkreis gelassen. Verfassungsmäßige Schranken fehlen hier fast vollkommen. Im Deutschen Reiche sind sie um so weniger zu finden, als die völkerrechtliche Vertretung, ja die Repräsentation des Reiches nach außen in allen, selbst finanziellen Beziehungen, die Macht über Krieg und Frieden, in die Hände des Kaisers, ohne praktisch nennenswerte Einschränkung durch den Bundesrat, gelegt ist. Die unvollkommene Ausgestaltung des Rechts über die Verantwortlichkeit des Reichskanzlers [228]), die lediglich passive Aufgabe des Bundesratsausschusses für auswärtige Angelegenheiten bei der Entgegennahme von Berichten der Reichsregierung, aber auch die heikle Natur der auf Geheimhaltung zahlreicher politischer Ereignisse und Handlungen angewiesenen auswärtigen Verwaltung läßt erkennen, daß hier die vielleicht größte Machtfülle des Monarchen der Gegenwart zusammengeballt ist. Sie wird noch verstärkt dadurch, daß er in der Regel auch Inhaber der militärischen Kommandogewalt ist und damit über Leben und Tod, Wohl und Wehe einer unabsehbaren Anzahl von Staatsangehörigen zu entscheiden vermag.

Man wird durchfühlen, daß hier einerseits ungewöhnliche Schwierigkeiten vorliegen, einem großen Teil des Staatsvolkes eine Teilnahme an den Aufgaben der auswärtigen Politik auch in Zukunft zu ermöglichen, daß es aber schlechthin unerträglich erscheint, es auch angesichts des Weltkrieges bei dem bisherigen Zustande zu belassen. Mag man auch die letzten Entscheidungen besonders über den Krieg nicht gut in andere Hände als die des Monarchen legen, so wird man doch Mittel und Wege finden müssen, um einer ausgewählten Gruppe von Sachverständigen einen Einblick in die Ereignisse und laufenden Aufgaben der auswärtigen Politik und eine größere Mitwirkung an ihr einzuräumen, nicht minder eine Teilnahme auch an Friedensverhandlungen zu gewähren. Die schwachen Ansätze zu der Schaffung von parlamentarischen, hierzu besonders bestimmten Ausschüssen, wollen nicht viel besagen. Solange das

Maß der Beteiligung in das Belieben der Regierung gestellt ist, kann das Ziel nicht erreicht werden. Es ist vollkommen verkehrt, auf die englischen Verhältnisse zu verweisen und zu betonen, daß sich selbst die dortige demokratische Regierung eine parlamentarische Mitwirkung in auswärtigen Angelegenheiten mitunter recht scharf verbittet. Dies ist durchaus begreiflich und erträglich, weil ja die englische Regierung eben nichts weiter ist als ein Ausschuß der Mehrheit der Volksvertretung. Ganz anders liegen die Verhältnisse in anderen monarchischen Staaten, besonders in Deutschland. Man beruft sich sehr häufig und mit Recht auf die überaus vertrauliche Natur aller auswärtigen Angelegenheiten. So gut es aber möglich ist, Berufsgeheimnisse mit dem Schutze der strafrechtlichen und disziplinaren Vorschriften zu umgeben, so muß es sich auch durchführen lassen, die auswärtige Politik nicht lediglich als eine Staatsbetätigung zu behandeln, an der außer dem Monarchen und seinen höchsten Beratern, wegen der Notwendigkeit der Geheimhaltung, niemand mitwirken darf. Das Staatsvolk wird es sich nicht auf die Dauer gefallen lassen, gerade auf diesem Gebiete bloß Objekt zu bleiben. Man beachte doch, daß auch Angelegenheiten der Landesverteidigung, Heeres- und Marinefragen höchster Ordnung schon bisher in einem sehr weitgehenden Maße durch den Schleier des Geheimnisses bedeckt bleiben mußten und tatsächlich geblieben sind, obwohl sie einem verhältnismäßig großen Kreise von Menschen, insbesondere den Waffen- und Munitionsfabrikanten und vielen ihrer Mitarbeiter bekannt waren. Es lassen sich daher auswärtige Angelegenheiten, die vor dem Bekanntwerden in weiteren Bevölkerungsschichten und deshalb auch vor dem Auslande bewahrt werden müssen, sehr wohl einer verhältnismäßig größeren Zahl von geeigneten Personen zum Mitraten und Mittun zugänglich machen, ohne das Staatswohl zu gefährden. Eine Verschärfung der Bestimmungen wegen Spionage mag hinzukommen zu der noch strafferen Handhabung der Bestimmungen über die Geheimhaltungspflicht der Beamten und Angestellten, nötigenfalls auch der ehrenamtlich herangezogenen Personen. Fällt aber das Bedenken fort, das in der Möglichkeit der Preisgabe wichtiger Staatsgeheimnisse liegt, dann handelt es sich nur um die Bestimmung des zur Mitwirkung berufenen Personenkreises, mag dieser aus der Volksvertretung in Gestalt besonderer Ausschüsse entnommen sein, oder aus einzelnen Sachverständigen oder Gruppen von solchen bestehen. Leicht zu erledigen sind dann Art und Gegenstand der Mitwirkung, die Formen der Geschäftsführung. Eine Einschränkung der monarchischen Gewalt liegt darin nur scheinbar, da sie in ihren letzten Entschließungen freibleibt. Es würde nur eine Bereicherung der Erfahrungen eintreten, eine größere Sicherheit in der Abmessung der Wirkungen politischer Maßnahmen auf das In- und Ausland, eine größere Kenntnis der in dem Staatsvolk lebendigen Einsichten, Stimmungen, wirtschaftlichen und ethischen Richtungen. Die jüngsten Ereignisse in Deutschland beweisen, daß die nach Art und Umfang beliebige und freiwillige Erkundigung der, das Beste wollenden Behörden und des Auswärtigen Amtes nicht ausreicht; daß die Freiheit in der Meinungsäußerung ihre allzu engen Grenzen hat, wenn die zur Information dienenden Personen sich nicht auf eine rechtlich umhegte Zuständigkeit stützen können; daß schließlich auch der rein private Charakter solchen Stoff- und Meinungszutragens eine Genauigkeit, Vollständigkeit und unbedingte Richtigkeit nicht verbürgt. Wieviel neue Kräfte könnten unserer auswärtigen Politik zuwachsen, wenn sie auch nur über die politischen Neigungen und Abneigungen innerhalb des deutschen Volkes, wenn sie über alle nur denkbaren wirtschaftlichen Verhältnisse und Beziehungen zum Auslande auf das genaueste unparteiisch informiert wäre. In den von der Demokratie überwucherten Monarchien gleitet übrigens vielfach die Führung der auswärtigen Politik vom Monarchen in die Hände der einen Ausschuß der Volksvertretung bildenden Regierung. Dort ist die unmittelbare Anteilnahme an der auswärtigen Politik von vornherein einer weiteren Schicht von politischen Interessenten zugänglich, wenn auch, wie wir gesehen haben, selbst demokratische Regierungen parlamentarische Einflüsse abzulehnen geneigt sein können.

Läßt sich auf diese Weise die Bedeutung der Monarchie als politischer Triebkraft im Bereiche der Gesetzgebung, der inneren und auswärtigen Verwaltung ihrem Wesen nach erkennen, so kann auf ihre Voraussetzungen als auf rein persönliche und deshalb veränderliche nur in einem besonderen Sinne eingegangen werden, der auf die Tatsache der Erbmonarchie zurückgreift. Sie knüpft das Recht auf den Thron nicht an die persönliche Eigenschaften und Begabungen, sondern an die Geburt, an die Zugehörigkeit zu einem verfassungsmäßig festgestellten Familienverbande und innerhalb desselben zu einer Linie, an die nächste Verwandtschaft zum Vorgänger, an ein bestimmtes Geschlecht (häufiger Ausschluß der Frauen!), an die Zufälligkeit der Erstgeburt. Deshalb zieht die Erbmonarchie ebenso unermeßliche Vorteile aus dem Glück eines bedeutenden und erfolgreiche Politik treibenden Fürsten, wie sie auch die geringere Eignung und ihre Nachteile mit in Kauf nehmen muß. Die Bedeutung der Monarchie liegt — maßgeblich durch geschichtliche Voraussetzungen und Entwicklungstatsachen, auch durch den Volkscharakter bedingt — darin, daß sie das sichtbare Symbol der politischen Einheit der Nation bildet und ferner darin, daß sie gegenüber den in ewigem Kampfe befindlichen Gesellschaftsgruppen die über allen stehende Macht zwecks Durchführung ausgleichender Gerechtigkeit darstellt. Ihr allein, wenn sie ihrer Aufgabe gewachsen ist, gelingt die Herstellung des Gleichgewichts zwischen den sozialen Kräften, der Schutz der Schwachen und der zahlenmäßig Geringeren. Darüber hinaus eignet ihr, zumal wenn sie, ihrem Wesen gemäß, den wirksamen Mittelpunkt des Staatslebens darzustellen vermag, eine solche Fülle von Macht, sei es für sich, sei es in Verbindung mit der Volksvertretung, daß sie am ehesten die grundsätzlich „Jedem das Seine" gewährende Rechtsordnung zu setzen und aufrecht zu erhalten, deren Gegner zu vernichten vermag. Die äußerst demokratischen Gemeinwesen unserer Zeit zeigen in so erschreckendem Maße das Übergewicht einzelner gesellschaftlicher Gruppen und Mächte über die anderen, daß der Beruf der deutschen Monarchie, auch wenn er nicht so fest in der Volksseele verankert wäre, wie es tatsächlich der Fall ist, in das hellste Licht rückt und als die für uns denkbar beste Staatsform erscheint. Die auch ihr nicht fehlenden Schattenseiten müssen immer mehr abgeblaßt werden auf dem Wege einer dauernden Fühlungnahme mit dem richtig erkannten Geiste des Volkes, durch einen folgerichtigen und jeweils zeitgemäßen Ausbau der konstitutionellen Einrichtungen, durch unbedingte Achtung der Parlamentsrechte, immer stärkere Heranziehung aller Volkskreise zur Selbstverwaltung nicht nur auf kommunalem Gebiete; durch Verständnis für die seelischen und intellektuellen Regungen, politischen und kulturellen Bestrebungen der Gesellschaftsgruppen, Berufs- und Erwerbsstände, Würdigung der in sachlichen Formen zutage tretenden öffentlichen Meinung.

Die Aufstellung dieser Forderungen wird vor dem Mißverständnisse bewahren, als ob die jetzt vorzutragende Meinung vom sogenannten „persönlichen Regiment" eines Monarchen irgendwie im rückschrittlichen Sinne gedeutet werden könnte. Es muß aber ausgesprochen werden: Das deutsche regierende Fürstentum darf niemals eine bloße Scheinmonarchie werden. So sehr die Rechte der Volksvertretung zu achten sind — in gleichem Maße müssen es auch die monarchischen sein. Den obersten Staatsorganen liegt eine hohe Aufgabe ob, der sie sich nur dann mit Erfolg unterziehen können, wenn sie sich gegenseitig ihre Befugnisse und Wirkungsmöglichkeiten nicht schmälern. Wenn in anderen Staaten, insbesondere England, das Königtum zur bloßen Dekoration des Staatsgebäudes geworden ist, so mag die dadurch bedingte dortige Demokratie (der mitunter noch aristokratische Erinnerungen einen bescheidenen Zügel auferlegen) nicht zur Nachahmung reizen. Wo aber, — wie z. B. in Italien, Belgien, in den skandinavischen Ländern, Serbien, Montenegro —, die Monarchie eine der Volksvertretung gleiche Bedeutung lange nicht mehr besitzt, dort kann man Zustände erkennen, vor denen uns das Schicksal bewahren möge: Vorherrschen eines bedenkenlosen politischen Strebertums, Advokaten- oder Bauernregierung, Ämterjagd und Günstlingswirtschaft, bald Plutokratie, bald Demagogie, nicht allzu selten auch Bestechlichkeit der Parlamentarier, alles in allem das Gegenteil eines Gemeinwesens, in dem die gesellschaftlichen Kräfte sich das Gleichgewicht halten und zu einträchtigem Wirken im Interesse des öffentlichen Wohles zusammengeschlossen sind. Scheinmonarchie kann verkappte Demagogie sein oder werden, oder mindestens eine Oligarchie bestimmter Gruppen, die die Macht in die Hände bekommen und gegeneinander ausspielen. Da nun der deutsche Monarch niemals dazu herabgedrückt werden darf, lediglich automatischer Vollzieher gewisser durch die Verfassung vorgesehener und sonstiger Regierungsakte zu sein, da er nicht formell sondern auch wirklich regieren darf und soll, ist sein innerhalb der Verfassungsschranke maßgebender Wille nicht nur nicht zurückzudrängen, sondern herauszufordern. Der deutsche Fürst soll *seine* Politik, in diesem Sinne seine *persönliche* Politik treiben, keine andere; seine Minister haben sie durchzuführen oder, wenn sie es nicht wollen oder können, den Platz anderen einzuräumen. Daß die Politik des Monarchen eine im besten Sinne volkstümliche, daß er selbst das Herz des Staates sei, von dem als Mittelpunkt alles Blut ausgeht und zu ihm zurückströmt, ist aufs innigste zu wünschen. Noch immer ist *der* Fürst der beste Politiker, der gefahrlos sein Haupt in den Schoß eines jeden Staatsangehörigen legen könnte, der Monarch, der im tiefsten Sinne alles Leid und alle Not mit seinem Volk empfindet, ein helles Ohr für seine Bedürfnisse und Wünsche, ein scharfes Auge für alle seine Zielrichtungen und Eigenarten besitzt. All dies weist hin auf die *Art* der Politik; die Frage aber, *ob* der Monarch *seine* Politik, also insofern als persönliche treiben dürfe und müsse, ist nach deutschem Staatsrecht und deutscher Gemeinschaftsauffassung unbedingt zu bejahen. Darüber hinaus ist es eine Frage der Zweckmäßigkeit und Nützlichkeit, in welcher Gestalt und wie oft das politische Walten des Monarchen in die Erscheinung tritt oder durch die Verbindungswege des behördlichen Organismus wirksam wird.

II.

Schöpfer der politischen Wirklichkeit sind sodann die Staatsmänner. Ihr Begriff läßt sich nicht fest umgrenzen. Insbesondere schließt er auch die nicht mehr beamteten, früher leitenden Minister ein und andere durch weitgehende Bedeutung und Erfahrung ausgezeichneten politischen Männer, die niemals dem Behördenorganismus angehört haben, nicht aus. Er umfaßt die eigentlichen Staatslenker, die kraft unmittelbaren oder mittelbaren Volksauftrages in den Republiken gewählten Staatspräsidenten und die Ministerpräsidenten, sowie die von letzteren berufenen Einzelminister; in wirklichen Monarchien die vom Staatsoberhaupt berufenen, in Scheinmonarchien die ihm von der Mehrheit der Volksvertretung vorgeschlagenen Minister. Es ist aber auch den Diplomaten in hervorragender Stellung niemals, den nächsten Gehilfen der Minister (Staatssekretären, Unterstaatssekretären, Ministerialdirektoren) das Kennzeichnungswort eines Staatsmannes unter Umständen nicht zu versagen. Seltener pflegt man maßgebende Parlamentarier mit jenem Ausdruck zu belegen, jedenfalls nicht in Deutschland. Damit will man aber nicht etwas anderes andeuten, als daß die Kreise der unmittelbaren Staatsleitung und der Volksvertretung bei uns noch scharf geschieden sind und der Übergang von dem einen zum anderen recht selten vorkommt. Wo, wie z. B. in Ungarn, die Minister auch Abgeordnete sein können oder wo infolge der parlamentarischen Regierungsweise die leitenden Minister aus der Mehrheit der Volksvertretung entnommen zu werden pflegen, entbehrt die Bezeichnung als Staatsmann um so mehr der festen Umrisse, als dieselbe Persönlichkeit ihren Beruf als Staatslenker und als Volksvertreter im Laufe der Zeit, mitunter häufig, wechselt.

Mit der Unsicherheit des Begriffs eines Staatsmannes hängt es zusammen, daß die Männer, um deren politische Wirksamkeit es sich handelt, zu dieser auf der Grundlage mannigfacher Berufsstellungen kommen, so daß damit auch die Voraussetzungen ihrer Betätigung recht verschiedene sein müssen. Fragt man also zunächst nach dem Ursprung dieser politischen

Kräfte, so findet man ihn bei dem republikanischen Staatspräsidenten, beim monarchischen oder demokratischen Minister und seinen Gehilfen, sowie bei den Diplomaten in ihrer amtlichen Stellung, bei den früher Beamteten teils in ihrem ehemaligen durch behördliche Zuständigkeit umrissenen Lebenskreise, teils in der durch Erfahrung, Ansehen, geistige Überlegenheit, Macht und etwaige Zukunftsaussichten für die Staatsgemeinschaft wichtigen Gesamtpersönlichkeit. Je nach diesen die Herkunft solcher politischer Kräfte kennzeichnenden Momenten ist dann auch ihre Art, ihr Umfang, ihre Tragweite verschieden. Die Tätigkeit des aktiven Staatspräsidenten, Ministers, Staatssekretärs, Diplomaten wird bestimmt durch die Grenzen der Verfassung, durch die jeweiligen Gesetzgebungs- und Verwaltungsaufgaben. Sie wird rechtliche und tatsächliche Schranken vorfinden, sie jedoch dort, wo das freie Ermessen Platz greift, besonders auf dem Gebiete der auswärtigen Politik, weniger empfinden. Das republikanische Staatsoberhaupt ist durch Grundgesetz und tatsächliche Gestaltung in Frankreich viel stärker gebunden als in den Vereinigten Staaten von Nordamerika. Der leitende Minister in England und Italien besitzt eine Macht, die die des Königs vielfach überragt, in Frankreich die des Präsidenten meist überschattet. In Deutschland ist er der verfassungsrechtlich unentbehrliche und verantwortliche Ausführer der Regierungshandlungen des Monarchen, beschränkt durch die zentrale Stellung des letzteren von oben, durch die Macht der Volksvertretung von der Seite her. Er teilt mit den Diplomaten die Aufgabe, die Politik eines Höheren zu vollstrecken. Doch gilt dies für beide Kategorien in besonderer Weise.

Die Minister sind — um den deutschen Typus in den Vordergrund zu stellen — allein verantwortlich für ihre Entscheidungen, dafür aber auch die allein entscheidenden Zentralstellen. Sie haben die oberste Leitung der ihnen übertragenen Verwaltungszweige. Sie sind nur vom Monarchen abhängig, der sie beruft und entläßt, ohne Mitwirkung der Volksvertretung [229]). Durch sie regiert der Monarch. Doch sind sie wiederum gebunden an die Vorschriften der Gesetze. Sie haben deshalb alle Befehle des Monarchen auf ihre Gesetz- und Verfassungsmäßigkeit zu prüfen. Dies steht mit der Tatsache, daß sie den Willen der Krone auszuführen haben, nicht im Widerspruch; denn sie dürfen nur demjenigen monarchischen Befehl Folge leisten, der mit Gesetz und Verfassung im Einklang steht. Ein Widerstreit der beiden Pflichten, dem Monarchen sowohl wie der Verfassung und dem Gesetze zu gehorchen, läßt entweder die Möglichkeit zu, dem Monarchen eine andere Überzeugung beizubringen, oder den Abschied zu nehmen. All dies gilt jedoch nur für Verfassungskonflikte und denkbare Gesetzwidrigkeiten, die bedeutsam genug, aber doch sehr selten sind. Häufiger sind die Fälle, in denen die Entscheidung über praktische Maßnahmen der inneren oder auswärtigen Verwaltung außerhalb jener reinen Rechtsfragen zu treffen ist. Hier ist der Idealzustand jenes gemeinschaftliche Vorgehen der Krone und des Ministers, in dem sich die folgerichtige Politik beider in harmonischer Einheit spiegelt. Dies geschieht, wenn eine Anregung oder Idee bald von dem einen, bald von dem anderen ausgeht, die Vorkehrungen des Ministers den Geist der monarchischen Politik atmen und umgekehrt der Befehl der Krone sich dem innerhalb gewisser zeitlicher und sachlicher Grenzen gezogenen Rahmen der ministeriellen Politik anpaßt. Daneben waltet noch als das Normale ein Verhältnis vor, in dem die äußersten großen Linien der Politik durch den Monarchen bestimmt werden, die Fülle der einzelpolitischen Handlungen Aufgabe des Ministers bleibt. Doch ist auch hierbei nicht an ein Extrem zu denken, derart, daß die Krone sich nicht auch Kenntnis und Einsicht von dem mannigfaltigen Betriebe der Verwaltungszweige verschaffte und umgekehrt, der Minister nicht auch über der zahlenmäßigen Fülle seiner Berufsaufgaben stände. Wäre dies anders, dann würde weder für den Monarchen die Möglichkeit eines Verständnisses für konkrete lebensnahe Probleme im einzelnen, noch für den Minister die Leitung nach einheitlichen umfassenden Gesichtspunkten gegeben sein. Dabei ist es nur eine lebensfremde Vorstellung, als ob Anstoß und Antrieb für die Leitung der Politik immer vom Monarchen oder immer vom Minister auszugehen hat; wer in bezug auf einzelne Staatsakte der Gebende und wer der Nehmende ist, wird sich gerade bei einer das Staatswohl fördenden Zusammenarbeit nicht durch pedantische Abzirkelung des geistigen Vorranges feststellen lassen. Dagegen kann von einem normalen Verhältnis nicht die Rede sein, wenn der Monarch — unbeschadet seines Rechts, seine persönliche Politik in dem bezeichneten Sinne zu treiben — dies ohne Rücksicht auf den sachkundigen Rat seiner Minister, ohne Beachtung der die Volksgesamtheit und ihre geschlossenen Teile beherrschenden Gesinnungen, Wünsche, Bestrebungen usw. tut, oder wenn der Minister schlechthin die Führung des Staatswesens unter tatsächlicher Ausschaltung der Mitarbeit eines Monarchen übernimmt und ihn dadurch von seiner durch Recht und Gemeinschaftsgeist geforderten Tätigkeit abhält. Als politische Forderung muß daher gelten das Zusammenwirken von Monarch und Minister, sowohl in der Färbung der Gesamtpolitik, ihren Grundtendenzen und großen letzten Zielen, wie in der verständnisvollen Gemeinschaftlichkeit bei Durchführung ihrer Aufgaben, die teils durch die rechtliche Grundordnung des Staates umrissen sind, teils sich auf rechtsfreiem Raume als politische Notwendigkeit ergeben. Die mehr oder minder starke Abhängigkeit der Minister von der Volksvertretung pflegt aber dieses Problem zu verwickeln. Die Politik der Krone zu verfolgen, wird häufig durch entgegengesetzte Richtungen der Parlamentsmehrheit dem Minister erschwert. Er hat dann hier naturgemäß zu versuchen, wieweit die von oben und von nebenher einsetzenden politischen Kräfte sich harmonisch vereinigen lassen, wie umgekehrt der Monarch seine eigene Politik von den parlamentarischen Wünschen und Willensenergien, so weit, als dies seine Überzeugung zuläßt, bestimmen lassen muß. Die Aufgabe des Staatsmannes in der Monarchie wird daher nicht erschöpft durch die tägliche, Hergebrachtes in gleicher Weise erledigende Verwaltungspraxis. Sie richtet sich vielmehr auf eine von ihm selbst für richtig erkannte, möglichst selbständige, von sicheren Grundsätzen getragene Politik, in der ein Ausgleich der monarchischen und der parlamentarischen Ideengänge fühlbar wird. Je mehr aber auch die außerhalb der Volksvertretung wirksamen Kräfte politische Bedeutung gewinnen, desto mehr wird sich der leitende Minister auch ihrer Unterstützung und Macht zu versichern trachten, mindestens versuchen, sie in seine politischen Berechnungen einzustellen. Solche allseitige Fühlungnahme mit den außerbehördlichen Kreisen und Einflußsphären wird daher auf die Richtung und Art, auf das Maß seiner Vorkehrungen einzuwirken haben.

Ein anderes Bild muß sich begreiflicherweise ergeben, wenn in der Politik sowohl der Präsident als Staatsoberhaupt, als auch der leitende Minister mit Fug und Recht als Staatsmann zu wirken hat und tatsächlich auch wirken will. Soweit überhaupt allgemeine Erkenntnisse möglich sind, wird zu sagen sein, daß der Vorrang in der aktiven Politik dem Ministerpräsidenten zufällt, den als Vertreter der Parlamentsmehrheit das Staatsoberhaupt zur Kabinettsbildung berufen muß. Jedoch hebt sich auch hier teils eine durch bestimmte politische Ideale und Ziele gekennzeichnete Gesamtpolitik ab, zumal wenn der Präsident der Republik von den beiden Kammern der Volksvertretung gewählt worden ist, teils findet eine gegenseitige Anpassung und Abschleifung der Gegensätze, Kanten und Ecken statt, um die Staatsmaschine im Gang zu halten. Daß aber auch in der Beziehung von Staatsoberhaupt und Ministerium in den Republiken recht veränderliche Zustände sich zeigen können, ergeben viele neuzeitlichen Erscheinungen, z. B. einerseits die Klage einer Reihe von französischen republikanischen Staatspräsidenten darüber, daß ihr Wille ganz ausgeschaltet wird und sie nur die Werkzeuge des herrschenden Ministerpräsidenten sind und andererseits die Bedeutung, die das während des Weltkrieges Frankreich vertretende Staatsoberhaupt gegenüber seinem Staatsvolk gewonnen hat. Der Geist der ausgreifenden Weltpolitik, der Wiedererweckung weitestgehender nationaler Ansprüche, der Vergeltungsgelüste wegen der Niederlage 1870/71 wird durch ihn verkörpert und bestimmt die Politik des Landes.

Besteht hiernach selbst bei einem monarchischen, erst recht republikanischen Minister-Staatsmann eine weitgehende Freiheit und Selbstbestimmung in der Ausführung der Politik eines Höheren, die er entweder in sein Bewußtsein als eigene übernommen, oder von vornherein zu bilden mitgeholfen oder gar einzuleiten vorgeschlagen hat, so steht den Diplomaten in der Regel ein so weiter Spielraum nicht zur Verfügung. Über sie ist stets das Auswärtige Ministerium gesetzt, das bereits Empfänger der Befehle des Staatsoberhauptes in den wirklichen Monarchien, des Ministerpräsidenten in den Scheinmonarchien und Republiken ist. In welchem rechtlichen und politischen Verhältnis der die auswärtige Politik vertretende Minister in den echten Einherrschaften zur Krone, in den Scheinmonarchien und Republiken zu dem Staatspräsidenten oder Premierminister steht, ist soeben dargelegt worden; die Diplomaten sind jedenfalls schon in einem mittelbaren Verhältnis zum Staatsoberhaupt. Hieraus folgt, daß sie grundsätzlich eigene Politik in entsprechend geringerem Maße treiben können, als ihr unmittelbarer Vorgesetzter, der Minister. Daß es von dieser Regel Ausnahmen gibt, kann nicht wundernehmen, besonders bei der Tatsache, daß vielfach frühere Minister zu Botschaftern bestimmt werden, infolge ihrer bisherigen Stellung und berufsmäßigen Wirksamkeit als Staatsmann das Unterordnungsverhältnis gegenüber dem Minister des Auswärtigen vielfach einen formalen Charakter hat. Aber die Regel bleibt, daß selbst der höchste Diplomat nur ausführendes Organ ist, wenn er auch vielfach in einer Freiheit der Formen und Mittel schaltet, die ihn dicht in die Nähe des für die heimische Politik maßgebenden Ministers stellt. Hier wiederholt sich die Erfahrung, daß es darauf nicht ankommt, wer zuerst die Anregung, ja die schöpferische und leitende Idee gibt: der aus seiner gesamten staatsmännischen Tätigkeit, insbesondere im Auslande, zu bestimmten politischen Vorstellungsweisen gelangte Diplomat oder der Minister des Auswärtigen und sein Staatsoberhaupt.

Die Frage nach der Entstehungsart des Staatsmannes in formaler Beziehung erfordert mit Rücksicht auf die wirklichen Erscheinungen eine Sonderung. In echten Monarchien geht der Minister-Staatsmann sehr häufig aus dem Kreise des Beamtentums hervor. Auf der Stufenleiter der Hierarchie steigt er allmählich hinauf. Er eignet sich hierdurch Sachkenntnis, Geschäftsgewandtheit, Umsicht an; beherrscht das Ressort auf die eingehendste und meist vorzüglichste Weise; seine Personen-

und Sachkenntnis wird in der Regel schwer zu überbieten sein. Jedoch hat es zweifellos auch Nachteile, den Minister-Staatsmann hauptsächlich auf diese Weise des allmählichen Aufstieges bis zur Spitze zu gewinnen. In der Regel gelangt er in einem Lebensalter in die regierende Stellung, in der die unmittelbare Frische der Entschließung, die schöpferische ausgreifende Politik, zu der, neben Weisheit, auch Mut gehört, nicht mehr häufig anzutreffen ist. Dort, wo die Minister nur aus der Beamtenhierarchie hervorgehen, fehlt es daher notwendigerweise an einer gewissen Frische und Durchschlagskraft politischer Betätigung. Es kommen die Mächte des Beharrens, der Gewissenhaftigkeit, der Sorgfalt im kleinen viel mehr zur Geltung, als die verständnisvolle Achtung der immer wieder neuen geistigen und wirtschaftlichen Strömungen innerhalb des Volkskörpers. Man hat freilich zuweilen versucht, durch Aufnahme bedeutender Persönlichkeiten aus den Berufskreisen vor allem des Militärs, des Handels und der Industrie, der Großgrundbesitzer, auch der Bankwelt, frisches Blut in die mehr konventionellen Adern der leitenden Staatsministerien zu bringen. Solange das jedoch nur ganz ausnahmsweise geschieht und gelegentlich getäuschte Erwartungen zu Rückschlägen führen, wird man wenig Hoffnung auf eine Verjüngung des Staatsorganismus von oben setzen können. Immer häufiger wird der Ruf, auch aus parlamentarischen Kreisen hervorragende Männer in die Regierung zu übernehmen. Man wird hierdurch nicht nur erreichen, daß die ministeriellen Stellungen von kraftvollen, unmittelbare politische Ziele erstrebenden Persönlichkeiten begehrt werden, sondern man wird auch das Niveau der Volksvertretung heben. Wenn es jedem Abgeordneten, der Idee nach, möglich erscheinen würde, durch Übernahme eines Ministerpostens seine auf Gemeinschaftszwecke gerichteten Ideale zu verwirklichen, so müßten die parlamentarischen Sitze viel mehr als bis jetzt von Persönlichkeiten ersten Ranges begehrt werden. Mit einem geistig hochstehenden einsichtsvollen Parlamente wird aber jede Regierung sich leichter verständigen, als mit einem solchen, in dem sie vielleicht die Vertreter einer das Staatswesen feindselig betrachtenden, noch nicht auf der Höhe der

Gesamtkultur stehenden Bevölkerungsschicht erkennen muß. Sicherlich hat die Wahl von Ministern aus parlamentarischen Kreisen nicht nur seine Vorteile. Es mag vielfach an jener durch Jahrzehnte gepflegten beruflichen Solidität, Sachkenntnis und dem Einordnungsgeist fehlen. Hieraus kann aber nur die Folgerung gezogen werden, daß weder die eine noch die andere Kategorie sich ausschließlich eignet, sondern eine Mischung beider als politische Forderung zu erachten ist.

In Scheinmonarchien und in Republiken bestimmt sich der Kreis der Minister-Staatsmänner fast ausschließlich durch parlamentarische Verhältnisse. Hier liegt in der Berufung durch das Staatsoberhaupt nur eine formale Befugnis. In Wirklichkeit werden ihm einzelne Personen, mindestens Personengruppen, auf das deutlichste vorgeschlagen, vielleicht auch aufgedrängt. Wieweit diese kaum veränderbare Sachlage politische Bedenken hat, läßt sich nicht für alle Fälle feststellen. Sicher ist aber, daß die Nachteile durch die verhältnismäßige Kürze der ministeriellen Lebensdauer aufgewogen werden und daß jene federnde Beweglichkeit, die den demokratischen Staatswesen heutzutage eignet, zu einem großen Teile darauf zurückgeführt werden kann, daß diese Arbeiten von Minister-Staatsmännern in der Regel nicht durch langjährige versachlichende, mitunter aber auch vertrocknende Beamtentätigkeit beschwert werden. Der vielfach beobachteten und kritisch beurteilten Erscheinung, daß die Minister in Scheinmonarchien und in Republiken oft keine Sachverständigen ihres Ressorts sind, steht die bemerkenswerte Tatsache gegenüber, daß es bei ihnen in der Regel nicht auf ein Verständnis der Einzelheiten der Verwaltung ankommt. Sie haben vielmehr lediglich die Aufgabe, nach großen, von ihnen mehr oder minder selbständig gefaßten politischen Grundsätzen ihre Wirksamkeit einzurichten, also im eigentlichen Sinne zu regieren und nicht im besonderen Sinne zu verwalten. In den deutschen Monarchien gehen diese beiden Aufgaben in der Person des Ministers ineinander über. Wenn dies auch teilweise die Folge der staatsrechtlichen Erscheinung ist, daß sie die Politik des Monarchen durchzuführen haben, so wird man gleichwohl auch daran denken müssen, ob nicht eine

Wandlung auch in Deutschland in etwa zweckmäßig erscheint. Besonders bei den aus dem parlamentarischen Lebenskreis zu übernehmenden Ministern wird ein Regieren nach großzügigen Gesichtspunkten im Vordergrunde stehen können, während der Verwaltungsmechanismus unter seiner obersten Leitung eine mehr oder minder große Selbständigkeit erlangen kann. Dies ist um so weniger bedenklich, als die Macht des Hergebrachten, die Fülle von kernhafter Solidität in deutschen Beamtentum, seine vorbildliche Pflichttreue und Staatsgesinnung, seine Unbestechlichkeit und Geschäftsgewandtheit jede Gefahr, wie sie in republikanischen Staaten vom Beamtentum her droht, ausschließt. Im engen Zusammenhang hiermit steht die Bedeutung derjenigen Staatsmänner, die unter den leitenden Ministern (als Staatssekretäre, Unterstaatssekretäre, Ministerialdirektoren) eine ebenso bedeutungsvolle wie verantwortungreiche Tätigkeit zu vollziehen haben. Ihre formale Entstehungsart wird sich in der Regel von derjenigen des höheren Beamtentums nicht unterscheiden und es ist wohl nur zu den äußersten Ausnahmen zu rechnen, wenn auch in diese Gruppe von Staatsmännern Personen gelangen, die ihren Weg über die Volksvertretung als Abgeordnete genommen haben.

Die obigen Darlegungen werden auch dazu beitragen können, ein anderes als das landläufige Bild von dem Wesen und den Formen der diplomatischen Tätigkeit zu gewähren. Besonders infolge der wenig günstigen Gestaltung der deutschen auswärtigen Politik in dem letzten Vierteljahrhundert, hat man sich, gewöhnt von der deutschen Diplomatie lediglich in Ausdrücken der Unfreundlichkeit, zum Teil des Hohnes und der Besserwisserei zu sprechen. Demgegenüber bedarf es eines erneuten Hinweises darauf, daß die Tätigkeit der Diplomaten in der Regel keine auf selbständiger Initiative beruhende ist, sondern von den Weisungen des vorgesetzten Ministers oder Staatssekretärs abhängt, die wiederum nicht immer ihre eigene, sondern häufig die Politik ihres Monarchen oder, in Republiken oder Scheinmonarchien, die des Parlamentes oder eines engeren Kreises der Öffentlichkeit durchzuführen haben. Die Richtung der Politik in Fragen der Freundschaft und Feindseligkeit, der

Bündnisverträge, der Handels-, Verkehrs- oder allgemein politischen Gegnerschaft wird in der Regel nicht durch die Diplomaten, sondern durch jene ihnen übergeordneten Persönlichkeiten und Machtgruppen bestimmt. Freilich waltet hierbei auch jenes bereits dargelegte eigenartige Verhältnis, in dem erfahrene und angesehene Diplomaten höchster Ordnung zu den ihnen vorgesetzten Stellen zu stehen pflegen; dieses Verhältnis ist keineswegs materiell immer das der Über- und Unterordnung, sondern der Gleichberechtigung. Hieraus ergibt sich dann die ebenfalls schon gekennzeichnete Lage, daß die Anregung einer maßgebenden Idee ebensogut aus dem Kreise der führenden Diplomaten wie der im Heimatstaate leitenden Staatsmänner hervorgehen kann.

Hinzu kommt, daß über Wert der Wirksamkeit des Diplomaten zwar letzten Endes der Erfolg entscheidet, daß jedoch die sich ohne sein Verschulden auftürmenden sachlichen Schwierigkeiten von so großer Bedeutung sein können, daß es selbst genial gerichteten Persönlichkeiten nicht möglich ist, das Nützliche und Erwünschte durchzusetzen. Vielfach ziehen sich politische Grundprobleme durch Jahrzehnte, wie das gerade bei Bündnisfragen, bei grundsätzlicher Zu- oder Abwendung eines Staates von einem anderen oder einer Mächtegruppe vorgekommen ist. Dann läßt es sich nur mit äußerster Mühe feststellen, ob und inwieweit das einzelne Vorgehen oder die Gesamtpolitik eines Diplomaten für das schließlich Erreichte oder Nichterreichte heilsam oder nachträglich gewesen ist. Hinzutritt die für die auswärtigen Angelegenheiten mindestens dem Auslande gegenüber notwendige Geheimhaltung. Auf diese Weise blüht die Tätigkeit der Diplomaten, vielfach gerade der besten, jahrzehntelang im Verborgenen und wird nur ihren nächsten Berufsgenossen und den leitenden Staatsmännern bekannt. Damit ist ein maßgebendes Urteil über ihre Gesamtwirksamkeit für Außenstehende, also im Grunde genommen für das ganze Volk, sehr erschwert.

Immerhin richten sich die Vorwürfe gegen das Diplomatentum auch gegen die Form und Art, nicht bloß den Gegenstand ihrer Wirksamkeit. Man tadelt vielfach, daß ihre gesellschaftlichen Verpflichtungen, ihre auf Äußerlichkeiten gerichteten Interessen von vornherein der sachlichen Durchführung großer politischer Aufgaben entgegenstehen. Man hält es im Zusammenhang mit den Erfahrungen von Jahrhunderten für ausgemacht, daß der diplomatische Beruf in einer Fülle von Ränkespielen, in dem Vorbereiten und Durchführen von Lügengeweben angeblich sein Hauptgenüge findet; daß der Versuch, durch Worte nichts zu sagen, sondern viel zu verbergen, die Beziehungen der Staaten zueinander in den meisten Fällen vergiftet und verunsachlicht. Wieviel auch Wahres an diesen Vorwürfen sein mag, in ihrer Ganzheit schießen sie sicherlich über das Ziel hinaus. Man kann höchstens bedauern, daß immer noch die Vorbildung der Diplomaten weniger auf die allereingehendste Sachkunde in bezug auf den ganzen politischen, wirtschaftlichen, kulturellen Stand des Landes, in dem sie wirken sollen, abgestellt ist, als auf den soliden und nach allen Richtungen fest begründeten Erwerb von praktischen Kenntnissen und Einsichten, die durch wissenschaftliche Methode vermittelt werden. Nicht als ob an der Höhe und der Bedeutung des Niveaus der diplomatischen Prüfungen allzuviel auszusetzen wäre; sie sind meist recht schwierig und gewährleisten auch sicherlich eine Fülle von Kenntnissen. Daß sie sich aber mit dem ganzen großen Bereich der rechtlichen und sozialen Tatsachen und Einsichten, die heutzutage für den Staatsmann unerläßlich sein müßten, befassen, kann man nicht behaupten [230]). Es ist klar, daß, wie jede Beamtenkategorie, so auch diejenige der Diplomaten in dem Herkommen, in der gewohnheitsmäßigen Übung vorangegangener Geschlechter ein Beispiel sieht. Diese aber waren auf die großen Aufgaben unserer Zeit keineswegs eingerichtet und konnten es natürlich nicht sein. Jedenfalls fällt auf, daß die Diplomaten großer, mittlerer, aber auch kleiner Staaten vielfach an Geduld und Geriebenheit, an der Fähigkeit zur Ausnutzung psychischer Umstände gegenüber Völkern, Einzelgruppen und Regierungen, unseren Diplomaten ganz offensichtlich weit überlegen sind, mögen diese auch in allen schönen gesellschaftlichen Tugenden, wie Takt, Vorsicht, vornehmes Entgegenkommen, gewissenhafte Wahrung ihres Ansehens allen Anforderungen entsprechen. Nicht selten vernimmt man die Klage, daß diese Verhältnisse mit der Auswahl der Diplomaten aus einem sehr eng begrenzten Gesellschaftskreise zusammenhängen; daß ohne bedeutende Beziehungen zu maßgebenden Persönlichkeiten, ohne Zugehörigkeit zu gewissen regierenden oder durch wirtschaftliche Macht ausgezeichneten Kreisen der Eintritt selbst in die untersten Stufen des diplomatischen Dienstes nicht ermöglicht wird. Dem Vorwurf, daß hauptsächlich den durch den Geburtsadel gekennzeichneten Personen der Weg in die Diplomatie geöffnet wird, pflegt man entgegenzuhalten, daß ein großer Teil unserer in hervorragender Stellung befindlichen Diplomaten erst infolge seines beruflichen Verdienstes in den Adelsstand erhoben worden ist und bis dahin dem Bürgerstande im engeren Sinne angehörte. Das mag schon sein; sicherlich kann aber der Bestand der Diplomatie in Deutschland als ausschließlich im gesellschaftlichen Sinne bebezeichnet werden. Die hierfür zuweilen angeführte Erklärung, daß das Deutsche Reich nach außen hin durch besonders vornehme und schon durch Familienzugehörigkeit oder Namen ansehnliche Personen vertreten sein müsse, geht fehl. Viel wichtiger als dieses formale Ansehen erweist sich das sachliche auf Befähigung oder Tüchtigkeit begründete. Wir sehen, daß die meisten Staaten Europas und Nordamerikas Männer mit schlichten Bürgernamen zu den höchsten diplomatischen Sendungen berufen und mit ihnen glänzende Erfolge erzielen.

Die politische Forderung einer besseren, moderneren, die letzten Ergebnisse der Wissenschaft mit berücksichtigenden Ausbildung der Diplomaten verbindet sich daher mit der weiteren, für die Zulassung zu diesem Lebenskreise nicht eine bestimmte gesellschaftliche Ausschließlichkeit gelten zu lassen. Jedoch wird dieser Wunsch einigermaßen gekreuzt durch die leidige Tatsache, daß bei den außerordentlichen finanziellen Aufwendungen, zu denen die diplomatischen Vertreter im Auslande vielfach gezwungen sind, nur vermögende und solche Persönlichkeiten bisher ernstlich in Frage kommen konnten, die bereit waren, aus eigenem Besitz Opfer zu bringen. Dieser plutokratische Charakter der Diplomatie führt aber zu der unbedingten

Forderung, daß das Deutsche Reich, das im Kriege gezeigt hat, wie sehr ihm auch Milliardenzahlen geläufig sein können, wenn es sich um Wohl und Wehe des Staates handelt, im Frieden unter allen Umständen diejenigen viel höheren Bezüge für die Diplomaten aufbringt, die nach sachgemäßer Beurteilung notwendig sind.

III.

Zu den politischen Kräften gehören sodann berufsmäßige und außerberufsmäßige Politiker. Die Grenze zwischen diesen beiden Gruppen ist flüssig. Zu jener gehören grundsätzlich die Parlamentarier, aber es sind auch diejenigen Männer zu ihnen zu zählen, die sich, sei es im Mittelpunkte des Staates, sei es in der Provinz, die Durchsetzung gewisser politischer Aufgaben zum Ziele setzen, Parteien gründen, organisieren, leiten, zu bestimmten Zwecken in Bewegung bringen oder auch durch literarische Tätigkeit auf politische Aufgaben lenken. Umgekehrt können Parlamentarier dann als außerberufsmäßige Politiker gelten, wenn sie mehr oder minder nur als der Vertreter irgendeines örtlichen oder gewerblichen Standes in das Parlament gekommen sind, an dessen Beratungen und Entscheidungen einen nur verhältnismäßig geringen Anteil nehmen, im übrigen ihrer beruflichen Tätigkeit nachgehen, die außerhalb der Politik liegt. Je nach dem Umfang seiner Wirksamkeit wird auch zu der einen oder anderen Gruppe der frühere Staatsmann zu zählen sein. Ist er nicht nur Spezialfachmann, der etwa lediglich die technischen Besonderheiten eines früher von ihm geleiteten Ministeriums beherrscht, sondern ein Grund- und Zukunftsfragen der Politik geistesstark erfassender und verfolgender Mann, so wird ihn sein gelegentliches oder häufigeres Eingreifen bald in die Nähe der berufsmäßigen, bald der außerberufsmäßigen Politiker treiben und stellen.

Es bedarf kaum eines besonderen Eingehens darauf, welcher Art die Entstehungsgründe dieser politischen Triebkräfte sind. Bei einem Parlamentarier wird es seine Wahl in die Volksvertretung sein, bei einem ehemaligen Staatsmann seine frühere Stellung oder die außerdem in der Persönlichkeit begründete Bedeutung seiner Wirksamkeit; bei den sonstigen zielbewußten Politikern die freie bürgerliche Gemeinschaftsarbeit, unter Umständen ein geistig-wissenschaftliches, in praktische Politik mündendes Interesse. Bei all diesen Gruppen, wie auch bei den Fachschriftstellern der politischen Wissenschaft und Praxis lassen sich weder die Veranlassungen, noch die Formen und Bahnen der politischen Betätigung auf irgendwie allgemein gültige Grundregeln bringen. Dasselbe gilt auch für die Geschichtsforscher, soweit sie in ihren Werken entweder politische Probleme der Gegenwart mit allen Mitteln einer geistig einwandfreien Methode, mit entsprechender Darstellungskunst behandeln, oder durch den Versuch der Aufdeckung von Entwicklungslinien und historischen Gesetzen aus der Vergangenheit Schlüsse für die Gegenwart und Zukunft zu ziehen versuchen. Alle diese Äußerungen politischen Geistes werden hier lediglich deshalb hervorgehoben, weil sie als Mittel der Politisierung des Staatsbürgers, von der sogleich näher zu handeln ist, wesentlich mit in Betracht kommen.

IV.

Überall, wo größere Menschenverbände entstehen, bedarf es einer Feststellung der Personen, die für sie den Willen bilden und durchführen. Keine geschlossene Gemeinschaft, wenn sie über einen bescheidenen Umfang hinausgeht, ist für sich genommen handlungsfähig. Die Schwerfälligkeit körperschaftlichen Vorgehens tritt sehr bald hervor; es muß zu einer Vertretung kommen. Dieser Gedanke der Repräsentation beherrscht, von ganz kleinen Republiken, wie einzelnen schweizerischen Kantonen, abgesehen, das ganze politische Leben selbst der am meisten demokratischen Staaten, bei denen man doch noch am ehesten die folgerichtige Durchführung des Gedankens, daß der allgemeine Wille maßgebend sein soll, erwarten würde. Natürlich haben die monarchischen Staaten den Gedanken der Vertretung in diesem hier gemeinten Sinne noch schärfer ausgeprägt. Die Schwierigkeiten der repräsentativen Idee liegen vor allem darin, daß die Unmittelbarkeit des Volkswillens nicht nur nicht zum Ausdrucke kommt, sondern dieser auch schwer feststellbar ist. Eine politische Handlung ersten Ranges, vollzogen durch einen Repräsentanten eines Volkes, etwa einen leitenden Minister, muß der Idee nach die Willensinhalte und Zielrichtungen von vielen Tausenden und Millionen gleichsam in sich aufgenommen haben. Da dies jedoch praktisch undurchführbar ist, werden die zur Lenkung und Verwaltung des Staates berufenen Personen mit einer Machtfülle ausgestattet, die sie in der vorausgesetzten Zustimmung der durch sie vertretenen Volksglieder handhaben. Daß es sich aber hierbei gerade in den allerschwerwiegendsten Angelegenheiten bloß um eine Fiktion handelt, erweisen die Entscheidungen über Krieg und Frieden, über Staatengestaltung und Staatenerweiterung, sowie über andere bedeutende politische Maßnahmen eines Staates. Die Notwendigkeit der Repräsentation und ihre gleichzeitige Unzulänglichkeit lassen es begreiflich erscheinen, daß, besonders in großen Demokratien, von Zeit zu Zeit immer wieder entweder eine starke Volksströmung oder eine energische zielbewußte Persönlichkeit den Gedanken der volonté générale in den Vordergrund schiebt. Mögen dabei in der einen oder anderen Richtung infolgedessen praktische politische Ergebnisse zu erzielen sein, in dem Kernpunkt der Angelegenheit selbst kann eine Änderung niemals eintreten. Es wird immer dabei bleiben, daß die große Masse der Staatsbürger nur in mittelbarer Weise an ihren eigenen Geschicken teilnehmen kann. Das Maß dieser Teilnahme kann von sehr verschiedener Bedeutung sein. Sie wird verhältnismäßig groß erscheinen, wo das allgemeine, gleiche, unmittelbare Wahlrecht herrscht. Noch mehr, wo das Plebiszit oder das Referendum eingeführt ist, wo über grundlegende Verfassungsgestaltungen oder politische Lebensfragen eine Volksabstimmung im großen zugelassen wird. Dieser Einfluß auf die Geschicke des Landes erfolgt unter Minderung der Bedeutung der Volksvertretung. Wo aber ein mit Hilfe demokratischesten Wahlrechtes zustandegekommenes Parlament die Hauptmacht darstellt, wird der Einfluß der Volksmassen nur mittelbar in die Erscheinung treten. Dann können natürlich die innerhalb der Wählermassen vorhandenen Willensregungen, Wünsche und Ideale nur in höchst bruchstückartiger Weise zur Durchführung gelangen.

In der politischen Gedankenwelt findet man nun aber auch die Vorstellung, als ob alle Gesellschaftsklassen stets auch bei allem politischen Handeln vertreten werden müßten, das heißt niemals oder nur ganz ausnahmsweise zu selbständiger Betätigung zu gelangen vermögen. Jene inneren Notwendigkeiten, die zur Repräsentationsidee führten, werden hier in einen Zusammenhang mit den Aufgaben der Staatslenker und Volksvertreter gebracht. Nur diese seien praktisch-politische Faktoren. Richtig ist aber nur, daß eine Vertretung bei der Politik in einem bestimmten Maße unerläßlich ist, nämlich insofern, als gewisse Verfassungs- und Verwaltungsaufgaben nach der Grundordnung des Staates in die Zuständigkeit bestimmter Personen oder Gruppen gewiesen sind. Darüber hinaus ist aber die aus dem Vorstellungskreise des absoluten Staates entnommene Idee vom beschränkten Untertanenverstande nahe verwandt mit derjenigen, die nur die Vertreter, nicht die Vertretenen gelten läßt. Begründet ist die Forderung, daß der Vertreter jedes Gemeinwesens, erst recht des modernen Staates möglichst den Willen der Vertretenen zum Ausdruck zu bringen hat. Die psychologischen Unterlagen einer solchen Willensbildung sind schwierig genug; in irgendeiner in den menschlichen Verhältnissen liegenden Art muß sie jedoch möglich sein. Aus dem Kreise, der den Staatenverband umschließt, heben sich einzelne durch Grundgesetze und andere Vorschriften bestimmte Persönlichkeiten heraus, die berufen sind, die der Gemeinschaft als solcher unzugängliche politische Tat in deren Namen und in deren Absicht zu vollbringen. Darin liegt die Forderung, daß diese Vertreter der staatlichen Gemeinschaft alle nur denkbaren Mittel und Wege aufsuchen und finden, um sich eingehendste Kenntnis von den Willensrichtungen der von ihnen vertretenen Gemeinschaft zu verschaffen, um sie, nach gewissenhafter Prüfung auf ihre Möglichkeit und Zweckmäßigkeit, in das wirkliche Sein umzusetzen oder aber mit tiefgreifender Begründung abzulehnen. Es gibt aber politische Tat auch außerhalb derjenigen Funktionen, die durch Verfassungs- und Verwaltungsnormen umschrieben und bestimmten Staatsorganen übertragen werden; insofern vermag sich die unmittelbar schöpferische wirksame politische Tat nicht nur durch die Vermittlung der amtlich bestellten Repräsentanten des Staatsvolkes zu vollziehen.

Damit kommen wir zu der Einsicht, daß auch die Volksgesamtheit als politische Kraft ersten Ranges in Anschlag gebracht werden muß. Dies ist in Deutschland natürlich erst das Ergebnis der konstitutionellen Entwicklung, etwa seit der zweiten Hälfte des 19. Jahrhunderts, einer weltgeschichtlich außerordentlich bedeutungsvollen Epoche, die aufräumt mit dem Gedanken, daß das Staatsvolk lediglich als Objekt zu behandeln sei. Es mußte erst bei allen Machthabern zu der durch revolutionäre Praxis und gegensätzliche geistige Vorstellungen bedingten umstürzenden Einsicht kommen, daß weder der Staat als solcher, noch seine Lenker Selbstzweck sind. Es war auch die Vorstellung auszuscheiden, daß es zu den Pflichten der herrschenden Klassen gehört, das gemeine Wesen auf alle Fälle, wenn nicht anders möglich auch unter teilweiser Entrechtung großer Gesellschaftsgruppen zusammenzuhalten. Die Volksgesamtheit mußte erst zum Bewußtsein ihrer Gleichwertigkeit gegenüber den regierenden Schichten und diese mußten zu der Erkenntnis gelangen, daß ihre Ausschließlichkeit im Herrschaftsbereiche des Staates aufgehört hat. Es bedurfte aber darüber hinaus auf beiden Seiten der sich immer mehr durchsetzenden Überzeugung, daß die Staatsgesamtheit nicht in dieser dualistischen Trennung der beiden Sphären von Staatslenkern und Staatsuntertanen beharren darf, sondern sich in die einheitliche staatliche Erscheinung aufzulösen hat. Von hier aus ist es nur ein Schritt, zu begreifen, daß die Volksgesamtheit aus sich heraus die Repräsentanten ihres Willens bestellt und daß diese ihren hohen Beruf in erster Linie nach dem Gesichtspunkte zu orientieren haben, daß der richtig erkannte und auf wertvolle Zwecke gerichtete Wille der größtmöglichen Zahl der Staatsangehörigen, und daß allein dieser, durchgesetzt werden muß.

Diese Entwicklung ist nun in den verschiedenen Staaten des

heutigen Weltkreises in sehr wechselnder Form und mit sehr verschiedener Wirkung vor sich gegangen. Je demokratischer die Staatsgemeinschaft, desto mehr hat sie versucht, ihren Willen als den für die Regierenden maßgebenden durchzusetzen. Wo ihr dies nicht gelingt, oder wo, wie in monarchischen Staaten, ein großes Gegengewicht in den andersgerichteten Interessenkreisen der Beamtenschaft wirkt, bleibt in der Regel nur das Mittel übrig, mit Hilfe des Wahlzettels und der die Öffentlichkeit mehr oder minder beeinflussenden politischen Parteitätigkeit, nicht zuletzt der Presse, die Ansichten und Bestrebungen bestimmter Gesellschaftsgruppen zum Ausdruck zu bringen. Man wird daran nicht zweifeln können, daß das letzte Ziel jeder rechts- und kuturstaatlichen Entwicklung nur dies sein kann: Einheit der Nation auch in jedem und hauptsächlich in dem Sinne, daß die verfassungs- und verwaltungsmäßig berufenen Vertreter des Staatsvolkes die Vollstrecker des wohlverstandenen Willens der Gesamtheit sind; daß diese sich und ihre Ziele in dem sich pyramidenförmig aufbauenden Staatsgebäude als feste breite Unterlage symbolisch wiederfindet; daß die Regierenden in der Hauptsache sich als die Anzeiger der nationalen Entwicklung fühlen und immer wieder versuchen, die ihnen irgendwie faßbaren seelischen und intellektuellen Kräfte der Nation zur Durchführung politischer Zwecke zu verwenden. Nicht als ob es sich um eine sklavische Befolgung eines konkreten Volksauftrages handelte. Vielmehr wirkt jeder von dem Volkswillen getragene Staatsmann in der Freiheit geistiger Entschließung, nur daß diese zur Voraussetzung die Aufnahme der völkischen Grundgedanken in das eigene Bewußtsein hat.

Wieweit dieses letzte Ziel überhaupt erreichbar ist, kann sicher zweifelhaft sein; daß ihm jedoch nachzueifern ist, wird man nicht bestreiten dürfen. Hier taucht aber eine der größten Schwierigkeiten auf. Die Volksgesamtheit kann als politische Kraft, als Mitbedenker und Mitarbeiter politischer Handlungen nur dann als befähigt gelten, wenn, dem Grundsatze nach, jeder einzelne Staatsbürger politisches Verständnis, politische Bildung und politisches Urteil besitzt. Damit sind wir wieder an das Problem gelangt, das den Ausgangspunkt unserer sämtlichen

Betrachtungen bildet, nämlich zur Frage dei **Politisierung des deutschen Volkes.**

Zunächst der Einwand, das deutsche Volk sei politisiert genug. Wenn man ihn ernstlich und nicht bloß zu selbstsüchtigen politischen Zwecken, um eine größere Teilnahme der Volksgemeinschaft möglichst zu verhindern, erhebt, so kann dabei zweierlei als Beweggrund dienen. Einmal, daß das Maß politischer Einsicht und Bildung, das zur Bestellung der Repräsentanten des Volkes dient, ohnedies vorhanden ist und daß darüber hinaus die Volksgesamtheit doch nicht zu entscheidender Mitwirkung gelangen kann. Es wäre das also die äußerste Folgerung aus dem Gedanken einer nur begrenzten Möglichkeit, die Willenskräfte der im Staatsverbande beteiligten Personen durch Vertreter zum Ausdruck zu bringen. Sodann könnte der Einwand auf dem Motiv fußen, daß die bisherige Entwicklung im 19. Jahrhundert bereits ein allzu großes Maß von Teilnahme der großen und vielfach nicht genügend gebildeten Massen herbeigeführt und die Gefahr einer einseitigen Demokratie heraufbeschworen hat. Das Wenige, was selbst vom Standpunkte der großen Massen aus für diese zu erreichen ist, werde ihnen durch ihre Führer ohnedies nahe gebracht. Vom radikal demokratischen Standpunkte aus wird gerade deshalb die weitere Politisierung zuweilen als nicht unbedenklich bezeichnet, weil sie, mit der Erhöhung der Persönlichkeitswerte, zu erheblichen Meinungsspaltungen führt; diese aber gefährden wieder das geschlossene Auftreten der großen Massen zur Durchsetzung ihrer politischen Ziele.

Beide Einwände gehen aber sicherlich fehl, wenn man nicht das Interesse gewisser Sonderkreise, sondern dasjenige der Volksgemeinschaft ins Auge faßt. Die in dem Repräsentationsgedanken liegenden Schwierigkeiten dürfen nicht dazu führen, die Vertretenen immer weniger dazu zu befähigen, wirkliche Anreger und schöpferische Mitgestalter ihrer Repräsentanten zu sein. Damit würde sowohl eine Verarmung des ganzen politischen Lebens, als auch eine nicht zu rechtfertigende, die Einheit des Staatsbewußtseins gefährdende Macht jener staatlichen Vertrer herbeigeführt werden. Der zweite Einwand jedoch hat einen unausgesprochenen Hintergedanken, nämlich den der geistig-politischen Unzulänglichkeit der zur Mitwirkung an und für sich wohl berufenen einzelnen Glieder der Volksgemeinschaft. Die Ablehnung einer Politisierung teils wegen der dadurch wachsenden Schwierigkeiten der Regierenden, teils wegen der Bedrohung der Führerstellungen bei den großen Massen setzt deren teilweise Einsichtslosigkeit und die Überzeugung von der überwiegenden politischen Klugheit der zur Führereigenschaft heraufentwickelten Personen voraus. Insoweit wird jener Einwand gewiß seine beschränkte Berechtigung haben; er verliert jedoch seine grundsätzliche Richtigkeit, wenn man als die notwendige Bedingung der Politisierung der Volksgenossen die Erweckung politischer Interessen, die Förderung politischer Bildung und den Gewinn politischer Einsichten erkennt.

Eng zusammen hängt hiermit die Stellungnahme zu der nicht allzu selten auftretenden Meinung, durch die Forderung der Politisierung und ihre Erfüllung würden die größten Gefahren für die geistige Entwicklung überhaupt heraufbeschworen; Politik und Aufwärtsentwicklung der Menschheit seien Widersprüche.

Wer nach Durchdenken der Gegenstände und der Bedeutung der Politik noch fertig bringt, sie in einen Gegensatz zur geistigen Kultur zu bringen, hat es nicht erfaßt, daß sich beide gegenseitig bedingen, daß daher eine immer wertvollere Ausgestaltung des politischen Daseins unmittelbar dem geistig-kulturellen Fortschritte der Gemeinschaft zugute kommt. Bedürfte es hierfür nach allen unseren Betrachtungen noch eines besonderen Beweises, dann würde er leicht erbracht sein durch die nähere Erörterung der ewigen, das heißt überzeitlichen Staatsaufgaben. Denn in der Sicherheit des Staates liegt auch der Schutz seiner Glieder und deren persönlichster Kultur. In der Verfolgung nationaler Ziele liegt die der Einzelpersönlichkeit, der Erwerbs- und Berufsgruppen in weitestgehendem Maße eingeschlossen. An der Pflege und an dem Ausbau der Rechtsordnung hat das Individuum wie jeder menschliche Verband notwendig Anteil. Die absolute Untrennbarkeit des politischen und des geistig kulturellen Lebensinhalts der Volksgesamtheit ergibt sich aber wiederum nur aus dem Gegenseitigkeitsverhältnis zwischen dem in den Staat auf Leben und Tod eingereihten Einzelmenschen zu dem seinen eigenen Zweck mit dem des Staatsangehörigen unlösbar verbindenden Staate. So ist hier alles endlos wie im Kreise; Anfangs- und Endpunkt verbinden sich. Gewiß lassen sich Zeiten und Verhältnisse denken, in denen die rein politische Sphäre kulturwidrige Formen und zum Teil auch Inhalte aufweist. Das sind aber der gegenwärtigen Staatenwelt innerlich fremde und auszustoßende Krankheitserscheinungen, weil infolge der Übernahme einer wachsenden Zahl rein kultureller Aufgaben durch den modernen Staat sein Lebenselement mit in deren Durchführung liegt. Es sei hier nur erinnert an die engen Beziehungen der politischen Wirklichkeit zu den Fragen der Kirche, des Unterrichts und der Bildung, an Armenwesen und das ganze Gebiet der Sozialpolitik.

Die nur individualistische Weltbetrachtung pflegt umgekehrt das Vorwiegen staatlicher Gesichtspunkte und deshalb auch die Politisierung einer Volksgemeinschaft zu tadeln. Ihr kann man zugeben, daß die auf Macht und äußere Geltung gerichteten politischen Bestrebungen vieler, unserer Zeit vorangegangenen Jahrhunderte, daß auch die den Staat lediglich als Selbstzweck betrachtenden Ideengänge zu einer solchen Stellungnahme wohl Veranlassung geben können. Aber wir erkannten schon längst, daß in der Gegenwart eine die bloß individualistische mit den nur staatlichen Ansprüchen versöhnende Geistesrichtung die Oberhand gewinnt und sie gerade durch die immer stärkere Erfüllung des Volkes mit politischem Bewußtsein gewinnen muß. Niemals ist den Mächten persönlicher Kultur ein schlechterer Dienst erwiesen worden, als da man politisches Wesen von der Einwirkung auf den individualistisch gerichteten Geist oder gar von bestimmten Gesellschaftsklassen auszuschließen strebte, als man es für wesensfremd, ja feindselig hielt. Nur wenn den politisch wirkenden Persönlichkeiten jeder Art alle Seiten persönlichster Kultur mit energischem Durchsetzungswillen unter ständiger Betonung ihres Werts und ihrer Notwendigkeit nahegebracht werden, ist zu erreichen, daß die Politik sie über das schon vorhandene Maß hinaus berücksichtigt und fördert, wie ja doch auch das staatliche und kommunale politische Leben die stärksten Anregungen und die nachhaltigste Unterstützung aus der Sphäre geistig-seelischer Kulturkräfte zieht. Die Höhe des Bildungsstandes eines Volkes, seine Schulung für Beruf und Gemeinschaftsaufgaben, alle sittlichen Mächte sind nicht bloß in Zeiten großer Umwälzungen und stürmischer Erlebnisse, nicht nur in Krieg und Not staatserhaltende Elemente.

Aber es könnte, so hört man schließlich Manche klagen, die größere Politisierung des Staatsvolkes dem Staate selbst schädlich werden, indem er in eine immer größere Summe von Sachverständigen oder solche Gruppen, die sich dafür halten, zerfällt und Bedingungen der Zersetzung schafft, die die Einheit des Ganzen, seinen Bestand und seine Aktionsfähigkeit in Frage stellen. Sicherlich ist eine bildungs-, einsichts- und willenlose Masse von einem machtvollen Herrscher leichter zu regieren, als ein politisch aufgeklärtes, in den Begebenheiten des Gemeinschaftslebens sein eigenes Schicksal erkennendes Volk. Wer aber die Wirklichkeit zum Ausgangspunkte seiner Überlegungen nimmt, wird nicht verkennen, daß die geistige Erweckung der großen Massen der europäischen Völker nicht auf alle nur denkbaren menschlichen, wirtschaftlichen und kulturellen Angelegenheiten, gerade nur mit Ausnahme der Politik beschränkt geblieben ist, sich vielmehr in steigendem Maße eben ihr zuwandte. Da scheint es mir nur eine Gefahr zu geben, daß dieses Herantreten an politische Dinge und das Wirken durch sie nur auf Grund selbstsüchtiger Interessen erfolgt, daß Unwissenheit, Unverstand, Einsichtslosigkeit und falsche Beurteilung Platz greifen. Wer die geistige Mündigkeit aller Glieder der Volksgesamtheit bejaht, kann sie nicht bei ernstem Nachdenken für das politische Gebiet bestreiten. Wer die konkrete Befähigung leugnet, muß zu der Forderung einer Ertüchtigung auch in diesem Lebenskreise gelangen.

V.

Hat sich uns die Notwendigkeit der Politisierung des deutschen Volkes aus der Betrachtung der Gegenstände und der Tragweite der Politik, aus ihrer, das Dasein jedes Einzelnen bestimmenden Bedeutung ergeben, so ist nicht mehr zu verkennen, daß in der Volksgesamtheit eine politische Triebkraft höchster Ordnung liegt. Es fehlt uns nur noch der Nachweis der Möglichkeit, das deutsche Volk zu einem politischen zu machen.

Weit verbreitet ist die Ansicht, daß politischer Geist und politisches Können Sache der Anlage und der Begabung sowohl der Einzelnen wie der Völker sei. Wie jener Geist dem Engländer, Franzosen, Italiener, Ungarn usw. eigen sei, so habe er er allezeit dem Deutschen gefehlt. Ihn habe Natur und Geschichte vielmehr auf Religion und Kunst, Wissenschaft und Technik, Handel, Schiffahrt und Gewerbe verwiesen. Ihn politisieren zu wollen, bedeute eine Umwandlung seiner ganzen menschlichen und geistigen Beschaffenheit, die nur theoretisch denkbar, nicht aber in Wirklichkeit möglich sei. Nun will ich gewiß nicht leugnen, daß an diesen Erwägungen manches richtig ist; daß ebenso wie gewisse Völker eine große, andere (unbeschadet sonstiger Fähigkeiten) eine geringe staatenbildende Kraft besitzen, einige von ihnen allen auf die Öffentlichkeit und das Gemeinwesen gerichteten Vorstellungen und Bestrebungen ohne weiteres und fast ohne jeden aufmunternden Antrieb zugänglich sind, andere aber gerade dieser Eigenschaft in verblüffender Weise ermangeln. Aber es ist doch sinnlos, dem Deutschen die politische Begabung und den Gemeinsinn abzusprechen, wenn man der Fülle staatsmännischer Gestalten gedenkt, die, von Karl dem Großen bis zu Bismarck, in Deutschlands Geschicke bildend und schöpferisch eingegriffen haben. Nur daß sich die politische Betätigung nicht als eine dem einzelnen Deutschen besonders naheliegende erwies, mag zugegeben werden. Das hängt aber zusammen mit der langen Dauer des feudalen, nachher des ständischen, endlich des absolutistischen Staates unserer Geschichte, die erst seit dem zweiten Drittel des 19. Jahrhunderts, in manchen Einzelstaaten erst später, dazu gelangte, das Volkstum nicht nur als Objekt behandelt zu sehen. Jene vorwiegend politisch gerichteten Staatsgemeinschaften sind es nicht, weil sie eine stärkere Begabung für das Politische hatten, sondern weil ihre Geschichte sie dazu brachte. Weil sich England, Frankreich, Italien, Ungarn usw. so, wie geschehen, entwickelte, war die Anteilnahme des Einzelnen am öffentlichen Leben viel früher als in Deutschland und mit größerer Eindringlichkeit möglich, konnte sich die Notwendigkeit politischen Denkens und Mitwaltens unmittelbar aufdrängen, Kräfte wecken und zu Taten leiten. Deutschland war früher auch kein Volk des wirtschaftlichen Ausgreifens ins Weite und Große, wenn man von der Zeit der Hansa absieht; sein Volk war nur zeitweilig groß in Handel und Schiffahrt. Dennoch gelangte es in unseren Tagen in die Reihe der Führer der Menschheit, auf industriellem Gebiete sogar an die Spitze. Nicht nur eine mystische, einer weiteren Analyse unzugängliche Naturanlage — wenn sie auch gewiß nicht ganz fehlen darf — sondern das Ergebnis der Umwelt, des harten Müssens, der zeitgegebenen Ziele wirkt hier bestimmend. So war es überall und immer in politischen Dingen und so wird es auch in Deutschland sein und bleiben. Auch der Charakter des Politischen bildet sich im Strom der Welt. Die nationale Persönlichkeit des Deutschen ist nicht aus einzelnen erschöpfend aufzählbaren Elementen zusammengesetzt. In ihr liegen noch nicht gehobene Schätze. Die äußeren Umstände und inneren Zwangsläufigkeiten bestimmen das politische Werden, Denken und Handeln in Deutschland sowohl, wie anderwärts und hier wie dort bald in der einen bald in der anderen Richtung stärker oder schwächer. Es läßt sich nicht das mindeste an durchschlagenden Beweisen dafür angeben, daß es dem Deutschtum nicht gelingen würde, sich mit politischem Geiste in einem bisher unbekannten Maße, aber auch in gewünschter Qualität, zu erfüllen. Es gilt nur, alle Lebensalter und alle Schichten der Bevölkerung mit der Einsicht in die dringendste Not tätigen politischen Mitsorgens und Mitwirkens nach allen Kräften zu erfüllen und die Wege zum Ziele zu zeigen.

Weniger volkstümlich aber tiefer gehend ist das andere Bedenken, daß politische Bildung ebenso wie politisches Urteilen nur Sache der Wenigen sei, die sich hierzu durch besondere Bemühung, höhere persönliche und spezialisierte geistige Kultur befähigt haben. Dem steht zunächst entgegen, daß Bismarck durch Schaffung des allgemeinen, gleichen und geheimen Wahlrechtes grundsätzlich jedem Deutschen die Gabe zuerkannte, in der Politik seine Meinung mit der großen Wirkung mittelbarer Bestimmung über Deutschlands Gesetzgebung zu äußern und daß der Weg der Zukunft wenn auch nicht notwendig in die Richtung des Reichstagswahlrechtes, so doch jedenfalls in die der Erweiterung der bisherigen einzelstaatlichen Wahlrechte, der weiteren Zulassung von Volkskreisen weist. Da es aber darüber hinaus nicht auf das formelle politische Recht allein, sondern auf die politische Urteilsfähigkeit und Sachkunde ankommt, so bezweifelt man vielfach die Möglichkeit einer Politisierung des größten Teils der Staatesangehörigen, weil bei ihnen nicht vorausgesetzt werden kann das umfangreiche, Volks- und Staatsleben beherrschende Wissen, die geschichtliche Bildung, die mit Wirklichkeitssinn gepaarte Gegenwartskunde, endlich auch nicht die Fähigkeit zu richtigem Urteil und praktischer Anwendung des Erworbenen und Gelernten [230]). Es ist mancherlei, was diesem Gedanken entgegen zu halten ist. Zunächst wird auf jener Gegenseite zugestanden, alle mit Recht hochgespannten Bedingungen eines richtigen politischen Urteilens und Handelns werden nur bei wenigen Männern zu finden sein. Ist dies richtig und zieht man hieraus die Folgerung, daß deutsche Politik überhaupt nur von dieser ganz kleinen Minderheit betrieben werden darf, dann wären wir glücklich wieder bei der Lehre vom beschränkten Untertanenverstand und bei dem Zerrbilde einer die weitaus überwiegende Zahl von Deutschen lediglich als Objekt behandelnden Politik angelangt. Somit ergibt sich, daß jene Voraussetzungen politischen Wirkens — Wissen, geschichtliche Bildung, Gegenwartskunde, Urteils- und Anwendungsfähigkeit — als erstrebenswerte Ziele dauernd im Auge zu behalten und von immer mehr Staatsangehörigen annähernd zu erreichen sind; jedoch darf die tätige Anteilnahme der Volksgemeinschaft hiervon nicht abhängig gemacht werden. Ruht „politisches Urteilen immer auf der Fähigkeit, das von Einzelfachkundigen Erarbeitete richtig zu verknüpfen und es zu einheitlichen Bildern, Gedankengängen und Zielen zu verbinden", so wird es sicherlich in erster Reihe den Staatslenkern, parlamentarischen und außerparlamentarischen Berufspolitikern (wie wir sie in ihrer typischen Erscheinungsart zu erfassen bemüht waren) zuzusprechen sein. Es wird aber auch weder in den Schichten der „Gebildeten", noch in den politisch Interessierten der großen Verbände fehlen. Das Maß ist gewiß nicht bedeutungslos; aber es kommt zunächst darauf an, ob es überhaupt vorhanden ist. Bestreitet man die Politisierbarkeit großer Gruppen im allgemeinen, so geht man von der falschen Voraussetzung aus, als ob das politische Denken und Können sich auf alle Gegenstände der praktischen Politik zu erstrecken hätte. Das ist gewiß nicht der Fall und gar nicht möglich. Verfassungs- und Verwaltungspolitik mit all ihrem von uns schon betrachteten Reichtum, Agrar-, Handel-, Gewerbe- und Sozialpolitik, auswärtige, Welt- und Kolonialpolitik usw. lassen eine solche Stufenleiter von Kenntnissen geschichtlicher wie gegenwartsbestimmter Art, Fähigkeit zur Erfassung und Lösung der Probleme zu, daß sich auch hier eine differenzierte Arbeitsteilung ermöglichen läßt. Ja sie waltet ohnedies schon seit geraumer Zeit vor, allerdings mehr in den Kreisen der berufsmäßigen Politiker. Für die große Masse der Staatsbürger ergibt sich eine solche Arbeitsteilung durch die Interessen der eigenen Lebens- und Gesellschaftsschicht und des Berufes. Es liegt (um es hier nur schematisch anzudeuten) dem Kaufmann die Handels-, dem Landwirt die Agrar-, dem Industriellen die wirtschaftliche Weltpolitik, dem Arbeiter die Sozialpolitik am nächsten. Darüber hinaus aber gibt es Gemeinschaftsprobleme höchster Ordnung, die weder so schwierig, noch so spezialisiert sind, daß sie nicht auch dem durch das hohe Bildungswesen Deutschlands gut vorbereiteten Bürger mit einiger Mühe seinerseits und darauf gerichteter Anweisung von Sachverständigen andererseits zugänglich gemacht werden könnten. Neben und über den Sonderproblemen der Politik, deren Erfassung und Klärung eine jeweilige Vertiefung und Einzelsachkunde fordern, stehen die bedeutenden nationalen

Fragen, solche der Weltgeltung, der äußeren Sicherheit, der rechtlichen Gesamtausgestaltung, die alle denkenden Staatsangehörigen zu innerst ergreifen können und müssen. Mindestens diese Grund- und Zukunftsfragen allen Deutschen nahezubringen, sie zu einem Bestandteil ihres geistigen Wesens zu machen, muß als mögliche Aufgabe der Politisierung bezeichnet werden.

Ist diese zunächst auf die handgreiflichsten politischen Angelegenheiten und Ideale gerichtet, so greift der einmal von ihnen durchdrungene Geist mit Naturgesetzlichkeit auf weitere und spezialisierte politische Lebenskreise über. Es werden sich immer fließende Grenzen ergeben, die von der mehr aus selbstsüchtigem Interesse geborenen Beschäftigung bis zu leidenschaftlicher innerer Anteilnahme an immer mehr Gegenständen des öffentlichen Wesens reichen werden. Damit ist aber eine weitere Möglichkeit allgemeinster Politisierung verbunden, weil auf solcher gestärkten und erweiterten politischen Interessenlage sich die allgemeine Fähigkeit politischen Denkens entwickelt, die sich neu auftretende Erscheinungen durch Angleichung, mit Hilfe bisheriger Erfahrungen und Kenntnisse, nahe bringt und den Boden für nützliche eigene Wirksamkeit bereitet. Hierauf kommt es sehr wesentlich an, mehr als auf quantitatives Wissen in politischen Dingen. Indem sich die Schicht der Einsichtsvollen und Strebenden in der Politik ständig vergrößert, finden aber auch die leitenden Staatsmänner und andere Politiker einen größeren Widerhall ihrer Absichten; sie können kühnere und weiter ausgreifende Pläne zu verwirklichen trachten und werden hierbei dem Verständnis der politisch Wissenden und Erfahrenen begegnen. Sie werden aber auch mit einer eingehenderen Überprüfung, mit einer sachkundigeren Beurteilung ihres Vorgehens zu rechnen haben und deshalb von vornherein Gegenstand und Form, Ziel und Maß danach einrichten. Damit beginnt die heilsam verbessernde Macht der öffentlichen Meinung, die entweder aus sich selbst heraus große leitende Gedanken gebiert, oder ihnen, von führenden Geistern geboten, zum Siege verhilft. Steigende Klarheit über das von den Staatslenkern Gewollte, Verschärfung des Verantwortlichkeitsgefühls bei diesen muß die Folge sein. Je größer die Zahl der politisierten Deutschen ist, desto mächtiger auch der Aufstieg und die Auswahl zu den entscheidenden politischen Stellungen, desto fester auch die Zuversicht der ganzen Nation, daß ein unerschöpflicher Born politischen Könnens dem Staate zur Verfügung gestellt werden kann. Allmählich verschwindet dann auch die immer noch verbreitete Überzeugung von einer Art Geheimwissenschaft, als die sich die Politik, insbesondere die auswärtige, darstellen soll, deren Ausübung nur wenigen Auserwählten zukommt. Je geringer die Achtung vor den Hindernissen der Politik, je größer der Wille, sie durch ehrlichste Arbeit zu bewältigen, desto besser.

VI.

So sind wir schon von dem Nachweis der Möglichkeit einer Politisierung zu der Frage gelangt, auf welchem Wege sie bewerkstelligt werden könnte. Allgemein gesprochen gibt es überhaupt nur zwei Wege: Erfahrung und geistige Erarbeitung. Aber das Maß des persönlichen unmittelbaren Erlebens ist durchschnittlich zu gering, um darauf allein politisches Urteil und Handeln gründen zu können. Des Menschen Dasein ist einfach zu kurz, um ihn mit so viel politischen eigenen Erlebnissen zu sättigen, daß er lediglich aus diesen die Maßstäbe für sein Wollen und Können entnähme. Es bietet auch nicht jede Zeit und jeder Ort die erwünschte Gelegenheit zu unmittelbarer politischer Erfahrung. Schließlich würde, da sie den Staatsmännern und berufsmäßigen Politikern natürlich eher als dem großen Kreise der denkenden Staatsbürger zugänglich ist, jene Ausschließlichkeit der Politik, jene Einschränkung auf nur ganz wenige herrschende Gruppen sich ergeben, die wir als schlechthin unerträglich zurückgewiesen haben. Es bleibt daher für die Politisierung eines großen Teils des Volkes nur das Mittel des Vorbildes, des Wortes und der Schrift. Aus der geschichtlichen Wirklichkeit, wie sie uns die Historiker in überreicher Fülle vorführen, entnehmen wir zum Teil das Verständnis für Grundfragen, deren im Laufe der Zeiten nicht abgerissener Faden bis in unser eigenes Staatsleben hineinreicht. Wir lernen von ihnen und von den Fachschriftstellern der Politik, der Soziologie, der Staatslehre, der Volkswirtschaftspolitik usw. eine unabsehbare Zahl von Erkenntnistatsachen, die uns die Ursachen, Wirkungen und die Tragweite des Geschehenen mit jener Eindringlichkeit, die nur dem ernstesten Geiste der Wissenschaft entspringt, nahe bringt. Weder ein Staatsmann noch irgendein anderer Denkender kann alle Tatsachen und Ereignisse, die für das politische Leben notwendig sind, an sich selbst erfahren. Die Regeln des öffentlichen Lebens, die sich, wenn auch in begrenztem Maße, aus der genauen Erforschung des bisherigen politischen Daseins ergeben, sind im wesentlichen nur durch gedankliche Arbeit festzustellen. Alles Politische, das die persönliche Erfahrungsmöglichkeit übersteigt, kann nur mit den Mitteln wissenschaftlicher Übertragung erfaßt werden.

Es ist in Deutschland eine bereits auf anderthalb Jahrzehnte zurückblickende Bewegung vorhanden, die unter dem Namen der staatsbürgerlichen Erziehung Versäumtes nachzuholen versucht [231]. Die fast unübersehbare und im einzelnen bereits zu sehr erfreulichen praktischen Wirkungen gelangte Bewegung läßt sich in etwa zwei Richtungen verfolgen. Die eine stellt es in der Hauptsache ab auf eine rein ethische Frage. Es wird gefordert: Erweckung und Pflege des Gemeinschaftssinnes von dem frühesten zur Aufnahme sittlicher Einwirkungen geeigneten Lebensalter an, über alle übereinander gestuften Schulgattungen hinweg, bis zum militärischen Dienst und darüber hinaus im ganzen bürgerlichen Leben. Es soll das Gefühl der Zusammengehörigkeit der Nation, der Geist der Hilfsbereitschaft, Opferwilligkeit, das Verständnis für das Aufeinander-Angewiesensein gepflegt werden. In warmherzigen auf den verschiedensten Stufen der Erziehung heilsam wirkenden Pädagogen finden wir wertvolle Vorbilder und Erzieher zu dieser Aufgabe. Allein es hat die Stärkung des Pflichtgefühls bei der heranwachsenden Jugend nur die Grundlage für die geistige Politisierung der neuen Generation abzugeben. Eine Erweckung des Verständnisses und Ermöglichung objektiven Urteilens über Staats- und Weltauffassung anderer, eine von

Parteirücksichten freie Anschauung des Staatslebens, eine Vorbereitung der Fähigkeit, auf die erheblichsten Fragen des öffentlichen Lebens sachkundige und den Willen besonnen bestimmende Antworten zu geben, werden damit noch nicht gewonnen. Nach meiner Überzeugung wird daher in erster Linie der Unterricht in der allgemeinen und besonderen Staatslehre, im Verfassungs-, Verwaltungs- und Völkerrecht zu einer wohlverstandenen staatsbürgerlichen Erziehung gehören. Ich betone dabei scharf, daß man sich nicht mit Tatsachenübermittlung begnügen darf, sondern daß der Unterricht auf die Erkenntnis der tiefen Zusammenhänge, auf Aneignung des durch geistige Verarbeitung auf das gründlichste veredelten Stoffes abzielen muß. Erst wenn auf wissenschaftlichem Grunde die staatsbürgerliche, rechtliche und politische Erkenntnis genügend vorbereitet ist, wird sich die Politisierung des Deutschen in nennenswertem Maße erreichen lassen [232]). „Aus der geistigen Durchbildung fließt dem Charakter der sittlichen Persönlichkeit ein Gewinn zu, während die pädagogisch-ethische Beeinflussung an sich, selbst mit Hilfe eines den Staat angehenden Stoffes nicht zur politischen Bildung führen würde." [233]) Ich sehe daher weder in der rein theoretisch staatswissenschaftlichen, noch in der bloß ethisch-pädagogischen Unterweisung ein ausreichendes Mittel zur Politisierung des Deutschen, sondern — zunächst für die einer staatsbürgerlichen Erziehung in ihren Entwicklungsjahren zugänglichen Menschen — in einer Verbindung dieser beiden Formen der seelischen und intellektuellen Einwirkung eines der wichtigsten Mittel.

Wird auf allen Stufen des Unterrichts, in allen Vorbereitungsanstalten für einen zukünftigen Beruf und in den Jahren der militärischen Ausbildung, jeder hierfür nur irgend geeignete Stoff unter dem Gesichtspunkte der staatlich-politischen Entwicklung und Zielsetzung behandelt, so gelangt der Deutsche ganz von selbst in eine Atmosphäre, in der alle auf das Gemeinschaftsleben gerichteten Instinkte, voll beschäftigt, zu einer Auslösung ihrer Energien drängen. Erst dann wird man einen endgültigen Beweis dafür finden, daß nicht eine besondere Naturanlage, sondern die Summe aller täglich zu wiederholenden Erfahrungen, die in dem Verhältnis des Einzelnen zur Gemeinschaft beschlossen liegen, seinen mehr individualistischen Charakterzug zurückzudrängen und den gemeinschaftsmäßigen in den Vordergrund zu schieben vermögen. Dann bedarf es gar nicht erst mehr jener zum Teil schulmäßigen Beeinflussungen: jeder Tag und jede Stunde, jedes in der Öffentlichkeit sich meldende wichtigere Ereignis löst von selbst Gedankenzusammenhänge aus, die in ihrer Richtung auf positive Taten im Interesse des Staates und des engeren Gemeinwesens sich ohne weiteres zu politischen Kräften verdichten. Auf der Grundlage jener ethisch-pädagogischen und geisteswissenschaftlichen Erziehung muß eine immer stärkere politische Fähigkeit des Einzelnen ausgebildet werden, die seelischen Triebe von Individuen und Gemeinschaften, die nicht immer leicht erfaßbaren Gefühls- und Gemütsbewegungen innerhalb der Öffentlichkeit zu erkennen, zu beurteilen und sie in den Kreis der eigenen Erwägungen einzufügen. Diese Aufspürung und Ausnutzung der sachlichen und persönlichen Bedingungen jeder Politik geleitet dann von selbst den Deutschen in einen Lebenskreis, der sich die Beeinflussung einzelner politischer Kreise, die Erreichung ganz konkreter Zwecke zum Ziele setzt. In diesem Hin- und Herfluten von Interessen und der darüber stehenden Gemeinschaftsgefühle, in der gegenseitigen Durchdringung geistiger Schulung mit ethischen Bestrebungen, in der dauernden inneren Bereitschaft, sich den politischen Lebensfragen zuzuwenden, an ihnen unter Umständen mit Opfern persönlichster Art teilzunehmen, zeigt sich eine Gruppe von menschlichen Erscheinungen, die wir in der Wirklichkeit schon hin und wieder wahrnehmen können, die aber zu einer durchgehends normalen Lebenserscheinung werden müssen. Auf sie wirken aber zwei Mächte hin, deren Bedeutung hier freilich nur unter dem einen Gesichtswinkel betrachtet werden kann, wieweit sie selbst politische Kräfte sind und solche auslösen können. Ich meine Presse und öffentliche Meinung.

VII.

Die Presse in ihrer mannigfaltigen, das Staats-, Wirtschafts- und Geistesleben beeinflussenden Erziehungskraft steht hier nicht zur Erörterung. Es gilt nur, einen Hinweis darauf zu unternehmen, wie diese treibende politische Kraft auf das Gesamtproblem der Politisierung, das uns hier vorwiegend beschäftigt hat, Einfluß ausübt. Es leuchtet schon von vornherein ein, daß bei der heutigen Gestaltung der Öffentlichkeit keine Einwirkung seelisch-geistiger Art gedacht werden kann, die größer wäre als die der Tagespresse. Ihre Aufgabe besteht daher, besonders in Deutschland, nicht nur in einer einwandfreien und schleunigen Nachrichtenvermittlung, sondern in der vielfach parteimäßig bestimmten Stellungnahme zu den jeweiligen politischen Ereignissen. Einerseits bestimmt durch gewisse von vornherein maßgebende Richtungen, hat doch die führende Presse andererseits die Sendung, von doktrinären, vorgefaßten politischen Meinungen und Grundlinien abzusehen und die möglichst sachkundige, vom Gemeinschaftsgeist eingegebene Kritik und Förderung politischer Absichten und Handlungen eintreten zu lassen. Es ist schlechterdings nicht zu verkennen, daß der weitaus überwiegende Teil aller Staatsbürger seine Meinung wesentlich aus der Presse schöpft; daß dem gegenüber die Originalität des politischen Denkens eine verhältnismäßig sehr geringe ist. Hieraus erwächst der Presse sowohl die ungeheure Verantwortlichkeit in der Richtung der Erweckung politischen Verständnisses, Übermittlung politischer Einsicht und Bildung, als auch die Pflicht eines immer höheren Niveaus ihrer Darbietungen. Dadurch wirkt die führende Presse auch vorbildlich auf die mittlere und kleine, so daß der Gesamtcharakter der Zeitungswesens eines Landes im wesentlichen einheitlich bestimmt erscheint. Indem nun die Zeitung den Staatsbürger in seiner politischen Meinung beeinflußt, wird sie zu einem radikalen Mittel seiner Politisierung. Aber sie kann doch nicht eine Ausschaltung seiner selbstsüchtigen Interessen erreichen, sein vorwiegend auf andere Lebensgebiete gerichtetes Wesen an der Wurzel mit dem Ziele der Umwandlung erfassen. Erst wenn jene andere, durch Schule und Haus, durch Wissenschaft und politische Erfahrung bedingte vollkommene Gesichtseinstellung des deutschen Staatsbürgers auf die Richtung des Politischen bewirkt ist, vermag die Presse nachzuhelfen, zu stärken und zu vertiefen. In unlösbarem Zusammenhange steht sie mit dem Problem der öffentlichen Meinung. Es ist schlechterdings unmöglich, in aller Klarheit festzustellen, wieweit diese sich als das Ergebnis auch der Beeinflussung durch die Presse darstellt, oder in welchem Maße umgekehrt die Presse sich zum Sprachrohr der öffentlichen Meinung macht. Es genügt hier, ihre grundsätzliche gegenseitige Abhängigkeit zu betonen.

Damit ist aber wieder die Frage in den Vordergrund gerückt, welche Bedeutung die öffentliche Meinung für unser Gesamtproblem der Politisierung des Deutschen besitzt. Eine Antwort hierauf läßt sich nur geben, wenn einige sich mit Naturnotwendigkeit aufdrängende verwandte Fragen erledigt werden. Es handelt sich zunächst um die Stellungnahme zu der Frage, ob überhaupt eine öffentliche Meinung als solche besteht. Dies weist wiederum auf die Schwierigkeit hin, welchen Begriff wir uns von ihr zu bilden vermögen. An Versuchen, eine Lösung zu finden, hat es nicht gefehlt [234]. Von einem befriedigendem Ergebnis kann aber nicht gesprochen werden. Faßt man das Problem in rein logischem Sinne, dann muß man allerdings an der begrifflichen Feststellbarkeit der öffentlichen Meinung verzweifeln; denn alle Psychologie ist Individualpsychologie, weil sie nur von dem reden kann, was in dem Bewußtsein vorgeht und sich findet und weil dieses Bewußtsein immer nur das eines Individuums von sich selbst sein kann [235]. Eine Völkerpsychologie ist daher, wenn man ein Volksbewußtsein gleich dem Individualbewußtsein zu ihrer Voraussetzung stempelt, schlechterdings nicht nachweisbar. Es ist derselbe Vorgang, den man auch bei den Ausdrücken Volksgeist und Volksüberzeugung findet. Es ist dieselbe Fragestellung wie die: Gibt es eine Massenseele neben der Einzelseele und als ihren möglichen Inhalt das politische oder mindestens das Gemeinschaftsbewußtsein? Eine unmittelbar befriedigende Antwort vom Standpunkte der Logik läßt sich also gewiß nicht geben. Wohl aber können wir Massenseele, Volksüberzeugung, Volksgeist und daher auch öffentliche Meinung in ihren Wirkungen erkennen, wobei wir dann ehrlicherweise darauf verzichten, das Wesen der Massenbewegung, des Massenempfindens, des Massenbewußtseins und der Massenüberzeugung verstandesgemäß zu erklären. Wir gehen daher davon aus, daß alle diese Erscheinungen unserem sinnlichen Wahrnehmen, mindestens unserer geistigen Erfassung nur praktisch zugänglich sind. Eine Anzahl von Hörern, die den Worten eines sie Unterweisenden lauschen, sind nicht bloß zahlenmäßig zu bezeichnende Menschen; sie sind gleichzeitig eine Gesamtheit, die aus sich heraus, ohne daß wir imstande wären, den inneren Vorgang zu erklären, eine einheitliche Gesamterscheinung mit einheitlichen Gefühlsäußerungen hervorbringen. Sie besitzen selbständige seelische Antriebe, die sich in „allgemeiner Zustimmung", „allgemeiner Heiterkeit" entladen können. Die Schar von deutschen Männern, zu denen Steffens in dem Bilde Feuerbachs in der Berliner Nationalgalerie spricht, sind nicht bloß Einzelne, sondern eine zu einer Einzelpersönlichkeit zusammengefaßte Mehrzahl von Begeisterten, deren Zorn und Vaterlandsliebe, deren Franzosenhaß aufgerüttelt wird. Weitere Beispiele bieten: ein überfüllter Zuschauerraum in einer Theater-Erstaufführung, in einem Schwurgerichtssaal, in einem Parlament. Dieses Massenempfinden ist von ganz anderer Art als die Summe der Einzelempfindungen. Dieselben Ursachen, wenn sie auf isolierte Einzelne wirken, bringen nicht dieselben Wirkungen hervor, wie wenn sie eine Gesamtheit beeinflussen. Gefühle und Vorstellungen, die in einer, zu einer gewissen Einheit zusammengefaßten Menge heranreifen, um dann, auf einmal und in Masse geäußert, nach außen hin zu erscheinen, wirken anders als bei den Einzelnen. Ein Schrei der Entrüstung zum Beispiel über die Maßregelung eines Parteimannes aus politischen Gründen klingt anders und weckt anderen Widerhall, wenn er in den verschwiegenen Räumen eines Privaten, nacheinander von einer großen Zahl von Einzelnen gehört wird, anders, wenn dies geschieht in einer, von zurückgehaltener Leidenschaft bebenden Volksversammlung, in der jene Einzelnen gleichzeitig versammelt sind. Diese psychologische Grundwahrheit, daß die zu einer auch nur vorübergehenden Einheit zusammengefaßten Menschen anders fühlen, denken, vor allem anders auf äußere Einflüsse hin reagieren, als die Einzelpersonen für sich in atomisierter Gestalt, bildet den unbewußten Beweggrund für die Vereins- und Versammlungsfreiheit. Ohne jene Grundwahrheit hätte dieses wichtige staatsbürgerliche Grundrecht gar keinen Sinn[236]). Wir haben eine öffentliche Meinung, wir erkennen sie an ihren Wirkungen. Sie ist gleichzeitig eine gedankliche Hilfsvorstellung, wie die des Volksgeistes, der Volksüberzeugung, durch die wir uns gewisse äußere Erscheinungen des Volkslebens in einem Bilde klar machen.

Die Entstehungsgründe der öffentlichen Meinung lassen sich nicht erschöpfen. Sie weisen aber mit Notwendigkeit auf die Presse und auf die innerhalb der nationalen Gemeinschaft bestehenden Gefühle, Strebungen, Gedanken hin, auf den größeren oder geringeren Einfluß, den politische Führerschaft von Staatsmännern, Parlamentariern, Historikern, politischen Fachschriftstellern auf das Maß und die Art der politischen Einsicht, des politischen Verständnisses, der politischen Bildung innerhalb eines Staatsvolkes ausübt. Aus unzähligen im einzelnen nicht nachprüfbaren Quellen nährt sich der Strom, der bei einem Hochstande politischen Könnens und Wollens das Schiff der Staatslenker zu tragen hat. Freilich können diese und es können auch die Grundsätze der Verfassung und Verwaltung in weitestgehendem Maße bestimmen, wieweit die öffentliche Meinung überhaupt die Kraft hat, zur Entstehung zu gelangen, welche Mittel ihr zugänglich sind, um sich Geltung zu verschaffen und welche Wirkungen sie einerseits auf die Volksgesamtheit (aus der sie ihre besten Kräfte zu ziehen hat), andererseits auf die Staatslenkung zu erzielen imstande ist. Aber diese verfassungs- und verwaltungsmäßige Bedingtheit in der Entstehung der öffentlichen Meinung ist eigentlich doch nur in deutlich oder verschleiert absolutistischen Staaten denkbar; sie wird in den konstitutionell und parlamentarisch regierten nicht mehr als Problem auftauchen können. Dagegen ist die Bedeutung und Betätigungsmöglichkeit der öffentlichen Meinung innerhalb jedes Staatswesens in erster Reihe von den politischen Kräften abhängig, die in ihr wirken und deren Bedeutung uns überall deutlich geworden ist. Nur wenn die Politisierung des Deutschen in dem hier verfochtenen Sinne sich allmählich zur Wirklichkeit gestaltet, wird die öffentliche Meinung diejenige Macht besitzen, der keine irgendwie geartete Staatsgewalt zu widerstehen vermag. Als Ideal gesehen gibt es aber dann den Gegensatz zwischen Staatslenkern und öffentlicher Meinung letzten Endes nicht mehr; denn jene sind und müssen sein gerade der Ausdruck jener öffentlichen Meinung, die sie zum Teil hervorzurufen, zu lenken, mit höchsten Zielen zu erfüllen allezeit imstande sind. Weit abzuweisen ist der Gedanke, daß in dem Siege der öffentlichen Meinung die Herrschaft der Massen, ihre durch Suggestion und geistige Epidemien, durch unerfüllbare Illusionen bestimmte Gedankenwelt zum Durchbruch gelangen würde. Je höher die politische Bildung des Deutschen, je tiefer sein Verständnis, je urteilsfähiger die zu politischer Tat entschlossenen Volksgruppen sind, desto sicherer kommt auch jeder auf berechtigte Interessen pochende Gesellschaftsverband zu seinem Rechte; desto mehr sind auch seine Ideen, seine Wünsche, seine Ziele in die Gesamterscheinung der öffentlichen Meinung verwoben. Nicht die Vorherrschaft der Besitz- und Einsichtslosen, nicht eine äußerste und aller höheren Kultur feindlichen Demagogie ist in der Forderung der größtmöglichen Geltung einer öffentlichen Meinung eingeschlossen. Vielmehr die Hoffnung und das Streben, in ihr eine Macht zu besitzen, die, weil sie schöpferische Gedanken und Willenskräfte des gesamten Volkes zum Ausdrucke bringt, die letzte und höchste Triebkraft sein muß für eine noch zu erstrebende von allen Überstiegenheiten ferne *kulturreiche* Demokratie.

Anmerkungen.*)

*) Der Zweck der nachfolgenden Anmerkungen ist zum geringeren Teil, die Darlegungen dieses Buches durch Nachweise zu stützen; zum größeren Teil, dem politisch Interessierten den Weg zu der reichhaltigen, besonders der jüngsten politischen Literatur zu weisen.

[1]) Ich verweise hier zunächst nur auf die zwei wertvollen Schriften von Kjellén: Die Großmächte der Gegenwart, 12. Aufl. 1916 und: Die politischen Probleme des Weltkrieges, 2. Aufl. 1916.

[2]) Mit diesem Wunsche klang meine kleine Schrift „Politik", 3. Aufl. 1916 S. 165, aus.

[3]) Vgl. die verschiedenen Auffassungen und ihre Kritik in meiner Politik, 3. Aufl. 1916 S. 22—28. Hierzu neustens Ludo M. Hartmann, Das Wesen der Politik, in der Festschrift für Lujo Brentano 1916. Nach ihm ist Politik nichts anderes, als die Kunst, die tatsächlichen von der Soziologie festgestellten sozialen Tendenzen auf staatlichem Gebiete zu organisieren! M. E. kann das auch unter Umständen Aufgabe der Politik sein; ihr Wesen und ihre Betätigungsarten sind jedoch damit nicht im entferntesten erschöpfend angegeben. Mit Recht ist Hartmann schon entgegengehalten worden, über dem Hinweis, daß alle politische Arbeit sich nur auf dem Boden und im Rahmen des sozial Möglichen bewegen könne, komme das andere Moment zu kurz: daß Politik planbewußtes Zweckhandeln gesellschaftlicher Schichten (freilich m. E. nicht nur dieser!) zur Erreichung bestimmter durch ihr Interesse vorgezeichneter Ziele ist, und als solches, je nach Umständen, auch in Gegensatz zu gegebenen sozialen Tendenzen treten kann und muß, die vom Gesichtspunkt jener Zwecke aus als unheilvoll gewertet werden. Soziale Tendenzen sind immer durch andere tatsächliche Tendenzen eingeschränkt und liegen mit solchen im Streit. Zur Einschätzung der Kraft, die soziale Tendenzen besitzen, muß beim politischen Handeln doch immer die Erwägung hinzutreten, wie sie vom Zweckgesichtspunkt aus zu werten seien, ob man ihre Kraft fördern oder hemmen will. Vgl. Conrad Schmidt in den Sozialistischen Monatsheften vom 14. Septbr. 1916 Bd. 2 S. 997 f. Meine im Text erfolgte Feststellung des Wesens der Politik zeigt, daß aber auch die Auffassung von Schmidt noch einer Ergänzung bedarf. Vgl. auch Kurt Grelling, Philosophische Grundlagen der Politik, in den Sozialistischen Monatsheften vom 4. Oktober 1916, Bd. 3 S. 1045 ff. im Anschluß an Nelson, Die Theorie des wahren Interesses und ihre rechtliche und politische Bedeutung, 1913.

[4]) Im übrigen ist selbst die Frage der Gesetzmöglichkeit der Erscheinungen zum Problem geworden. „Gegenwärtig ist", (sagt Weinstein, Die Grundsätze der Natur und die modernen Naturlehren 1911, Vorwort S. III,) „namentlich durch die Untersuchungen der modernen Physik, eine derartige

Unsicherheit in die Betrachtung der Natur hineingetragen, daß prinzipiell kaum ein Gesetz noch als feststehend angesehen werden darf. Höchstens als praktische Regeln, die noch dazu unter besonderen Verhältnissen ihre Gültigkeit nicht einmal mehr annähernd behalten, sollen die Naturgesetze noch bestehen dürfen. Die Naturwissenschaft und wiederum insbesondere die Physik, baut jetzt auf einem völligen Trümmerfeld." Schon Kant hat bekanntlich gesagt: „Der Verstand schöpft seine Gesetze nicht aus der Natur, sondern schreibt sie dieser vor" (Werke [Rosenkranz] III 84 und 85; Prolegomena). Es berührt eigenartig, wenn man von Walther Köhler (Geist und Freiheit. Allgemeine Kritik des Gesetzesbegriffes in Natur- und Geisteswissenschaft 1914 S. 19f.) erfährt: Natur ist ein durch Anschauung der Erfahrung zugänglich gemachter durch den Gedanken im Begriff erkannter Gegenstand, und die Naturwissenschaft richtet sich eben darauf, diese Natur mehr und mehr zu erkennen d. h. unter der Form des Begriffes systematisch sich anzueignen und die schlechtsinnige Äußerlichkeit davon zu entfernen, dadurch, daß sie diese denkt: „Naturwissenschaft ist der Versuch, die Natur durch genaue Begriffe aufzufassen" (Riemann, Gesammelte Werke, 1876 S. 489). Kein Wunder, wenn Köhler die Natur als Konstruktion des Geistes, die Naturwissenschaft in erster Linie als logisches System bezeichnet (a. a. O. S. 26ff., 40). Als Folgerung für den Begriff des Naturgesetzes ergibt sich ihm, daß „von der Seite des Objekts nirgends ein einheitlicher Gesetzesbegriff sich zeigen will, daß sehr verschiedene Beziehungen als Wesenszüge dieses Begriffes sich darbieten". Wenn die Sache selbst zur Einheit dieses Begriffes nichts tun kann, muß diese Einheit in der Funktion, in der Aktivität des Verstandes, durch die dieser Begriff des Gesetzes entwickelt wird, liegen. „Nicht ein blindes Fatum und Faktum wird uns der Begriff des Gesetzes bedeuten, sondern er wird sich offenbaren müssen als von uns gesetzt und vom Gedanken aus und als Gedanke die Welt ordnend durchziehend" (a. a. O. S. 49f.). Es wird der Nachweis versucht, daß das Wesen aller Naturgesetze nichts anderes ist, als Definition zu sein, insofern sie die Sache selbst wiederzugeben behaupten (S. 58). „Alle Naturgesetze treten in ihrer reinsten Durchführung auf in mathematischer Gestalt. Sie tragen also den Charakter des Symbols unmittelbar an sich. Sie sind gedachte Beziehungen von Erscheinungen, die, durch den Gedanken fortentwickelt, dem logischen Erfordernis des Gedankens Genüge tun müssen, die in solcher Gedankenform wohl die Realität für sich gewonnen und geordnet, aber doch nicht vollständig und nicht in ihrem mannigfaltigen Dasein wiedergegeben haben. Die Naturgesetze sind also in keiner Weise schicksalsbestimmte Mächte, die in blindem Ablauf das Naturgeschehn beherrschen, sondern es sind mathematische Bestimmungen von Beziehungen, die wir uns als verbunden denken und auf den einfachsten Ausdruck zurückführen" (S. 66f.). Es ist Aufgabe des Gesetzesbegriffs, die Verworrenheit der Erscheinungen zu lösen, die Natur durch die Kraft des Gedankens zu befreien und harmonisch auszusprechen in der freien Sprache des Symbols (S. 71). Die ganze Natur erscheint uns jetzt gleichsam als das Außenwerk des Geistes, die ganze objektive Realität der Welt als die allmächtige Tat der Freiheit des Geistes."

Diese Gedankengänge, denen die jüngsten Forschungen deutscher, französischer und englischer Philosophen und Naturwissenschaftler zugrunde liegen, haben für meine Auffassung vom politischen Handeln große Bedeutung. Steht selbst die unwillkürliche Abhängigkeit des natürlichen Geschehens von „ewigen", unabänderlichen Gesetzen nicht fest, ist das, was wir unter letzteren verstehen, ein Werk des Geistes, so sind wir gewiß durch keine Denknotwendigkeit gezwungen, im politischen Leben den Ausschluß eines zweckverfolgenden, planvollen, bewußten Willens als eines im wesentlichen ausschlaggebenden anzuerkennen. Unterliegt jedes Gesetz der Natur jenem Zweifel, so auch das Entwicklungsgesetz; mußte schon die Behauptung, daß die politischen Ereignisse in einem Gemeinwesen sich nach ihm richten, als durch Beweise nicht erhärtet zurückgewiesen werden, so kann mit noch größerem Rechte die Annahme des bestimmenden Einflusses geistiger, gewillkürter Zweckhandlungen für das politische Gebiet, das nicht der organischen Natur angehört, festgehalten werden. „Wird die Welt der Natur danach abgeschätzt, wie der Gedanke in ihr waltet und zum Ausdruck gelangt", so erst recht die Welt der politischen Handlungen. Wäre aber selbst politisches Geschehen nur als ein Teil des natürlichen Geschehens anzusehen (was ich als absurd ablehne), so stände auch dann nach den jüngsten Forschungen über beiden die Macht des Geistes. „Das Allerwirklichste in der Naturwissenschaft ist der Geist, der sie erschafft." (Boutroux: Wissenschaft und Philosophie, Logos I, 1910/11 S. 52). Übrigens weist Köhler Denkmöglichkeit und Seinsmöglichkeit historischer und sozialer Gesetze aus dem Begriffe historischer und sozialer Erkenntnis aus. Was im Verstehen zu Ausdruck und Einsicht kommt, ist die Realität der geistigen Welt selber (a. a. O. S. 121). Der Begriff des Zweckes ist der Inhalt des Geschehens und der Sache wesentlich (a. a. O. S. 134). Die Erforschung der Kausalität als das einzige Ziel historischer und sozialer Erkenntnis ist schlechthin widerspruchsvoll und unmöglich . . . Alleiniges Ziel ist die Erkenntnis einer objektiven geschichtlichen Welt (S. 147). Gewiß kann ich nicht allem zustimmen, was dieser Schriftsteller bringt; aber seinen herausgehobenen Sätzen trete ich bei, nicht zuletzt dem, daß Freiheit die höchste Bestimmung des Geistes ist und daß Freiheit in allem die schöpferische Synthese des Seienden und des Noch-Nichtseienden, das oberste Prinzip des Werdens ist (S. 159). Freiheit ist aber auch die höchste Triebkraft des politischen Handelns.

[5]) Vgl. Jellinek, Allgemeine Staatslehre, 3. Aufl. 1914 S. 157.

[6]) Vgl. Hasbach, Die allgemeinen philosophischen Grundlagen der von Francois Quesnay und Adam Smith begründeten politischen Ökonomie, 1890, besonders S. 147ff.; Güntzberg, Die Gesellschafts- und Staatslehre der Physiokraten, 1907 S. 41ff., 89ff.; Pribram, Die Entstehung der individualistischen Sozialphilosophie, 1912 S. 77ff.

[7]) Schmoller, Grundriß der allgemeinen Volkswirtschaftslehre Bd. 1 S. 90.

[8]) v. Philippovich, Grundriß der politischen Ökonomie, Bd. 1 §§ 20, 21.

[9]) Vgl. Wernle, Jesus 1916 S. 169. Das vorzügliche Werk bietet eine Fülle von Gedanken, die zur Klärung brennender Grundfragen über Zeitlosigkeit des Gottesglaubens und sein Verhältnis zu irdischen zeitlichen Gegenwartsaufgaben dienen können.

[10]) Ich denke hierbei etwa an die psychischen Beeinflussungen, die von allen Religionsstiftern in früheren Zeiten, auch von Wundermännern der verschiedensten Art, in neuer und neuester Zeit bewußt und unbewußt von Ärzten ausgehen (Hypnose, seelische Beeinflussung) usw.

[11]) Vgl. über die Verwaltung als Gebiet der politischen Betätigung unten S. 33 ff., 73 ff.

[12]) Vgl. unten im zweiten Buche dieses Werkes S. 296 ff—302 ff.

[13]) Vgl. unten S. 296 ff.

[14]) Vgl. W. Marx, Richter und Justizverwaltung, in dem Sammelwerk „Recht, Verwaltung und Politik im Neuen Deutschland." Herausgegeben von Bozi und Heinemann 1916 S. 33 bis 53. — Mendelssohn-Bartholdy, Zivilrechtspflege, Handbuch der Politik, 2. Aufl. (1914) Bd. 1 S. 337.

[15]) Marx a. a. O. S. 42, 43.

[16]) W. Heine, Berufsrichter und Volksrichter, in der erwähnten Sammlung „Recht, Verwaltung und Politik" 1916, S. 56. — Wach, Volksrichter und Berufsrichter, Handbuch der Politik, 2. Aufl. (1914), Bd. 1, S. 327 ff. — Oetker, Schwurgericht und Schöffengericht a. a. O. S. 363 ff.

[17]) v. Campe, Richter, Anwalt und Staatsanwalt im Sammelwerk „Recht, Verwaltung und Politik," S. 77 f.: „Sie (die Prozeßwut) ist eine Erbsünde. Die Zahlen schnellen erschreckend in die Höhe. Auf 10000 Einwohner kamen 1881—85 232, 1906 bis 1910 aber 391 ordentliche Prozesse und auf 1000 kontradiktatorische Urteile wurden 1881 bei den Landgerichten 122, 1911 aber 275 Berufungen, bei den Oberlandesgerichten 1881 335, 1911 aber 475 Berufungen anhängig gemacht. Ebenso hat die Zahl der kontradiktatorischen Verhandlungen, die notwendig waren zur Erzielung eines Endurteils, vor allem bei den Amtsgerichten zugenommen und zwar von 269 in den Jahren 1896—1900 auf 293 im Jahre 1911. Schätzungsweise werden alljährlich 200 Millionen Mark Nationalvermögen durch Prozesse dem Verkehr, der vollen Nutzung entzogen. Das sind erschreckende Tatsachen. Nur zu oft vergiften Prozesse das Leben ganzer Generationen, ganzer Gemeinden. Für einen Prozeß gibt es nur selten einen Isolierschemel. Interventions-, Meineids-, Beleidigungsprozesse schließen sich an." Im Januar 1914 sind nach dem Statistischen Jahrbuch für das Deutsche Reich 1915 annähernd 7 Millionen, genauer 6776727 Prozesse in Deutschland geführt worden. Nicht mitgezählt dabei sind 3,5 Millionen Mahnsachen und die den Kaufmanns- und Gewerbegerichten überwiesenen Streitsachen. Ob die gewaltige Zahl als eine übermäßige zu betrachten ist, läßt sich vielleicht nicht ohne weiteres beurteilen. Wenn man aber bedenkt, daß vor 25 Jahren die Zahl der Prozesse mit Einschluß der erst später abgetrennten Kaufmanns- und Gewerbestreitsachen sich auf noch nicht 2,75 Millio-

nen belaufen hat, so läßt sich jedenfals eine außerordentliche Zunahme der Prozeßsachen nicht verkennen. Erwägt man weiter, daß an 7 Millionen Prozessen 14 Millionen Personen beteligt sind, so kommen auf 67 Personen in Deutschland 14 Prozeßbeteiligte. Also hat im Durchschnitt unter Einrechnung von Frauen, Kindern und Säuglingen jeder fünfte Mensch seinen Prozeß im Jahre. Vgl. Georg Bamberger, Die Aufgaben des Friedensrichters in dem Sammelwerk „Recht, Verwaltung und Politik", 1916 S. 92.

[18]) Das Schiedsmannamt des preußischen Rechts hat z. B. vollkommen versagt. „So haben sämtliche Schiedsmänner, 18309 an der Zahl, im Jahre 1914 im ganzen 1399 Vergleiche zustande gebracht; auf 9 Schiedsmänner kommt im Jahre ein Vergleich. Angerufen werden sie noch nicht in dem zweitausendsten Teile der anhängig gewordenen Rechtsstreitigkeiten. Nicht in der Hälfte dieser Fälle ist es ihnen gelungen, den Streit zu schlichten, obwohl es nur ungewöhnlich friedfertige Kläger sind, die sich an den Schiedsmann wenden; ihre Tätigkeit sinkt augenscheinlich noch von Jahr zu Jahr; von Jahr zu Jahr werden sie trotz der starken Zunahme der Prozesse weniger in Anspruch genommen." Bamberger a. a. O. S. 93.

[19]) Vgl. Lamp, Das Problem der staatlichen Selbstverwaltung nach österreichischem und preußischem Recht, 1905 S. 79, 80.

[20]) Vgl. Otto Mayer, Deutsches Verwaltungsrecht, Bd. 1, 2. Aufl. (1914) S. 7.

[21]) Es ist ein besonderes Kennzeichen der Gegenwart, daß mit dem Ausdruck Monarchie und Republik nicht etwa schlechthin in der Wirklichkeit Vorhandenes ausgesagt wird, wenn man die hinter der Namengebung wirksame Wirklichkeit betrachtet. Wir haben Monarchien, die ihrem politischen Gehalte nach Demokratien sind wie z. B. England, Italien, Belgien. Andererseits zeigt die Erfahrung, daß in republikanisch regierten Staaten sehr starke oligarchische Elemente vorhanden sind, d. h. eine Herrschaft von Wenigen, die sich ebenso gut aus der Gruppe der Staatsmänner wie der Wirtschaftsaristokratie ergänzen können. Auf etwas ähnliches hat Lamp, Die Grundlagen der modernen Staatsidee, Zeitschrift für die gesamte Staatswissenschaft Bd. 70 (1914), S. 587 aufmerksam gemacht: „Heute gibt es keine reinen Monarchien, keine reinen Aristokratien, keine reinen Demokratien mehr. In jedem Staate, mag er Monarchie oder Republik sein, finden sich monarchische, aristokratische und demokratische Elemente der Organisation. Das aristokratische Element kommt im Oberhause des Parlaments zur Geltung, das demokratische im Unterhause, während das monarchische Prinzip im Staatsoberhaupt und in dem von diesem abhängigen Beamtentum zum Ausdrucke kommt."

[22]) Vgl. oben S. 28ff.

[23]) Vgl. hauptsächlich die Schriften: Arndt, Das Verordnungsrecht des Deutschen Reiches auf der Grundlage des preußischen, 1884, besonders S. 227ff. Das selbständige Verordnungsrecht 1902; Anschütz, Kritische Studien zur Lehre vom Rechtssatz und formellen Gesetz 1891; Die gegenwärtigen Theorien über den Begriff der gesetzgebenden Gewalt und den Um-

fang des königl. Verordnungsrechts nach preußischem Recht, 2. Aufl. 1901; in Holtzendorff-Kohlers Enzyklopädie der Rechtswissenschaften Bd. 2 S. 592 ff. — Preuß, Über den konstitutionellen Gesetzesbegriff, Annalen des Deutschen Reiches 1903 S. 522ff. — Hubrich, Die reichsgerichtliche Judikatur über den Gesetz- und Verordnungsbegriff nach preußischem Staatsrecht, daselbst 1904 S. 770ff., 801ff.; derselbe, Das Reichsgericht über den Gesetz- und Verordnungsbegriff nach Reichsrecht 1905.

[24]) Heinrich O. Meisner, Die Lehre vom monarchischen Prinzip im Zeitalter der Restauration und des Deutschen Bundes 1913.

[25]) Apel, „Artikel Armeebefehl und Armeeverordnung" im Wörterbuch des Deutschen Staats- und Verwaltungsrechts, 2. Aufl. Bd. 1 (1911) S. 187 (mit Literatur) und Marschall von Biberstein, Verantwortlichkeit und Gegenzeichnung bei Anordnungen des obersten Kriegsherrn 1911, S. 76ff.

[26]) Nicht zu verwechseln mit den Fragen der Verantwortlichkeit sind die mit ihnen allerdings in innerem Zusammenhange stehenden der parlamentarischen Kontrolle, wie sie in den Petitionen, Beschwerden und im Interpellationsrecht ausgebildet sind. Vgl. H. L. Rosegger, Das parlamentarische Interpellationsrecht, 1907; derselbe, Petitionen, Bitten und Beschwerden, 1908; Hatschek, Das Interpellationsrecht, 1909; L. Bekermann, Die wichtigsten Mittel der parlamentarischen Kontrolle im Deutschen Reich, England und Frankreich (Heidelberger Dissertation), 1910; Fr. W. v. Rauchhaupt, Handbuch der deutschen Wahlgesetze und Geschäftsordnungen 1916, (unter den Stichworten: Petitionen, Interpellationen); Jungheim, Die Geschäftsordnung für den Reichstag mit Anmerkungen, 1916, (unter den Stichworten: Petitionen, Interpellationen).

[27]) Vgl. Jellinek, Ausgewählte Schriften und Reden, 1911 Bd. 2 S. 90, 96, 278ff.; von Mohl, Die Verantwortlichkeit der Minister in den Einherrschaften mit Volksvertretung 1843; Samuely, Das Prinzip der Ministerverantwortlichkeit in der konstitutionellen Monarchie, 1869; Hauke, Die Lehre von der Ministerverantwortlichkeit 1880; Thudichum, Die Ministeranklage nach geltendem deutschen Recht in Annalen des Deutschen Reichs, 1885 S. 677ff.; Pistorius, Die Staatsgerichtshöfe und die Ministerverantwortlichkeit nach heutigem deutschen Staatsrecht, 1891; Lucz, Ministerverantwortlichkeit und Staatsgerichtshöfe, 1893; Rehm, Allgemeine Staatslehre, 1899, S. 325ff.; von Frisch, Die Verantwortlichkeit der Minister und höchsten Magistrate, 1904; Passow, Das Wesen der Ministerverantwortlichkeit in Deutschland, 1904; Laband, Der Staatsgerichtshof. Deutsche Juristenzeitung 1909, S. 393ff.; Richard Schmidt, Parlamentsregierung und Parlamentskontrolle in Deutschland. Zeitschrift für Politik Bd. 2 (1909) S. 189ff.; P. B. Hoffmann, Monarchisches Prinzip und Ministerverantwortlichkeit 1911; Grie, Artikel „Minister" im Wörterbuch des Staats- und Verwaltungsrechts, 2. Aufl. Bd. 2 (1913) S. 886ff.; Walter, Das Staatshaupt in den Republiken.

[28]) Vgl. unten S. 73.

[29]) Jellinek, Ausgewählte Schriften und Reden, Bd. 2 S. 277.

[30]) Jellinek, Ausgewählte Schriften und Reden, Bd. 2 S. 426, plante ein einfaches Gesetz, das in Ausführung des Artikels 17 der Reichsverfassung etwa folgendes verfügt:

§ 1. Die Verantwortlichkeit des Reichskanzlers besteht gegenüber dem Bundesrat und dem Reichstag.

§ 2. Der Reichskanzler ist dafür verantwortlich, daß er das ihm übertragene Amt der Verfassung und den Gesetzen entsprechend gewissenhaft wahrnehme und sich des Vertrauens, das sein Amt erfordert, würdig zeige.

§ 3. Der Reichstag kann auf Antrag des Bundesrats oder von hundert Mitgliedern mit einer Mehrheit von mindestens zwei Dritteln seiner gesetzlichen Mitgliederzahl beschließen, daß der Reichskanzler durch seine Amtsführung dieses Vertrauen verwirkt hat. Solange über diesen Antrag kein Beschluß gefaßt wurde, bleibt der Reichstag versammelt und kann der Reichskanzler nicht entlassen werden.

§ 4. Wenn der Antrag im Bundesrat gestellt wird, so beschließt dieser hierüber in öffentlicher Sitzung mit einfacher Stimmenmehrheit. Den Vorsitz führt in diesem Falle Bayern. Der Reichskanzler kann an der Sitzung nur teilnehmen, um gehört zu werden. Der Antrag wird von Bayern im Namen des Bundesrats an den Reichstag gebracht.

§ 5. Der Beschluß des Reichstages hat das endgültige Ausscheiden des Reichskanzlers aus dem Reichsdienst zur gesetzlichen Folge.

§ 6. Vorstehende Bestimmungen gelten auch für die Stellvertreter des Reichskanzlers im Bereich ihrer verantwortlichen Stellvertretung.

§ 7. Bundesrat und Reichstag regeln durch ihre Geschäftsordnung die Einzelheiten des Verfahrens.

[31]) Gemeint ist § 33a der Geschäftsordnung des Reichstages, wonach bei der Besprechung einer Interpellation Anträge gestellt werden können, die die Feststellung verlangen, daß die Behandlung der den Gegenstand der Interpellation bildenden Angelegenheit durch den Reichskanzler der Anschauung des Reichstags entspricht oder daß sie ihr nicht entspricht.

[32]) Otto Mayer, Republikanischer und monarchischer Bundesstaat, Archiv für öffentliches Recht, Bd. 18 S. 337ff.

[33]) Gerhard Anschütz (Gedanken über künftige Staatsreformen bei Thimme u. Legien, Die Arbeiterschaft im neuen Deutschland, 1915 S. 42—57) kommt von einem anderen, das unitarische Moment viel stärker als ich betonenden Standpunkt aus zu denselben Forderungen. Er bemängelt zunächst die Abhängigkeit der Reichsregierung von Preußen, das dualistische Nebeneinander zweier regierender Faktoren, des Bundesrats und des Kaisers und endlich die Unverantwortlichkeit des Bundesrats gegenüber der Volksvertretung, was dem

obersten konstitutionellen Grundsatze widerspricht. Den Bundesrat möchte ich aber als Oberhaus auch als Vertreter der einzelstaatlichen also föderalistischen Interessen belassen; eine gewisse Abhängigkeit der Reichsregierung von der preußischen wird politisch bei der überragenden Bedeutung Preußens gegenüber den anderen Staaten schwerlich beseitigt werden können. Bezüglich der Verantwortlichkeitsfrage ist bei Umwandlung in ein Oberhaus das Problem gelöst, weil ja natürlich für ein Parlament die politische Verantwortlichkeit gegenüber einem anderen Parlament ausgeschlossen ist.

[34]) Vgl. Laband, Die Wandlungen der deutschen Reichsverfassung, 1895 und Die geschichtliche Entwicklung der Reichsverfassung seit der Reichsgründung, Jahrbuch des öffentlichen Rechts der Gegenwart, Bd. 1 (1907) S. 1 bis 46; Hänel, Die organisatorische Entwicklung der deutschen Reichsverfassung (Studien zum deutschen Staatsrecht II, 1) 1880; Rehm, Unitarismus und Föderalismus in der deutschen Reichsverfassung. 1898; Triepel, Unitarismus und Föderalismus im Deutschen Reich. Staatsrechtliche und politische Studie, 1907; Brandenburg, Die Reichsgründung, 1916. Zwei Bände, insbesondere Bd. 2 S. 198—411.

[35]) Triepel a. a. O. S. 30.

[36]) Triepel a. a. O., S. 52ff., 54, 59, 60, 61.

[37]) H. Preuß, Neuorientierung der inneren Verwaltung in dem Sammelwerk: Recht, Verwaltung und Politik, 1916 S. 167.

[38]) H. Preuß a. a. O. S. 168.

[39]) Literatur zum Wahlrecht:

A. Grundfragen des Wahlrechts und zusammenfassende Darstellungen:

Jäger, Heinrich, Ideales Wahlrecht, ein Appell an das denkende Deutschland, 1910; Smend, Maßstäbe des parlamentarischen Wahlrechts in der deutschen Staatstheorie des 19. Jahrhunderts, 1912; Rehm, Wahlrecht und Wahlverfahren, Handbuch der Politik, 2. Aufl. 1914 Bd. 1 S. 432 ff., 439ff.; Noë, Verfassung, Wahlrecht und andere Grundrechte, 2. Aufl. 1907; Menzel, Adolf, Die Systeme des Wahlrechts, 1906; Curti und Giesen, Das Wahlrecht. Geschichte und Kritik, 1908; v. Below, Das parlamentarische Wahlrecht in Deutschland 1909; Poensgen, Das Wahlrecht zu Volksvertretungen mit besonderer Berücksichtigung Preußens 1907 (in den Jungliberalen Blättern) und desselben Buch: Das Wahlrecht, in der Sammlung „Aus Natur- und Geisteswelt", 1909; Tecklenburg Die Fortbildung des Wahlverfahrens, Zeitschrift für die gesamten Staatswissenschaften, 1909 S. 651; Unold, Das Wahlrecht wie es war, wie es ist und wie es im künftigen Kulturstaat werden soll, 2. Aufl. 1913; Butkovich, Die Wahlpflicht. Politische Studien, 1906; Spira, Die Wahlpflicht, 1909; Geffcken, Die Wahlpflicht, Zeitschrift für Politik, Bd. 2 S. 159ff.; Kleinwächter, Die Wahlpflicht in Österreich, Archiv für Rechts- und Wirtschaftsphilosophie, Bd. 2 S. 138—145, 282—311; Hüfner, Richteramt und Wahlrecht der Frau, Annalen des deutschen Reiches, 1910 S. 442; Schneider, Franz, Der Wahlzensus in rechtsgeschichtlicher und rechtsvergleichender Betrachtung, Archiv für öffentliches Recht, Bd. 26 S. 193ff.; Weiß, Parlamentarische Wahlrechtsprobleme in der Zeitschrift „Gesetz und Recht", Bd. 9 S. 193.

B. Reichstags- und preußisches Wahlrecht:

Große und Raith, Beiträge zur Geschichte der Statistik der Reichstags- und Landtagswahlen in Württemberg seit 1871. Nebst einem Anhang, enthaltend die Ergebnisse der Reichstagswahlen 1912 und die Landtagswahlen 1906 nach einzelnen Gemeinden, 1912; v. Savigny, Das parlamentarische Wahlrecht im Reich und in Preußen und seine Reform, 1904; Siegfried, Die verschwiegene Wahlurne, Annalen des deutschen Reiches 1906 S. 735ff.; Scapinelli, Das allgemeine, gleiche, direkte Wahlrecht, 1907; Leo, Wahlrecht und Berufsstände, ein Beitrag zur Reform des preußischen Landtagswahlrechts, 1907; Wolff, Richard Otto, Notwendigkeit einer neuen Einteilung der Landtagswahlkreise in Preußen, 1907; Vorster, Der preußische Landtag, kein Klassenparlament, 1907; Rehm, Wahlbeeinflussung, Deutsche Juristen-Zeitung Bd. 17 S. 62; Specht und Schwalbe, Die Reichstagswahlen seit 1867, 3. Aufl. 1908; Leser, Untersuchungen über das Wahlprüfungsrecht des deutschen Reichstags, 1908; Schloß, Parlamentarische oder richterliche Wahlprüfung? Staatsbürger, Bd. 3 S. 155; v. Gerlach, Die Geschichte des preußischen Wahlrechtes, 1908; Friedheim, Fort mit dem Reichstagswahlrecht und Dreiklassenwahlrecht, 1908; Siegfried, Die schwerste Benachteiligung der volkreichsten Landesteile Preußens bei den Landtagswahlen, 1908; Menck, Zur Reform des preußischen Wahlrechts, 1908; Galli, Wahlgeheimnis und Zeugnispflicht, Deutsche Juristen-Zeitung, 1910 Sp. 1226; Siegfried, Ausblicke auf die künftige preußische Wahlreform, Schmollers Jahrb. Bd. 34 (1910) S. 1—36; Schmoller, Die preußische Wahlrechtsreform von 1910 auf dem Hintergrunde des Kampfes zwischen Königtum und Feudalität, Schmollers Jahrb. Bd. 34 (1910) S. 1261—1279; Tecklenburg, Der preußische Wahlreformversuch im Lichte der allgemeinen Wahlrechtsentwicklung, Archiv für Rechts- und Wirtschaftsphilosophie Bd. 4 S. 299ff.; Grunsky, Preußen und das Reichstagswahlrecht. Volksschriften des Nationalvereins für das liberale Deutschland Heft 14, 1910; Laband, Die Wahlreform in Preußen, Deutsche Juristen-Zeitung Bd. 10 S. 1ff.; Merkt, Neueinteilung der Reichstagswahlkreise, Annalen des deutschen Reiches 1911 S. 806; Hirsch und Borchardt, Die Sozialdemokratie und die Wahlen zum Reichstage, 1912.

C. Zum Mehrstimmenwahlrecht:

Schmidt, Georg, Zur Begründung und Ausführung des parlamentarischen Pluralwahlrechts, Archiv für öffentliches Recht Bd. 26 S. 290ff.; Tecklenburg, Die Wertung der Stimmen bei der Wahl, Zeitschrift für Politik Bd. 7 S. 390ff.

D. Zum Verhältniswahlrecht:

Siegel, Die Proportionalwahl, 1908; Tecklenburg, Das d'Hondtsche Proportionalwahlverfahren in seiner politischen Bedeutung. Zeitschrift für die ges. Staatswissenschaften, 1908 S. 51; Tecklenburg, Graduierte Stimmgebung und d'Hondtsches Proportionalverfahren, Archiv für öffentliches Recht Bd. 28 S. 104 ff.; Cahn, Das Verhältniswahlsystem in den modernen Kulturstaaten, 1909; Kunwald, Gottfried, Über den eigentlichen Grundgedanken des proportionalen Wahlsystems, 1909; Kantorowitz, Hermann, U., Demokratie und Proportionalwahlsystem, Zeitschrift für Politik Bd. 3 S. 552; Frey, Ernst, Die Verhältniswahl als Wahlverfahren zum badischen Landtag, 1911; Neuschler, Die Verhältniswahl bei den württembergischen Landtagswahlkreisen, 1912; Dobranitzki, M., Ein Proportionalwahlvorschlag mit Rangordnungbestimmung der Kandidaten durch die Reihenfolge innerhalb jedes Stimmzettels, Archiv für öffentliches Recht Bd. 27 S. 43 ff.; Eine Analyse des sogenannten limitierten Votums a. a. O. S. 57; Hasbach, Listenwahl und Einzelwahl, Zeitschrift für Sozialwissenschaften, Neue Folge Bd. 1 (1910) S. 337 ff.

E. Zum Bayrischen Wahlrecht:

v. Sutner, Bayrisches Gemeindewahlrecht, 1909; Arnold, Die Verhältniswahlen in den bayrischen Städten, Annalen des Deutschen Reiches 1909 S. 805 ff.

F. Zum sächsischen Wahlrecht:

Glaser, Der Entwurf der sächsischen Regierung zu einem Wahlgesetze, Deutsche Juristen-Zeitung 1907 S. 954. Über denselben Entwurf Täschner, Sächsisches Archiv für Rechtspflege Bd. 2 S. 413—66; Oppe, E., Reform des Wahlrechts für die zweite Kammer der Ständeversammlung im Königreiche Sachsen, Jahrbuch des öffentlichen Rechtes Bd. 4 S. 375 ff.; Hartmann, Verhältniswahl im sächsischen Wahlgesetzentwurf, 1908; Hettner, Die besonderen Gesetze für den Landtag im Königreich Sachsen, 1909; Westenberger, Das neue sächsische Wahlgesetz, 1909; Purlitz, Wahlgesetz für die zweite Kammer der Ständeversammlung für das Königreich Sachsen, 1909; Troitzsch, Das sächsische Landtagswahlrecht, 3. Aufl. 1909.

G. Zum württembergischen und badischen Wahlrecht vgl. oben zu D.

H. Hatschek, Bericht über das sächsisch-weimarische Landtagswahlrecht. Jahrbuch des öffentlichen Rechts Bd. 4 S. 439 ff.; H. Stegemann, Ständische Grundlagen und moderne Wahlsysteme in Anwendung auf die Reform der Verfassung in Mecklenburg, 1909; J. Goldfeld, Die Wahlrechtsänderung in Hamburg und der Liberalismus, 1909.

J. Zum Wahlrecht des Auslands.

Garr, Max, Die Frage der Wahlreform in Frankreich, Zeitschrift für Politik Bd. 3 S. 397; Walter, Dem Schweizer Volk der Proporz, 1909; Curti, Theodor, Die Resultate des schweizerischen Referendums, 1911; v. Wendt, Die Proportionalwahl zur finnischen Volksvertretung 1906.

[40]) Vgl. Anm. 39 D, G.

[41]) Strutz, Reichs- und Landessteuern mit Hinblick auf die Wirkungen der Wehrvorlagen S. 15.

[42]) Vgl. Stier-Somlo, Kriegsgewinnsteuergesetz, 2. Aufl. 1915/16; Kriegssteuer- und Besitzsteuergesetz, 1916; Warenumsatzstempel und Frachturkundenstempel usw., 2. Aufl. 1916. Diese drei Bücher verweisen auf die übrige Literatur; Vgl. ferner v. Eheberg, Die Kriegsfinanzen, 1916 S. 60ff.; Teschemacher, Reichsfinanzreform und innere Reichspolitik 1906—1913; Zimmermann, Die Finanzwirtschaft des deutschen Reichs und der deutschen Bundesstaaten zu Kriegsausbruch 1914 (1916); Mombert, Eine Verbrauchseinkommensteuer für das Reich 1916; Hauff, Ungenützte Steuerquellen 1916. Vgl. auch unten Anmerkungen 107—109.

[43]) Vgl. unten S. 72.

[44]) Laband, Direkte Steuern, 1908 S. 60.

[45]) Strutz, Reichs- und Landessteuern S. 19.

[46]) G. Jellinek, Die Erklärung der Menschen- und Bürgerrechte 1895, 2. Aufl. 1904, wo die gegnerischen französischen Auffassungen widerlegt sind; vgl. Boutmy, Annales des sciences politiques XVII (1902) S. 415; Macdonald, Select Charters of American History 1899 S. 72; Wahl, Zur Geschichte der Menschenrechte, Historische Zeitschrift Bd. 103 S. 179ff., derselbe, Politische Ansichten des offiziellen Frankreichs, 1903 S. 24.

[47]) Richard Schmidt, Die Vorgeschichte der geschriebenen Verfassungen. Zwei öffentlichrechtliche Abhandlungen als Festgabe für Otto Mayer, 1916 S. 84.

[48]) a. a. O. S. 85.

[49]) Vgl. oben S. 28.

[50]) Vgl. oben S. 45.

[51]) Vgl. Bamberger, Die Auswanderersteuer, 1916.

[52]) Vgl. Stier-Somlo, Rechtsstaat, Verwaltung und Eigentum, 1911 S. 15—28.

[53]) Vgl. oben Text bei Anm. 28 S. 40.

[54]) Über die Entwicklung in Preußen siehe Stier-Somlo, Preußisches Staatsrecht Bd. 1 S. 70f., 75ff., 80—83, 89—92.

[55]) Stier-Somlo, Rechtsstaat, Verwaltung und Eigentum, 1911 S. 31ff.

[56]) Thoma, Rechtsstaatsidee und Verwaltungsrechtswissenschaft, Jahrbuch des öffentlichen Rechtes Bd. 4 (1910) S. 197.

[57]) Fleiner, Einzelrecht und öffentliches Interesse, 1908 S. 5.

[58]) So formuliert es Otto Mayer, Deutsches Verwaltungsrecht Bd. I (2. Aufl. 1914) S. 64.

[59]) Vgl. oben S. 66—73.

[60]) Vgl. oben S. 35.

[61]) Darüber, daß ich die herrschende Auffassung vom Rechtsstaat nicht für richtig halte und weshalb sie meines Erachtens nur eine Teilwahrheit darstellt, habe ich in der in Anmerkung 55 angeführten Abhandlung S. 28—78 dargelegt.

[62]) v. Massow, Reform oder Revolution, 1894, 2. Aufl. 1895; Freiherr v. Zedlitz und Neukirch, Die Neueinrichtung der preußischen Ver-

waltung, Preußische Jahrbücher Bd. 107 (1902) S. 24; Lotz, Vorschläge zu einer Verwaltungsorganisationsreform, Schmollers Jahrbücher Bd. 26 S. 227ff.; derselbe, Geschichte des deutschen Beamtentums, 1909 S. 592; Auseinandersetzungen zwischen Klonau, v. Zedlitz und Lotz in den Grenzboten, Jahrgang 62 Nr. 8 S. 437 und Nr. 9 S. 512 sowie in Schmollers Jahrbüchern Bd. 27 S. 93; Lotz, Die Verwaltungsreform in Preußen, Recht und Wirtschaft, Jahrgang 1 S. 421; v. Arnstedt, Alte und neue Gedanken über die Reorganisation der inneren Verwaltung in Preußen, Verwaltungsarchiv Bd. 12 (1904) S. 311ff.; O. Schwarz, Reform der inneren Verwaltung, Preußische Jahrbücher Bd. 121 (1905) S. 458ff.; Graf Hue de Grais, Die Vereinfachung der preußischen Verwaltung, Verwaltungsarchiv Bd. 15 (1907) S. 325ff. Ihm tritt v. Puttkammer-Tuchel (Preußisches Verwaltungsblatt Bd. 29 S. 41ff.) in einzelnen Punkten entgegen, ebenso Jacobi-Königsberg, daselbst Bd. 28 S. 951; v. Brockhusen behandelt die Verwaltungsreform in Preußen in der Konservativen Monatsschrift Bd. 65 S. 30ff., 150ff. Besonders eindringlich und sachkundig sind die Arbeiten zu dieser Materie von Hugo Preuß, Verwaltungsreform und Politik, Zeitschrift für Politik Bd. 1 (1908) S. 95ff.; Die wirtschaftliche und soziale Bedeutung der Stein-Hardenbergschen Reform, 1908; Zur preußischen Verwaltungsreform. Denkschrift, verfaßt im Auftrage der Ältesten der Kaufmannschaft von Berlin, 1910; Die Lehre Gierkes und das Problem der preußischen Verwaltungsreform in: Festgabe der Berliner juristischen Fakultät für Otto Gierke, 1910; Verwaltungsreform und Staatsreform in Österreich und Preußen, Zeitschrift für Politik Bd. 5 S. 219ff.; Neuorientierung der inneren Verwaltung in der Sammlung: Recht, Verwaltung und Politik im neuen Deutschland, 1916 S. 162ff.; Stier-Somlo, Zur Reform der preußischen Staatsverwaltung, 1909; Graf v. Keyserlingk, Wege und Ziele preußischer Verwaltungsreformen, 1912; Wölbing, Die preußische Verwaltungsreform, 1914. Über weitere Literatur hinsichtlich Einzelfragen ist Bericht erstattet in Stier-Somlo, Jahrbuch des Verwaltungsrechtes Bd. 4—8 (1909—13). — Die durch den Krieg noch mehr befestigte Stellung zu Österreich läßt es angebracht erscheinen, hier noch sechs andere Arbeiten zu erwähnen: eine von Michalski im Verwaltungsarchiv Bd. 14 S. 235ff. über die Reform der inneren Verwaltung in Österreich, die aber auch die preußischen Dinge streift; eine zweite von dem Grafen v. Kielmannsegg, Statthalter im Erzherzogtum Österreich unter der Enns, der sechs Vorträge über „Geschäftsvereinfachung und Kanzleireform bei öffentlichen Ämtern und Behörden" als Buch veröffentlicht hat. Beide Schriften erschienen im Jahre 1906. Prof. Brockhausen, Wien hat in Grünhuts Zeitschrift Bd. 34 S. 233f. „Studien und Vorschläge zum Verwaltungsreformschreiben", 1906 veröffentlicht. Gemeint ist das Schreiben, das der österreichische Ministerpräsident am 25. Juli 1906 an seine Ministerkollegen erließ, indem er sie einlud, Vorschläge zur Verwaltungsreform zu erstatten. Ferner hat derselbe Prof. Brockhausen im Jahre 1908 in seinen „Verwaltungsrechtlichen und verwaltungspolitischen Essays" u. a. auch die

Organisation und den Instanzenweg der politischen Behörden, sowie inneramtliche Reformpläne geprüft und die verwaltungsrechtlichen Zusammenhänge des österreichischen Staatswesens seit den großen Zentralisatoren Maria Theresia und Josef II. klargestellt, sowie die Versuche einer Zentralisation beleuchtet. Derselbe Verfasser hat Ende 1911 nochmals die „Österreichische Verwaltungsreform" zusammenfassend behandelt.

[63]) Preuß, Zur preußischen Verwaltungsreform, 1910 S. 2.

[64]) Preuß, Neuorientierung der inneren Verwaltung in dem Sammelwerk Recht, Verwaltung und Politik im neuen Deutschland, 1916 S. 170.

[65]) Es geschieht dies im wesentlichen auf Grund meiner in der Anm. 62 angegebenen Schrift.

[66]) Preuß, Zur preußischen Verwaltungsreform, a. a. O. S. 88.

[67]) Den eigenartigen Zusammenhang zwischen Reichsverwaltung, preußischer Staatsregierung und Verwaltungsreform beleuchtet Hugo Preuß (Neuorientierung der inneren Verwaltung S. 170), indem auch er die Forderung voranstellt, daß der oberste verantwortliche Staatsmann auf die preußische Regierung denselben maßgebenden Einfluß habe wie auf die Reichsleitung. Das bedeute: Wiederherstellung des preußischen Staatskanzleramtes in Realunion mit dem Amte des Reichskanzlers. „Diese Neuerung steht an praktischer Bedeutung hinter einer gründlichen Wahlreform keineswegs zurück und ist doch leichter durchzuführen; falls sie nicht gar die Voraussetzung für jene wie für jede gründliche Reform in Preußen sein mag. So insbesondere auch für eine Neuorientierung der preußischen Verwaltung. Denn ob die sehr starken Widerstände gegen sie bei fortdauernder Ressortsouveränität hinter kollegialer Verschanzung überwunden werden können, ist recht zweifelhaft; unzweifelhaft ist jedoch die baldige und gründliche Überwindung jener Widerstände ein wichtiges Interesse des deutschen Staatslebens als einer organischen Einheit."

[68]) In seiner Abhandlung in Schmollers Jahrbüchern Bd. 26 S. 235.

[69]) Im Verwaltungsarchiv Bd. 12 S. 327.

[70]) Sie sind in der, Anm. 62 angeführten Literatur zu finden.

[71]) Vgl. oben S. 61ff., 77ff.

[72]) Vgl. oben S. 40f., 45f.

[73]) Vgl. oben S. 43ff..

[74]) Beamtenstaat und Volksstaat. Festgabe für Otto Mayer, 1916 S. 31—57.

[75]) Hierauf wird bei der Betrachtung der kommunalpolitischen Probleme eingegangen. Vgl. unten S. 43f., 196ff.

[76]) Fleiner a. a. O. S. 33, 35, 37, 40.

[77]) a. a. O. 36f.

[78]) Dies hat Theobald Ziegler in dem Sammelwerk: Deutschland unter Kaiser Wilhelm II., 1914 Bd. 3 S. 1658, treffend hervorgehoben.

[79]) Monatsschrift für deutsche Beamte, 1916 S. 123.

[80]) Vgl. für die folgenden Sätze des Textes Francke, Die Mitwirkung der

Arbeiter an den öffentlichen Aufgaben in Deutschland, bei Thimme und Legien, Die Arbeiterschaft im neuen Deutschland 1915; S. 86 f. Eine staatsrechtlich wie politisch interessante Zusammenfassung der den deutschen Beamten betreffenden Grundfragen enthält die Schrift von Kulemann, Die öffentlichen Beamten 1916. Nach Erörterung des Begriffs, der Arten, der Rechtsstellung, der sozialen Verhältnisse, des Gehalts, der Pensions- und Hinterbliebenenfürsorge und des Disziplinarwesens der Beamten wird insbesondere das Koalitionsrecht sachkundig erörtert. Fallen die Ansichten für das geltende Recht verschieden aus, so noch mehr für das zu schaffende Recht. „Die konservative Grundauffassung legt das entscheidende Gewicht auf eine straffe Konzentration des Staatswillens und gelangt so zu der Forderung, daß die Entscheidung darüber, was dem Staatsinteresse entspricht, grundsätzlich in der Hand des Staatsoberhauptes und der ihm zunächst stehenden Organe liegen müsse, während die Rechte der einzelnen Staatsbürger zurückzutreten haben. Der Liberalismus steht auf dem entgegengesetzten Standpunkte und betrachtet es als erwünscht, daß die im Volke vorhandenen Kräfte durch möglichst weitgehende individuelle Freiheit zur Entfaltung gebracht werden. Die tatsächliche Entwicklung hat sich, wie die Geschichte beweist, in der Richtung des Liberalismus vollzogen. Dem entspricht insbesondere die immer allgemeinere Einführung der Selbstverwaltung. Immerhin ist die konservative Auffassung insoweit existenzberechtigt, wie sie als Hemmungsmoment wirkt und ein allzurasches Vorwärtsschreiten hindert. Es ist psychologisch begreiflich, daß die Personen, die selbst berufen sind, die Staatsautorität auszuüben, und deren Wille deshalb als Staatswille auftritt, dem konservativen Standpunkte näher stehen, als dem liberalen. Daraus ist ihnen nicht einmal ein besonderer Vorwurf zu machen, aber unberechtigt ist es, wenn sie ihre persönliche Auffassung auch da zur Geltung bringen wollen, wo ihnen eine solche Befugnis nicht zusteht. Wieviel Freiheit in der Vertretung ihrer Interessen gegenüber den vorgesetzten Behörden und in der Betätigung ihrer politischen Überzeugung man den Beamten einräumen will, das ist, wie gesagt, abhängig von gewissen Grundanschauungen, über deren Recht oder Unrecht hier nicht zu entscheiden ist. Aber diese Entscheidung kann nur durch das Gesetz getroffen werden. Durch dieses ist insbesondere die Stellung der Sozialdemokratie im Staate zu regeln. Hält man es für nötig, ihre Vertreter von der Mitwirkung am öffentlichen Leben mehr oder minder weitgehend auszuschließen, sie also zu Staatsbürgern zweiter Klasse zu machen, wie es in der Zeit des Sozialistengesetzes geschah, so ist nichts dagegen einzuwenden, wenn man bestrebt ist, diesen Standpunkt im Wege der Gesetzgebung zur Geltung zu bringen. Aber solange dies nicht geschehen ist, bedeutet es eine Rechtsverletzung, wenn man das Ziel auf dem Wege der Verwaltungspraxis zu erreichen sucht. Damit handelt man nicht im Interesse des Staates, sondern schädigt es in höchstem Maße, indem man die Grundlage jedes staatlichen Zusammenlebens untergräbt, nämlich das Vertrauen auf Recht und Gerechtigkeit" a. a. O. S. 53 f. Auch die Frage der Organisation des Beamtentums wird behandelt und anerkannt, daß ihr Grenzen gezogen sind, die man nicht außer Augen setzen darf, wenn man vermeiden will, die Verhältnisse nicht so zu sehen, wie sie sind, sondern so, wie es der eigenen Neigung und Illusion entspricht. „Aber trotzdem läßt sich mit voller Bestimmtheit sagen, daß die Organisation der Beamten sich heute erst in den Anfangsstadien befindet, und daß ein weiterer Aufschwung mit Sicherheit zu erwarten ist. Sind doch die heutigen staatlichen Verhältnisse, soweit die Beamten durch sie berührt werden, in so vielen Beziehungen besserungsbedürftig, daß es unnatürlich wäre, wenn nicht der Wunsch, durch gemeinsames Vorgehen eine Änderung herbeizuführen, in immer steigendem Umfange hervorträte. Schließlich handelt es sich ja hier nur um einen Sonderfall des allgemeinen Organisationsbedürfnisses, das den Grundzug unserer gegenwärtigen Zeitperiode bildet.“ a. a. O. S. 59.

[81]) Sombart, Händler und Helden, 1915 S. 113. Vgl. auch Kjellén, Die Ideen von 1914 (1915) und Plenge, Der Krieg und die Volkswirtschaft, 2. Aufl. 1915 S. 173ff.; derselbe, 1789 und 1914, Die symbolischen Jahre in der Geschichte des politischen Geistes 1916.

[82]) Vgl. für das Folgende Cahn, Zur Reform des Reichs- und Staatsgehörigkeitsgesetzes, 1908 S. 49.

[83]) Cahn a. a. O.

[84]) a. a. O.

[85]) Kommissionsbericht zum Reichs- und Staatsangehörigkeitsgesetz von 1913 S. 42, 43.

[86]) Vgl. oben S. 45f., 67—70.

[87]) Vgl. Kommentare von Graßmann, Geigel, Peters; weitere Literatur siehe bei Stier-Somlo, Jahrbuch des Verwaltungsrechts Bd. 5 S. 65—76, Bd. 6 S. 34f., Bd. 8 S. 47f.

[88]) Vgl. Pieper, Soziale Verständigung, Heinemann, Die Theorie des Klassenkampfes und die praktische Arbeitsgemeinschaft der Klassen; Waldschmidt, Unternehmertum und Arbeiterschaft; Stegerwald, Die Gleichberechtigung der Arbeiterschaft im neuen Deutschland; Roeßler, Die Verständigung zwischen Arbeitgeber und Arbeitnehmer; Schippel, Arbeiterorganisation und Unternehmertum; sämtlich bei Thimme, Vom inneren Frieden des deutschen Volkes, 1916 S. 253, 269, 309, 320, 339, 352; Brauer, Die Bedeutung der Arbeiterbewegung für die Rechtsentwicklung; Lederer, Arbeitgeber- und Arbeitnehmerverbände; Cohen, Die Arbeitsnachweisfrage; Leipart, Der Arbeitstarifvertrag nach dem Kriege; sämtlich in dem Sammelwerk: Recht, Verwaltung und Politik im neuen Deutschland 1916 S. 121, 150, 212, 227; Legien, Die Gewerkschaften; Heinemann, Vom Arbeiterrecht nach dem Kriege; Tönnies, Die Sozialpolitik nach dem Kriege; Robert Schmidt, Neue Wege in der Sozialpolitik; Umbreit, Die Arbeitslosenfürsorge und der Krieg; sämtlich in Thimme und Legien, Die Arbeiterschaft im neuen Deutschland, 1915 S. 90, 115, 147, 159, 184.

[89]) v. Rönne-Zorn, Das Staatsrecht der preußischen Monarchie, 5. Aufl. Bd. 3 (1916) S. 269.

[90]) a. a. O. S. 273—277.

[91]) Wilh. Rein, Die Schule, ein Mittel des inneren Friedens bei Thimme, Vom inneren Frieden des deutschen Volkes, 1916 S. 236. Auch auf dem Programm der sozialdemokratischen Partei steht die Weltlichkeit der Schule, dagegen hat erst jüngst wieder Aug. Grünweller zwei Flugschriften zur Verteidigung der konfessionellen Volksschule im Kriege geschrieben (Elberfeld 1916) eine kleinere, Krieg und Ideale, und eine umfangreichere, Der Krieg als Volkserzieher und die Volksschule.

[92]) Heinrich Schulz, Die Schule nach dem Kriege in dem Sammelwerk von Thimme und Legien, Die Arbeiterschaft im neuen Deutschland, S. 207—221, vgl. auch das Buch von Schulz, Die Schulreform der Sozialdemokratie, 1911 und das Protokoll des Mannheimer Parteitages der Sozialdemokratie im Jahre 1906 S. 323ff.

[93]) Paul Hildebrandt, Zum Problem der Einheitsschule, Akademische Rundschau 1916 S. 412.

[94]) Vgl. insbesondere Rein in der Anm. 91 herangezogenen Abhandlung und derselbe, Schulorganisation der Zukunft, in dem Sammelwerk Recht, Verwaltung und Politik im neuen Deutschland, 1916 S. 304—16; K. Süpfle, Ärztlich-hygienische Gedanken über die „nationale Einheitsschule", Deutsche Medizinische Wochenschrift 1916 S. 1231; Curt Fritzsche, Die Einheitsschule 1916.

[95]) Rein bei Thimme a. a. O. 232f.

[96]) Ferdinand Jacob Schmidt, Das Problem der nationalen Einheitsschule, Vorträge und Aufsätze aus der Comenius-Gesellschaft, 25. Jahrgang 1. Stück 1916. Durch Erlaß des preuß. Unterrichtsministers v. 30. August 1916 sind „Bestimmungen über die Aufnahme von Schülern in die unterste Klasse der höheren Lehranstalten" erlassen, die den Übergang der aus Volks- und Mittelschulen und aus Privatunterricht kommenden Schüler in die Sexta der höheren Schulen nicht unwesentlich erleichtern. Fachmänner bezweifeln aber, ob hierdurch der „Aufstieg der Begabten" gefördert wird. Vgl. z. B. Gymnasialdirektor Dr. Hartmann im „Tag" v. 27. Oktober 1916 Nr. 253.

[97]) Hildebrandt a. a. O. S. 414—418.

[98]) Vgl. oben S. 43f., 50ff., 58f.

[99]) Vgl. oben S. 59ff.

[100]) Budde, Krieg und höhere Schule, 1916.

[101]) Aus der Literatur seien nur einige ältere und jüngste Schriften herangezogen, die auf die im Texte berührten Probleme sich beziehen, zum Teil aber noch weit darüber hinausgreifen. Ich erwähne zunächst die bedeutenden Schriften von Natorp, Herbart, Pestalozzi und die heutigen Aufgaben der Erziehungslehre, 1897/8; Sozialpädagogik, 2. Aufl. 1904; Gesammelte Abhandlungen zur Sozialpädagogik, 1907; Norrenberg, Die deutsche höhere Schule nach dem Weltkriege (Sammelwerk mit sehr reichem Inhalt), 1916. Stölzle, Neudeutschland und die vaterländische Erziehung der Zukunft; Bonitz, Krieg und Volkserziehung; Jänker, Der Krieg als Erzieher; Gaudig, Ausblicke in die Zukunft der deutschen Schule; Hermann Hoffmann, Der

Krieg und die Erziehung der Deutschen; Richard Seyfert, Vom deutschen Wesen nach dem Kriege; Anna Blos, Krieg und Schule; Robert Seidel, Das Ziel der Erziehung vom Standpunkte der Sozialpädagogik; Tews, Ein Jahrhundert preußischer Schulgeschichte; Wilh. Rein, Die nationale Einheitsschule; Albert v. Berzeviczy, Humanismus und Weltkrieg; Paul Shorey, Nationale Kultur und klassische Bildung; Cauer, Das Altertum im Leben der Gegenwart 2. Aufl.; Major Corsep, Die Erziehung unseres Armeenachwuchses; Ad. Matthias, Deutsche Wehrkraft und kommendes Geschlecht; Ernst Müller, Meiningen, Wir brauchen ein Reichsjugendwehrgesetz; Die militärische Vorbereitung der Jugend im Urteil Sachverständiger (Gutachtensammlung); sämtlich 1915/16; Muthesius, Schule und soziale Erziehung, 1915.

102) Vgl. statt Vieler Elis. Gnauck-Kühne, Das weibliche Dienstjahr, 1915.

103) Diesen Forderungen, die bei Schultz, Die Schule nach dem Kriege, a. a. O. S. 219 formuliert sind, trete ich vollständig bei.

104) Die Nichterwähnung anderer Hochschulen, wie der Bergakademien, der Kunsthochschulen und dergleichen im Texte soll keineswegs irgendeine geringere Einschätzung bedeuten. Es handelt sich nur um die Hervorhebung der zurzeit besonders aktuellen Fragen bestimmter Hochschulformen.

105) Vgl. oben S. 50—59.

106) Vgl. oben S. 39, 41.

107) Vgl. Zimmermann, Gerechtigkeit in der Steuerverteilung, Handbuch der Politik, 2. Aufl. (1914) Bd. 2 S. 71ff.

108) Vgl. die finanzwissenschaftlichen Lehrbücher von A. Wagner, M. v. Heckel, v. Eheberg; ferner: O. Schwarz, Artikel „Finanzen" im Handwörterbuch der Staatswissenschaften, 3. Aufl. Bd. 4 S. 125ff.; v. Eheberg, Artikel „Finanzen" im 19. Jahrhundert bis 1870, daselbst Bd. 4 S. 226ff.; Jul. Wolf, Die öffentlichen Abgaben in Deutschland, Handbuch der Politik, a. a. O. Bd. 3 S. 83; derselbe, Finanzwirtschaftliche Kriegsaufsätze, 1916, in der auch sonst empfehlenswerten Sammlung „Finanzwirtschaftliche Zeitfragen" herausgegeben von v. Schanz und Jul. Wolf, deren (bisher 25) Hefte 1913 bis 1916 erschienen sind; Strutz, Finanzpolitische Zeit- und Streitfragen 1906; derselbe, Die Neuordnung der direkten Staatssteuern in Preußen 1912; Stier-Somlo, Wehrbeitrag und Besitzsteuer, 1913 (wo auch weitere Literatur zu finden ist); v. Eheberg, Die Reichssteuergesetze von 1913, Handbuch der Politik, Bd. 3 S. 107ff. und derselbe, Steuerreformen ebenda S. 118ff.; Mombert, Der Finanzbedarf des Reiches und seine Deckung nach dem Kriege, 1916; Über die große Literatur der Kriegsjahre siehe Stier-Somlo, Kriegssteuergesetz, 1916. Vgl. auch oben Anm. 42.

109) Vgl. O. Schwarz, Die öffentlichen Kredite, Handbuch der Politik, Bd. 3 S. 142ff.; derselbe, Der Kurs der deutschen Reichs- und Staatsanleihen, daselbst 162ff.

[110]) Vgl. v. Rönne-Zorn, Das Staatsrecht der preußischen Monarchie, 5. Aufl. Bd. 1 (1899) S. 31f.; Oncken, Unser Heldenkaiser, 1897 S. 52, 58ff.

[111]) v. Bernhardi, Das Heerwesen, in dem Sammelwerk: Deutschland unter Kaiser Wilhelm II., 1914 Bd. 1 S. 365. Aus dieser Abhandlung stammen auch die obigen und die demnächst folgenden Tatsachen; die Zahlenangaben hat Bernhardi aus dem Buche des Freiherrn v. Osten-Sacken, Kaiser Wilhelm und sein Heer, entnommen.

[112]) Vgl. Freiherr v. Maltzahn, Seemacht und Kriegsflotte in dem bezeichneten Sammelwerk Bd. 1 S. 383ff.

[113]) Siehe oben S. 27—31.

[114]) Siméon, Artikel Justizverwaltung in Wörterbuch des deutschen Staats- und Verwaltungsrechts, 2. Aufl. Bd. 2 (1913) S. 479f.

[115]) Vgl. oben S. 21f.

[116]) Vgl. Stier-Somlo, Handbuch des kommunalen Verfassungs- und Verwaltungsrechts Bd. 1—3, 1916/7, besonders die Darstellung und reiche Literatur am Anfang des ersten Bandes.

[117]) Lamp, Das Problem der städtischen Selbstverwaltung, 1905 S. 38f.

[118]) Max Lehmann, Freiherr vom Stein, Bd. 2 S. 447ff.; E. v. Meier, Französische Einflüsse auf die Staats- und Rechtsentwicklung Preußens im 19. Jahrh., Bd. 2 (1908) S. 314ff.; Gierke, Die Steinsche Städteordnung 1909 S. 6ff.

[119]) Hatschek, Selbstverwaltung, S. 75—79.

[120]) Gneist, Kreisordnung S. 16ff.

[121]) Hatschek, Selbstverwaltung, S. 80—84.

[122]) Gierke, Das deutsche Genossenschaftsrecht Bd. 1 S. 697—759, 764, Bd. 2 S. 862; Bähr, Der Rechtsstaat, 1864.

[123]) Lamp S. 48; Hatschek S. 91f., auch Rosin, Souveränität, Staat, Gemeinde, Selbstverwaltung, Annalen des Deutschen Reiches, 1883 S. 263ff., 292, 308f., 312, gehört in diese Gruppe. Nach ihm ist Selbstverwaltung im staatsrechtlichen Sinne die Anerkennung eines nichtsouveränen politischen Gemeinwesens durch die souveräne verwaltende Persönlichkeit; die Gemeinde ist die öffentliche nicht souveräne Gesamtpersönlichkeit zur Befriedigung örtlicher Gemeininteressen innerhalb des Staates; er spricht von einem eigenen vom Staate unabhängigen Rechte der Gemeinde.

[124]) Preuß, Gemeinde, Staat, Reich als Gebietskörperschaften 1889; derselbe, Das städtische Amtsrecht in Preußen, S. 122ff., siehe gegen die organische Staatslehre Jellinek, Allgemeine Staatslehre, S. 133f., 137f., 512f.

[125]) Redlich, Kritische Blätter für die gesamten sozialen Wissenschaften, 1906 S. 148; Derselbe, Englische Lokalverwaltung 1901.

[126]) Vgl. Rosin, Recht der Arbeiterversicherung, Bd. 1 S. 642.

[127]) W. v. Blume, Kommunalpolitik, Handbuch der Politik, 2. Aufl. 1914 Bd. 1 S. 226, vgl. daselbst S. 225 reichhaltige Literaturangaben.

[128]) Körte, Die Selbstverwaltung, im Sammelwerk Deutschland unter Kaiser Wilhelm II., 1914 Bd. 1 S. 194.

[129]) Vgl. oben S. 146ff.

[130]) Körte a. a. O. S. 194f.

[131]) Vgl. oben S. 59, 60, 166ff.

[132]) Vgl. oben S. 59ff.

[133]) Vgl. oben S. 105.

[134]) Vgl. Otto Mayer, Deutsches Verwaltungsrecht, Bd. 1, 1. Aufl. (1895) S. 10ff., 2. Aufl. (1914) S. 9ff.

[135]) Radbruch, Grundzüge des Rechtsphilosophie, 1914 S. 42; Stammler, Theorie der Rechtswissenschaft, 1911 S. 113.

[136]) Gierke, Deutsches Privatrecht, Bd. 1 (1895) S. 113f.

[137]) Vgl. zum Text auch Heilborn, Grundbegriffe des Völkerrechts in Stier-Somlo, Handbuch des Völkerrechts, Bd. 1 (1912) S. 3 bis 31.

[138]) Dies hat Ernst Immanuel Becker, Das Völkerrecht der Zukunft, 1915, behauptet, weil er an ein Völkerrecht der Gegenwart nicht glaubt, da er in dem, was andere Völkerrecht nennen, allenfalls den ersten Ansatz zu einem werdenden Rechte, aber noch kein wirkliches Recht erblickt.

[139]) Triepel, Die Zukunft des Völkerrechts, 1916 S. 4ff.

[140]) Conrad Bornhak, Der Wandel des Völkerrechts, 1916 S. 8ff.

[141]) Zitelmann, Der Krieg und das Völkerrecht. In dem Sammelwerk Deutschland und der Weltkrieg, 1915 S. 644ff.

[142]) Siehe a. a. O. 650.

[143]) a. a. O.

[144]) Eltzbacher, Totes und lebendes Völkerrecht, 1916.

[145]) a. a. O. S. 14ff., 32ff., 41ff.

[146]) Eltzbacher a. a. O. S. 58ff.

[147]) Kraus, Der gegenwärtige Krieg vor dem Forum des Völkerrechts, 1914 S. 6.

[148]) Wilhelm v. Siemens, Seerecht und Sicherung der Volkswirtschaft, Zeitschrift „Recht und Wirtschaft", 1916 S. 176.

[149]) W. v. Siemens a. a. O. S. 173.

[150]) Zitelmann, Die Anwendbarkeit der Haager und Genfer Abkommen im gegenwärtigen Kriege, Archiv des öffentlichen Rechtes, Bd. 35 (1915) S. 1—27.

[151]) Zitelmann a. a. O. 4ff., Triepel, a. a. O. S. 22, 23.

[152]) Obiges stellt Zitelmann a. a. O. S. 22ff sachkundig fest.

[153]) Zitelmann a. a. O. 24, der dort und in seiner, in obiger Anmerkung 141 erwähnten Abhandlung, S. 665ff. darlegt, daß der Inhalt des Völkerrechts damit noch immer nicht aufgehoben ist und meint, daß die Allbeteiligungsklausel schon heute tatsächlich nicht mehr als wirksames Recht behandelt wird. Jedoch kann nicht daran gezweifelt werden, daß die Außerkraftsetzung eines großen Teils des vor dem Kriege geschaffenen Völkerrechts durch jene Klausel für den Weltkrieg rechtlich begründet ist. Darauf kommt es aber für die Beurteilung der Unfertigkeit des Völkerrechts hier an.

[154]) Kraus a. a. O. S. 26.

[155]) Otto Mayer a. a. O. S. 9.

[156]) Siehe auch Fleiner, Institutionen des deutschen Verwaltungsrechts 3. Aufl. (1913) S. 8.

[157]) Vgl. Otto Mayer, daselbst a. a. O., Bd. 2 S. 454; Fleiner a. a. O. S. 8 Anm. 11; Neumeyer, Archiv des öffentlichen Rechtes, Bd. 31, S. 105; Dochow, Auswärtige Verwaltung, Verwaltungsarchiv Bd. 23 S. 102.

[158]) Dochow a. a. O. S. 101.

[159]) Vgl. Hoeber, Der Papst und die römische Frage, 1916; Müller, Joseph, Die völkerrechtliche Stellung des Papstes und die Friedenskonferenzen 1916.

[160]) Vgl. Neumeyer, Internationales Verwaltungsrecht, Bd. 1 (1910); derselbe, Grundlinien des internationalen Verwaltungsrechts (1911); derselbe, Internationales Privatrecht (§ 6), im Wörterbuch des Deutschen Staats- und Verwaltungsrechts, 2. Aufl. Bd. 2 (1913) S. 444 und die daselbst angeführte Literatur.

[161]) Jellinek, Allgemeine Staatslehre, 3. Aufl. 1914 S. 255—56.

[162]) Jellinek a. a. O. S. 258f.

[163]) Jellinek a. a. O. 258—263.

[164]) Vgl. die schöne Rede von Eduard Rosenthal, Der Wandel der Staatsaufgaben in der letzten Geschichtsperiode, 1912.

[165]) Ruedorffer, Grundzüge der Weltpolitik, 1914 S. 3—182.

[166]) Vgl. für das Folgende: Bismarck, Gedanken und Erinnerungen Bd. 2 S. 211—311; Graf Ernst zu Reventlow, Deutschlands auswärtige Politik 1888—1914, 3. Aufl. 1916; Rachfahl, Kaiser und Reich 1888—1913 (1913), besonders S. 40—166, 187—251, 298ff.; Fürst v. Bülow, Deutsche Politik, 1915; Hashagen, Weltpolitische Entwicklungsstufen 1895—1914 (1916); v. Hagen, Geschichte und Bedeutung des Helgolandvertrages, 1916; Carl Peters, Zur Weltpolitik, 1912; Wirth, Deutschlands wirtschaftliche Expansion und überseeische Bestrebungen, Handbuch der Politik, 2. Aufl. (1914) Bd. 2 S. 268; Plehn, Großbritanniens auswärtige Politik. England und Deutschland. Der britische Imperialismus, daselbst S. 307; Wahl, Das zeitgenössische Frankreich, daselbst S. 318; Hötzsch, Rußland, ebenda S. 322; Herre, Österreich-Ungarn seit 1866, daselbst 327; Derselbe, Der Kampf um die Vorherrschaft im Mittelmeer a. a. O. S. 333; Rachfahl, Dreibund und Dreiverband, a. a. O. 337; Feldmann, Die Türkei nach dem Balkankrieg 344; Übersberger, Balkanstaaten und Balkanbund, a. a. O. 347; Hötzsch, Die auswärtige Politik der Vereinigten Staaten von Amerika 353; Wirth, Das Erwachen der asiatischen Völker 361.

[167]) Hashagen, a. a. O. S. 21.

[168]) Hashagen, a. a. O. S. 12

[169]) Vgl. Graf v. Reventlow, a. a. O. S. 94f.

[170]) Hashagen, a. a. O. S. 22.

[171]) Michael Mayr, Der italienische Irridentismus, 1916 (Umfangreiches Werk).

[172]) Graf v. Reventlow, a. a. O. S. 198.

[173]) Federn, Die Politik des Dreiverbandes und der Krieg, 1915.

[174]) Kampfmeyer, Die Grundlagen der Marokkofrage. Zeitschrift für Politik Bd. 8 S. 297ff.

[175]) Graf v. Reventlow, a. a. O. S. 280/2.

[176]) a. a. O. 285f.

[177]) Für alles Vorhergehende a. a. O. S. 317—320, 327—329.

[178]) Hashagen, a. a. O. S. 48.

[179]) Hashagen, a. a. O. S. 48, 49, 52; E. Marcks, Das deutsch-österreichische Bündnis in „Männer und Zeiten", 1911 Bd. 2 S. 293ff.

[180]) Vgl. Ferdinand Schmid, Die Verwaltung in Bosnien und Herzegowina, 1912.

[181]) Hashagen, S. 53—55, 56.

[182]) Hashagen, S. 58, 59, 60—62.

[183]) Graf v. Reventlow, a. a. O. S. 391.

[184]) Hashagen, a. a. O. S. 63f.

[185]) Graf v. Reventlow, a. a. O. S. 412—19.

[186]) Hashagen, a. a. O. S. 71; Graf v. Reventlow, a. a. O. S. 428ff.

[187]) Hashagen, a. a. O. S. 66, 68, 73.

[188]) Siehe oben S. 232—234, 236—238.

[189]) Hötzsch, Politik im Weltkrieg. Historisch-politische Aufsätze 1916 S. 5.

[190]) Hötzsch, Politik im Weltkrieg S. 2—5; Wilcken, Über Werden und Vergehen der Universalreiche, 1915.

[191]) Vgl. Felix Salomon, Der britische Imperialismus. Ein geschichtlicher Überblick über den Werdegang des Britischen Reiches vom Mittelalter bis zur Gegenwart, 1916, besonders S. 28ff., 102ff., 172ff.; Derselbe, Britischer Imperialismus von 1871 bis zur Gegenwart, Nr. 131 der „Hefte zum Weltkrieg" 1915; Deckert, Das Britische Weltreich. Ein politisch und wirtschaftsgeographisches Charakterbild, 1916, besonders S. 13ff., 107ff., 131ff.; Hettner, Englands Weltherrschaft und der Krieg, 2. Aufl. 1915, besonders S. 45ff., 80ff., 149ff., 201—269; Kjellén, Die Großmächte der Gegenwart, 12. Aufl. 1916 S. 85—126; Derselbe, Das politische Problem des Weltkrieges, 2. Aufl. 1916 S. 9ff.; E. Marcks, Die imperialistische Idee in der Gegenwart, 1903, auch in „Männer und Zeiten" 1911 Bd. 2 S. 265ff.; Derselbe, Deutschland und England in den großen europäischen Krisen seit der Reformation, daselbst 199ff.; Derselbe, Die Einheitlichkeit der englischen Auslandspolitik von 1500 bis zur Gegenwart, daselbst S. 232ff.; Derselbe, Die Machtpolitik Englands in dem Sammelwerk „Deutschland und der Weltkrieg" 2. Aufl. 1916; Derselbe, Der Imperialismus und der Weltkrieg, 1915; Steffen, Weltkrieg und Imperialismus, 1915 S. 26ff., 67ff., 207ff.; Carl Peters, Zur Weltpolitik, 1912 S. 187ff.; Langenbeck, Englands Weltmacht in ihrer Entwicklung vom 17. Jahrhundert bis auf unsere Tage, 2. Aufl. 1916; Derselbe, England und Deutschland in ihren Beziehungen vom Mittelalter bis zur Gegenwart; Dibelius, England, 2 Bände — die zwei letzten Werke

erscheinen in der Sammlung „Aus Natur und Geisteswelt"; Dibelius, Deutschland und England, Vortrag, 1915; Keutgen, Britische Reichsprobleme und der Krieg, 1915; Derselbe, Das Britische Kolonialreich, Internationale Monatsschrift für Wissenschaft, Kunst und Technik vom 1. Februar und 1. März 1916 Bd. 10 S. 513ff., 641ff.; Hötzsch, a. a. O. S. 23ff.; Graf Ernst v. Reventlow, Die treibenden Kräfte der britischen Politik in dem Buche: Zum geschichtlichen Verständnis des großen Krieges, Vorträge, 2. Aufl. 1916 S. 23ff.; Valentin, Kolonialgeschichte der Neuzeit, 1915; W. Wygodzinski, Der englische Handelskrieg, 1915; Irmer, Los vom englischen Weltjoch, 1915; v. Schulze-Gaevernitz, Britischer Imperialismus und englischer Freihandel zu Beginn des 20. Jahrhunderts, 1906; Heinrich XXXIII., Prinz Reuß j. L., Der britische Imperialismus, 1905; Felix Freiherr v. Oppenheim, Englischer Imperialismus, 1905; Imperialismus, eine Sammlung von Aufsätzen englischer, amerikanischer, französischer und deutscher Schriftsteller, herausgegeben von W. Borgius, 1906; Gerhard Braude, Die Grundlagen und die Grenzen des Chamberlainismus, 1906; Hatschek, Die staatsrechtliche Ausgestaltung des britischen Imperialismus, Zeitschrift für Völkerrecht und Bundesstaatsrecht 1906 S. 433ff. Vgl. auch Anm. 166.

[192]) Darmstädter, Die Machtpolitik Frankreichs, in dem Sammelwerk „Deutschland und der Krieg" S. 323ff., insbesondere S. 332f.; Kjellén, Großmächte S. 35—55; Hötzsch, a. a. O. S. 17ff.; Cartellieri, Frankreich und Deutschland im Wandel der Jahrhunderte, 1914; Arnold O. Meyer, Die Wurzeln der deutsch-französischen Erbfeindschaft, in dem Buche: „Zum geschichtlichen Verständnis des großen Krieges", 2. Aufl. 1916 S. 3—22; Plehn, Die Methoden der französischen Politik bei der Erwerbung Tunesiens, Zeitschrift für Politik Bd. 7 S. 1ff. Vgl. auch Anm. 166.

[193]) Hettner, Rußland, 2. Aufl. des Werkes „Das europäische Rußland" 1916; Boustedt-Trietsch, Das russische Reich in Europa und Asien, 1913; G. Trubetzkoi, Rußland als Großmacht, 1913; Hötzsch, Rußland, 1913; Kjellén, Großmächte, S. 173ff.; Derselbe, Die politischen Probleme des Weltkrieges S. 9ff.; Übersberger, Rußlands Orientpolitik in den letzten zwei Jahrhunderten, 1913; Derselbe, Rußland und der Panslawismus; Die Rolle Serbiens — beides in dem Sammelwerk: „Deutschland und der Weltkrieg" S. 393ff., 424ff.; Franke, Die Großmächte in Ostasien, daselbst S. 435ff.; Hötzsch, Politik im Weltkrieg, 1916 S. 30ff., 58ff., 85ff.; Brückner, Die Slawen und der Weltkrieg, 1916 S. 15ff., 94ff., 118ff., 194ff.; Steffen, Weltkrieg und Imperialismus S. 42ff., 100ff., 195ff.; Übersberger, Rußland und der Krieg in dem Buche „Zum geschichtlichen Verständnis des großen Weltkrieges" 1916 S. 47ff.; Fritz Friedrich, Die christlichen Balkanstaaten in Vergangenheit und Gegenwart, 1916, besonders S. 36ff.; Valerian Tornius, Die baltischen Provinzen, 1915; Girgensohn, Die Ostsee-Provinzen 1916, Nr. 140 der „Hefte zum Weltkrieg"; Dix, Bulgariens wirtschaftliche Zukunft, 1916; Hötzsch, Rußland als Gegner Deutschlands, 1915; Wallroth, Rußlands wirtschaftliche Kultur; Nötzel, Rußlands geistige

Kultur — beide Schriften erscheinen in der Sammlung „Aus Natur und Geisteswelt“ Nr. 562—63. Vgl. auch Anm. 166.

[194]) Herre, Der Kampf um die Herrschaft im Mittelmeer, 1909 S. 140f.; Kjellén, Großmächte, S. 31ff.; P. D. Fischer, Italiens Schicksalsstunde, Internationale Monatsschrift für Wissenschaft, Kunst und Technik von 1. Dezember 1915, Bd. 10 S. 285; Oscar Müller, Irrung und Abfall Italiens, 1915; Th. Bohner, Italien, Nr. 134 der „Hefte zum Weltkrieg“.

[195]) Kjellén, Großmächte, S. 144; Dove, Die angelsächsischen Riesenreiche II, 1907; Deckert, Nordamerika, 1913; Derselbe, Die nordamerikanische Union als Weltmacht, 1900 (Geographische Zeitschrift); Daenell, Die Vereinigten Staaten von Amerika, 2. Aufl. 1916; Darmstädter, Die Vereinigten Staaten von Amerika, 1909; Irmer, Völkerdämmerung im Stillen Ozean, 1915. Vgl. auch Anm. 166.

[196]) Kjellén, Großmächte, S. 194ff., 208; Franke, Die Großmächte in Ostasien, in dem Sammelwerk „Deutschland und der Weltkrieg“ S. 435ff.; M. v. Brandt, China und Japan, jetzt und später, 1915; Charakter und Politik der Japaner, Deutsche Kriegsschriften Heft 7 (Bonn), vgl. Irmer in der vorhergehenden Anmerkung.

[197]) Kjellén, Großmächte, S. 21ff.; Ottocar Weber, Die auswärtige Politik Österreich-Ungarns, in dem Sammelwerk „Deutschland und der Weltkrieg“ 2. Aufl. 1916; Derselbe, Deutschland und Österreich-Ungarn, Zeitschrift für Politik 1916 S. 99ff.; Sieger, Die geographischen Grundlagen der österreichisch-ungarischen Monarchie und ihrer Außenpolitik, 2. Aufl. 1915; Derselbe, Der österreichische Staatsgedanke und das deutsche Volk, Zeitschrift für Politik 1916 S. 2ff.; Hötzsch, Österreich-Ungarn und der Krieg, Sammlung „Der deutsche Krieg“, Heft 24; Fr. v. Wieser, Österreich und der Krieg, Zur Zeit- und Weltlage Heft 5, 1915; Charmatz, Geschichte der auswärtigen Politik Österreichs im 19. Jahrhundert, 2 Bände in der Sammlung „Aus Natur und Geisteswelt“. In derselben Sammlung werden erscheinen: Heiderich, Österreich-Ungarn I, Weber, Österreich-Ungarn II (Bd. 551/2); K. Beer, Österreich-Ungarn I und Landwehr v. Pragenau, Österreich-Ungarn II und III, Nrn. 135/7 der „Hefte zum Weltkriege“; Karl Renner, Österreichs Erneuerung. Politisch-programmatische Aufsätze, 3 Bd.: Der Imperialismus im Osten und Österreich-Ungarn, 1916 S. 96ff.; v. Sosnosky, Die Balkanpolitik Österreich-Ungarns seit 1866, 1. Bd. 1915; Irresberger, Das deutsch-österreichisch-ungarische Wirtschafts- und Zollbündnis 1916.

[198]) Dix, Deutscher Imperialismus, 1912; Kjellén, Großmächte S. 75ff.; Rohrbach-Jäckh, Das größere Deutschland; Rohrbach, Deutschland unter den Weltvölkern, 1911; Derselbe, Der deutsche Gedanke in der Welt, 1912; Der Krieg und die deutsche Politik, 1915; Weltpolitisches Wanderbuch, 1916; Hötzsch, Politik im Weltkrieg, 1916 S. 1—16, 136ff.; Hintze, Deutschland und das Weltstaatensystem; Schumacher, Deutschlands Stellung in der Weltwirtschaft; Solf, Die deutsche Kolonialpolitik — sämtlich in dem Sammelwerk „Deutschland und der Weltkrieg“ 2. Aufl. 1916; Albert B. Faust, Das

Deutschtum in den Vereinigten Staaten, 2 Bände 1915; Hoeniger, Das Deutschtum im Ausland, in der Sammlung „Aus Natur und Geisteswelt"; Rathgen, Deutschland, die Weltmächte und der Krieg, 1914; Lenz, Die neuen Problemstellungen für die deutsche Politik, 1915; Franke, Deutschland und England in Ostasien, 1915; Peters, Zur deutschen Weltpolitik, 1912 S. 18—158, 242f., Cramb, Germany and England 1914.

[199]) Dix, a. a. O. S. 21.

[200]) Vgl. aus der reichen Literatur vor allem: Naumann, Mitteleuropa, 1915; Oncken, Bismarck und die Zukunft Mitteleuropas, 1915; Jäckh, Das größere Mitteleuropa, 1916; v. Liszt, Ein mitteleuropäischer Staatenverband, 1915; Losch, Der mitteleuropäische Wirtschaftsblock; v. Philippovich, Ein Wirtschafts- und Zollverband zwischen Deutschland und Österreich-Ungarn, 1915; Jastrow, Mitteleuropäische Zollannäherung und die Meistbegünstigung; Jul. Heller, Deutschland und Österreich-Ungarn; Grothe, Deutschland, die Türkei und der Islam, 1915, — sämtlich 1915; Junge, Das Problem der Europäisierung orientalischer Wirtschaft, 1916; Flugschriften der Auskunftsstelle für deutsch-türkische Wirtschaftsfragen, insbesondere Heft 1, die deutsch-türkischen Wirtschaftsbeziehungen; Jäckh, Deutsche Orientbücherei, bisher 20 Bände, besonders Bd. 17; Schäfer, Die Entwicklung der Bagdadbahn-Politik, Bd. 18; Blankenhorn, Syrien und die deutsche Arbeit, 1905/6.

[201]) Vgl. auch Wiedenfeld, Der Sinn des deutschen Kolonialbesitzes, 1915.

[202]) J. Haller, Das Schicksal des Deutschtums in den baltischen Provinzen, Internationale Monatsschrift für Wissenschaft und Kunst vom 1. Oktober 1915, Bd. 10 S. 29ff.; C. Peters, Das deutsche Elend in London, 1915: Schonwalter, Buren, Engländer und Deutsche; Die deutsch-lettischen Beziehungen. Von einem Balten — sämtlich 1915.

[203]) Vgl. Arnold Sachse, Die Geburtenabnahme im Lichte der Kriegserfahrungen, Internationale Monatsschrift für Wissenschaft und Kunst vom 1. Mai 1916, Bd. 10 S. 965ff.

[204]) Max v. Szczepanski, Rankes Anschauungen über den Zusammenhang zwischen der auswärtigen und der inneren Politik der Staaten, Zeitschrift für Politik Bd. 7 (1914) S. 489ff.

[205]) Rud. Goldscheid, Das Verhältnis der äußeren Politik zur inneren. Ein Beitrag zur Soziologie des Weltkrieges und Weltfriedens, 3. Aufl. 1915.

[206]) Vgl. zur Orietierung die bei Ernst Troeltsch, Der Geist der deutschen Kultur, in „Deutschland und der Weltkrieg" S. 52ff. bezeichneten und teilweise charakterisierten Schriften.

[207]) Vgl. oben S. 286ff.

[208]) Leopold v. Wiese, Staatssozialismus, 1916 S. 42f.

[209]) Edgar Jaffé im ersten Kriegshefte des Archivs für Sozialwissenschaft und Sozialpolitik Bd. 40, Dezember 1914: „Die Militarisierung unseres Wirtschaftslebens"; Derselbe in Thimme und Legien, Die Arbeiterschaft im neuen Deutschland S. 98ff.

[210]) Waldemar Zimmermann bei Thimme und Legien S. 131ff.

[211]) Schär, Johann Friedrich, Der soziale Handel, Kaisergeburtstagsrede 1916, verlangt, daß der Kaufmann sich sozial umorientieren müsse; auch schon in Friedenszeiten habe sich der soziale Handel in ganz erstaunlicher Weise entwickelt, im gegenwärtigen Kriege sei er durch die Höchstpreise und die Beschlagnahme, durch die Organisationen des Reiches und der Kommunen zur Beschaffung der Lebensmittel, durch die verschiedenen staatlichen Organisationen einer großen Zahl von Einkaufs- und Verteilungsstellen zwangsweise durchgeführt und werde voraussichtlich in der Zukunft in großem Umfange an Stelle des freien Privathandels treten. Auch der soziale Handel müsse, wie der private Handel von Kaufleuten betrieben werden, aber die ausführenden Kaufleute seien nicht Unternehmer, sondern Angestellte der Gesellschaft, des Staates oder der Kommunen oder der freien Genossenschaften: sie sind verantwortliche Funktionäre der Gesellschaft, Staats- oder Kommunalbeamte, ähnlich den Beamten der Reichsbank, der Seehandlung, der Post, der preußischen Staatsbahnen usw. und erhalten ein nach dem Grade ihrer Verantwortlichkeit abgestuftes Gehalt, a. a. O. S. 9, 10.

[212]) Vgl. Stier-Somlo, Politik 3. Aufl. 1916 S. 109f.; Derselbe, Preußisches Staatsrecht Bd. 1 S. 30 bis 34; Rüdorffer, Grundzüge der Weltpolitik in der Gegenwart S. 5ff. Vgl. auch die nächsten Anmerkungen.

[213]) Renan, Qu'est ce qu'une nation, 1882.

[214]) Fr. J. Neumann, Volk und Nation, 1888 S. 132.

[215]) Georg Jellinek, Allgemeine Staatslehre 3. Aufl. 1914 S. 117ff. und dort angeführte Literatur.

[216]) Siehe auch Alfr. Kirchhoff, Was ist national, 1912; Derselbe, Zur Verständigung über die Begriffe Nation und Nationalität, 1905; Lindner, Geschichtsphilosophie 2. Aufl. 1904 S. 75 bis 92; Jäger, Die Frage einer schweizerischen Nation, 1909 S. 4—33; Schücking, Das Nationalitätenproblem 1908.

[217]) Vgl. Rüdorffer, a. a. O. S. 5.

[218]) Schollenberger, Politik, 1903 S. 173.

[219]) Kjellén, Die politischen Probleme des Weltkrieges, 1916 S. 46.

[220]) M. v. Seydel, Vorträge aus dem allgemeinen Staatsrecht, 1903 S. 8.

[221]) Hötzsch, Politik im Weltkriege S. 84ff.

[222]) Vgl. über die verschiedenen Nationalitätenprobleme der Gegenwart Kjellén, a. a. O. S. 46 bis 75. Im Texte konnte natürlich eine Vollständigkeit nicht erstrebt werden. Jener schwedische Verfasser verweist mit Recht auch auf das arabische und bulgarische, sowie das polnische Problem. Eine fast unübersehbare Literatur ist teilweise dort zu finden, teilweise in den Jahren 1914 bis 1916 erschienen.

[223]) Vgl. Die klassische Darstellung bei G. Jellinek, Allgemeine Staatslehre 3. Aufl. 1914 S. 669 bis 710.

[224]) Vgl. oben S. 28—31.

[225]) Vgl. die wichtigen Beispiele oben S. 33—73.

[226]) Jellinek a. a. O. S. 705.

[227]) Vgl. oben S. 74ff., 85ff., 110ff., 146ff.

[228]) Vgl. oben S. 40ff.

[229]) Vgl. oben S. 42.

[230]) Ähnliche Gedankengänge bei Freiherrn von der Goltz über Politische Urteile im Tag vom 6. und 7. September 1916 Nrn. 209, 210.

[231]) Eine vorzügliche Zusammenstellung und kritische Beurteilung der bis 1912 reichenden Bestrebungen bietet Christ. Eckert, Staatsbürgerliche Erziehung, Schmollers Jahrbuch für Gesetzgebung, Verwaltung und Volkswirtschaft, Bd. 36 Heft 3 S. 295 bis 337 (1912).

[232]) Stier-Somlo, Grundsätzliches zur staatsbürgerlichen Erziehung, Zeitschrift für Politik 1911 Heft 4.

[233]) Rauchberg, Die politische Erziehung des Staatsvolkes, Rektoratsrede, Prag 1912. Von neueren Erscheinungen sei noch hingewiesen auf folfolgende: Messer, Das Problem der staatsbürgerlichen Erziehung, historisch und systematisch behandelt, 1912; F. W. Förster, Staatsbürgerliche Erziehung, 1910 (Vorträge der Gehe-Stiftung); Giese, Deutsche Bürgerkunde. Einführung in die allgemeine Staatslehre, in die Verfassung und Verwaltung des Deutschen Reiches und Preußens und in die Volkswirtschaftslehre, 6. Aufl. 1912; Heinr. Wolf, Der Unterschied. Staats und Volksbürgerliche Erziehung während des Krieges, 1916.

[234]) Vgl. Wilh. Bauer, Die öffentliche Meinung und ihre geschichtlichen Grundlagen, 1914. In diesem Buche wird zunächst eine Geschichte des Begriffs der öffentlichen Meinung gegeben, dann das Verhältnis des Einzelnen und der Masse zur öffentlichen Meinung und dann dasjenige der letzteren zum Staat und zur Gesellschaft untersucht. Hierauf werden die Ausdrucksformen und Ausdrucksmittel der öffentlichen Meinung in mündlicher Aussprache, in Schrift und Druck erörtert, insbesondere auch die Zeitung als Ausdrucksmittel der öffentlichen Meinung geprüft, um schließlich die Tat als Ausdrucksmittel zu untersuchen. Die in bezug auf sorgsame wissenschaftliche Gewissenhaftigkeit ausgezeichnete, in ihren Ergebnissen aber von mir keineswegs gebilligte Arbeit überhebt mich infolge ihrer fast erschöpfenden Verarbeitung der bisherigen Literatur, der Notwendigkeit, diese Literatur hier im einzelnen anzugeben. Es wird daher auf jenes in gewisser Beziehung grundlegende Werk ausdrücklich verwiesen. Es steht übrigens auf dem eigenartigen Standpunkte, der durch den Satz: „Es gibt keine öffentliche Meinung“ (S. 147) gekennzeichnet ist.

[235]) Sigwart, Logik, 3. Aufl. Bd. 2 S. 189f.

[236]) Stier-Somlo, Die Volksüberzeugung als Rechtsquelle, 1900 S. 22, 23.

G. Pätz'sche Buchdr. Lippert & Co. G. m. b. H., Naumburg a. d. S.

FSC
www.fsc.org
MIX
Papier | Fördert gute Waldnutzung
FSC® C083411

Kolibri 360 GmbH
Ferdinand-Jühlke-Straße 7
99095 Erfurt, Deutschland
produktsicherheit@kolibri360.de